Z.

1710

LES
GRANDS ÉCRIVAINS
DE LA FRANCE

NOUVELLES ÉDITIONS

PUBLIÉES SOUS LA DIRECTION

DE M. AD. REGNIER

Membre de l'Institut

OEUVRES
DE
LA ROCHEFOUCAULD

APPENDICE DU TOME PREMIER

PARIS — IMPRIMERIE A. LAHURE
Rue de Fleurus, 9

OEUVRES

DE

LA ROCHEFOUCAULD

NOUVELLE ÉDITION

REVUE SUR LES PLUS ANCIENNES IMPRESSIONS
ET LES AUTOGRAPHES

ET AUGMENTÉE

de morceaux inédits, des variantes, de notices, de notes, de tables particulières
pour les *Maximes*, les *Mémoires* et les *Lettres*, d'un lexique des mots
et locutions remarquables, d'un portrait, de fac-simile, etc.

PAR

MM. D. L. GILBERT ET J. GOURDAULT

APPENDICE DU TOME PREMIER

PARIS

LIBRAIRIE HACHETTE ET Cie

BOULEVARD SAINT-GERMAIN, 79

1883

NOTICE BIOGRAPHIQUE
SUR LA ROCHEFOUCAULD.

La vie du duc de la Rochefoucauld se divise en deux périodes bien distinctes. Dans la première, le futur auteur des *Maximes*, méconnaissant ses facultés, et prenant, pour ainsi dire, au rebours sa fortune, se range au parti de ces mécontents qui, après avoir conspiré contre Richelieu, s'arment en guerre contre Mazarin. Esprit critique et spéculatif, fourvoyé dans l'action, il subit toutes sortes de mécomptes, et, sur cette scène bruyante, où il aspire vainement à tenir le grand rôle, ses qualités ne lui nuisent pas moins que ses défauts. A ces stériles orages de la jeunesse succèdent utilement chez la Rochefoucauld ce qu'on peut, d'un mot de Montaigne, appeler les *ravisements* de l'âge mûr. Revenu ou, si l'on aime mieux, déchu des passions et de la politique, il se repose, se calme peu à peu dans la paisible atmosphère des salons et dans une douce intimité ; par manière de passe-temps et, tout d'abord, sans le dessein prémédité de faire un livre, il compose une suite de maximes où, visant à nous peindre tous d'après lui-même, il a mis à la fois l'aveu et la revanche de ses déceptions ; si bien que cette gloire qu'il a poursuivie, sans l'atteindre, par les sentiers de l'intrigue et le grand chemin des aventures, il la rencontre au bout de sa plume, sans quitter sa chaise de goutteux : tant il est vrai que les hommes le mieux doués ne se démêlent souvent que fort tard, ne se résignent à être eux-mêmes que par une sorte de pis-aller, et que, s'ils passent à la postérité, ce n'est pas toujours sous le personnage qu'ils avaient d'abord souhaité de faire dans l'histoire !

NOTICE BIOGRAPHIQUE

I

François VI, duc de la Rochefoucauld, naquit à Paris, rue des Petits-Champs, le 15 septembre[1] de l'année 1613, et fut baptisé[2], le 4 octobre suivant, en l'église Saint-Honoré[3].

Il était le vingt et unième descendant de Foucauld I, seigneur de la Roche en Angoumois[4], qui vivait sous le règne du roi Robert, au commencement du onzième siècle. André du Chesne, cité par le P. Anselme[5], dit, dans sa *Généalogie de la maison de la Rochefoucauld*[6], que Foucauld I « fut en si grande

---

1. A Paris, et non à Marcillac, comme on l'a imprimé dernièrement, par erreur, dans l'*Inventaire des autographes.... composant la collection de M. Benjamin Fillon* (n° 970); le 15 septembre, et non le 15 décembre, comme l'ont dit le P. Anselme, Moréri, Pinard dans sa *Chronologie historique militaire* (tome VI, p. 209), et, plus récemment, plusieurs d'après eux. Dans l'article de l'*Encyclopédie du dix-neuvième siècle*, on le fait naître en 1618 et mourir en 1671 (au lieu de 1680).

2. Le baptême fut administré par Antoine de la Rochefoucauld, de la branche de Barbezieux, évêque d'Angoulême, arrière-petit-fils du quadrisaïeul de l'enfant. Le parrain fut le cardinal François de la Rochefoucauld, de la branche de Randan, né en 1558, mort en 1645, alors évêque de Senlis, petit-fils du trisaïeul du nouveau-né ; la marraine, Antoinette de Pons, marquise de Guercheville, grand'mère de l'enfant. Nous donnons à l'*appendice* I de la *Notice biographique*, ci-après, p. xcv, l'acte de baptême, que Jal heureusement avait extrait, à peu près en entier, des Registres de Saint-Eustache, avant l'incendie qui les a détruits en 1871 : voyez son *Dictionnaire critique de biographie et d'histoire*, p. 739 et 740.

3. Le chapitre de l'église collégiale de Saint-Honoré fut supprimé à la fin de 1790, et l'église elle-même vendue en février 1792. Jusqu'en 1854, il s'en était conservé quelques vestiges au numéro 12 de l'îlot nommé encore aujourd'hui le *Cloître Saint-Honoré*, lequel a une entrée rue Croix-des-Petits-Champs, dite autrefois, tout court, *rue des Petits-Champs*.

4. Voyez la *Généalogie*, à l'*appendice* II, p. xcvi et xcvii.

5. Tome IV, p. 418.

6. « La maison de la Rochefoucauld, dit d'Hozier, dans les *Mémoires généalogiques sur l'origine des races des ducs*, etc., dressés pour le Roi sur les ordres de Chamillart (*Manuscrit Clairambault* 719,

réputation que sa maison a depuis tenu à honneur d'être surnommée de son nom. » Foucauld I est, par son troisième fils, le quadrisaïeul d'Aliénor, duchesse de Guyenne, première femme du roi Louis VII. Son quinzième descendant, par les aînés, Jean de la Rochefoucauld, qualifié dans des lettres de Louis XI (1468), de « féal et amé cousin[1], » fut choisi, en 1467, comme le plus grand des vassaux de Charles d'Orléans, comte d'Angoulême, pour être son gouverneur et avoir la conduite de sa personne et de toutes ses seigneuries.

Le fils de Jean, François I de la Rochefoucauld, quadrisaïeul de notre auteur, successivement chambellan des rois Charles VIII et Louis XII, fut choisi, à son tour, par ce dernier « pour avoir le gouvernement de la personne et la direction des biens de François, lors comte d'Angoulême, » qui devait régner sous le nom de François Ier; et il eut l'honneur de le tenir, en 1494, sur les fonts de baptême[2]. Son royal filleul, devenu roi, le fit son chambellan ordinaire, puis, par lettres d'avril 1515, enregistrées au mois d'août 1528, après la mort du titulaire, qui eut lieu en 1517, érigea la terre, seigneurie et baronnie de la Rochefoucauld en titre de comté. Dans ces lettres, il est traité de « très-cher et amé cousin et parrain[3].... »

p. 46-48), est sans contredit la plus illustre, la plus noble, la plus grande et la plus ancienne maison de la province de Saintonge et d'Angoumois. Le nom qu'elle porte est un nom patronymique, c'est-à-dire un nom composé du nom de baptême du premier qui soit connu et du nom du lieu où il faisoit sa demeure. »

1. Notre auteur dit à Mazarin, dans sa lettre du 2 octobre 1648 (tome III, p. 33) : « *Je suis* en état de justifier qu'il y a trois cents ans que les Rois n'ont point dédaigné de nous traiter de parents. » Cela nous porte au temps d'Aymery III de la Rochefoucauld, qui avait rendu des services considérables aux rois Philippe de Valois et Jean. Le P. Anselme (tome IV, p. 423) mentionne, à son sujet, des lettres royales, mais ne dit pas qu'il y soit traité de *cousin*.

2. Ces titres d'honneur de Jean et de François de la Rochefoucauld sont rappelés dans les lettres d'érection du comté en duché-pairie, signées de Louis XIII (1622), et insérées dans le tome IV du *P. Anselme* (p. 414-417).

3. Louis XIII, plus tard, se sert aussi, dans les lettres d'érection

François III, petit-fils du comte François I, se distingua dans plusieurs siéges et batailles, embrassa le parti des Calvinistes, et fut tué à la Saint-Barthélemy, en 1572. Son fils, François IV, continua sans doute d'appartenir, d'abord de cœur[1], à la religion protestante, puis il y revint ouvertement. Il servit très-fidèlement le roi de Navarre et fut tué par les Ligueurs devant Saint-Yrier-la-Perche, en 1591. Avant lui, son frère du second lit Josué avait péri au combat d'Arques, en 1589. Le recueil des *Lettres de Henri IV*, publié dans la collection des *Documents de l'Histoire de France*, contient deux lettres écrites à François IV en 1580 et 1588, avec cette adresse: « A mon cousin le comte de la Rochefoucauld[2]. » Nous donnons en appendice une autre lettre qui n'est pas comprise dans le recueil et dont l'original appartient à M. le duc de la Rochefoucauld-Liancourt. Elle est écrite de Bergerac, le 18 septembre 1577, le lendemain du jour où le roi de Navarre y signa la sixième paix conclue avec les Calvinistes, et elle montre bien l'estime qu'il faisait du comte et le haut rang qu'à ses yeux il tenait parmi ses partisans[3].

François V, père de l'auteur des *Maximes*, fut élevé dans la religion catholique par sa mère, Claude d'Estissac. Il épousa, en juillet 1611, Gabrielle du Plessis, fille de Charles, seigneur de Liancourt, lieutenant général pour Sa Majesté en la ville et prévôté de Paris, et d'Antoinette de Pons, cette belle marquise de Guercheville, dame d'honneur de la Reine, qui « inspira

---

en duché que nous venons de citer, des mots de « très-cher et bien amé cousin. » Voyez ce qui est dit, à la fin de l'*appendice* II, p. c, de l'alliance avec la maison de Bourbon.

1. Voyez *la France protestante* de MM. Haag, tome VI, p. 254. — Le général Susane enregistre dans son *Histoire de l'ancienne infanterie française* (tome VIII, p. 49, n° 213) un régiment la Rochefoucauld protestant, levé en 1587, et licencié la même année, après avoir servi au siége de Fontenay.

2. Tome VIII, p. 182, et tome II, p. 403 et 404. — Il y en a trois autres (tome I, p. 98-100) dont la suscription est simplement : « A M. de la Roche, » sans le titre de cousin, et que, à tort peut-être, on a cru être également adressées à François IV de la Rochefoucauld.

3. Voyez l'*appendice* III, p. c.

une vive mais vaine passion à Henri IV[1]. » En 1619, le roi Louis XIII le nomma chevalier de ses ordres, et, en avril 1622, il érigea le comté de la Rochefoucauld en duché-pairie. Dans les lettres d'érection[2], où il lui donne les titres de « capitaine de cent hommes d'armes de nos ordonnances, gouverneur et notre lieutenant général en notre province de Poitou[3], » il le

1. *Notice historique sur le duc de la Rochefoucauld*, par M. Édouard de Barthélemy, p. 14, note 2.

2. Ces lettres, données à Niort, furent enregistrées le 4 septembre 1631. François V ne fut reçu que le 24 juillet 1637, à cause de l'opposition de Richelieu : voyez le *P. Anselme*, tome IV, p. 414. Il devait être reçu le 5 septembre 1631, avec le duc de la Valette et le cardinal de Richelieu; mais Mathieu Molé nous dit (*Mémoires*, tome II, p. 68, édition de la Société de l'Histoire de France) que, le Roi n'étant pas content du comte de la Rochefoucauld, et ayant donné ordre de s'opposer à sa réception, celui-ci ne vint pas à la séance du 5.

3. Dans l'acte de baptême de son fils aîné (1613), François V a les titres de « conseiller du Roi en ses conseils d'État et privé, et maître de sa garde-robe. » Dans un autre, d'un fils de Christophe Cadot, brodeur du Roi, dont il fut parrain en 1617, il y a « grand maître, » au lieu de « maître, » et « gouverneur du Poitou et de Poitiers. » Voyez le *Dictionnaire* cité *de Jal*, p. 739 et 740. — Moréri place la création de la charge de grand maître de la garde-robe à la date du 26 novembre 1669; il veut parler sans doute de la réduction à un titulaire unique et par cela même plus important; car, sans parler de l'acte de 1617 attribuant ce titre à François V, Montglat, dans ses *Mémoires* (tome I, p. 436), nomme, en 1643, deux grands maîtres (lui-même et un autre), et les *États de la France* que nous avons pu voir, à partir de 1648, en inscrivent tantôt quatre, tantôt, et le plus souvent, deux, jusqu'à l'époque où il n'y en a plus qu'un, avec deux maîtres. Un *État de la France*, publié l'année de la mort de François V (à Paris, chez Ch. de Cercy (*sic*), 1650), et dont on trouvera plus loin un extrait (voyez p. xli, note 2), donne (p. 67) à François VI le titre de grand maître de la garde-robe, comme s'il avait succédé en cette charge à son père, qui, on le voit par les *États* antérieurs, ne l'avait pas conservée. Au reste cet *État* de 1650 se dément lui-même (p. 79) : il ne nomme pas notre duc parmi les titulaires de la charge. Même erreur et même démenti dans un autre *État* de 1652 (p. 76 et 173, à Blois, chez Fr. de la Saugère). Le titre rentra dans la famille par François VII, en 1672 : voyez l'*appendice* ix, p. cxvi.

loue en ces termes de la part qu'il eut à la répression de la révolte des Calvinistes dans son gouvernement :

« Il s'est montré si soigneux d'égaler la gloire de ses pères, qu'il ne s'est offert aucun sujet dedans notre royaume et pendant les mouvements dont il a été agité, qu'il n'ait employé sa créance, fidélité et affection au bien de notre service, même en cette dernière occasion de la descente du sieur de Soubise[1] et des rebelles en cette province, où il a si prudemment et vertueusement ménagé les terres qui étoient sous sa charge, qu'il auroit engagé lesdits rebelles en la défaite qui est arrivée, ayant contribué par cette conduite à l'heureuse victoire que nous avons remportée sur eux[2]. »

Louis XIII passa, le 22 avril 1622, par Fontenay-le-Comte, et y descendit chez le gouverneur. « Quelques jours plus tard, Marie de Médicis se fit présenter, chez Mme de la Rochefoucauld, l'échevinage, qui lui demanda la démolition de tous les châteaux forts du bas Poitou n'appartenant pas au Roi.... La Reine mère fut reçue dans l'hôtel situé à côté de la porte de la Fontaine (maison Boumier), où le comte de la Rochefoucauld avait établi son domicile, et qui a porté depuis le nom de *Maison du Gouverneur*[3]. »

---

1. Benjamin de Rohan-Soubise, frère cadet du duc Henri de Rohan. Il soutint, en 1621, dans Saint-Jean-d'Angély, un siége de près d'un mois contre Louis XIII.

2. Des lettres de Louis XIII, de 1622, insérées dans les *Mémoires de Mathieu Molé* (tome I, p. 264 et 266), nous montrent François V commandant des troupes à l'une des attaques de l'île de Ré, puis investissant une place et la forçant à se rendre.

3. *Poitou et Vendée*, par MM. Benjamin Fillon et Octave de Rochebrune, Fontenay, 1861, in-4°, p. 68. Voyez dans le même ouvrage une vue de Fontenay-le-Comte avec la tourelle de la *Maison du Gouverneur*.

Un acte extrait des registres de baptême de la paroisse de Notre-Dame de Fontenay, déposés au greffe du tribunal civil, et dont nous devons la copie à M. Benjamin Fillon, permet de supposer que François V était dans cette ville en 1621, avec sa femme et ses enfants : il n'en avait encore que deux. On y voit que, le 27e de septembre 1621, « Messire François de la Rochefoucauld, prince de Marcillac, fils aîné de haut et puissant seigneur François,

C'est tantôt dans cette résidence, tantôt dans les diverses *maisons* de son père en Angoumois, la Rochefoucauld, Verteuil et autres[1], que notre auteur passa une partie de son en-

comte de la Rochefoucauld, » fut parrain du fils d'un sieur Raoul Gallier-Picard, écuyer.

1. On lit dans les *Mémoires* manuscrits *sur l'Angoumois*[a], rédigés par le sieur Gervais, lieutenant criminel au présidial d'Angoulême, et adressés par lui, vers le milieu du dix-huitième siècle[b], au comte de Saint-Florentin, ministre sous Louis XV : « Il y a peu de provinces en France, d'une aussi petite étendue, dans laquelle il se trouve d'aussi grandes maisons, et d'[où] un aussi grand nombre de seigneurs de nom tirent leur origine. C'est peut-être aussi celle du Royaume où il y a de plus belles terres et en plus beaux droits.

« Les seigneurs de la Rochefoucauld.... y possèdent la duché de ce nom, qui fut érigée en 1622 par Louis XIII.... La terre particulière de la Rochefoucauld contient vingt paroisses et vaut dix mille livres de rente. Le château qui y donne le nom, sur la Tardouère, fut bâti, en 1540, par Anne de Poulignac (*Polignac*), veuve (*en secondes noces*) de François, second du nom[c], et est fort beau. C'est le chef-lieu de toutes les autres terres et de la duché, la maison patrimoniale ancienne et le berceau des seigneurs de ce nom et de leurs ancêtres[d]; mais, quoiqu'il soit richement meublé, ils n'y font pourtant pas leur résidence actuelle (*au dix-huitième siècle*), lorsqu'ils sont dans la province. Il y a à l'entrée de ce château une tour plus respectable par son antiquité que d'usage dans sa construction.... On juge.... que c'est un reste de l'ancien château....

« Verteuil (*ou* Vertœil, voyez tome III, p. 15, note 9).... est une baronnie composée de neuf ou dix paroisses, à la tête desquelles est la petite ville de ce nom, à sept lieues d'Angoulême, composée de cent feux. Les habitants en sont communément pauvres.... Cette terre seule ne vaut pas plus de cinq mille li-

[a] Bibliothèque nationale, Ms. Fr. 8816, in-folio, p. 104 et suivantes.

[b] Avant l'année 1770, où le comte de Saint-Florentin devint duc de la Vrillière.

[c] C'est elle qui reçut, en 1539, après la mort de son second mari, l'empereur Charles-Quint et les enfants de France dans son château de Verteuil : voyez le P. *Anselme*, tome IV, p. 427.

[d] C'est Guy VIII de la Rochefoucauld, gouverneur d'Angoumois, bisaïeul du premier comte François I, qui, par lettres de septembre 1370, obtint du roi Charles V, dont il était conseiller et chambellan, que ses terres assises au ressort et comté d'Angoulême ressortiraient dorénavant à son château de la Rochefoucauld : voyez le P. *Anselme*, tome IV, p. 423.

fance et de sa jeunesse. Cette période de sa vie n'est point connue, et peut-être ce qu'on en pourrait savoir n'offrirait-il

vres de ferme. Le château de Verteuil, qui domine la ville sur la Charente, est la maison de plaisance des seigneurs de la Rochefoucauld, qui y font leur résidence ordinaire lorsqu'ils sont en province. Ce château est ancien et d'une structure fort irrégulière, mais qu'on a néanmoins rendu très-logeable par les appartements qu'on y a ménagés et les commodités qu'on y a pratiquées dans les derniers temps, quoique sans suite. On y a, entre autres, ajouté une galerie neuve et un salon magnifique dans lesquels sont placés les portraits des seigneurs de cette maison... [a].

« Les issues de Verteuil, connues sous le nom de parc de Vauguay, ont des beautés naturelles qui surpassent peut-être tout ce qu'on peut voir en France. Le parc, d'une étendue des plus spacieuses, s'est trouvé contenir un terroir très-propre à élever des arbres, et les plants de charmilles et d'autres espèces y ont si bien réussi, qu'il n'y en a point ailleurs d'une semblable hauteur, de si belle tige et si bien fournies. On y entretient aussi une orangerie superbe.

« Le parc de la Tremblaye, qui y est joint, est une forêt entière, brute, toute enfermée de hauts murs, dans laquelle il y a nombre de bêtes. Les arbres en sont aussi fort beaux. Elle est coupée au milieu par une grande allée dont le point de vue, qui répond par d'autres allées à la porte du château, forme une des plus belles perspectives du monde.

« La baronnie de Montignac-Charente, à quatre lieues d'Angoulême, appartenante au même seigneur, contient vingt-quatre paroisses et peut valoir huit mille livres de revenu. Le chef-lieu du même nom est un petit bourg qui contient, compris Saint-Étienne joint, quelque quatre-vingt-onze feux. Il n'y a que quelques petits cabaretiers et artisans que les foires y entretiennent. Le reste est bas peuple et pauvre. Le château est presque tout en vieille masure. »

Le *Mémoire de la généralité de Bordeaux* (1698), cité dans notre tome III, p. 236, note 14, inscrit comme appartenant au duc de la Rochefoucauld les trois terres, d'une « grande étendue, » de Montclar, Eschizac et Cahuzac, les deux premières en Périgord, la troisième, moitié en Périgord, moitié en Agenois.

Dans les *Mémoires du Poictou* (1697) de Charles Colbert (Biblio-

[a] Le manuscrit énumère les portraits dans leur ordre; l'original du dix-huitième est « Jean (*père du premier comte François I*), mort en 1471, qui épousa Marguerite de la Rochefoucauld, héritière de Verteuil, et réunit par ce mariage les deux branches et les deux terres. »

pas un grand intérêt. En ce temps-là, l'éducation des fils de famille tendait surtout au développement de l'être physique. Élevé ainsi à la campagne, le jeune Marcillac (c'est le titre qu'il porta[1], jusqu'à la mort de son père, en qualité d'aîné; il l'était de douze enfants[2]) excella sans doute, dès l'adolescence,

thèque nationale, *Fonds Colbert*, V^c, n° 278), publiés en 1865 par M. Dugast-Matifeu, sous ce titre : *État du Poitou sous Louis XIV* (Fontenay, in-8°), on trouve d'intéressants détails sur la famille de notre auteur. Il y est dit notamment (fol. 142 v°) que le duc de la Rochefoucauld (alors François VII) a beaucoup de pouvoir dans la province, « quoiqu'il y ait peu de biens, » parce qu' « il y a force gens qui sont ses parents et amis. » — Et (fol. 100) : « En la paroisse de Notre-Dame de Monts, élection des Sables, il y a une maison de la Rochefoucauld, où il y a quatorze mille livres de rente et plusieurs jeunes gens capables de servir, qui sont catholiques et seigneurs du Breuil. »

1. Le château de Marcillac, Marcillac-Lanville, commune de la Charente (Angoumois), à six lieues d'Angoulême, avait été bâti par Vulgrive I, comte héréditaire d'Angoumois, vers la fin du neuvième siècle, pour s'opposer aux incursions des Normands. Il fut acquis, pour neuf mille écus, de Guillaume de Craon, seigneur de Châteauneuf, de Montbazon et de Marcillac, par Guy VIII de la Rochefoucauld, déjà nommé dans la note précédente, qui, d'après A. du Chesne, qu'a suivi le P. Anselme (p. 424), épousa, en secondes noces (1389), Marguerite, fille dudit Guillaume de Craon. Jean, père du premier comte François I, rebâtit le château en 1445. Voyez le *Recueil en forme d'histoire de la ville et des comtes d'Angoulême*, par François de Corlieu, à la suite de l'*Histoire de l'Angoumois* par Vigier de la Pile, 1846, in-4°, p. 14; cette dernière histoire, p. 46; et le *P. Anselme*, tome IV, p. 425. — François II de la Rochefoucauld est le premier à qui le P. Anselme donne le titre, non plus, comme à ses ascendants, de « seigneur, » mais de « prince de Marcillac, » et nous voyons ensuite cette dénomination désigner constamment le fils aîné du vivant de son père.

2. Aux douze enfants énumérés par le P. Anselme, une lettre de François V à Richelieu ajoute deux garçons : voyez l'*appendice* II de cette *Notice*, p. xcvii, note 4, et, au tome III, la *lettre* 2 de l'*appendice* I, p. 230 et note 4. Sur ce que devinrent les onze frères et sœurs de François VI inscrits dans les généalogies, et ses propres enfants puînés, voyez *les Mariages dans l'ancienne société française*, par M. Ernest Bertin (1879), p. 143-147. L'auteur retranche à François V un des fils (Aymery sans doute, mort jeune) et une des filles que lui

dans les divers exercices du corps. Pour ses études, elles durent être assez sommaires, car Segrais rapporte et Mme de Maintenon confirme qu'il avait peu de savoir[1]. Il avoue lui-même qu'il n'entendait pas très-bien le latin[2]. Son maître de littérature fut un certain Julien Collardeau[3], de Fontenay, qui succéda à son père comme avocat et procureur du Roi au siège de cette ville, et qui fut ensuite (17 janvier 1650) pourvu d'une charge de conseiller d'État en récompense de sa fidélité au parti de la cour durant les troubles de la Régence. Ce ne fut donc pas la faute du précepteur si l'élève devint un frondeur.

Il se peut que les romans aient été de bonne heure un aliment favori de l'esprit de notre auteur, qui paraît en avoir conservé le goût jusqu'à la fin de ses jours. Mme de Sévigné, dans une lettre du 12 juillet 1671[4], se console par son exemple de « la folie qu'*elle a elle-même* pour ces sottises-là : » ce

comptent le P. Anselme et Moréri. Ajoutant à ces deux générations une troisième, « En trois générations, dit-il, sur vingt-cinq enfants adultes, je compte six religieuses, trois vieilles filles, huit prêtres, abbés ou chevaliers de Malte, et un abbé mixte, demi-abbé, demi-capitaine. »

1. « M. de la Rochefoucauld n'avoit pas étudié ; mais il avoit un bon sens merveilleux, et il savoit parfaitement bien le monde. » (*Segraisiana*, p. 15, Amsterdam, 1722.) — M. de Barthélemy, dans sa *Notice* (p. 163), cite de Mme de Maintenon, sans dire où il l'a pris, ce passage : « Il avoit.... beaucoup d'esprit, mais peu de savoir. »

2. *Lettre* 116, tome III, p. 226.

3. Ce Julien Collardeau (on sait que deux autres avant lui avaient porté le même nom dans sa famille) naquit le 23 janvier 1596 et mourut le 20 mars 1669. Il est auteur de plusieurs ouvrages, dont un, *les Tableaux des victoires de Louis XIII*, a eu trois éditions. Voyez sur lui la *Bibliothèque historique et critique du Poitou*, par Dreux du Radier, Paris, 1754, tome III, p. 464 et suivantes. Nous devons à M. Benjamin Fillon communication de la pièce suivante, datée de Fontenay, le 8 novembre 1626, et signée : *J. Collardeau* : « Je confesse avoir reçu de Monsieur l'abbé de la Réau, agissant au nom de Mgr de la Rochefoucauld, la somme de soixante livres tournois, en deniers ayant cours, pour le dernier quartier de la gratification à moi allouée par ledit seigneur en récompense d'avoir enseigné les lettres à M. le prince de Marcillac, et du tout l'en tiens quitte. »

4. *Lettres de Mme de Sévigné*, tome II, p. 277 et 278.

qui s'accorde avec ce souvenir, gardé d'une de nos lectures, mais dont nous avons négligé de prendre note, que la Rochefoucauld ne manquait point de lire *l'Astrée* au moins une fois l'an et qu'il s'enfermait pour n'être point distrait de ce plaisir. Cette chaleur naturelle d'imagination, que rien ne put refroidir entièrement, expliquerait à elle seule, au besoin, plus d'un épisode étrange de sa jeunesse.

D'après un document conservé au Cabinet des titres de la Bibliothèque nationale, c'est le 20 janvier 1628, donc avant l'âge de quinze ans, qu'on lui fit épouser [1] Andrée de Vivonne, laquelle a passé fort silencieusement dans l'histoire, et même dans la vie de la Rochefoucauld, entre Mme de Longueville et Mme de la Fayette. « On sait assez, nous dit-il, qu'il ne faut guère parler de sa femme [2] ; » et, nous le faisons remarquer au tome II (p. 29, note 4), il se conforme bien au précepte. La mention sèche d'une maladie, un mot sur « le tabouret, » ce fait, constaté sans détail, qu'en 1650, lorsqu'on rasa Verteuil, « la mère, la femme et les enfants du duc de la Rochefoucauld » furent un moment « sans retraite, » voilà tout ce que nous trouvons dans les *Mémoires* [3] ; et, quand nous aurons noté encore deux passages de l'*Apologie* [4], relatifs au même tabouret, et, dans la correspondance, deux ou trois autres mentions de

1. Parmi les pièces qui nous ont été communiquées par M. Benjamin Fillon, il y a une procuration donnée par le père et la mère de notre auteur à l'abbé de la Réau (déjà nommé plus haut, p. x, note 3) et à César de Lestang, sieur de Boisbreton, les autorisant à assister, en leur nom, à la rédaction du contrat de mariage du prince de Marcillac et « d'Andrée de Vivonne, fille de feu André de Vivonne, baron de la Châteigneraye en bas Poitou, et de Marie-Antoinette de Loménie, actuellement femme de Jacques Chabot, marquis de Mirebeau, comte de Charny, gouverneur de Bourgogne. » On voit par une autre procuration que François V de la Rochefoucauld et Gabrielle du Plessis, sa femme, s'engagèrent à payer, principal et intérêts, certaines dettes de Mme de Mirebeau, qui, de la sorte, en mariant sa fille, battit quelque peu monnaie. Elle devint veuve en 1630 de son second mari Jacques Chabot, et mourut en 1638 : voyez tome III, p. 17, note 4.
2. *Maxime* 364, tome I, p. 171.
3. Pages 29, 105 et 212.
4. Tome II, p. 456, 457 et 465.

maladie, celle d'une lettre que son mari lui adresse, d'un voyage qu'elle va faire, et des compliments ou remerciements envoyés en son nom[1], nous n'aurons rien omis de ce que notre auteur nous dit d'Andrée de Vivonne. Elle était la seconde fille (l'aînée, Marie, était morte jeune) d'André de Vivonne[2], seigneur de la Béraudière, puis de la Châteigneraye, etc., chevalier de l'ordre du Roi, capitaine des gardes de la reine Marie de Médicis, élevé à la cour d'Henri IV, lequel lui porta toujours une singulière affection, nommé, en 1612, par Louis XIII, grand fauconnier de France, mort, « dans la fleur de son âge[3], » le 24 septembre 1616 ; et d'Antoinette de Loménie, fille d'Antoine, seigneur de la Ville-aux-Clercs, secrétaire d'État. On croit qu'elle mourut en 1670[4] ; Jal n'a pu, dit-il (p. 740), s'assurer du fait.

Nous donnons dans l'*appendice* I du tome III, trois lettres d'elle à Lenet, écrites en 1652, l'une (n° 16, p. 265), en juillet, par « ordre » de son mari, peu de temps après sa grave blessure du faubourg Saint-Antoine ; les deux autres en novembre et en décembre ; dans la première de celles-ci (n° 18, p. 268), elle parle de lui affectueusement et de la douleur que lui a causée l'état où elle l'a vu partir pour aller auprès de Condé, puis à Damvilliers. Dans la seconde (n° 20, p. 274) : « Je pars dans huit jours, dit-elle, pour aller aider M. de la Rochefoucauld à passer son hiver à Damvilliers ; » et elle ajoute, en femme qui fait peu valoir ce qu'elle est pour son époux : « Depuis qu'il y est, sa santé est si mauvaise, qu'il a cru que je lui pouvois aider, en quelque petite chose, à supporter son chagrin. »

Du mariage de François VI de la Rochefoucauld et d'Andrée de Vivonne, naquirent huit enfants, cinq garçons et trois filles[5], tous, hormis les deux derniers fils, sous le règne de Louis XIII ; le dernier seul après la participation du père à la guerre civile, en 1652. Notons en passant qu'en 1644, à la naissance de l'aîné François VII, qui fut baptisé dans la chapelle du cardinal François de la Rochefoucauld et tenu

---

1. Voyez son article dans la *Table alphabétique* du tome III.
2. Voyez la note 1 de la page précédente.
3. *Moréri*, tome X (1759), article Vivonne, p. 678.
4. *Ibidem.*
5. Voyez à l'*appendice* II (p. xcvii), la *Généalogie*.

par lui sur les fonts, comme l'avait été son père, celui-ci demeurait dans la rue des Blancs-Manteaux¹. De tous les enfants de notre duc, cet aîné fut le seul qui se maria, à moins que nous n'ajoutions foi à ce que nous dit Saint-Simon², du mariage, secret d'ailleurs, d'une des trois sœurs avec Gourville³.

En 1629, à seize ans, Marcillac fit ses premières armes en Italie, où il fut mestre de camp du régiment d'Auvergne⁴. C'est au retour de cette campagne qu'il parut à la cour. Le vent soufflait aux aventures périlleuses, et la jeune noblesse, en dépit des terribles leçons déjà infligées par Richelieu, se faisait comme un point d'honneur d'intriguer ou de conspirer contre le ministre. On a écrit dans une notice, nous ne savons sur quel fondement, que notre héros prit, en novembre 1630, une part active à la Journée des Dupes. C'est fort peu vraisemblable : Marcillac avait à peine dix-sept ans, et nous ne voyons le fait rapporté ni dans ses *Mémoires*, qui remontent à 1624, ni ailleurs. Ce qu'il y a de sûr, c'est que le futur auteur des *Maximes* appartenait d'avance à l'opposition, comme l'on dirait de nos jours, par cette fièvre de mouvement qui tourmente la jeunesse, par cette pente naturelle des esprits fins vers l'intrigue, par un sentiment exagéré de sa personne qui faisait de lui un *important* avant même qu'il y eût un parti des *Importants*⁵, enfin par un fond inné d'humeur cha-

---

1. Voyez aux pages déjà citées (739 et 740) du *Dictionnaire de Jal*, qui a trouvé l'acte de baptême dans les registres de Saint-Jean de Grève.
2. *Mémoires de Saint-Simon*, tome III, p. 422, édition de 1873.
3. Voyez ci-après, p. LVIII.
4. Voyez l'*appendice* IV, p. CI. — *Régiment d'Auvergne* est l'expression de notre auteur dans ses *Mémoires* (p. 14) ; la pièce ministérielle que nous citons à l'appendice dit : « un régiment de son nom ; » et Pinard (1763), que nous y citons également pour les états de service : « le régiment aujourd'hui Auvergne. »
5. « Marcillac est plus *important* que jamais, » *Marsigliac più importante che mai*, écrira bientôt Mazarin dans ses *Carnets* (n° IV, p. 80) : voyez *Madame de Chevreuse*, par V. Cousin, 5ᵉ édition, p. 492. Son nom revient dans le même *carnet* (p. 96) : « On assure, dit le Cardinal, qu'il entre dans tous les conseils » (des mécontents).

grine, qui s'armera de la plume après s'être armé de l'épée, et qui frondera l'espèce humaine quand il n'y aura plus moyen de fronder les ministres. En attendant les fruits amers de l'expérience, Marcillac est tout aux illusions, et, comme les héros de ses chers romans, il débute par ce quart d'heure de désintéressement et d'enthousiasme qu'on retrouverait peut-être, à bien chercher, dans la vie des hommes le plus foncièrement personnels et le plus vite désabusés. Avec le nom qu'il portait, il avait de grandes espérances, et partant une grande ambition, cette double ambition de la jeunesse, qui aspire à la fois à la gloire et à l'amour. L'une et l'autre, au demeurant, semblaient, en ce temps, on ne peut plus légitimes, et la seconde surtout était de saison. Bien fait de sa personne, fort désireux et fort capable de plaire, le prince de Marcillac n'était point de ces jeunes gens qu'il nous dépeint, et dont « l'air composé se tourne.... en impertinence[1]. » Il avait, au contraire, un certain air discret, ou plutôt un air *honteux*, comme il dit, une timidité en public, dont il souffrit toute sa vie[2], mais qui, couverte avec soin, pouvait passer pour une réserve de bon goût. Il écoutait plus qu'il ne parlait, pratiquant déjà cet art d'observer qui prépare, puis achève le moraliste. « Je commençai, dit-il[3], à remarquer avec quelque attention ce que je voyois. » Or ce qu'il remarqua tout d'abord, ce fut Mlle de Hautefort, qui était l'objet des assiduités peu entreprenantes du roi Louis XIII. La Rochefoucauld ne dit point qu'il ait soupiré lui-même pour cette fille d'honneur; mais il nous semble bien qu'on peut se passer de son aveu. C'est par elle, en tout cas, qu'il obtint l'attention et la confiance d'Anne d'Autriche; c'est elle qui obligea la Reine à lui « dire toutes choses sans réserve[4]; » et Mlle de Chemerault, qui avait ses raisons pour tendre l'oreille, était en quart dans ce commerce de confidences[5]. Tout ambitieux qu'il est, Marcillac, ainsi accueilli dans l'intimité d'Anne d'Autriche, commence par se montrer plus capable de

---

1. Voyez, au tome I, les *maximes* 495 (p. 208) et 372 (p. 174).
2. Voyez ci-après, p. xci, l'explication que donne Huet de son refus d'entrer à l'Académie française.
3. *Mémoires*, p. 14. — 4. *Ibidem*, p. 21.
5. Mlle de Chemerault était auprès de la Reine un espion de Richelieu : voyez encore les *Mémoires*, notes 3 et 4 de la page 21.

dévouement que de calcul ; car, par intérêt pour deux femmes, et deux femmes alors sans crédit, il s'engage, les yeux fermés, contre le terrible cardinal. Au rebours de tant de personnages de son temps, plus habiles ou moins chevaleresques, il entrait dans la politique en homme d'imagination, par ce que l'on pourrait appeler l'héroïsme de la galanterie. Il confesse en effet dans ses *Mémoires* qu'entre la Reine et Mlle de Hautefort, il fut « ébloui, » comme « un homme qui n'avoit presque jamais rien vu, » et fut entraîné dans un chemin tout opposé à sa fortune. Il ajoute que sa « longue suite de disgrâces » fut la conséquence de ce premier pas imprudent[1].

Elle fut aussi la conséquence de ce *je ne sais quoi*[2] qui devait dominer toute sa conduite politique : c'était quelque chose d'irrésolu et d'incohérent, qu'on peut définir en disant que la Rochefoucauld, au moment d'agir, était toujours pris d'une arrière-pensée raisonneuse et critique ; il y avait en lui deux hommes qui se contredisaient et s'entravaient mutuellement, l'homme du premier mouvement et l'homme de la réflexion. L'élan pris, il s'arrêtait souvent à mi-chemin, impatient de se dérober, à condition toutefois que l'honneur fût sauf. Les esprits vraiment nés pour la politique, pour ses luttes, pour ses grandes intrigues, comme Richelieu et comme Retz, ne connaissent point ces brusques retours ni ces désaccords intérieurs : ils savent prévoir à temps, se décider sans regrets, au besoin même sans scrupules, et s'ils raisonnent des événements, l'action, après tout, chez eux n'y perd rien.

Le prince de Marcillac n'en semble pas moins tout d'abord mener de front, selon son vœu, l'amour et la guerre. Dans les années 1635 et 1636 on le voit prendre part, sous les maréchaux de Châtillon et de Brezé, à deux campagnes, qui échouèrent par la mésintelligence des capitaines français et de Guillaume de Nassau, et s'y conduire vaillamment. Il combattit comme volontaire, avec les ducs de Mercœur, de Beaufort et autres, à la journée d'Avein (20 mai 1635)[3]. Mais il

---

1. *Mémoires*, p. 22.
2. Voyez, dans notre tome I, la première ligne du portrait de la Rochefoucauld par Retz (p. 13).
3. Voyez les *Mémoires*, p. 22 et 23, l'*Extraordinaire* de la *Gazette*

avait de soudaines échappées de langue, comme il arrive souvent aux jeunes gens, qui ne cessent d'être trop timides que pour devenir trop hardis. Il parla, au retour, des fautes militaires commises en Flandre, avec une liberté qui déplut à Richelieu, et il enveloppa dans sa disgrâce plus d'un de ses camarades, compromis par ses propos. Il prétend toutefois dans ses *Mémoires*[1] que la vraie cause de cette disgrâce fut la jalousie du Roi et « le plaisir qu'il sentit de faire dépit à la Reine et à Mlle de Hautefort en l'éloignant » d'elles : toujours est-il qu'il reçut l'ordre de rejoindre son père dans ses maisons. Il n'en sortit que pour retourner à l'armée, sans s'arrêter à Paris ou du moins sans séjourner à la cour.

L'événement le plus grave pour lui qui marqua ce temps d'exil, d'éloignement de la cour, ce fut la liaison qu'il forma avec la belle duchesse de Chevreuse, alors reléguée à Tours[2], et qui, nous dit-il[3], souhaita de le voir sur la « bonne opinion » que la Reine lui avait donnée de sa personne; on verra plus loin quelles furent les suites de cet engagement.

La disgrâce de son père ayant cessé tout à coup, après que le refus d'entrer dans le parti de Monsieur, refus, dit Montrésor dans ses *Mémoires* (p. 210), imputable plutôt à la faiblesse qu'à un principe d'honneur, lui eut reconquis enfin les bonnes grâces du Cardinal, Marcillac revint à la cour (1637), au moment même où Anne d'Autriche était soupçonnée, non sans raison, d'entretenir, ainsi que Mme de Chevreuse, des intelligences avec l'Espagne. Louis XIII, excité par Richelieu, parlait hautement de la répudier et de l'enfermer au Havre. C'est alors, si l'on en croit la Rochefoucauld, que la Reine lui proposa de l'enlever avec Mlle de Hautefort et de les conduire à Bruxelles[4]. On a quelque peine à imaginer une reine de France courant ainsi les chemins, avec une jeune fille, sous la conduite d'un galant gentilhomme de vingt-quatre ans. Cette

---

du 3 juillet 1635; les *Mémoires de Mathieu Molé*, tome I, p. 298, note 3; et Bazin, *Histoire de France sous Louis XIII et sous le ministère du cardinal Mazarin*, tome II, p. 370.

1. Pages 23 et 24.
2. Elle demeura en Touraine de 1633 à 1637 : voyez *Madame de Chevreuse*, p. 119 et 120.
3. *Mémoires*, p. 27. — 4. *Ibidem*, p. 28.

proposition n'était-elle, comme le veut croire V. Cousin, qu'une plaisanterie mal à propos prise au sérieux par la Rochefoucauld, et que celui-ci ne rapporte que « pour se donner.... un air d'importance [1] » ? Il est à remarquer qu'il n'y a nulle trace de ce projet d'enlèvement, ni dans les *Mémoires de Mme de Motteville*, ni dans ceux *de la Porte*, le porte-manteau de la Reine, lequel raconte longuement (p. 344-381) ces intrigues de 1637, suivies, pour lui aussi, d'une courte demeure à la Bastille. Tallemant seul le mentionne [2], en l'enjolivant ; il nous dit de la Reine : « Marcillac.... la devoit mener en croupe. » Celui-ci, en tout cas, était certainement d'humeur à se charger d'une entreprise aussi romanesque que téméraire ; et s'il peut passer bien des idées étranges par la tête d'un jeune ambitieux inexpérimenté, il en peut également naître de bizarres, à une heure donnée, dans le cerveau d'une reine, jeune encore, consumée d'ennui, menacée du déshonneur et de la prison, et, par surcroît, espagnole. « Je puis dire, écrit la Rochefoucauld, en parlant de ce dessein, qu'il me donna plus de joie que je n'en avois eu de ma vie. J'étois en un âge où on aime à faire des choses extraordinaires et éclatantes, et je ne trouvois pas que rien le fût davantage que d'enlever en même temps la Reine au Roi son mari, et au cardinal de Richelieu, qui en étoit jaloux [3]. » On le voit, ce qui le séduit dans cette singulière aventure, c'est la singularité même, c'est aussi l'éclat qu'elle devait produire, plutôt que le profit, fort douteux, qu'en pouvait retirer son ambition : ici encore le roman domine dans sa conduite, qui est d'un vrai paladin, non d'un politique et d'un homme de parti. Il lui semble aussi que cet enlèvement serait un tour bien joué, et l'on sent déjà percer chez lui cette malicieuse disposition d'esprit qui se retrouve dans ses *Maximes*, où, sous un faux air de gravité, il se raille et se joue cruellement de la nature humaine. Heureusement, cette folle équipée en resta là ; le prince de Marcillac eut l'honneur du choix sans avoir le péril du rôle ; à

---

1. *Madame de Chevreuse*, p. 122.
2. Dans une variante de note marginale de l'historiette du cardinal de Richelieu, tome II, p. 7 et 8.
3. *Mémoires*, p. 28 et 29.

la suite d'un interrogatoire en règle, la Reine consentit à faire amende honorable, et Mme d'Aiguillon acheva d'apaiser le Cardinal son oncle. Mais le départ précipité de Mme de Chevreuse, qui était du complot, et qui prit l'alarme sur un malentendu, vint gâter, au dernier moment, les affaires de Marcillac. Quelque mystère que celui-ci y eût mis, le Cardinal connut la part qu'il avait eue à la fuite de la duchesse. Mandé à Paris pour rendre compte de sa conduite, le favori de la Reine ne craignit pas de heurter Richelieu par ses réponses, et le Ministre, impatienté plus encore qu'irrité, l'envoya pour huit jours à la Bastille[1]. « Ce peu de temps que j'y demeurai, dit la Rochefoucauld avec une exagération égoïste qui fait sourire, me représenta plus vivement que tout ce que j'avois vu jusqu'alors l'image affreuse de la domination du Cardinal; » et il se félicite d'être sorti si vite de prison « dans un temps où personne n'en sortoit[2]. » C'est que Richelieu l'avait mesuré

1. Nous lisons dans les *Mémoires de Richelieu* (tome III, p. 232, édition Michaud et Poujoulat) : « Le président Vignier interrogea le prince de Marcillac, qui fut ensuite mis dans la Bastille, pour les fortes apparences qu'il y avoit qu'il avoit eu connoissance de son dessein (*le dessein de Mme de Chevreuse*) et qu'il l'y avoit assistée ; mais, à peu de jours de là, la bonté du Roi fut telle qu'il lui pardonna et le fit remettre en liberté. » — Sur toute cette aventure de la fuite de Mme de Chevreuse, voyez, outre les *Mémoires*, p. 32-40, l'appendice I de notre tome III, *lettre* 3 (avec les annexes A et B), et *lettre* 4, p. 231-243.

2. *Mémoires*, p. 38 et 40. — Voici l'ordre d'emprisonnement envoyé par le comte de Chavigny :

« A M. du Tremblay, gouverneur de la Bastille, pour recevoir à la Bastille M. de Marcillac. — Monsieur, le Roi ayant commandé à M. de Marcillac d'aller à la Bastille pour avoir fait quelque chose qui lui a déplu, je vous écris le présent billet de la part de Sa Majesté, afin que vous le receviez. Vous aurez soin, s'il vous plaît, de le bien loger et lui donner la liberté de se promener sur la terrasse. Je suis, Monsieur, votre très-humble serviteur. CHAVIGNY. — A Ruel, ce mardi 29 octobre 1637. »
(Dépôt des affaires étrangères, France, tome 86, fol. 138.)

V. Cousin, qui transcrit également cet ordre dans l'appendice du chapitre III de *Madame de Chevreuse* (p. 435), fait remarquer avec raison que, Marcillac n'étant parti pour Paris qu'après le 12 nod'un regard et n'avait pas cru découvrir en lui un adversaire bien redoutable. La Rochefoucauld, dans ce passage de ses *Mémoires*, a beau enfler son personnage, il ne réussit point à se faire prendre au sérieux. La Meilleraye et Chavigny le dépeignent au Cardinal comme une sorte de Jehan de Saintré qui n'a d'autre politique que sa galanterie; lui-même, il s'avoue tel involontairement, lorsqu'il nous dit que la secrète approbation de la Reine, les « marques d'estime et d'amitié » de Mlle de Hautefort, la reconnaissance de Mme de Chevreuse l'ont trop bien payé de ses disgrâces[1].

Aussi le voyons-nous supporter « avec quelque douceur[2] » un nouvel exil de deux ans à Verteuil. Là où un homme d'action véritable eût rongé son frein, Marcillac prend volontiers son parti : « J'étois jeune, dit-il,... j'étois heureux dans ma famille, j'avois à souhait tous les plaisirs de la campagne; les provinces voisines étoient remplies d'exilés, et le rapport de nos fortunes et de nos espérances rendoit notre commerce agréable[3]. » Au reste, l'exil ne paraît pas avoir été bien rigoureux : dans une lettre à son oncle, M. de Liancourt[4], notre auteur, nous apprend qu'il vint à Paris en septembre 1638, pour les affaires de la succession de sa belle-mère, Mme de Mirebeau; c'est à ce voyage que se place une réclamation de pierreries par Mme de Chevreuse[5].

De retour à l'armée, en juin 1639, il se distingue, entre es volontaires de qualité, par sa valeureuse conduite, aux combats de Saint-Venant-sur-Lys et du fort Saint-Nicolas (le 4 et le 24 août)[6]; si bien que le Cardinal, après l'avoir puni, songe à le récompenser : le maréchal de la Meilleraye lui offre, de sa part, « de *le* faire servir de maréchal de camp[7]. » Un mérite militaire même plus haut que celui de

vembre, il faut, à la date, lire *novembre*, au lieu d'*octobre*, ou supposer que l'ordre avait été donné d'avance : voyez à l'*appendice* 1 de notre tome III, p. 242.

1. *Mémoires*, p. 40. — 2 et 3. *Ibidem*.
4. Tome III, p. 16-21.
5. Elle est racontée longuement dans cette même lettre, p. 17-21.
6. Voyez les *Extraordinaires* de la *Gazette*, des 18 et 29 août 1639; et *Bazin*, tome III, p. 24 et 25.
7. *Mémoires*, p. 41.

Marcillac se fût tenu pour l'heure satisfait; cependant, après avoir consulté la Reine, il refuse, pour rester libre de comploter contre Richelieu. Dans ce métier de conspirateur, il a encore, il est vrai, certains scrupules qui sont à l'honneur de sa loyauté. Il n'entre pas dans l'odieux complot que, peu de temps après, Cinq-Mars ourdit contre le Cardinal, son bienfaiteur. Si, à un certain moment, il s'est trouvé, comme il dit[1], dans les intérêts de Monsieur le Grand, qu'il n'avait presque jamais vu, c'est uniquement comme ami de l'infortuné de Thou[2]. Etranger à l'affaire même, il se mêle, en homme de cœur, dans ses suites : il fournit à Montrésor, un des conjurés les plus compromis, les moyens de se soustraire à la vengeance de Richelieu ; il prête également son assistance au comte de Béthune, accusé, bien qu'à tort, d'avoir trahi ses complices. On le voit, dès qu'il s'agit de déployer du courage et de servir ses amis, Marcillac ne boude jamais : il a beau prévoir le péril, il est toujours prêt aux « rechutes » par la « nécessité indispensable » de faire son devoir de gentilhomme tel qu'il le comprend[3].

Richelieu mourut le 4 décembre 1642[4], et l'on prévoyait que le Roi ne survivrait guère à son ministre. Toutes les ambitions, rompant leurs chaînes, s'élançaient d'avance dans la lice; les unes tenaient pour la Reine, les autres pour Gaston d'Orléans, à qui Louis XIII destinait la Régence. Par ses précédents, par ses goûts et aussi par ses espérances, qui n'avaient pas encore été déçues, Marcillac appartenait au parti d'Anne d'Autriche. Il offrit donc ses services à la Reine, et lui proposa de s'unir à la maison de Condé contre Monsieur.

---

1. *Mémoires*, p. 45.
2. Voyez, au tome III, p. 22, la lettre de condoléance qu'il écrit à son frère, l'abbé de Thou.
3. *Mémoires*, p. 46.
4. A cette année 1642 appartient un curieux détail. En février, nous voyons Marcillac expédier d'Angoumois des vins à destination de l'Angleterre, et, prenant pour adresse : « à Monsieur Graf, » demander qu'en échange on lui envoie des chevaux et des chiens : voyez l'*appendice* 1 du tome III, *lettre* 5, p. 243.

Dès ce mois de décembre même, nous le trouvons à Paris, et, aux fêtes de Noël, il assiste, à Beaumont, chez M. de Harlay, à ce dîner qui fit grand bruit, et dont les convives reçurent bientôt le nom d'*Importants*[1].

Jusqu'alors simple porteur de paroles ou de messages de femmes, il voyait son rôle grandir ; il avait trouvé l'emploi le plus propre à sa nature ; car, si les affaires générales, comme dit Retz[2], ne furent jamais son fort, il avait, en revanche, la plupart des qualités qui font ce qu'on appelait au dix-septième siècle une « personne de créance, » et par lesquelles on mène à bien une négociation particulière : des manières polies et engageantes, un grand fonds de réflexion, de la finesse, bien qu'un peu subtile, de l'insinuation, « cet esprit de pénétration et d'habileté, » dont parle Mme de Motteville[3]. Aussi réussit-il, avec l'aide de Coligny, il est vrai, dans cette première campagne diplomatique, où tout fut résolu en paroles, sans conditions écrites. La Reine s'engageait par devant les deux négociateurs à réserver pour Monsieur le Prince « tous les emplois dont elle pourroit exclure Monsieur sans le porter à une rupture ouverte[4]. » Cette union avec les Condés ne fut pas du reste trop malaisée à conclure ; car d'abord, avec de l'argent, on pouvait tout sur le père, qui, après avoir vécu jadis

---

1. « Il (*M. de Harlay*) nous pria de lui rendre visite aux fêtes de Noël, à sa maison de Beaumont. Le président Barrillon, le prince de Marcillac, le marquis de Maulévrier, du Bourdet et Beloy, desirèrent être de la partie, faite sans autre dessein que celui de notre divertissement particulier.... Cette entrevue, quoique fort innocente et de nulle considération, fit un éclat étrange : M. de la Rochefoucauld (le duc François V) fut le premier qui en donna avis à M. le cardinal Mazarin, et crut que son zèle seroit fort estimé en usant de ces termes : « qu'il ne répondoit plus du prince de « Marcillac, son fils. » (*Mémoires de Montrésor*, p. 352 et 353.) Quelques lignes plus bas, Montrésor s'exprime ainsi : « .... Cette assemblée d'Importants (qui étoit le nom qu'il leur plaisoit nous donner). » — Voyez aussi l'*Apologie*, tome II, p. 447 et 448.

2. Voyez, au tome I, p. 13, le portrait déjà cité de la Rochefoucauld, par Retz.

3. *Mémoires de Mme de Motteville*, tome III, p. 130, à la date de 1650.

4. *Mémoires*, p. 58.

pour l'ambition, ne vivait plus désormais que pour l'avarice; puis la mère, Madame la Princesse, avait un attachement de reconnaissance à la Reine, qui lui avait rendu les biens confisqués sur son frère, le malheureux duc de Montmorency, décapité à Toulouse; quant à la sœur du duc d'Enghien, Mme de Longueville, toute aux charmes de sa beauté et de son esprit, charmes qu'un livre célèbre a vantés avec complaisance [1], elle ne connaissait encore d'autres manœuvres et d'autres intrigues que celles de la coquetterie [2].

Marcillac, en récompense du mouvement qu'il se donne, a-t-il enfin la satisfaction d'être en vue et au premier rang? Non; le devant du théâtre, dans cette nouvelle période, appartient encore à un autre : c'est le duc de Beaufort, personnage d'un mérite inférieur au sien, mais plus populaire par ses qualités et par ses défauts mêmes, qui attire les regards de la foule, et à qui, sur l'ordre de la Reine, il est obligé de s'unir [3]. Par une malechance qui n'étonne plus quand on a bien analysé son caractère, la Rochefoucauld, à aucun moment de sa vie politique, n'emplira la scène, comme Retz, ou comme Mme de Longueville; il fera très-belle figure dans les groupes d'élite, il n'occupera jamais le cadre à lui seul; toujours à la suite de quelqu'un, il restera lui-même sans escorte.

Les choses étaient nouées de la sorte lorsque le Roi mourut, le 14 mai 1643, jour anniversaire de son avénement. Le Parlement se hâta de casser le testament qu'il avait laissé, et, du consentement de Monsieur et des Condés, il donna la Régence à la Reine. Le soir même, Mazarin, sortant tout à coup de l'ombre, était nommé chef du Conseil. Ce dut être un moment de vif déplaisir pour tous ceux qui s'étaient flattés de l'espoir d'une haute faveur. Personne cependant n'était encore découragé.

1. *La Jeunesse de Mme de Longueville*, par V. Cousin.
2. *Mémoires*, p. 80 et 81.
3. « M. de Marcillac, ayant obligation au premier (*au duc d'Enghien*) et voyant son père dans son parti, étoit prêt à s'y mettre aussi; mais en ayant parlé à la Reine, elle lui commanda de s'offrir à M. de Beaufort, et lui en parla comme de la personne du monde pour qui elle avoit autant d'estime que d'affection. Cet ordre qu'il reçut a été su de la plupart de ceux qui étoient alors à Saint-Germain. » (*Mémoires de la Châtre*, p. 189.)

La Reine était « si bonne ! » elle prodiguait à tous de si rassurantes promesses ! Elle ne les plaignait point en particulier à Marcillac : « Elle m'assura.... plusieurs fois, dit-il[1], qu'il y alloit de son honneur que je fusse content d'elle, et qu'il n'y avoit rien d'assez grand dans le Royaume pour me récompenser. » Il faut l'avouer, l'expression de cette reconnaissance de cour dépassait quelque peu la mesure des services rendus par notre héros, et cette disproportion même eût averti un homme moins satisfait de lui-même ou d'un sens plus rassis. Cet ambitieux, qui, en ce moment, semble être à l'affût, va-t-il du moins saisir l'occasion et presser sa fortune? Non. Il ne demande rien tout d'abord, ou, s'il demande quelque chose, c'est la grâce de Miossens, en fuite depuis son duel avec Villandry, et le retour de Mme de Chevreuse. Et ici se montrent, singulièrement mêlés et confondus l'un dans l'autre, les deux hommes qui étaient en lui. La cour était partagée entre Beaufort et Mazarin ; la Reine ne s'était pas encore prononcée, et les mécontents espéraient que le retour de Mme de Chevreuse viendrait jeter dans la balance le poids vainqueur d'une ancienne intimité. Si Marcillac en jugeait ainsi, c'était un coup de politique adroit que d'obtenir le rappel de la remuante duchesse ; mais Marcillac confesse qu'il ne se faisait pas sur ce point la moindre illusion : il avait pénétré le cœur d'Anne d'Autriche, et il y voyait décliner chaque jour le crédit de Mme de Chevreuse. Il insiste toutefois sur sa requête, et, au risque d'aigrir la Reine, il prend celle-ci par l'honneur et la bienséance, qui défendent aux personnes royales, non moins qu'aux simples particuliers, d'avoir l'air de sacrifier tout d'un coup de vieilles affections. Il lui arrache enfin la permission d'aller au-devant de la duchesse[2], qu'il rencontre à Roye le 12 juin 1643. Comme font d'ordinaire les exilés, Mme de Chevreuse revenait sans avoir ni rien oublié ni rien appris. Marcillac, avec ces habiles réticences qui ménagent l'avenir, lui donne des avertissements pleins de sagesse et d'opportunité ; il la prie de ne point trop

---

1. *Mémoires*, p. 66 et 67.
2. Voyez l'*Histoire de France pendant la minorité de Louis XIV*, par M. Chéruel, tome I, p. 150 et 151 ; comparez les *Mémoires de Montglat*, tome I, p. 413.

s'étonner de ce qu'elle va voir : les temps sont bien changés ; désormais il s'agit, non plus de gouverner la Reine, mais de lui plaire, de suivre ses goûts, et de ne pas résister de front à Mazarin, qui est, après tout, l'homme le plus probe et le plus capable qui soit à la cour. Puis il ajoute qu'il sera toujours temps de le combattre, s'il vient à manquer à son devoir : ce qui signifie vraisemblablement, dans la bouche de ce mentor d'occasion, si le Cardinal ne compose pas, comme il convient, avec la tourbe des ambitieux.

A voir la docilité avec laquelle la duchesse écoute ces prudents avis, il semblerait que Marcillac va être dorénavant son guide et son tuteur; mais il y fallait une force continue d'initiative qui n'était point dans la nature de ce dernier; il fallait aussi, tout au moins, qu'il payât d'exemple : or, à quelque temps de là, ce beau donneur de conseils se trouve engagé lui-même, presque au dépourvu, à la remorque de la duchesse, dans la cabale des *Importants*. Cette fois encore, s'il l'en faut croire, il ne péchait ni par erreur ni par engouement : il jugeait mieux que personne tous ces gens « dont l'ambition et le déréglement étoient si connus[1], » et dont l'exigeant orgueil ne pouvait, selon la maxime que plus tard son expérience lui dictera, convenir avec l'orgueil de leurs bienfaiteurs du prix des bienfaits[2]. Mais, dit-il, « pour mon malheur, j'étois de leurs amis[3]. » En même temps, sur les instances de la Reine, il consent à voir le Cardinal[4]; mais il y met des conditions qui, pour être d'un galant homme, ne laissent pas d'être assez naïves chez un ambitieux[5]. Par cette conduite ondoyante et bigarrée, il trouve moyen de froisser la Reine et de se rendre suspect à ses ombrageux amis les *Importants*, sans rien gagner, d'autre part, auprès d'un ministre qui, séduisant à la fois l'esprit et le cœur, entrait chaque jour plus avant dans la faveur d'Anne d'Autriche. Marcillac estimait-il donc, comme tant d'autres à ce moment, que le crédit de Mazarin n'était qu'éphémère? Loin de là : s'il ne se targue pas dans ses *Mémoires* d'une clairvoyance venue après coup,

---

1. *Mémoires*, p. 79. — 2. *Maxime* 225. — 3. *Mémoires*, p. 69.
4. Voyez les *Mémoires de la Châtre*, p. 217 et p. 223.
5. Voyez les *Mémoires*, p. 69 et 70.

il avait deviné que la puissance du Cardinal ne ferait qu'aller en se consolidant ; mais, outre que l'indécision dans les idées était le fond de sa nature, il avait lui-même le travers qu'il relève si sévèrement chez ses compagnons d'intrigue : il s'exagérait sans cesse son importance et ne pouvait jamais tomber d'accord de la récompense due à ses mérites. Il prétendait que Mazarin vînt à lui ; mais Mazarin, en vrai politique, allait d'abord au plus pressé, c'est-à-dire à ceux de ses adversaires qu'il jugeait les plus redoutables. Avec quelle habileté, par exemple, il se hâte d'attaquer de son doux parler et de ses caresses simulées Mme de Chevreuse! comme il affecte de rendre à la galante duchesse, alors âgée de quarante-cinq ans, ces tendres respects qui séduisent davantage les femmes à mesure qu'elles les sentent devenir plus rares! comme il feint de se prendre à ses piéges, pour la mieux attirer dans les siens[1], sans craindre de lui laisser pour un temps ces vaines apparences de crédit dont s'enivrent, aveugles jusqu'à la fin, les incorrigibles ambitions! Mme de Chevreuse, étalant un pouvoir qu'elle n'avait pas, sollicitait chaque jour pour elle et pour ses amis ; elle voulait que la Reine donnât à Marcillac le gouvernement de la place du Havre : du même coup, elle comptait s'acquitter ainsi envers son plus fidèle auxiliaire et se venger de la famille de Richelieu, aux mains de laquelle était ce gouvernement. La Reine y consentait[2] ; mais quelle apparence qu'en une affaire aussi grave on se passât de l'approbation du Cardinal? Celui-ci ne refusa point[3] : seulement il louvoya selon sa coutume. Il convint que la Reine avait sujet de « faire des choses extraordinaires[4] » pour un serviteur aussi dévoué que le prince de Marcillac ; en aucun cas cependant sa bonté ne devait aller jusqu'à dépouiller la famille de Richelieu. Là-dessus il fit proposer à Marcillac la charge de général des galères, puis celle

1. Voyez la *maxime* 117.
2. « La Reine eut intention en ce temps-là d'ôter le gouvernement du Havre à la duchesse d'Aiguillon, et de le donner au prince de Marcillac,... qui étoit fort bien fait, avoit beaucoup d'esprit et de lumières, et dont le mérite extraordinaire le destinoit à faire une grande figure dans le monde. » (*Mémoires de Mme de Motteville*, tome I, p. 108.)
3. Voyez les *Mémoires de la Châtre*, p. 226. — 4. *Mémoires*, p. 75.

de mestre de camp des gardes à la place du maréchal de Gramont, puis la survivance du duc de Bellegarde dans les fonctions de grand écuyer, enfin, un peu plus tard, la succession de Gassion comme mestre de camp de la cavalerie légère. Mais toutes ces offres, ou ne donnaient à Marcillac que des espérances éloignées, partant incertaines, ou allaient à déposséder des gens que, par reconnaissance ou scrupule, il voulait et devait ménager : il refusa donc ce qu'il ne pouvait accepter, et ce fut un beau succès pour l'artificieux cardinal, qui d'ailleurs s'entendit toujours à gagner du temps et à mettre dans son jeu les qualités de ses adversaires aussi bien que leurs défauts. Avec ce noble désintéressement, Marcillac se laisse amuser et néglige de saisir à point les occasions de sa fortune. Peut-être aussi visait-il plus haut, par une de ces ambitions si déraisonnables qu'elles ne sont pas même soupçonnées[1]; mais des *Mémoires*, quelque sincères qu'on les suppose, ne poussent jamais à fond la sincérité, et la Rochefoucauld, dans les siens, a beau se vanter d'avoir mesuré le premier la puissance du Cardinal son ennemi, il est permis de croire qu'un reste d'illusion entretenait en lui de vagues espérances qui allaient au delà d'une charge de grand écuyer ou de mestre de camp. En tout cas, il ne veut point quitter la place, ni s'éloigner de la Reine : il supplie celle-ci de ne l'établir « que dans ce qui seroit utile à son service particulier[2]. » Mais, depuis que Mazarin était auprès d'elle, Anne d'Autriche voyait de moins en moins la nécessité d'accaparer le dévouement et la personne du chevaleresque Marcillac.

Sur ces entrefaites eut lieu le fameux incident des lettres trouvées chez Mme de Montbazon[3], et que la malignité de cette dernière fit attribuer un instant à Mme de Longueville. Il est inutile de revenir, après V. Cousin[4], sur les détails de cette curieuse affaire, qui, amenant la disgrâce de Mme de Montbazon, poussa Mme de Chevreuse, Beaufort et les Importants à un maladroit complot contre le Cardinal; il suffira de dire que Marcillac, qui avait alors « peu d'habitude avec Mme de Lon-

1. Voyez la *maxime* 91.
2. *Mémoires*, p. 78. — 3. *Ibidem*, p. 82 et suivantes.
4. Voyez *Madame de Chevreuse*, chapitre v.

gueville¹, » s'entremit dans cette aventure avec des façons de parfait gentilhomme, propres à prévenir en sa faveur la belle et sensible duchesse, dont Coligny passait, à cette époque, pour le soupirant agréé. Mais tout l'avantage qu'il gagna de ce côté, il le perdit de l'autre; car le Cardinal, qui venait de reléguer à Tours Mme de Chevreuse, le mit en demeure de sortir de son attitude expectante, en le réduisant à la nécessité de déplaire à la Reine ou d'abandonner la duchesse son alliée. Marcillac aima mieux se perdre une seconde fois, c'est lui-même qui le dit², que d'être infidèle à ses premiers engagements; il ajoute, avec tristesse, que sa constance ne fut pas mieux récompensée plus tard par Mme de Chevreuse qu'elle ne l'avait été auparavant par la Reine. Aussi, un jour, la plume à la main, déduisant une dizaine de maximes générales de ses expériences personnelles, il niera intrépidement la reconnaissance³.

C'est dans le même temps que, par ennui⁴, il se met assez étourdiment à la suite d'un de ses amis, le comte de Montrésor, et se laisse imposer par lui des façons très-impertinentes à l'égard de l'abbé de la Rivière, favori du duc d'Orléans, et que, quelques années après (1649), s'il faut en croire Mme de Motteville⁵, ce prince, et surtout les Condés, et Marcillac lui-même, songèrent, un moment, à substituer à Mazarin. Après avoir ainsi blessé Monsieur, il demande à Montrésor *la permission* d'être plus poli avec la Rivière, et ne réussit qu'à offenser Montrésor sans apaiser Monsieur. Le voilà donc, par un scrupule de galant homme, si l'on veut, mais aussi par faiblesse et tout à la fois par un singulier défaut de conduite, compromis avec l'oncle du Roi et brouillé avec un de ses propres amis et des meilleurs. Aussi, plus tard, traduisant en une cinquantaine de *maximes* générales ces épreuves et ces accidents de sa vie, il niera intrépidement l'amitié⁶, comme il a

---

1. *Mémoires*, p. 83. — 2. *Ibidem*, p. 90.
3. Voyez les *maximes* indiquées à la *Table* du tome I, au mot RECONNAISSANCE.
4. *Mémoires*, p. 92 et 93.
5. *Mémoires de Mme de Motteville*, tome III, p. 41-45.
6. Voyez les *maximes* indiquées à la *Table* du tome I, au mot AMITIÉ.

fait la reconnaissance, et il essayera d'expliquer et de couvrir ses mécomptes en affirmant que c'est par ses défauts bien plus que par ses qualités qu'on fait son chemin dans le monde[1].

Un instant (1645), las de sa « fortune désagréable » et des déconvenues de son ambition, il songe à laisser de côté les intrigues pour « s'attacher à la guerre[2]; » mais déjà il est trop tard : il a rebuté toutes les bienveillances par ses bouderies et ses refus. La Reine traite cet incommode ami comme elle a traité Mme de Chevreuse; elle lui refuse les mêmes emplois militaires que, trois ou quatre ans auparavant, elle l'avoit empêché d'accepter du cardinal de Richelieu. Marcillac, blessé dans son amour-propre par « tant d'inutilité et tant de dégoûts[3], » se résout alors à ne plus se contenter de bouder et à prendre hardiment « des voies périlleuses pour témoigner *son ressentiment.* »

Cette voie, il se vante, après coup, de l'avoir trouvée dans sa liaison avec Mme de Longueville, laquelle lui apportait en même temps cette *gloire*, comme on disait alors, à savoir ce bruit et cet éclat, dont il était surtout épris. V. Cousin nous a raconté cet épisode de l'histoire du dix-septième siècle avec une partialité éloquente autant que sincère[4]; personne n'ajoutera rien, après lui, à la peinture flatteuse de Mme de Longueville. Les fautes même de cette brillante héroïne de la Fronde, il a eu soin de l'en décharger pour les faire peser sur la Rochefoucauld. C'est la pente où glisse forcément le panégyrique, et, si la vérité n'y trouve point son compte, l'intérêt et l'art y gagnent à coup sûr. Sans trop faire ombre au tableau que V. Cousin nous a présenté, peut-être y a-t-il moyen de mettre en meilleure lumière la personne de la Rochefoucauld.

En 1646, Mme de Longueville était âgée de vingt-sept ans, et déjà, nous l'avons vu, en bien comme en mal elle avait fait parler d'elle. Les jeunes membres de la famille des Condés portaient une grande vivacité dans leurs mutuelles affections, si bien que, d'un côté, l'attachement du prince de Conty pour sa

---

1. Voyez les *maximes* 90, 155, 354, 403.
2. *Mémoires*, p. 94.
3. *Ibidem.*
4. *Madame de Longueville pendant la Fronde.*

sœur, et, d'autre part, celui de Mme de Longueville pour le duc d'Enghien ne laissaient pas de donner lieu à de méchants propos. La duchesse avait montré, de bonne heure, une ardente imagination, qui, tournée d'abord vers les choses du Ciel, fut ramenée ensuite impétueusement vers le monde. A l'époque où Marcillac commença ses assiduités auprès d'elle, elle semblait avoir ajourné le soin de son salut. Elle et lui avaient alors plus d'un trait commun dans l'esprit et le cœur : ils étaient épris tous deux des beaux sentiments, engoués du sublime des passions, tous deux d'abord généreux et naïfs jusqu'en leur ambition. Leurs défauts les rapprochaient non moins que leurs qualités; manifestement sincères au début, ils furent également dupes peut-être de l'idée imaginaire et surfaite qu'ils avaient prise l'un de l'autre. Il est vrai que la Rochefoucauld, dans ses *Mémoires*[1], semble venir lui-même à l'appui de la thèse soutenue par V. Cousin : il affecte de se donner pour un roué qui a savamment machiné d'avance le théâtre de son ambition, et qui n'a cherché dans l'amour d'une princesse du sang, telle que la sœur du grand Condé, qu'un instrument, et, comme dit Retz[2], qu'un « hausse-pied » de sa fortune. N'en déplaise au duc lui-même, l'auteur de tant de maximes sur l'amour n'a point porté d'un cœur si léger cet illustre attachement : le prendre au mot sur ce point, ce serait trop de déférence pour la lettre écrite. Lui-même a laissé percer la vérité dans des aveux significatifs, dont le sens est encore éclairci par des témoignages contemporains : « Un honnête homme, dit-il, peut être amoureux comme un fou, mais non pas comme un sot[3]. » Or, sa liaison avec la duchesse ayant mal tourné, il aurait craint, en avouant qu'il a été l'un, de paraître avoir été l'autre. Ce qui domine chez lui, c'est le soin de sa considération : il n'est occupé qu'à se couvrir, qu'à sauver, aux yeux du monde, son personnage. Puis il aime mieux calomnier son cœur que de faire tort à son jugement. Mme de Sévigné, qui le connaissait bien, dit qu'il ne redoutait rien tant que le ridicule[4], et lui-même a écrit cette phrase : « Le ridicule déshonore plus que le déshonneur[5]. » C'est pourquoi il veut qu'on sache que

---

1. Pages 94-96. — 2. Tome III, p. 386. — 3. *Maxime* 353.
4. *Lettre* du 8 juillet 1672, tome III, p. 142. — 5. *Maxime* 326.

les circonstances et les personnes ont pu manquer à ses desseins, mais que du moins il ne s'est pas manqué à lui-même; il veut donner à entendre que, si sa noble amie et les hommes l'ont déçu, il ne s'est pas trompé lui-même; que, si l'amour lui fut infidèle, il en a pris son parti d'autant mieux que l'amour, pour lui, était le moyen et non le but. De cette froideur et force d'âme il a réussi à persuader jusqu'à ses amis intimes. Mme de Motteville, qui sans doute l'aimait peu, n'est pas seule à dire de lui[1] : « Ce seigneur qui étoit peut-être plus intéressé qu'il n'étoit tendre. » Mme de Sévigné, qui le goûtait fort et l'avait beaucoup pratiqué, rend le même témoignage : « Je ne crois pas que ce qui s'appelle amoureux, il l'ait jamais été[2]. » Mais, à y regarder de près, cette vanterie d'insensibilité paraît peu d'accord avec les faits. Assurément, dans le plein mouvement de la Fronde, quand le premier enivrement de la passion et de la vanité fut quelque peu apaisé, l'ambition et le calcul furent aussi de la partie; mais la Rochefoucauld n'eut pas dès le début ces arrière-pensées dont il fait parade, et surtout elles ne furent pas son principal et unique mobile. Voyons-le pendant la période qui suit immédiatement la liaison. Agit-il? Non. Est-ce bien la conduite d'un intrigant « au long espoir et aux vastes pensées, » qui, sûr désormais d'un auxiliaire puissant, donne hardiment le coup d'épaule à sa fortune? N'est-ce pas plutôt l'indolence d'un amant satisfait, tout aux douceurs de l'heure présente? Il n'y a pas à en douter, il a aimé passionnément Mme de Longueville; celle-ci a été la seule affection ardente et opiniâtre de sa jeunesse; il a souffert cruellement de l'avoir perdue; il a tant souffert qu'il s'est vengé. L'image de la duchesse est restée longtemps au fond de son cœur blessé, et c'est la douce et sereine Mme de la Fayette qui eut plus tard cette plaie à panser. Qui donc, sinon Mme de Longueville, aurait initié la Rochefoucauld à toutes les tortures de la jalousie, tortures qu'il a si longuement et si minutieusement analysées dans ses *Maximes*[3]? On

---

1. *Mémoires de Mme de Motteville*, tome II, p. 275.
2. *Lettre* du 7 octobre 1676, tome V, p. 90.
3. Voyez les *maximes* indiquées à la *Table* du tome I, aux mots JALOUSIE et AMOUR.

ne trouve pas de tels enseignements dans les badinages et les passe-temps littéraires des salons et des ruelles. Où est d'ailleurs ce prétendu renfort prêté par Mme de Longueville à l'ambition de la Rochefoucauld? A-t-il tiré plus de profit véritable de cette tendresse passionnée que des bienveillantes dispositions de la Reine ou de l'intérêt sans cesse agissant de Mme de Chevreuse? Loin de l'avoir avancé auprès de Condé, cette liaison semble plutôt lui avoir nui. Il est certain qu'elle ne plaisait pas à Monsieur le Prince, et, malgré les services dévoués et effectifs de la Rochefoucauld, il n'y eut jamais, tant que dura la Fronde, entre celui-ci et Condé une entière communication d'esprit, ni ce qu'on appelle une intimité à cœur ouvert. Enfin ce qui, à nos yeux, malgré bien des jugements contraires, achève de détruire l'hypothèse qui prête à la Rochefoucauld de longues visées d'ambition et veut que sa liaison avec Mme de Longueville ait été affaire d'intérêt plus que de sentiment, c'est que jamais, comme nous le dirons dans un instant, il ne fut plus près de s'accommoder avec Mazarin qu'au moment même où se nouait son commerce affectueux avec la duchesse.

Il est vrai que les contemporains (nous avons déjà tout à l'heure commencé à les entendre) témoignent diversement sur ce point; mais peut-être, en cette matière délicate, les contemporains ne sont-ils pas les plus aptes à juger. Un des passages les plus remarquables, à tous égards, des *Mémoires de Mme de Motteville*, est celui où elle nous peint Mme de Longueville et parle de ses relations avec la Rochefoucauld[1]. Il commence par ces lignes où, sans être nommé, le duc est trèsclairement désigné : « Son âme (*de la princesse*), capable des plus grands desseins et des plus fortes passions, s'étant laissé enchanter des illusions du plus haut degré de gloire et de considération auquel la fortune la pouvoit mettre, suivit, avec un peu trop de complaisance, les conseils d'un homme qui avoit beaucoup d'esprit, et qui l'avoit fort agréable; mais, comme il avoit encore plus d'ambition, il s'étoit peut-être attaché à elle autant par le dessein de s'en servir pour se venger de la

---

1. Tome II, p. 301 et 302; voyez, en outre, ces mêmes *Mémoires*, tome I, p. 334 et 335; tome II, p. 275-277; et tome III, p. 192-194.

Reine, pour chasser son ministre, et venir ensuite à toutes les choses dont l'esprit humain se peut flatter, que par la seule passion qu'il eût pour elle.... » La duchesse de Nemours, fille d'un premier mariage du duc de Longueville, et qui n'avait aucune raison de se montrer tendre pour sa belle-mère, ne laisse échapper aucune occasion de médire de celle-ci dans ses *Mémoires*. Elle déprécie avec une sévérité malveillante sa capacité et son caractère, et, pour la mieux rabaisser, elle prend plaisir à vanter la supériorité d'esprit de celui qui l'inspire, tout en ne lui prêtant, à lui aussi, que de méprisables vues d'intérêt[1], en affirmant qu'il ne pensait qu'à lui-même et que « son compte lui tenoit d'ordinaire toujours lieu de tout[2]. » Elle « savoit très-mal, nous dit-elle, ce que c'étoit de politique[3], » tandis que lui est « fort habile[4], » est « politique[5], » « d'un meilleur sens[6] » qu'elle. Il la gouvernoit, la « gouvernoit absolument[7]. » « Depuis qu'il cessa de la conseiller, elle parut ne savoir plus ce qu'elle faisoit[8]. » La duchesse de Nemours accuse formellement Marcillac d'avoir entraîné Mme de Longueville dans la Fronde : « Ce fut la Rochefoucauld qui insinua à cette princesse tant de sentiments si creux et si faux. Comme il avoit un pouvoir fort grand sur elle, et que d'ailleurs il ne pensoit guère qu'à lui, il ne la fit entrer dans toutes les intrigues où elle se mit que pour pouvoir se mettre en état de faire ses affaires par ce moyen[9]. » De ces deux jugements, de Mmes de Motteville et de Nemours, on peut rapprocher celui de Montglat, qui assurément exagère fort l'influence politique de la Rochefoucauld, quand il nous dit dans ses *Mémoires* (tome II, p. 147), au début de la rébellion : Mme de Longueville « étoit de cette cabale, de laquelle le prince de Marcillac étoit le premier mobile. » On peut aussi comparer le témoignage de Lenet, ami particulier de notre auteur, qui affirme, d'une part (p. 195), que la sœur de Condé « avoit une entière créance à son habileté, » et (p. 204)

---

1. Voyez les *Mémoires de la duchesse de Nemours*, p. 422, 425 et 426, 434.
2. *Ibidem*, p. 426. — 3. *Ibidem*, p. 406.
4. *Ibidem*, p. 527. — 5. *Ibidem*, p. 406.
6. *Ibidem*, p. 488. — 7. *Ibidem*, p. 422, 527.
8. *Ibidem*, p. 528. — 9. *Ibidem*, p. 409, 410.

qu'il était « l'arbitre de tous ses mouvements; » puis, d'autre part, nous le représente (p. 223) « tout plein d'un desir passionné de sacrifier ses intérêts et sa vie au service de la duchesse de Longueville. » La Rochefoucauld lui-même, si nous en croyons Retz[1], était loin de convenir que ce fût lui qui eût entraîné la princesse. Retz lui fait dire, dans un moment, il est vrai, où il nous le montre, après le combat du faubourg Saint-Antoine, « très-incommodé de sa blessure et très-fatigué de la guerre civile, » qu'il n'y est « entré que malgré lui, et que si il fût revenu de Poitou deux mois devant le siège de Paris, il eût assurément empêché Mme de Longueville d'entrer dans cette misérable affaire. » Mais le Cardinal mérite-t-il grande confiance quand il parle d'un homme qui le hait, dit-il[2], et qu'il paye de retour[3]? Il affecte de ne le pas prendre au sérieux : lorsque, à l'endroit précité de ses *Mémoires* (p. 171 et 172), il rappelle le temps où la princesse trônait à l'Hôtel de Ville, il s'exprime, au sujet de son adorateur, d'une façon aussi légère que méprisante, se bornant à répéter un *aparté*, une ironique allusion à *l'Astrée*, qu'il s'était permis, à cette époque, contre ce dernier, dans la chambre même de Mme de Longueville. Retz avait eu lui-même, dit Guy Joli[4], « des sentiments fort vifs et fort tendres pour Mme de Longueville, » et « il regardoit le prince de Marcillac comme son rival. » Au reste, Guy Joli ne prête aussi à celui-ci que des motifs intéressés. Son vrai mobile, c'est l'espoir « qu'étant, comme il étoit, dans *les bonnes grâces de la duchesse*, il lui seroit aisé de tirer (*de cette liaison*) de grands avantages pour lui, quand il seroit question de traiter et de s'accommoder avec la cour[5]. »

Il y a presque unanimité, on le voit, sur les vues intéressées de Marcillac; Lenet, un fidèle et constant ami, fait seul exception et parle de dévouement. Pour le degré d'habileté et d'in-

---

1. Tome II, p. 292. — 2. *Ibidem*, p. 173.
3. Dans un pamphlet de 1652, très-authentique et dont Retz se reconnaît l'auteur, *le Vrai et le Faux*, sa haine va jusqu'à lui faire dire que la vie de la Rochefoucauld « est un tissu de lâches perfidies. » (*OEuvres de Retz*, tome V, p. 239 ; comparez, au même tome, p. 362, et 370, 371.)
4. *Mémoires de Guy Joli*, p. 41 et 42.
5. *Ibidem*, p. 41.

fluence sur la duchesse, l'accord est moindre. Après avoir déduit des faits mêmes notre avis sur ce que fut cette liaison fameuse d'amour et d'ambition, nous avons cru que le lecteur nous saurait gré de mettre sous ses yeux, comme éléments d'appréciation, les jugements que nous en ont laissés quelques témoins du temps même. Reprenons maintenant notre récit.

Grâce à son père, qui savait mieux que lui se ménager à la cour, Marcillac avait obtenu la permission d'acheter, du comte de Parabère, le gouvernement du Poitou[1]; faveur dérisoire, selon l'*Apologie* : on lui vendait « trois cent mille livres » ce que son père « avoit été contraint de bailler pour deux cent cinquante. » Et le brevet encore ne lui fut expédié que plusieurs mois après[2], sur les instances toutes-puissantes du victorieux duc d'Enghien, qu'il avait, comme volontaire, rejoint en Flandre[3]. Il est permis de croire que la présence de Mme de Longueville à Munster, où son mari négociait la paix de Westphalie, avait accru son désir de faire cette campagne. C'est le 20 juin 1646 que la duchesse quitte Paris, pour aller en Allemagne, et le 28 du même mois, nous trouvons Marcillac à la prise de Courtray[4]. Toujours brave, mais toujours malheureux à la guerre, il figure parmi cette poignée de gentilshommes

---

1. Tome II, p. 449-455. — Voyez, à l'*appendice* I du tome III, p. 244-249, deux *lettres* (6 et 7) de juillet et d'octobre 1644, relatives à la négociation de cet achat.

2. Tome II, p. 454 et 455. — Est-ce par suite de ce retard que Gourville (*Mémoires*, p. 220) semble ne dater l'achat que du retour de l'armée? M. Ed. de Barthélemy (p. 37, note 3) suppose que, dans ce passage, le secrétaire de Marcillac songe moins au marché lui-même qu'au versement des sommes dues; nous ne croyons pas que le payement ait été si vite effectué : voyez ce que nous disons au tome II, p. 148, à la fin de la note 3. — Dans les états de service que nous donnons ci-après à l'*appendice* IV (p. CI), la nomination au gouvernement du Poitou est datée du 3 novembre 1646; et la *Gazette* du 17 nous apprend que Marcillac prêta serment le 5.

3. Sur cette campagne de 1646, voyez les *Mémoires*, p. 96-98, et ceux *de Gourville* (p. 215-220), qui l'avait suivi « pour le servir en qualité de maître d'hôtel, » puis demeura à son service et fut « bientôt dans sa confidence et tout à fait dans ses bonnes grâces. »

4. Bazin, tome III, p. 336.

qui, à Mardick, le 13 août[1], soutient la vigoureuse sortie de deux mille assiégés, mais qui paye de son sang le plus pur cette opiniâtre résistance. On sait que l'impétueux Condé ne ménageait pas plus ses soldats ou ses officiers qu'il ne se ménageait lui-même. Le comte de Fleix, le chevalier de Fiesque restèrent sur la place, ainsi que le comte de la Roche-Guyon, « qui ne laissa, dit Gourville (p. 219), pour hériter de la maison de Liancourt, qu'une petite fille âgée d'un an et demi, » laquelle épousa, en 1659, François VII, fils de notre auteur, et fit passer dans la famille de la Rochefoucauld le titre de Liancourt[2]. Marcillac reçut, pour sa part, trois coups de mousquet[3]. Rapporté à Paris « dans un brancard[4], » il s'en va bientôt en Poitou : nous le voyons (avril 1647), guéri de ses blessures, faire son entrée à Poitiers[5], où le duc son père le présente aux magistrats comme leur nouveau gouverneur ; et quand l'agitation fomentée à Paris par les parlementaires, à la suite de l'emprisonnement de Blancmesnil et de Broussel, au mois d'août 1648, menacera de gagner les provinces, il soutiendra dans son gouvernement, où l'avait envoyé un ordre de la Reine[6], la cause du Cardinal et de la cour.

C'est qu'à ce moment, et lui-même nous l'explique dans ses *Mémoires* et son *Apologie*[7], il était, tout en évitant, selon sa coutume, de s'engager sans retour, tombé d'accord avec Mazarin sur les clauses d'une soumission. Le ministre lui avait promis de mettre bientôt sa famille sur le même pied que celles des Rohan, des la Trémoïlle, quelques autres encore, en lui

---

1. Voyez la *Gazette* du 18 août 1646. On y lit que « le prince de Marcillac *fit* des prodiges de valeur. » Le 13 août est la date de la *Gazette*; Bazin (p. 337) dit « le 10 ».

2. Voyez au tome III, p. 125 et 130, nos *lettres* 49 et 53.

3. *Mémoires*, p. 98. — Gourville (p. 219) ne parle que d' « un coup de mousquet au haut de l'épaule. » Montglat, qui nomme Marcillac après les ducs de Nemours et de Pont-de-Vaux (*Mémoires*, tome II, p. 38), le dit « blessé plus légèrement » qu'eux.

4. *Mémoires de Gourville*, p. 219.

5. Thibaudeau, *Histoire du Poitou*, tome III, p. 308. — En ce temps-là, le fils aîné du prince de Marcillac porte le nom de « M. de la Châteigneraie » (voyez *ibidem*), qu'il tient de sa mère.

6. *Mémoires*, p. 104. — 7. Voyez tome II, p. 104, 105, 456-459.

réservant les premières lettres de duc qui seraient données et par conséquent le tabouret à sa femme[1]. Il était parti sur cette assurance. Le Poitou commençait d'ailleurs à se soulever : des bureaux de recettes des deniers publics y avaient été pillés; il pacifia les désordres et rétablit, « en moins de huit jours, l'autorité du Prince sans qu'il en coûtât la vie ni l'honneur à aucun de ses sujets[2]. »

Mais c'était Paris qu'il eût fallu pacifier, et il n'y avait plus le moindre espoir d'y réussir. Sans refaire ici l'histoire si connue des journées d'août 1648, nous ne chercherons à démêler dans ce mouvement que le rôle de la Rochefoucauld. Comment ce même homme, qu'on vient de voir si favorable à Mazarin, se retrouva-t-il, du jour au lendemain, dans le camp des Frondeurs? C'est que le Cardinal l'avait joué. On avait fait une promotion de ducs et pairs, et Marcillac n'en était point. Aussi, dans le premier bouillonnement de colère, se hâte-t-il d'accourir à Paris[3], sur l'appel de la duchesse de Longueville, qui l'informe du traité de Noisy et du plan général de guerre. Ici encore on ne voit point que Marcillac ait l'initiative; la duchesse, il est vrai, réclame son intervention et ses conseils; mais l'accord des Frondeurs s'est fait loin de lui et sans lui; c'est Mme de Longueville, c'est Retz, c'est le Parlement qui ont tout mis en mouvement. Marcillac ne

---

1. Au sujet du duché et du tabouret, voyez ci-après, la fin de l'*appendice* II, p. XCIX, et au tome III, p. 32-34, la *lettre 8*, écrite de Verteuil à Mazarin le 2 octobre 1648.

2. Tome II, p. 104, 105, 459 et 460. — Voyez, dans notre tome III (p. 27), la *lettre* (n° 7) que Marcillac écrit de Fontenay à Mazarin, le 1er septembre 1648, et dans notre tome II (p. 105, note 3) la réponse du Cardinal. Nous donnons plus loin, à l'*appendice* V, 1° (p. CIII et CIV), les titres d'une suite de pièces relatives à la répression par Marcillac des troubles du Poitou, lesquelles se trouvent à la Bibliothèque nationale et au Dépôt du ministère de la guerre; dans le nombre est une réponse de Marcillac au comte de Brienne, que nous reproduisons en entier.

3. Voyez ci-après, à l'*appendice* V, 2° (p. CIV), l'indication de quelques pièces relatives aux mesures prises par la cour lors de l'abandon du Poitou et de la révolte du gouverneur; et, à l'*appendice* I de notre tome III (p. 249, 250, et note 3 de la page 250), le texte de deux de ces pièces.

s'en réjouit pas moins de sentir qu'il lui reste encore des moyens de se venger. C'est l'histoire de tout ambitieux déçu : lorsqu'on n'a plus rien à espérer, on s'efforce de se faire regretter ou de se faire craindre ; mais il n'est pas au pouvoir de tous les rebutés d'exciter la crainte ou les regrets. Marcillac devait s'en apercevoir un jour.

C'était contre la volonté de son père qu'il était revenu à Paris : il est à peine besoin de le dire, après qu'on a vu François V dénoncer lui-même à Mazarin la présence de son fils au souper des Importants[1]. Il avait peu d'argent, dit Gourville (p. 220), « parce que, outre que sa famille n'en avoit guère, on auroit fort souhaité qu'il n'y fût pas retourné, » et le même Gourville nous conte par quel tour, un peu à la Scapin, il procura à son jeune maître les moyens de rester éloigné du Poitou.

Le rôle de notre héros, en cette occurrence, est d'abord tout diplomatique ; il redevient, comme autrefois, porteur de messages : on le charge de ramener dans la capitale le duc de Longueville et Conty, qui, par une résolution assez étrange, avaient suivi la cour dans sa fuite à Saint-Germain, et dont les allures paraissaient aux Frondeurs au moins très-suspectes. Marcillac va et vient entre cette ville et Paris. Gourville, son *domestique*, se mêle fort heureusement de l'affaire[2] ; les Princes, mis au pied du mur, se décident enfin, bien qu'un peu à contre-cœur. Quant à notre auteur, Mme de Motteville (*Mémoires*, tome II, p. 304) « ne doute pas qu'il n'allât gaiement au crime de lèse-majesté, et que ce voyage (*le retour de Saint-Germain à Paris, dans la nuit du 9 au 10 janvier*) ne lui parût la plus belle et la plus glorieuse action de sa vie. » On sait le reste : l'évasion hardie de Beaufort du donjon de Vincennes, son arrivée à Paris, où le peuple l'accueille comme un libérateur, et le siége de la ville par Condé. Marcillac, bien que revêtu du titre de lieutenant général, joue avec dépit un rôle assez effacé ;

---

1. Voyez ci-dessus, p. xxj, note 1.
2. *Mémoires*, p. 113-116 ; et *Mémoires de Gourville*, p. 221-223. — Ce fut la duchesse de Longueville qui envoya Gourville à Saint-Germain presser Conty et son mari de revenir à Paris : voyez dans l'*Histoire de France pendant la minorité de Louis XIV*, de M. Chéruel (tome III, p. 154, note 2), une citation de la Barde (*de Rebus gallicis*, p. 412).

ce n'est pas lui qui est en vue, c'est Beaufort, c'est d'Elbeuf, c'est Bouillon, c'est Retz; c'est aussi la sœur de Condé, qui siége à l'Hôtel de Ville et même y accouche. Marcillac, en ces circonstances, n'a ni la supériorité du rang, ni celle du rôle, ni celle de l'habileté et de l'expérience : une chose lui reste en propre, sa bravoure [1], qui se prodigue dans les combats livrés autour de la ville. Atteint d'une grave blessure dans un de ces engagements [2], il ne prend point part à la fin de la lutte, que l'arrivée des auxiliaires espagnols donnait les moyens de prolonger, mais qui se termina néanmoins par la lassitude du Parlement et du peuple [3].

II

Une mousquetade « à bout touchant [4] », c'est tout ce que l'ambitieux Marcillac retirait de la première Fronde. La déconvenue dut lui paraître d'autant plus dure que presque tous les autres fauteurs du mouvement avaient soigneusement stipulé leurs avantages dans le traité de Rueil; mais on ne tarda pas à connaître que cette paix boiteuse et mal assise n'était autre chose qu'une trêve armée. Condé, le sauveur de la cour

---

1. « Il n'a jamais été guerrier, » dit Retz dans ses *Mémoires* (tome II, p. 181[a]), « quoiqu'il fût, ajoute-t-il, très-soldat. » Il « avoit plus de cœur, dit-il ailleurs (p. 262), que d'expérience. »

2. *Mémoires*, p. 124-129. Voyez aussi ceux *de Gourville*, p. 223 et 224, et *de Montglat*, tome II, p. 159. — *Le Courrier burlesque de la guerre de Paris* (1650) donne à la blessure (à la date du 20 février) ce plat souvenir, à rime grotesque :

> Monsieur de la Rochefoucauld
> Et Monsieur de Duras le jeune,
> Blessés par mauvaise fortune.

(C. Moreau, *Choix de Mazarinades*, tome II, p. 128.)

3. Voyez ci-après, à l'*appendice* v, 3º (p. cv), la lettre écrite par le prince de Marcillac aux maire et échevins de Poitiers, à la veille de la conclusion de la paix de Rueil.

4. *Mémoires*, p. 126. — « Un fort grand coup de pistolet dans la gorge, » dit inexactement Retz, tome II, p. 263.

[a] Voyez la note 2 de cette page 181.

et du Cardinal, faisait sonner bien haut ses services, et Mazarin, de son côté, avait pour maxime que la politique doit primer la reconnaissance. Obligé de rentrer à Paris, mais plein d'appréhension pour sa sûreté, l'adroit ministre travaille sans relâche à diviser les Frondeurs; il s'efforce principalement de rendre Condé odieux au peuple, en le faisant passer pour l'auteur de tous les maux que le peuple a soufferts. Ses menées réussissent et la lutte s'engage vivement. Suspect en haut, impopulaire en bas, Monsieur le Prince se trouve pris, pour ainsi dire, entre l'enclume et le marteau. Impatient de sortir de cette situation intolérable, il s'imagine qu'il suffit de « faire peur » au Cardinal pour le dominer[1]. Il ne cesse dès lors de le heurter, de le desservir auprès de la Reine, ou d'exercer contre lui cet amer esprit de raillerie qui lui était naturel. Les occasions, à vrai dire, ne manquaient pas à sa vengeance. Mme de Longueville, sa sœur, n'était plus cette femme, presque uniquement occupée de coquetterie et d'intrigues galantes, qui naguère regardait derrière un rideau le duel de Guise et de Coligny; elle était maintenant pleine d'ambition, ferme et résolue. Ce changement n'était-il dû qu'à l'influence de Marcillac? Il est permis d'en douter; tout au plus a-t-il contribué à mettre la belle duchesse dans le chemin de sa vocation. Mais, après avoir avivé le feu de son ambition naturelle, il eût été fort embarrassé de lui communiquer, par surcroît, cette fermeté politique qu'il ne posséda jamais lui-même. Mazarin ne s'y trompait pas; il redoutait plus la duchesse que ses frères et surtout que la Rochefoucauld. Ce dernier ne laissait pas toutefois de se donner du mouvement : il est, à ce moment, l'intermédiaire par lequel s'entament les négociations des Frondeurs avec le duc d'Orléans. Toute cette agitation ne tarde pas à produire son effet. Condé, qui ne veut pas rester isolé entre la cour et la Fronde, se réconcilie avec les siens « et même avec Marcillac; » mais, huit jours après, il se ravise, et croit plus conforme à ses intérêts de revenir vers le Cardinal. Que fait alors celui-ci? Il entre habilement dans les vues de Monsieur le Prince, et, afin d'exciter de plus en plus ses prétentions, il feint d'avoir peur. La cour décide que désormais

1. *Mémoires*, p. 145.

on ne donnera plus de gouvernements ni de charges sans l'approbation de Condé, de son frère Conty, de M. et de Mme de Longueville, et qu'on rendra compte à Monsieur le Prince de toute l'administration des finances. Par ricochet, Marcillac est pris au même piége : on affecte de le traiter comme un homme à craindre et à ménager[1] ; on lui accorde, sur les instances de Condé, les honneurs du Louvre ; mais on a soin de susciter en même temps une assemblée de la noblesse pour réclamer contre cette faveur et en imposer la révocation à la cour[2].

Ce désappointement fut cruel au protégé de Monsieur le Prince et à Monsieur le Prince lui-même, chez qui la méfiance reprit le dessus. Excité par Mme de Longueville, Condé retire tout à coup la parole qu'il avait donnée de consentir au mariage du duc de Mercœur avec une nièce de Mazarin. Ce fut le tour du Cardinal d'être irrité et désappointé : dès ce jour, l'arrestation et l'emprisonnement de Condé furent résolus dans son esprit, et c'est alors, comme dit la Rochefoucauld, qu'il « se surpassa lui-même[3]. » Tous les incidents ultérieurs, le coup de pistolet de Joli, l'attaque contre le carrosse de Monsieur le Prince[4], sont autant de machinations ourdies par le Cardinal afin de brouiller irrévocablement Condé avec les Frondeurs, et de l'amener à se livrer lui-même. Quand la rupture est complète, le vainqueur de Rocroy, son frère Conty et le duc de Longueville sont arrêtés au Palais-Royal, dans l'appartement de la Reine, et, le même jour, ils sont conduits à Vincennes[5]. On voulait arrêter en même temps Marcillac[6] et

---

1. « Il.... fut traité comme un homme que la Reine avoit lieu de craindre, et qu'il falloit ménager. » (*Mémoires de Mme de Motteville*, tome II, p. 443.)

2. Voyez l'*Histoire de France pendant la minorité de Louis XIV*, par M. Chéruel, tome III, p. 309 et suivantes, et, à l'*Appendice* du même volume, p. 419-421, un « Extrait du *Journal de Dubuisson-Aubenay* sur l'opposition de la noblesse aux honneurs accordés à quelques familles (octobre 1649). »

3. *Mémoires*, p. 156. — 4. *Ibidem*.

5. *Ibidem*, p. 170.

6. Ce dessein d'arrestation est ainsi noté dans les *Carnets de Mazarin* (n° XIV, p. 116) : « Faire fermer les portes du palais et

Mme de Longueville ; mais, avertis, ils s'étaient mis en sûreté[1]. La duchesse, accompagnée par Marcillac jusqu'à Dieppe, s'embarqua précipitamment, pour passer en Hollande, et celui-ci se retira dans son gouvernement du Poitou[2] pour s'y disposer à la résistance[3], et soulever ensuite la ville de Bordeaux, dont le parlement et le peuple, en haine du gouverneur, le duc d'Épernon, étaient mûrs pour la guerre civile.

Ainsi voilà une partie des Frondeurs unis à Mazarin contre les Princes, et Marcillac armé, dans cette seconde Fronde, pour ce même duc d'Enghien qu'il a combattu dans la première ; en somme, il est toujours dans le camp hostile au Cardinal, et par là il semble demeurer fidèle à lui-même ; tout au moins il continue de satisfaire son goût pour les aventures. Mais les affaires s'engagent mal pour le parti des factieux ; toutes les places des Frondeurs se rendent, les unes après les autres, sans résistance. Alors, comme il arrive d'ordinaire, les défections commencent de la part des plus avisés, et bientôt Monsieur le Prince a plus d'amis pour le plaindre qu'il n'en a pour le secourir. Cependant Bouillon tient dans la ville de Turenne,

---

arrêter la Mothe et Marcillac. » Voyez l'ouvrage cité de M. Chéruel, tome III, p. 371.

1. *Mémoires de Mme de Motteville*, tome III, p. 145 ; *de Gourville*, p. 224 et 225 ; *de Lenet*, p. 215 ; et *de Montglat*, tome II, p. 219 et 220. On peut voir aussi, au sujet de la fuite de la duchesse de Longueville et des menées en Hollande, l'opuscule dont nous parlons dans la *Notice* sur les *Lettres* (tome III, p. 8, note 1), et qui est intitulé : *Copie d'une lettre écrite* (de Rotterdam) *à Mme la duchesse de Longueville.*

2. Un *État de la France*, que nous avons cité plus haut (p. v, note 3), enregistre (p. 67) la retraite de notre duc dans son gouvernement en termes étonnamment discrets : « Le duc de la Rochefoucauld et prince de Marcillac..., gouverneur de Poitiers. Il s'est retiré de la cour, sous prétexte de quelque mécontentement, et est à présent en Poitou, portant encore le deuil du feu duc son père, décédé depuis quelques mois. » Comparez ci-après, p. L, note 5, la citation d'un article inséré dans un autre *État de la France* en 1651 et 1652. — On trouvera à *l'appendice* v, 4° (p. cv), l'indication de diverses pièces relatives à cette retraite de notre auteur en Poitou, et à sa seconde rébellion.

3. *Mémoires*, p. 172 et suivantes.

et son frère dans Stenay, où se trouve Mme de Longueville, qui, à partir de ce moment, va se montrer l'impétueuse amazone de la Fronde. Quant à Marcillac, devenu, sur ces entrefaites, duc de la Rochefoucauld par la mort de son père (8 février 1650), il prend comme prétexte la cérémonie des obsèques paternelles, et, mariant adroitement ses devoirs de piété filiale avec le soin de la guerre civile, il appelle auprès de lui à Verteuil toute la noblesse du pays[1]; mais il arrive trop tard pour se saisir de Saumur[2], déjà occupé par les troupes du Roi, et, après avoir jeté dans Montrond, la forteresse des Condés, quelques centaines d'hommes, il se retire à Bordeaux avec le duc de Bouillon (31 mai 1650).

Qu'on nous permette d'interrompre ici, un moment, le récit, pour placer à sa vraie date un portrait, « avant la lettre, » dit Sainte-Beuve[3], que Saint-Évremond a tracé du la Roche-

1. *Mémoires*, p. 179-183; comparez les récits de Gourville, p. 225 et 226; de Lenet, p. 228, 238, 240 et 241; de Mme de Motteville, tome III, p. 174 et 188; et voyez, au tome III des *Mémoires de Retz*, la note 5 de la page 39, où nous renvoyons aux *Archives historiques du département de la Gironde*, tome III, p. 410.

2. Ce fut le 23 avril (voyez les *Mémoires de Lenet*, p. 244) qu'un courrier du duc de la Rochefoucauld apporta à Montrond, où la princesse de Condé était arrivée le 14 (*ibidem*, p. 237), la nouvelle de l'insuccès de la tentative sur Saumur. Deux jours avant (le 21), Mazarin écrivait de Dijon cette lettre à le Tellier : « Sa Majesté est du même avis de Son Altesse Royale, qu'il ne faut pas différer davantage la publication de la déclaration contre MM. de Bouillon, de Turenne et de Marcillac, et ajoute qu'il ne faut rien épargner pour châtier promptement et exemplairement M. de la Rochefoucauld, et que si sa personne se retire, on trouvera toujours ses maisons à raser, afin qu'il s'en souvienne et que cela serve à contenir dans leur devoir ceux qui pourroient avoir de méchantes intentions. » (*Mémoires de Mathieu Molé*, tome IV, p. 393 et 394.) Cette menace du Cardinal, bientôt connue de la Rochefoucauld (*Lenet*, p. 258), devait être, on va le voir, mise à exécution. — Un mois plus tôt, le 28 mars 1650, la Reine écrivait, également de Dijon et à le Tellier : « Je desire.... que l'on examine bien.... ce qu'il y a présentement à faire touchant le duc de la Rochefoucauld, particulièrement s'il ne s'est point encore rendu à la Roche-Guyon. » (*Mémoires de Mathieu Molé*, tome IV, p. 380.)

3. *Nouveaux lundis*, tome V, p. 384.

foucauld de cette époque, dans son opuscule intitulé : *Conversation avec M. de Candale*, conversation qui est supposée tenue en 1650, mais qui ne fut en réalité rédigée que de 1665 à 1668 : « La prison de Monsieur le Prince a fait sortir de la cour une personne considérable que j'honore infiniment ; c'est M. de la Rochefoucauld, que son courage et sa conduite feront voir capable de toutes les choses où il veut entrer. Il va trouver de la réputation où il trouvera peu d'intérêt, et sa mauvaise fortune fera paroître un mérite à tout le monde, que la retenue de son humeur ne laissoit connoître qu'aux plus délicats. En quelque fâcheuse condition où sa destinée le réduise, vous le verrez également éloigné de la foiblesse et de la fausse fermeté ; se possédant sans crainte dans l'état le plus dangereux, mais ne s'opiniâtrant pas dans une affaire ruineuse, par l'aigreur d'un ressentiment, ou par quelque fierté mal entendue. Dans la vie ordinaire, son commerce est honnête, sa conversation juste et polie. Tout ce qu'il dit est bien pensé, et, dans ce qu'il écrit, la facilité de l'expression égale la netteté de la pensée[1]. »

Une fois dans la capitale de la Guyenne[2], la Rochefoucauld y déploie une énergie guerrière qu'il est impossible de méconnaître. Dans cette période il est avant tout soldat ; car la direction générale des affaires appartient au frère aîné de Turenne, un des politiques les plus capables de son temps. Malheureusement la défense de la ville était entravée par les cabales et les dissensions du peuple et du parlement ; puis on manquait d'argent, et cette détresse pécuniaire demeura le mal chronique de la Fronde. La princesse de Condé, retirée, elle aussi, à Bordeaux, ne donna d'abord que vingt mille francs, encore le fit-elle de mauvaise grâce et après toutes sortes

---

1. *OEuvres mêlées de Saint-Évremond*, tome II, p. 186 et 187 (édition de M. Ch. Giraud, Paris, 1866).

2. Sur toute cette partie de la Fronde, voyez les *Mémoires de Lenet* (p. 276-421), et notamment, pour le rôle de la Rochefoucauld, les pages 276, 277, 291, 295, 312, 313, 334, 335, 337, 346, 351, 353, 357, 358, 403, 406-409, 411-417, 421 ; voyez aussi *Mme de Motteville*, tome III, p. 188 et suivantes, et p. 227-231 ; *Mademoiselle de Montpensier*, tome I, p. 251, 259 ; *Retz*, tome III, p. 66 et suivantes ; et *Gourville*, p. 226.

d'atermoiements; on avait, il est vrai, traité conclu avec l'Espagne ; mais l'Espagne n'entendait fournir que juste assez de subsides pour alimenter la guerre sans permettre de la terminer. La Rochefoucauld dit lui-même que le parti ne reçut en tout d'au delà des monts que deux cent vingt mille livres; le reste fut pris sur le crédit de Madame la Princesse, du duc de Bouillon, de la Rochefoucauld et de Lenet[1]. Ce fut donc un dur et difficile moment à passer. Tandis que Mme de Longueville, pour défendre Stenay, engage ses pierreries en Hollande, la Rochefoucauld sacrifie généreusement sa fortune[2]. Le 9 août, il apprend que son château de Verteuil a été rasé par ordre de la cour. Lenet dit dans ses *Mémoires* (p. 332) : « Le 7 (août 1650)..., l'on sut (*à Bordeaux*) que l'on travailloit, par ordre de la cour, à démolir Verteuil, maison du duc de la Rochefoucauld. » La constance de celui-ci n'en paraît point ébranlée ; il est heureux, au contraire, de pouvoir offrir ce sacrifice à la duchesse, qui, à l'autre extrémité de la France, combat si courageusement pour la même cause. Lenet dit un peu plus loin (p. 335) : « On fut assuré..., ce jour-là, que l'on continuoit la démolition du château de Verteuil, appartenant au duc de la Rochefoucauld, qui reçut cette nouvelle avec une constance digne de lui; il sembloit en avoir de la joie pour inspirer de la fermeté aux Bordelois. On disoit encore que ce qui lui en donnoit une véritable étoit de faire voir à la duchesse de Longueville, qui étoit toujours à Stenay, qu'il exposoit tout pour son service[3]. » C'est la période héroïque de la liaison, ce point culminant où l'on ne demeure guère ; il semble bien qu'après une telle ardeur de mutuel dévouement, elle ne pouvait plus que se relâcher, qu'elle était en danger de se rompre d'un côté ou de l'autre.

Si la belle résistance de Bordeaux faisait valoir le courage

---

1. Voyez les *Mémoires*, p. 194 et note 5 ; au tome III, p. 49-91, les *lettres* 20, 21, 22, 24, 25, 26, 28, 30, 32 ; et, entre autres passages des *Mémoires de Lenet*, p. 291 et 357.

2. Voyez, au tome III, p. 89 et 97, les *lettres* 31 et 34, à Lenet, qui montrent bien à quel état de gêne fut réduit la Rochefoucauld.

3. Voyez aussi les *Mémoires de Lenet*, p. 376, et ceux *de Mme de Motteville*, tome III, p. 391.

de la Rochefoucauld et de Bouillon, elle n'avançait guère les affaires des Frondeurs. Les Espagnols ne se pressaient pas de tenir leurs promesses ; le Parlement se lassait ; le duc d'Orléans et les autres chefs de la Fronde comprirent qu'il valait mieux, pour sauver du moins les apparences, négocier plus tôt que plus tard, et l'accommodement avec la cour fut signé le 29 septembre 1650[1]. La Rochefoucauld, au lieu d'aider à la conclusion de la paix, y résista de tout son pouvoir, nous dit Mazarin dans une lettre à Mme de Chevreuse, où il le nomme, avec ressentiment, parmi ceux « qui ne se sont pas démentis de leur première conduite jusques au dernier moment[2]. » Au reste, à cette paix, il ne gagna que la permission de se retirer chez lui sans exercer sa charge de gouverneur du Poitou et sans nul dédommagement pour sa maison de Verteuil, qui n'était plus qu'un monceau de ruines. A quelque temps de là, Turenne, entré en France avec une armée espagnole, se faisait battre à Rethel (15 décembre 1650) par le maréchal du Plessis-Praslin. On le voit, si la Fronde ne grandissait pas les uns, en revanche, elle diminuait les autres. N'est-ce pas là, à toutes les époques, l'effet le plus ordinaire des guerres civiles ?

Toutefois, tant que les Princes n'avaient pas recouvré leur liberté, la lutte n'était pas finie. Aux combats suspendus, après Rethel, faute de combattants, avaient succédé les négociations secrètes ou publiques, et jamais on n'en avait vu d'aussi complexes. Le principal intermédiaire entre les diverses factions était Anne de Gonzague, l'intrigante Palatine, dont l'oraison funèbre sera plus tard pour Bossuet le plus délicat triomphe d'éloquence. Embarrassée dans les fils de sa trame, elle prend le parti d'appeler à son secours la finesse bien connue de la Rochefoucauld, qui, à Bordeaux même, et malgré la « netteté » de sa conduite[3], n'avait pu complétement s'abstenir de négocier, ou du moins d'essayer de négocier, s'exposant par là aux défiances, déjà éveillées[4], des

---

1. Voyez les *Mémoires de Montglat*, tome II, p. 242, et, sur les négociations postérieures de la Rochefoucauld avec Mazarin, *ibidem*, p. 251 et 255.
2. *Madame de Chevreuse, Appendice*, p. 450.
3. *Mémoires de Lenet*, p. 353 et 421. — 4. *Ibidem*, p. 242.

Frondeurs[1]. Le duc se rend secrètement à Paris, et, caché chez la princesse, il travaille à débrouiller l'écheveau avec elle[2]. Cette fois encore, ce n'est donc pas lui qui marche en tête et dirige ; il est simplement à la suite, et à la suite d'une femme. Ses *Mémoires* nous exposent clairement les prétentions des divers mécontents. Les Frondeurs les plus avancés voulaient avant tout « la ruine entière du Cardinal, » à la place duquel Mme de Chevreuse, dont le prince de Conty devait épouser la fille, eût mis M. de Châteauneuf. Cette solution radicale n'était pas du goût de la Rochefoucauld, qui n'aimait pas à s'engager trop avant et craignait toujours de trancher dans le vif. Il empêche donc la ratification du traité, et entre directement en relation avec le Cardinal. Mazarin et lui ont plusieurs entrevues mystérieuses, qui sont racontées avec complaisance dans les *Mémoires*[3]. Quel rôle flatteur pour sa vanité ! Voilà qu'il traite en personne avec Mazarin, de puissance à puissance, au nom de son parti. Tout se passe, il est vrai, dans l'ombre et sous le manteau ; mais il estime que son personnage, aux yeux des autres et aux siens, n'en est pas moins singulièrement rehaussé. Au fond, bien qu'il se croie un *frondeur*, il n'est ici qu'un *important* attardé, dont le rôle rappelle encore le fameux *je ne sais quoi* du portrait peint par Retz.

Il y avait eu précédemment, à Bourg, près de Bordeaux, une entrevue, publique celle-là et officielle, entre Mazarin et les ducs de la Rochefoucauld et de Bouillon. Elle « se fit en sortant de Bordeaux après l'amnistie, » dit (p. 226) Gourville, qui la ménagea ; « le jour de saint François (4 octobre), » ajoute (p. 413) Lenet, qui en fut témoin. C'est immédiatement avant, tandis qu'on se rendait en carrosse à la messe, que la Rochefoucauld avait fait au Cardinal la réponse de-

---

1. Lenet parle même (p. 343, 345, 347, 416) d'un projet dont le duc s'occupa dans ce temps à plusieurs reprises, avec l'appui de la marquise de Sablé, et qui allait à marier son fils à une des nièces de Mazarin.

2. *Mémoires*, p. 219-226 : voyez *Mme de Motteville*, tome III, p. 265 et suivantes. La permission de revenir à la cour ne lui fut expédiée que le 27 janvier 1651. Nous donnons à l'*appendice* 1 du tome III, p. 264, le texte de cette permission.

3. Voyez à l'endroit précité des *Mémoires*.

meurée célèbre : « Tout arrive en France. » Puis il avait regagné les ruines de Verteuil, le 6 octobre 1650. Ni Lenet, ni Gourville ne parlent dans leurs *Mémoires* du retour secret à Paris et de ces visites nocturnes, que Mme de Motteville elle-même (tome III, p. 266) dit ne tenir que de la bouche de la Rochefoucauld. Gourville a seulement cette phrase (p. 234) : « Je m'en retournai à Paris (1651); et M. de la Rochefoucauld y étant revenu quelque temps avant la liberté de Monsieur le Prince, alla au-devant de lui jusqu'à sept ou huit lieues du Havre. »

Toute cette diplomatie fut cependant en pure perte. Mazarin, qui sans doute présumait encore trop de ses propres forces, ne voulut point contracter d'engagement formel sur l'article fondamental, la liberté des Princes. Il se méfiait d'ailleurs de la franchise du négociateur. On lit dans les *Mémoires* de Lenet[1], qui, le soir de l'entrevue de Bourg dont nous venons de parler, eut un entretien particulier avec le Cardinal : « Il passa à me parler de la duchesse de Longueville et du duc de la Rochefoucauld, comme de gens dont il lui seroit malaisé d'avoir l'amitié, parce qu'ils n'en avoient, disoient-ils, que l'un pour l'autre. » Ainsi le duc se trouva rejeté forcément vers ceux des Frondeurs qu'il n'aimait point ou qu'il n'aimait plus, Châteauneuf, Retz, Mme de Chevreuse, auxquels le duc d'Orléans venait de se rallier. Quant à Mazarin, il paya cher cette défaillance de son habileté ordinaire : déclaré par le Parlement ennemi de l'État, il fut contraint de sortir, d'abord de Paris, puis du Royaume, abandonnant ainsi à elle-même la Reine régente. La Rochefoucauld fut chargé en personne de porter l'ordre de délivrance au Havre-de-Grâce : triomphe sans pareil, si le malicieux Cardinal ne l'en eût frustré au passage, en ouvrant lui-même aux Princes la porte de leur prison[2].

---

1. Page 416.
2. *Mémoires*, p. 233-235. Voyez aussi le court résumé intitulé *livre second*, dans l'édition Michaud des *Mémoires de Lenet* (p. 521-525); les *Mémoires de Mme de Motteville*, tome III, p. 305 ; et ci-après, à l'*appendice* v, 5°(p. cvii), le texte de l'ordre, du 10 février 1651, envoyé « à M. de Bar pour lui dire de laisser parler à Messieurs les Princes les sieurs duc de la Rochefoucauld, président Viole et Arnaud. »

Le règne de Mazarin semblait donc à jamais fini, quand les Princes rentrèrent à Paris, le 16 février 1651, au milieu des acclamations de ce même peuple, qui, un an auparavant, avait fêté par des feux de joie leur arrestation. Si Condé avait été alors un habile politique, il eût profité du premier moment de surprise pour enlever toute autorité à la Régente, incapable de gouverner par elle-même. Mais, en ce cas, la direction des affaires revenait de droit « au duc d'Orléans, qui étoit entre les mains des Frondeurs, dont Monsieur le Prince, dit la Rochefoucauld, ne vouloit pas dépendre[1]. » Condé préféra donc laisser à la Reine son titre et ses pouvoirs, croyant qu'il lui suffirait de maintenir son alliance avec Monsieur et les Frondeurs pour forcer la cour à compter avec lui. Certes, si cette union des Princes et de la Fronde eût duré, la cour aurait couru grand risque de ne jamais reprendre barres sur ses adversaires; mais, tandis que Mazarin, de sa retraite de Brühl, près de Cologne, continue de gouverner par messages la Reine et l'État, Condé trouve moyen de se fâcher avec tout le monde, et de rejeter les Frondeurs du côté de la Régente, en rompant, sans aucun égard, le mariage de Conty et de Mlle de Chevreuse[2], base principale du traité d'union. En vain, le duc de la Rochefoucauld, pour qui la faction et les factieux commençaient sans doute à perdre de leur attrait, s'ingénie, essaye de nouvelles combinaisons pour restaurer tant bien que mal les affaires de Condé auprès de la cour et du Cardinal : il acquiert la triste certitude qu'il s'est engagé, à la suite des Princes, dans une impasse véritable, d'où le point d'honneur lui défend de sortir à reculons. D'ailleurs cet arrangement, ce replâtrage, qu'il cherchait, Mme de Longueville n'en vouloit point. La paix, c'était, pour elle, le retour en Normandie, près de ce mari dont elle avait peur, qui la rappelait avec des instances pleines de menaces. La guerre seule pouvait la sauver[3] : elle résolut que de nouveau la guerre éclaterait.

---

1. *Mémoires*, p. 240.
2. Voyez les *Mémoires de Retz*, tome III, p. 296 et 297, et ceux de *Mme de Motteville*, tome III, p. 330 et 331.
3. *Mémoires de Mme de Motteville*, tome III, p. 391 et 445. Comparez ceux *de Montglat*, tome II, p. 304.

Nous voilà de plus en plus loin des débuts de l'illustre duchesse. Si la Rochefoucauld a donné le premier coup de fouet à cette nature audacieuse et remuante, il n'a pas gardé bride en main pour la retenir ou l'exciter à son gré ; naguère, en 1650, quand il signait à Bourg son accommodement, la fière princesse demeurait à Stenay, inexpugnable ; à présent, tandis que Monsieur le Prince lui-même hésite à jeter le gant une seconde fois, tandis que nous le voyons quitter, un moment, Paris pour se retirer à Saint-Maur, puis revenir anxieux de Saint-Maur à Paris, c'est sa sœur qui, prenant toute l'initiative, précipite les choses ; c'est elle qui répète, envers et contre tous, le cri forcené des Ligueurs dans la *Satire Ménippée* : *Guerra! Guerra!* Ni Bouillon, ni la Rochefoucauld, qui, selon le mot de Matha rapporté par Retz [1], « faisoit tous les matins une brouillerie, et.... tous les soirs.... travailloit à un *rabiennement* (raccommodement), » ne sont à la hauteur de cette constance féminine, bien que le même Retz nous parle encore (juillet 1651) du « pouvoir absolu » que le duc avait sur l'esprit de Mme de Longueville [2]. Les *Mémoires* de ce dernier contiennent, à cette occasion, un passage fort remarquable, rempli de philosophie et de vérité, et où plus d'une maxime se trouve en germe. Bouillon et lui, nous dit-il, « venoient d'éprouver à combien de peines et de difficultés insurmontables on s'expose pour soutenir une guerre civile contre la présence du Roi ; ils savoient de quelle infidélité de ses amis on est menacé lorsque la cour y attache des récompenses et qu'elle fournit le prétexte de rentrer dans son devoir ; ils connoissoient la foiblesse des Espagnols, combien vaines et trompeuses sont leurs promesses, et que leur vrai intérêt n'étoit pas que Monsieur le Prince ou le Cardinal se rendît maître des affaires, mais seulement de fomenter le désordre entre eux pour se prévaloir de nos divisions [3]. » Pour un homme qui avait déjà traité avec l'Espagne, et qui devait bientôt se rendre coupable de récidive, c'était montrer beaucoup de sagesse dans le raisonnement pour en mettre ensuite bien peu dans les actes : l'histoire est pleine de ces contradictions.

1. *Mémoires de Retz*, tome III, p. 361.
2. *Ibidem*, p. 360. — 3. *Mémoires*, p. 259 et 260.

Cependant les deux partis, celui des Princes et celui de la Régente, à la tête duquel s'était mis Retz, désormais nanti du chapeau, se heurtaient, en toute rencontre, avec une aigreur et un fracas précurseurs de la guerre. Peu s'en fallut que la grande salle du Parlement ne devînt le premier champ de bataille. C'est dans une de ces séances orageuses[1] que le duc de la Rochefoucauld prit traîtreusement la tête de Retz dans une porte et le maintint dans cette position critique, donnant ainsi à ceux qui l'entouraient le loisir de tuer le prélat, pour peu qu'ils en fussent tentés. La Rochefoucauld rapporte lui-même le fait dans ses *Mémoires* avec ce calme froid qui rend l'aveu d'une violence plus odieux peut-être que la violence même[2]. Passons vite sur de tels actes qui nous paraissent aujourd'hui indignes d'un gentilhomme, mais que nous retrouvons fréquemment dans les anciennes histoires de nos troubles civils[3].

On ne racontera pas ici par le menu les incidents de cette troisième guerre intestine qui éclata, en 1652, par l'énergie de Mme de Longueville, au moment même où chacun, suivant l'expression de notre auteur, se repentait « d'avoir porté les choses au point où elles étoient[4], » et en voyait clairement l'horreur. La Rochefoucauld, retiré de nouveau en Guyenne avec les Condés, recommence, mais avec peu d'enthousiasme cette fois, une vie d'aventures sans éclat où devaient s'éteindre ses dernières illusions. Il aide Monsieur le Prince, non sans courir de grands risques, à réprimer la révolte des bourgeois d'Agen, et se fait, avec lui, ouvrir successivement deux barricades[5]. Puis il fait partie, avec son jeune fils Marcillac, de

---

1. Celle du 21 août 1651.
2. *Mémoires*, p. 283-288 ; comparez *Mme de Motteville*, tome III, p. 418-420, et surtout *Retz*, tomes III, p. 492-494, 500, et IV, p. 283, 284.
3. Voyez aussi, dans les *Mémoires*, p. 198 et 199, l'histoire du pauvre gentilhomme Canolles, pendu à Bordeaux, par ordre de la Rochefoucauld et de Bouillon.
4. *Mémoires*, p. 298.
5. *Ibidem*, p. 341-343 ; *Mémoires de Gourville*, p. 254. — Voyez ci-après, à l'*appendice* v, 6º (p. cviii), l'indication de pièces relatives ux mesures prises contre notre duc durant cette nouvelle révolte.
— Il est curieux de voir un *État de la France* (Paris, G. Loyson)

cet état-major choisi avec lequel Condé entreprend de traverser la moitié de la France, pour aller rejoindre sur la Loire l'armée du duc de Nemours. Ce voyage, dont il faut lire la relation, surtout dans les *Mémoires de Gourville*[1], fut plein d'émotions et de vicissitudes. Il s'acheva toutefois sans accident grave le 1ᵉʳ avril, et dès lors Condé, ayant pris le commandement en chef de l'armée, se trouva en face de Turenne. Le combat indécis de Bléneau, où ces deux illustres antagonistes rivalisèrent de talent et de coup d'œil, est demeuré fameux dans l'histoire ; la Rochefoucauld et son fils à peine adolescent s'y distinguèrent au premier rang[2]. « Il y a très-bien fait, » dit Monsieur le Prince, en parlant du père, dans une lettre qu'il écrivit le lendemain à Mademoiselle[3]. Quelques jours après (11 avril), Condé, toujours accompagné de la même escorte, était reçu triomphalement dans Paris, que la cour avait quitté depuis plus de trois mois. Si l'espérance de Monsieur le Prince, en rentrant dans la capitale, avait été de réunir en un faisceau les divers partis de la Fronde, il dut renoncer bientôt à cette illusion. Le Parlement avait beau mettre à prix la tête de Mazarin, chaque jour de répit profitait à la fortune du Cardinal et nuisait à celle des Frondeurs. A la première fumée d'enthousiasme avec laquelle les bourgeois avaient salué la venue du prince succédèrent des cabales et des intrigues, toutes nées de la lassitude de la guerre et du désir d'un accommodement. Condé lui-même, une fois à Paris, se prit à y respirer comme un

faire hardiment son éloge à l'occasion de sa conduite factieuse, ne qualifiant ses rébellions que de retraites de la cour. On y lit deux ans de suite (1651 et 1652) : « Le duc de la Rochefoucauld et prince de Marcillac, gouverneur de Poitiers ; il se retira de la cour lorsque Messieurs les Princes furent arrêtés prisonniers, fut à la guerre de Bourdeaux, avec plusieurs gentilshommes de ses amis, où il fit paroître sa sagesse et sa valeur en plusieurs occasions, et depuis la liberté de Messieurs les Princes, il est revenu à la cour, et s'en est encore retiré depuis. » Comparez ci-dessus, p. xli, note 2.

1. Pages 254-261.
2. *Mémoires*, p. 366-373. Voyez aussi *Mme de Motteville*, tome III, p. 475, et *Montglat*, tome II, p. 333.
3. *Mémoires de Mademoiselle*, tome II, p. 39.

air nouveau; le séjour de la capitale lui donna l'envie et l'espérance de la paix, et il se laissa « entraîner.... dans cet abîme de négociations dont on n'a jamais vu le fond¹, » et qui était le moyen habituel de Mazarin pour perdre ses ennemis. On voulut adjoindre la Rochefoucauld aux ambassadeurs chargés de se rendre à Saint-Germain pour y débattre les intérêts des rebelles; mais il s'excusa d'y aller en personne et confia cette tâche à Gourville. L'article 15 de l'arrangement proposé stipulait pour lui, outre le fameux brevet l'assimilant aux Rohan, une indemnité pécuniaire de cent vingt mille écus pour acheter le gouvernement de Saintonge et d'Angoumois ou tel autre à son choix². Du bien public, pas un mot dans le traité : c'était à quoi songeaient le moins le duc et tous ceux qui faisaient leur paix. Cent vingt mille écus, ce n'était pas du reste trop pour lui, si l'on songe à tout ce qu'il avait perdu dans la guerre, à ses terres ravagées, à ses châteaux détruits, et aux sacrifices de toute nature qu'il avait dû s'imposer. Mais Retz, qui ne voulait point d'une paix où il n'entrait pas comme arbitre, sut si bien brouiller les cartes que la Rochefoucauld, fatigué de ces allées et venues et de ces vains pourparlers, donna ordre à Gourville d'y mettre un terme et de s'en tenir là³.

Une femme (dans la Fronde les rôles les plus habiles ou les plus hardis semblent appartenir à des femmes) essaya d'éteindre cette guerre qu'une femme avait allumée : ce fut Mme de Châtillon, qui ne pardonnait pas à la duchesse de Longueville de lui avoir ravi, au passage, les tendres atten-

---

1. *Mémoires*, p. 378. Comparez les *Mémoires de Retz*, tome IV, p. 35 et 114.

2. Voyez les *Mémoires de Mademoiselle*, tome II, p. 85; ceux *de Retz*, tomes III, p. 381 et 382, IV, p. 235 et 236, et, dans les *OEuvres* de ce dernier (tome V, p. 408, 409 et 413), le pamphlet, par lui attribué à Joli, *les Intrigues de la Paix*, ainsi qu'un passage encore (p. 430) d'un autre pamphlet, *la Vérité toute nue*, publié par C. Moreau dans le tome II de son *Choix de Mazarinades* (p. 406-438). — Monsieur le Prince demandait pour la Rochefoucauld, dit Conrart (*Mémoires*, p. 71), « une grande charge ou un gouvernement »..., celui « d'Angoumois et de Saintonge, » ajoute-t-il (p. 76); mais Mazarin « rejeta fort » cette demande.

3. *Mémoires*, p. 388, 389 et note 3.

tions du galant duc de Nemours. Quelle fut la part respective de la politique et de la coquetterie en ces relations, d'ailleurs fort courtes, que la sœur de Condé eut avec Nemours, à Bordeaux, après le départ de la Rochefoucauld[1]? Ce point délicat, que V. Cousin s'est obstiné à vouloir fixer, importe peu, après tout, à la postérité et à l'histoire. Il est certain que les apparences tout au moins condamnent Mme de Longueville : les contemporains ont pu blâmer la Rochefoucauld de n'avoir pas su pardonner ; ils n'ont pas dit que sa rigueur méritât le nom d'injustice[2].

Toujours est-il que le duc, cruellement atteint dans son amour-propre, saisit avidement l'occasion de se venger : ce fut, en somme, une vilenie ; mais, comme dit Mme de Sévigné, a-t-on gagé d'être parfait[3]? ajoutons, surtout en amour? que de gens perdraient la gageure! On imagina un complot, où l'ancien amant de Mme de Longueville jouait un rôle qu'on ne peut guère expliquer qu'au moyen de circonlocutions euphémiques ; il servit d'intermédiaire officieux entre les trois personnages suivants : Mme de Châtillon, désireuse et fière de conquérir le cœur de Condé ; Condé, impatient de capituler aux mains de la dame ; et Nemours, qui, bien que partie sacrifiée dans l'affaire, consentit cependant à cette triple alliance politique[4]. Mais cette stratégie n'eut pas l'effet qu'on en attendait : la Rochefoucauld en fut pour son entremise, le duc de Nemours pour sa complaisance ambitieuse, et le prince de Condé

---

1. Voyez les *Mémoires de Retz*, tome IV, p. 5.
2. On remarquera que Mme de Sablé, pour ne citer qu'elle, demeura jusqu'au bout l'amie de la Rochefoucauld, bien qu'elle fût aussi, et de plus ancienne date, celle de Mme de Longueville : l'eût-elle fait si tous les torts, dans la rupture, avaient été, à ses yeux, du côté de l'amant? La Fronde, du reste, n'est point une époque de constance en amour ; dans les mobiles engagements et les frivoles commerces d'alors, les stations étaient en général moins longues et les étapes plus courtes que sur la fameuse carte de *Tendre* ; on passait rapidement sur bien des points d'arrêt théorique, et les hameaux de *légèreté* et d'*oubli*, les districts d'*abandon* et de *perfidie* n'étaient pas les moins fréquentés du pays.
3. *Lettres*, tome VIII, p. 481.
4. *Mémoires*, p. 390-392.

pour la terre de Merlou, dont il avait fait cadeau à la duchesse, sur les instances de la Rochefoucauld.

Cependant les troupes du Roi, commandées par Turenne et par d'Hocquincourt, tenaient le pays, prenant l'une après l'autre toutes les places des Frondeurs ; le duc de Lorraine, qui s'était engagé à combattre Turenne, se retirait sans coup férir, et bientôt Condé n'eut plus d'autre ressource que de tenter un coup désespéré. Ce fut le fameux combat du faubourg Saint-Antoine, que V. Cousin appelle avec raison « une héroïque et vaine protestation du courage contre la fortune [1]. » Dans cette journée du 2 juillet 1652, la Rochefoucauld, attaquant, avec son fils Marcillac, avec Beaufort, Nemours, et quelques volontaires, la barricade de Picpus, reçut une mousquetade en plein visage. Bien que sa blessure « lui fît presque sortir les deux yeux hors de la tête [2], » il se rendit néanmoins à cheval, tout couvert de sang, jusqu'à l'hôtel de Liancourt (rue de Seine [3]), exhortant le peuple à secourir Monsieur le Prince. Après quoi, dans un état déplorable, il se fit transporter à Bagneux.

Gourville rapporte (p. 266) que, « au sujet de cet accident, il fit graver un portrait de Mme de Longueville avec ces deux vers au bas :

> Faisant la guerre au Roi, j'ai perdu les deux yeux ;
> Mais pour un tel objet je l'aurois faite aux Dieux [4]. »

---

1. *Madame de Longueville pendant la Fronde*, édition de 1867, p. 155.

2. *Mémoires*, p. 414. Conrart dit (p. 112) qu'il « eut les deux joues percées, mais le plus favorablement du monde. »

3. Voyez ci-après, p. LXXI, note 3.

4. Les vers que cite Gourville sont imités de deux vers du IIIe acte (scène v) de la tragédie d'*Alcionée*, de P. du Ryer, publiée en 1640 :

> Pour obtenir un bien si grand, si précieux,
> J'ai fait la guerre aux rois ; je l'eusse faite aux Dieux.

Après sa rupture avec Mme de Longueville, la Rochefoucauld les parodia ainsi :

> Pour ce cœur inconstant, qu'enfin je connois mieux,
> J'ai fait la guerre au Roi : j'en ai perdu les yeux.

Voyez les *Mémoires de Mademoiselle*, tome II, p. 97 (où M. Chéruel

Quelque temps après (16 octobre), le prince de Condé, que Mademoiselle avait sauvé au dernier moment en ordonnant de tirer le canon de la Bastille sur les troupes du Roi, sortait de Paris, et, suivant sa fatale étoile, s'en allait en Flandre commander les troupes espagnoles. La victoire de Mazarin était complète; on sait qu'il n'en abusa pas. Il retourna en exil, pour donner à l'animadversion générale le temps de s'apaiser; six mois après seulement, le 3 février 1653, il rentra dans Paris. Le Roi y fit son entrée solennelle dès le 21 octobre 1652, et l'on se hâta de publier une amnistie portant les réserves ordinaires de ces actes d'abolition générale, c'est-à-dire excluant de la clémence accordée au menu fretin des coupables les fauteurs les plus redoutés de la rébellion. La Rochefoucauld se vit ranger parmi les factieux qui n'inspiraient pas grande appréhension[1] : il fut admis à profiter des avantages de l'amnistie; mais, bien que fort malade de sa blessure, il refusa par fierté la grâce qu'on lui voulait faire, aimant mieux suivre, s'il le fallait, jusqu'au bout la triste fortune de Condé. Au mois de novembre 1652[2], il quitta Paris et, muni d'un passe-port, se retira avec sa famille dans la place de Damvilliers, dont le marquis de Sillery, son beau-frère, était gouverneur, et où, en 1650, le chevalier de la Rochefoucauld, qui commandait alors pour le duc son frère dans cette place, avait été livré, pieds et poings liés, aux troupes royales par ses propres soldats[3]. Là, conjointement avec Condé, il reprit ses intelligences avec les Espagnols[4]; mais il était dans cet état d'épuisement phy-

cite ces vers en note avec des variantes), et ceux *de Mme de Motteville*, tome IV, p. 20 et 21.

1. Le marquis de Montausier, gouverneur d'Angoumois et de Saintonge, alors malade à Angoulême, ne partageait pas, au sujet de la Rochefoucauld, la sécurité de la cour. Voyez ci-après, à l'*appendice* v, 7° (p. cviii), des fragments de deux lettres écrites par lui à le Tellier, aux dates des 14 et 18 novembre 1652.

2. Gourville dit par erreur (p. 268) : « vers la fin de septembre »; voyez au tome III, p. 113 et 115, les *lettres* 41 et 42, et à l'*appendice* 1 du même tome, p. 268, la *lettre* 18.

3. Voyez les *Mémoires de Retz*, tome II, p. 500, 501 et note 1; tome III, p. 27, 28 et note 1.

4. Sur les engagements pris à cet égard, avant de quitter Bor-

sique et moral qui ne permet aucune action suivie. En novembre même, il tenta de s'aboucher avec Mazarin, à Châlons; mais le Cardinal refusa de le voir; il « lui fit répondre qu'il le remerciait de sa civilité, mais qu'il ne croyait pas à propos qu'il le vît[1]. » Durant toute l'année 1653, il ne fut occupé qu'à se guérir et sans doute aussi à méditer sur l'avenir et sur le passé. C'est par mégarde que Gourville dit [2] qu'il passa toute cette année à Damvilliers; il quitta cette ville aussitôt son accommodement fait et son passe-port obtenu; Gourville lui-même le voit en Angoumois, en se rendant à Bordeaux par ordre du Cardinal, et c'est à Verteuil qu'il lui adresse, de Villefagnan, la nouvelle de la conclusion de la paix, laquelle est du 30 juillet [3].

Malgré les velléités héroïques de sa jeunesse, il n'était point taillé en héros : la réflexion, chez lui, finissait toujours par dominer les autres facultés. Il n'était pas homme à continuer de sang-froid, comme il dit quelque part [4], ce qu'il avait commencé en colère; il n'avait pas enfin cette infatigable persévérance de Mme de Longueville, qui, à ce moment même, comme pour bien prouver l'indépendance de sa conduite politique, prolongeait, avec Conty et les Ormistes [5], sa résistance à Bordeaux. Aussi, tout en ayant l'air de se rendre aux vives instances des siens et de ses amis, ne fit-il, au fond, que suivre la pente de son naturel et obéir à ses vœux les plus secrets, quand il entreprit de se dégager honorablement envers la Fronde vaincue et Monsieur le Prince exilé. « La réconciliation avec nos ennemis, a-t-il écrit, n'est qu'un désir de rendre notre condition meilleure, une lassitude de la guerre, et une crainte de quelque mauvais événement [6]. » Ces trois éléments de ré-

---

deaux, et depuis, lorsque les ducs se séparèrent de la princesse de Condé, voyez les *Mémoires de Lenet*, p. 408, 409 et 422.

1. Voyez les *Souvenirs du règne de Louis XIV*, par M. le comte de Cosnac, tome IV, p. 196.
2. *Mémoires de Gourville*, p. 269.
3. *Ibidem*, p. 274, 275 et 283.
4. Voyez les *Mémoires*, p. 336.
5. Voyez, dans *Madame de Longueville pendant la Fronde*, chapitre intitulé : *la fin de la Fronde à Bordeaux*.
6. Maxime 82.

sipiscence se rencontrèrent dans sa résolution, et tout particulièrement le premier. Un des principaux arguments, et probablement des plus décisifs, qu'on employa pour le « dégager absolument d'avec Monsieur le Prince » était la nécessité d'assurer « le mariage de M. le prince de Marcillac avec Mlle de la Roche-Guyon, sa cousine germaine[1], » mariage qui, nous dit Mademoiselle[2], rétablit la maison de la Rochefoucauld, laquelle « n'étoit pas aisée. » Gourville[3], son agent ordinaire, le plus adroit des ambassadeurs officieux, se chargea d'abord de faire agréer à Condé et au général espagnol cette démission, prévue peut-être de tous deux ; puis, ayant réussi de ce côté, il eut recours à l'entremise de M. de Liancourt pour obtenir une entrevue du Cardinal, qu'on représentait comme fort aigri contre le duc de la Rochefoucauld. On vit alors combien importe, en toute affaire épineuse, le choix du négociateur. Mazarin, face à face avec Gourville, se montra plein de bonne grâce et de facilité ; il oublia ses récentes colères, et accorda d'emblée à l'envoyé du Frondeur repenti ce que peut-être il eût refusé au Frondeur lui-même. Il ne posa qu'une condition, futile en apparence, très-sérieuse au fond : c'est que Gourville passerait désormais à son service. Le Cardinal, qui se connaissait en hommes, témoin le choix qu'il fera plus tard de Colbert pour lui succéder, avait deviné tous les services qu'il pouvait tirer par la suite de ce génie souple et industrieux. Ces services furent tels en effet[4] qu'il serait malaisé de dire qui gagna le plus, après Gourville bien entendu, à cet arrangement, ou de la Rochefoucauld, qui obtint par là le droit de rentrer en France, ou de Mazarin, qui prit à l'illustre factieux son homme d'affaires le plus avisé.

Gourville, il faut lui rendre cette justice, n'abandonna pas

1. *Mémoires de Gourville*, p. 269.
2. Tome III, p. 358.
3. Voyez ses *Mémoires*, p. 269 et suivantes.
4. Quelque temps après, Gourville (voyez ses *Mémoires*, p. 273-286), ayant réussi à entrer dans Bordeaux, sous prétexte d'en retirer les meubles du duc de la Rochefoucauld, fut assez adroit ou assez heureux pour amener le prince de Conty et Mme de Longueville à faire, à leur tour, leur soumission, à la fin de juillet 1653.

tout à fait son ancien maître pour le nouveau. Si actives que fussent ses fonctions auprès de Mazarin, il demeura toujours dévoué à la personne et aux intérêts du duc. « Il n'oublia pas, en aucun temps, qu'il devoit tout à M. de la Rochefoucauld, » dit Saint-Simon dans le portrait qu'il a tracé de lui[1], et où il nous parle, comme d'une chose *prodigieuse*, on le conçoit sans peine, du mariage secret qui l'avait uni, à ce qu'il paraît, à l'une des trois sœurs de M. de la Rochefoucauld (François VII)[2]. « Il étoit, dit-il, continuellement chez elle à l'hôtel de la Rochefoucauld, mais, toujours et avec elle-même, en ancien domestique de la maison. M. de la Rochefoucauld et toute sa famille le savoient, et presque tout le monde ; mais à les voir, on ne s'en seroit jamais aperçu. Les trois sœurs filles, et celle-là, qui avoit beaucoup d'esprit, et passant pour telles[3] (*pour filles*), logeoient ensemble dans un coin séparé de l'hôtel de la Rochefoucauld, et Gourville à l'hôtel de Condé. »

Notre auteur, qui, au temps où nous voici arrivé, était âgé de quarante et un ans, s'était retiré dans ses terres, et, tantôt à Verteuil, tantôt à la Rochefoucauld, il y passa plusieurs années dans une solitude relative, dont ses déceptions et aussi sa gêne pécuniaire lui faisaient sentir la douceur non moins que la nécessité. Là, tout en écrivant une partie de ses *Mémoires*[4], il travaillait à refaire à la fois sa santé et son patrimoine. Grâce à Gourville, qui avait su amasser, de bonne heure, une très-grosse fortune, il réussit tant bien que mal dans la seconde partie de l'entreprise.

---

1. *Mémoires de Saint-Simon*, tome III, p. 421-423, édition de 1873. — Voyez aussi, dans les *Causeries du lundi*, de Sainte-Beuve (tome V, p. 283-299, 2ᵈᵉ édition), la notice sur Gourville.

2. Voyez ci-dessus, p. XIII.

3. Il y a bien *telles* dans le manuscrit ; avec ce pluriel, il faudrait, ce semble, *toutes* après *passant*.

4. Nous renvoyons à la *Notice* spéciale qui est en tête du tome II, pour ce qui concerne ces *Mémoires*, dont Bayle a poussé si loin l'éloge qu'il va jusqu'à nous dire : « Je m'assure qu'il y a peu de partisans de l'antiquité assez prévenus pour soutenir que les *Mémoires du duc de la Rochefoucauld* ne sont pas meilleurs que ceux de César. » (*Dictionnaire*, article César, tome I, p. 831, note G, édition de Rotterdam, 1720.)

SUR LA ROCHEFOUCAULD.

L'ex-secrétaire nous apprend lui-même qu'en 1657, se trouvant « en argent comptant, » il songea « à traiter des anciennes dettes de la maison de la Rochefoucauld. » Il obtenait « des remises, » qu'il mettait au profit du duc. Il écrit ailleurs, dans ses *Mémoires*, à la date de 1661 : « M. de la Rochefoucauld, n'étant pas trop bien dans ses affaires, me demanda de vouloir bien lui faire le plaisir de recevoir les revenus de ses terres, et de lui faire donner, tous les mois, quarante pistoles pour ses habits et ses menus plaisirs : ce qui a duré jusqu'à sa mort. Non-seulement j'avois soin de faire payer les arrérages, mais encore d'éteindre beaucoup de petites dettes de sa maison, tant à Paris qu'en Angoumois : ce qui lui faisoit un plaisir si sensible, qu'il en parloit souvent pour mieux le témoigner. M. le prince de Marcillac, voulant aller à l'armée, se trouva sans argent ni équipage, et desirant d'y porter un service de vaisselle d'argent, sa famille jugea qu'il lui falloit jusqu'à soixante mille livres : je les prêtai, et elle m'en fit une constitution. Il m'emprunta encore, de temps en temps, jusqu'à cinquante mille livres; et ayant encore eu besoin de vingt mille livres, je me disposai à les lui prêter ; M. de Liancourt, qui sut jusqu'où ces emprunts alloient, et qu'ils n'étoient pas trop assurés, dit qu'il s'en rendoit caution, pour que je ne pusse y perdre. » La même année, comme la Rochefoucauld délibérait, non sans un crève-cœur bien naturel, s'il ne vendrait pas son bel équipage de chasse, ce fut encore Gourville qui lui épargna cet ennui, en s'accommodant « avec celui qui en avoit soin » et en payant à ce dernier « la moitié de la dépense » par mois et par avance. Enfin, en 1662, le duc, toujours à court d'argent, obtient de l'industrieux homme d'affaires qu'il fasse « le salut de sa maison » en lui achetant au prix de trois cent mille livres, c'est-à-dire « au denier trente, » sa terre de Cahuzac, « qui valoit dix mille et quelques livres de rente[1]. »

La Rochefoucauld avait lui-même sur le prince de Condé de grosses créances, qui remontaient au temps de la Fronde; mais l'auguste débiteur ne s'acquittait que fort lentement ; treize ou quatorze ans après la guerre, le duc était encore

---

1. *Mémoires de Gourville*, p. 322, 345, 356 et 357, 360 et 361.

en instances pour se faire rembourser[1]. Gourville rapporte dans ses *Mémoires*[2] qu'il essaya d'intéresser le surintendant Foucquet[3] à la fortune de son premier maître : « Il me rebuta fort, écrit-il, en me disant qu'il savoit bien que M. de la Rochefoucauld n'étoit pas de ses amis; mais il ne voulut jamais s'ouvrir à moi davantage sur cela. » Cette assertion semble pourtant contredite par un document manuscrit qui existe à la Bibliothèque nationale[4]; nous lisons en effet, dans une pièce de la main du docteur Vallant, intitulée : *Mémoire de certaines choses que l'on a trouvées chez M. Foucquet après qu'il fut arrêté* : « .... On a trouvé une liste de pensionnaires; M. de Beaufort a quarante mille livres, Grandmont (*Gramont*), Clérembault et un autre maréchal de France, a chacun dix mille écus ; deux ducs et pairs, la Rochefoucauld et un autre, dix mille écus. » Si quelque brouille était survenue depuis entre le duc et Foucquet, il n'y en avait pas moins eu d'abord services et promesses de reconnaissance : « J'ai beaucoup de confiance en l'affection de M. le duc de la Rochefoucauld et en sa capacité, écrit le Surintendant dans le fameux projet intitulé *Secret*, rédigé en 1657, et trouvé à Saint-Mandé[5]; il m'a donné des paroles si précises d'être dans mes intérêts, en bonne ou mauvaise fortune, envers et contre tous, que, comme il est homme d'honneur et reconnaissant la manière dont j'ai vécu avec lui et des (*sic*) services que j'ai eu intention de lui rendre, je suis persuadé que lui et M. de Marcillac ne me manqueroient pas à jamais. » Peut-être faut-il chercher,

---

1. Voyez au tome III, p. 194, la *lettre* à Guitaut du 20 août 1667, et la note 8 de la page 196.
2. Page 322.
3. On sait que Gourville fut impliqué dans le procès de Foucquet et qu'il eut à se racheter fort cher des poursuites.
4. *Portefeuilles de Vallant*, tome III, fol. 27.
5. Un exemplaire imprimé de ce projet se trouve à la Bibliothèque nationale, *fonds Colbert*, V, n° 278, fol. 86-93. Il a été publié, presque en entier, par P. Clément dans la *Notice sur Fouquet* (p. 41 et suivantes) qui est en tête de son *Histoire de Colbert*; puis intégralement par M. Chéruel dans ses *Mémoires sur la vie publique et privée de Fouquet*, tome I, *Appendice*, p. 488-501.

SUR LA ROCHEFOUCAULD.

avec Gourville[1], un motif du refroidissement de Foucquet pour notre duc, dans les intrigues de l'abbé, frère du premier, lié, comme nous le voyons dans les *Mémoires de Mademoiselle*[2], avec la Rochefoucauld.

C'est l'année qui suivit la disgrâce de Foucquet et la mort de Mazarin, que la Rochefoucauld reçut du Roi une marque éclatante de faveur : il fut promu, en décembre 1662, à l'ordre du Saint-Esprit. Plus tôt, le 11 juillet 1659, il avait obtenu une pension de huit mille livres[3]. Dans les années un peu antérieures, nous ne trouvons, en ce qui le concerne, qu'un petit fait à noter : Mme de Motteville nous dit qu'il fut très-assidu auprès de la reine Christine de Suède, pendant son séjour à Paris, en 1656[4].

Arrêtons-nous un instant sur cette date de 1662 : on n'est encore qu'à dix années de la minorité, et l'on s'en croirait à un siècle. Mazarin est mort, le règne personnel de Louis XIV est commencé. Les factieux de la Régence n'ont pas seulement cessé d'être dangereux, mais, ce qui est, à toutes les époques, le signe d'une complète restauration du pouvoir, ils ont même cessé de le paraître. Encore quelques années, et Gourville, parlant des troubles de la Fronde, aura peur qu'on ne le soupçonne de narrer des légendes, et il écrira ces lignes significatives : « Les vieux qui ont vu l'état où les choses étoient dans le Royaume ne sont plus, et les jeunes, n'en ayant eu connoissance que dans le temps que le Roi a rétabli son autorité, prendroient ceci pour des rêveries, quoique ce soit assurément des vérités très-constantes[5]. »

La royauté est redevenue, non pas seulement une réalité, mais une personne. Les parlements ne songent plus à jouer le rôle d'états généraux ; ils ne sont plus que de dociles chambres d'enregistrement. La Fronde a fini par l'épuisement même des passions et des convoitises personnelles qui en avaient faussé l'esprit et l'objet ; elle s'est abîmée dans la lassitude gé-

---

1. *Mémoires de Gourville*, p. 319-322. — 2. Tome III, p. 90.
3. Bibliothèque nationale, *fonds Gaignières*, Fr. 21 405, p. 567.
4. *Mémoires de Mme de Motteville*, tome IV, p. 65.
5. *Mémoires de Gourville*, p. 243.

nérale et le discrédit. Des héros de la veille, les uns se sont aussitôt rangés aux côtés du monarque, les autres, les plus compromis, ont d'abord reçu l'ordre d'aller dans leurs terres, et les esprits comme les temps sont si bien changés, que ces mêmes seigneurs qui naguère, au moindre froissement d'amour-propre, pensaient punir le pouvoir en se retirant avec hauteur dans leurs gouvernements ou leurs fiefs, se regardent à présent comme trop punis d'y rester ; aussi ont-ils hâte d'être pardonnés, de revenir à la source des faveurs, de quêter un regard du maître, de se trouver, dit le fabuliste,

> .... Au coucher, au lever, à ces heures
> Que l'on sait être les meilleures[1].

Le prince de Condé est rentré en France depuis deux ans ; il a désavoué le passé devant le Roi, qui lui a fait bon accueil, se bornant à lui dire fièrement : « Mon cousin, après les grands services que vous avez rendus à ma couronne, je n'ai garde de me ressouvenir d'un mal qui n'a apporté du dommage qu'à vous-même[2]. » Monsieur le Prince n'a plus cette morgue hautaine et ce ton de raillerie blessant qui avaient rebuté jadis jusqu'à ses amis les plus chauds. Il s'efface devant le Roi et les ministres ; au Conseil, où son rang lui donne place, c'est à peine s'il émet une opinion, et surtout s'il ose la soutenir, à moins de la savoir approuvée[3].

---

1. La Fontaine, livre VII, fable XII : *l'Homme qui court après la Fortune et l'Homme qui l'attend dans son lit*, vers 39 et 40.

2. *Histoire de Louis de Bourbon, prince de Condé*, par Pierre Coste, dans les *Archives curieuses de l'Histoire de France*, 2ᵈᵉ série, tome VIII, p. 250. — Cette histoire, imprimée, pour la première fois, à Amsterdam, en 1692, est suivie d'une série de portraits des hauts personnages du temps.

3. La duchesse de Châtillon, une ancienne amie des mauvais jours, lui ayant reproché une fois de ne pas tenir son rang, il lui répondit : « Madame, je n'ignore pas ce que vous venez de me représenter, et assurément je n'ai pas besoin qu'on m'invite à faire valoir l'autorité qui est due à ma naissance ; j'y serois assez porté de moi-même, si le Roi étoit moins jaloux de son pouvoir et moins heureux qu'il n'est ; mais aussi, Madame, si vous connoissiez son humeur comme je la connois, vous me parleriez d'une autre manière que vous ne faites. » (*Pierre Coste, ibidem*, p. 251.)

En son particulier, Condé continue, suivant l'expression de Sully, le *bon ménage* de son père. « Il prend connoissance exacte de tout ce qui se passe dans sa maison, et, après la grande alliance qu'il a faite de son fils unique avec une princesse de la famille Palatine, il ne pense plus qu'à leur amasser de quoi fournir à l'illustre dépense qui se fait dans cette éclatante maison[1]. »

Le duc d'Orléans, cet autre héros de la Fronde, est mort (1660) à l'âge de cinquante-deux ans, dans une fervente contrition du passé[2]. Retiré à Blois et continuant de suivre les sentiments et les goûts de ceux qui étaient auprès de lui, il s'était modestement attaché à la botanique et à la connaissance des médailles : « occupations peu convenables à un prince, » ajoute naïvement l'auteur de l'*Histoire de Condé*[3].

Le prince de Conty, marié à une nièce de Mazarin, ne se montre pas moins doux et moins débonnaire; il a seulement conservé de sa jeunesse des goûts qui rappellent son premier état d'homme d'Église. « Il est très-savant en toute sorte de sciences, et s'est fait admirer publiquement dans la plus célèbre assemblée de l'Académie par son grand esprit et pour sa capacité à traiter des plus hautes matières de la théologie[4]. » Il publiera sous son propre nom, dans quelques années (1667), un livre des plus édifiants sur les *Devoirs des grands*. Surtout l'auteur contemporain ne tarit pas sur la vertu et la salutaire influence de sa femme : « Par elle, il a sauvé la vie à un million de personnes pendant la famine, et a contribué au salut de plusieurs âmes qu'elle a attirées à l'odeur de la vertu; si bien que ce prince et cette princesse sont aujourd'hui les vrais miroirs de la piété dans la grandeur et dans les richesses[5]. » Voilà certes un genre de gloire auquel n'avait point visé tout d'abord l'adorateur de Mlle de Chevreuse, le lieutenant de la Fronde en Guyenne.

Mme de Longueville, de son côté, étonne le monde par son

1. *Archives curieuses de l'Histoire de France, les Portraits de la cour*, au tome cité, p. 389.
2. Voyez les *Mémoires de Mme de Motteville*, tome IV, p. 178-180.
3. *Histoire de Louis de Bourbon, ibidem*, p. 252.
4. *Les Portraits de la cour, ibidem*, p. 391.
5. *Ibidem*, p. 391 et 392.

esprit de pénitence; elle a prouvé d'abord, en revenant auprès de son mari, que nul sacrifice, si pénible qu'il fût, ne coûtait à son repentir. Cette année même, 1662, elle vient de faire sa confession générale à M. Singlin[1]. Elle mettra autant d'ardeur à donner à Dieu la seconde moitié de sa vie qu'elle en a mis à donner aux hommes la première; elle conduira la piété « à tambour battant[2], » comme elle a jadis conduit l'amour et l'ambition, et bientôt elle méritera d'être vantée pour son austère vertu[3].

Mademoiselle, dont le canon de la Bastille *a tué le mari*[4] et qui a refusé d'épouser le roi d'Angleterre, s'est tournée aux belles-lettres. Son humeur est toujours « impatiente. Il est.... difficile, lisons-nous dans les *Portraits* précités[5], que son cœur altier se puisse soumettre à la domination d'un homme, quelque noble, quelque puissant qu'il puisse être. »

Retz, obligé de donner sa démission d'archevêque de Paris, s'est retiré (1662), en exil, dans sa seigneurie de Commercy. Comme la Rochefoucauld, n'ayant pu être homme d'État, il deviendra, par pis aller, un grand écrivain.

La maison de Vendôme est venue, elle aussi, à résipiscence. Le duc César jouit d'une grande faveur; son fils aîné ne se mêle plus d'intrigues; il passe le temps fort en repos, dans son gouvernement de Provence; la survivance de la grand'maîtrise de la navigation a été accordée au second fils de César, le fameux Beaufort; l'ancien *roi des Halles* commande maintenant les vaisseaux de Sa Majesté contre les pirates de Tunis et d'Alger.

---

1. Voyez le *Supplément au Nécrologe de l'abbaye de Notre-Dame de Port-Royal*, 1735, in-4°, p. 137 et suivantes, *Retraite de Mme la duchesse de Longueville*.

2. C'est l'expression de Henri-Louis de Loménie, comte de Brienne, dans ses *Mémoires* (édition de 1828, tome II, p. 242); il ajoute méchamment (p. 243 et 244) que « M. Arnauld, son directeur, étant devenu son amant spirituel, elle en étoit folle, comme elle l'avoit été, en d'autres temps, du duc de la Rochefoucauld. »

3. Voyez les *Mémoires de Mademoiselle*, tome IV, p. 271.

4. D'après le mot communément prêté à Mazarin : voyez V. Cousin, *Madame de Longueville pendant la-Fronde*, p. 159.

5. *Archives curieuses*, ibidem, p. 394.

La maison de la Tour n'est pas moins obéissante; le duc de Bouillon est mort; son cadet, Turenne, ne songe plus qu'à battre les ennemis du Roi, qu'à rivaliser de gloire militaire avec Condé.

Ainsi tous ces Frondeurs, repentis, résignés, ont commencé une vie nouvelle. Les équipées d'autrefois, on s'efforce de les oublier : « c'est, dit encore en parlant de Mademoiselle l'auteur des *Portraits de la cour*, une faute de jeunesse, à laquelle il n'y a plus de remède[1]. »

La Rochefoucauld, plus que nul autre, a rompu avec le passé; il aura désormais « cette morale des honnêtes gens, » qu'il n'avait pas eue jusque-là[2]; à l'écart des brigues comme des honneurs, il va rentrer dans sa vraie nature. Cette seconde partie de sa vie, pour être paisible, ne sera point vide; tout intime et toute retirée, elle justifiera ce mot d'un personnage du *Grand Cyrus*[3], que « rien n'occupe davantage qu'une longue oisiveté. »

III

A l'époque où le duc prenait sa retraite forcée des intrigues, la littérature n'était pas moins changée que le reste; Corneille, Descartes, Pascal avaient rempli la première moitié du dix-septième siècle; l'auteur du *Cid*, après la Fronde, est sur son déclin[4]; Descartes est mort, en Suède, depuis douze années; quant à Pascal, il s'éteint, en 1662, à Port-Royal, où il s'était retiré dès 1654. La seconde période littéraire du siècle est ouverte : Bossuet a commencé de prêcher devant Louis XIV (1662), dans la chapelle du Louvre; il a prononcé,

---

1. Comparez les *Mémoires du marquis de la Fare*, p. 151. — La Rochefoucauld semble avoir exprimé toute la philosophie de ce renoncement dans sa 19ᵉ réflexion diverse : *De la retraite :* voyez ci-après, p. 345.

2. Sainte-Beuve, *Port-Royal*, tome III, p. 275.

3. Tome X, livre II, édition de 1653, p. 675.

4. On sait que *le Cid* est de 1636, *Héraclius* de 1647; entre ces deux dates se placent *Horace, Cinna, Polyeucte* (1639, 1640), puis *Pompée, le Menteur, Rodogune* (1641-1645).

à la fin de la même année, sa première oraison funèbre[1], et la cour et la ville se pressent à ses sermons; Boileau écrit ses premières satires[2]; Racine s'apprête à débuter[3]; et Molière vient de s'établir à Paris et d'inaugurer la comédie de mœurs[4].

Près de cette littérature à la forte séve fleurit une littérature d'un genre plus menu, éclose, en pleine conversation, dans la tiède atmosphère des ruelles et des salons : c'est à celle-là que se rattache le nom de la Rochefoucauld. A la controverse, à la passion polémique, fort à la mode au seizième siècle, le dix-septième avait substitué, pour un temps, la causerie aimable et enjouée. De 1631 à 1634, le fameux hôtel de Rambouillet fut le cercle brillant où l'on se forma à la décence, au bel air, à la politesse et à la galanterie. L'honnête homme par excellence pour cette société était précisément celui qu'a défini l'auteur des *Maximes* et dont il semble avoir aspiré lui-même à présenter le type : de la hauteur dans les sentiments, de la bravoure, de grandes manières, de la libéralité, avec une pointe de persiflage dans l'esprit; c'était le mélange, d'ailleurs voulu et prémédité, du genre espagnol et de l'italien avec le bon goût français, le bon goût d'alors. Quant à la théorie de la *spiritualité de l'amour*, dont Julie d'Angennes força le pauvre Montausier à faire l'expérience durant quatorze ans, elle eut généralement plus de succès dans les livres que dans la pratique; on a vu que la Rochefoucauld, pour son compte, ne se crut point obligé de pousser par l'exemple à la propagation de cette doctrine outrée.

Les habitués les plus célèbres de l'hôtel de Rambouillet furent, dans la première période : Mlle de Scudéry, Balzac[5], Voiture[6], Conrart, Patru, Scarron, Rotrou, Bensserade, Saint-Évremond et Ménage. L'auteur de *Mélite*, puis du *Cid* et d'*Horace*, y venait lire ses pièces; les hommes les plus graves, les meilleurs esprits, étaient alors pleins de vénération pour cette sorte d'académie, qui, ayant entrepris, en haine de ce qui lui

---

1. Celle du P. Bourgoing, 4 décembre 1662.
2. 1660 à 1668.
3. *La Thébaïde* est de 1664, *Alexandre* de 1665, *Andromaque* de 1667.
4. En 1659, avec *les Précieuses ridicules*.
5. Mort en 1654. — 6. Mort en 1648.

semblait trivial, de *dévulgariser* l'esprit et le langage, fit la faute de dépasser le but et d'exagérer la réforme. Mme de Longueville, au temps où elle était encore Mlle de Bourbon, avait paru dans ce salon littéraire[1]; la Rochefoucauld lui-même l'avait traversé à dix-huit ans, à côté du futur duc de Montausier, âgé de vingt et un ans. Puis les guerres civiles de la Régence étaient venues suspendre ces réunions. Les gentilshommes, encouragés par les belles *alcovistes*, étaient allés tirer l'épée pour ou contre la cour; dès lors, « le temps de la bonne Régence » était fini[2]. La belle Julie elle-même avait quitté Paris pour suivre son mari M. de Montausier dans son gouvernement d'Angoumois. Après la Fronde, l'hôtel de Rambouillet rouvrit ses portes, mais sans retrouver sa vogue et son éclat; il s'était d'ailleurs formé, à côté du cercle de la rue Saint-Thomas-du-Louvre, des cénacles imitateurs qui outraient malheureusement les défauts de la société mère, sans en garder les qualités; le purisme y devint de l'affectation, et le bon air de la minauderie. La province, de tout temps en retard, eut ses ruelles, juste au moment où les ruelles devenaient de plus en plus « précieuses » et même « ridicules ». Ce sont ces sociétés d'admiration mutuelle, c'est cette « préciosité » en quelque sorte de reflet que raille Molière dès 1659, dans sa célèbre comédie. A Paris, la plupart des chevaliers et des suivantes d'*Arthénice* tenaient salon à leur tour, Mlle de Scudéry, Mademoiselle de Montpensier, Mmes de Sablé, de la Fayette, de Sévigné. La Rochefoucauld est l'hôte le plus assidu et le plus fêté de ces nouvelles réunions, où il a, tour à tour, deux femmes pour Égéries[3], d'abord Mme de Sa-

---

1. Voyez V. Cousin, *la Jeunesse de Mme de Longueville*, 7ᵉ édition, p. 147-151.
2. On connaît les vers de Saint-Évremond :

> J'ai vu le temps de la bonne Régence,
> Temps où régnoit une heureuse abondance,
> Temps où la ville aussi bien que la cour
> Ne respiroient que les jeux de l'amour.

(*Épître à Ninon de l'Enclos*, OEuvres mêlées de Saint-Évremond, édition de M. Giraud, tome II, p. 539.)

3. « On pourrait donner à chacune des quatre périodes de la vie de M. de la Rochefoucauld le nom d'une femme, comme Héro-

blé, la *Parthénie* du *Grand Cyrus*, dans le salon de laquelle il fait ou trouve en grande partie ses *Maximes*, puis la comtesse de la Fayette, auprès de laquelle il les revoit et les corrige dans une intimité de quinze années.

Dès 1659, la marquise de Sablé, atteinte de cette mélancolie janséniste qui s'emparait, comme une sorte de pieuse contagion, des grandes dames du temps, avait quitté la place Royale, où elle recevait l'élite de la société lettrée, pour se retirer au faubourg Saint-Jacques, à Port-Royal de Paris, dans un corps de logis qu'elle s'était fait bâtir, « à la fois séparé du monastère, et renfermé dans son enceinte[1]. » Là elle sut mêler agréablement les devoirs du monde à ceux de la piété. A part certains accès, certaines vapeurs soudaines de dévotion claustrale[2], on peut dire qu'elle ne tenait d'abord qu'à demi à l'austère maison : son esprit, comme sa demeure, avait fenêtres donnant sur la communauté, mais porte ouverte sur le monde. La marquise paraît n'avoir rien changé, dans sa retraite, aux délices vantées de sa table; elle avait beau faire, disait ce spirituel bossu Pisani, le diable ne voulait point sortir de chez elle : « il s'était retranché dans la cuisine[3]. » Mme de Sablé, née avec le siècle, n'avait

dote donné à chacun de ses livres le nom d'une muse. » (Sainte-Beuve, *Portraits de femmes*, édition de 1845, p. 262, dans l'article LA ROCHEFOUCAULD, placé à la suite de celui de MME DE LA FAYETTE, et publié d'abord dans la *Revue des Deux Mondes* de janvier 1840.)

1. V. Cousin, *Madame de Sablé*, 3e édition, p. 100.

2. Ses amis se plaignent souvent soit de son silence, soit de n'être pas admis auprès d'elle : voyez, au tome III, les *lettres* 66, 69, 78, 79.

3. Les portefeuilles manuscrits du docteur Vallant (Bibliothèque nationale, Fr. 17 044-17 057), qui fut, on le sait, le médecin et le secrétaire de Mme de Sablé, sont pleins de détails curieux à cet égard. La marquise tenait école de cuisine et de drogueries fines; elle échangeait avec ses amis toutes sortes de secrets culinaires et de recettes pharmaceutiques; tantôt il s'agit d'un hydromel, « aussi bon, dit Vallant, que le meilleur vin d'Espagne, » tantôt d'une pommade, d'une pâte, d'une marmelade, ou d'une omelette singulièrement compliquée; on trouve aussi des instructions sur la façon de mariner le mieux possible un aloyau ou une poitrine de mouton; puis un mémoire en deux pages in-folio, « sur les moyens de tenir le ventre libre, » etc. Voyez lesdits portefeuilles, entre autres, tome IV, fol. 171, 177, 317; tome IX, fol. 80, 299, 304. — Or la

point trempé dans la Fronde[1]; c'était, avant tout, un esprit sain, exempt de chimères, sans inclinations héroïques et d'un équilibre parfait; une puriste, du reste : à cela seul on s'apercevait qu'elle avait jadis fréquenté l'hôtel de Rambouillet. Qui donc n'y avait point fait son stage de belles-lettres? Mme de Sévigné elle-même ne se souvenait-elle pas en souriant d'avoir été une précieuse? Le salon de Mme de Sablé offrait donc le charme d'un coin neutre, d'un terrain de conciliation, où le mérite personnel était tout. Dans ce milieu choisi, la Rochefoucauld, sans y penser, pour ainsi dire, se fit homme de lettres.

« J'écris bien en prose, je fais bien en vers[2], dit-il (ci-après, p. 8) dans son *Portrait fait par lui-même*, dont nous parlerons tout à l'heure, et si j'étois sensible à la gloire qui vient de ce côté-là, je pense qu'avec peu de travail je pourrois m'acquérir assez de réputation. » La gloire du prosateur repose sur les plus solides fondements; nous avions espéré pouvoir aussi donner à nos lecteurs le moyen d'apprécier sinon le poëte éminent, au moins l'habile versificateur. Nous savions qu'un recueil manuscrit de pièces de vers portant le nom de la Rochefoucauld était aux mains d'un érudit qui se proposait d'en faire l'objet d'un sérieux examen; il nous avait, nous pouvons dire, promis de publier dans notre Collection, comme annexe aux *OEuvres*, le fruit de son travail, accompagné des pièces qu'il jugerait authentiques. Nous avons en vain attendu plusieurs années; nous n'avons pas même pu voir le manuscrit, savoir d'où il venait, si c'était celui où M. Charavay avait reconnu l'écriture du duc, le recueil de poésies mentionné par Cousin dans son histoire de *Madame de Sablé*[3], et que M. Éd. de Barthélemy croit être le volume C disparu, nous dit-il, de la bibliothèque de

Rochefoucauld, comme bien des goutteux, dit-on, était très-friand (voyez, dans notre tome III, p. 148-164, les *lettres* 65, 69, 70 et 74); la bête en lui, non moins que l'esprit, trouvait son compte dans l'hospitalière maison du faubourg Saint-Jacques.

1. Voyez *Madame de Sablé*, chapitre III.
2. Nous ne trouvons dans les *Lettres* à rapprocher de ces mots : *en vers*, qu'un passage de la 54ᵉ, à Esprit, dont on peut induire qu'il est auteur d'un livret d'opéra, qu'il communique à celui-ci et à Mme de Sablé, pour en avoir leur avis.
3. Page 146, note 1.

la Roche-Guyon[1]. Le lecteur partagera nos regrets, qu'il était de notre devoir de lui exprimer : non pas que dans ce mystérieux recueil, s'il est vraiment de la Rochefoucauld, on puisse s'attendre à trouver la verve et le souffle poétiques; mais il eût été, en tout cas, curieux de voir si notre auteur mettait dans sa versification ces qualités délicates de style et ce souci minutieux de la forme par lesquels se distinguent les *Maximes*.

C'était alors le plus beau moment de cette littérature aimable et facile qui, née à l'hôtel de Rambouillet, se développa, côte à côte, avec les romans de longue haleine mis à la mode par d'Urfé[2]. Chez la belle Arthénice, c'était de petits vers, de sonnets, de rondeaux, de quatrains que les beaux esprits faisaient assaut. Parfois on rédigeait en forme de roman des histoires véritables du temps[3]. Ailleurs, au Luxembourg, chez Mademoiselle de Montpensier, on cultivait le genre des *Portraits*. La Rochefoucauld, qui fréquenta aussi ce salon, s'y peignit lui-même en passant[4]. Enfin, chez Mme de Sablé, on jouait aux *sentences* et *maximes*, et c'est là qu'à force, en quelque sorte, de se piquer au jeu, notre auteur a fait le beau livre que l'on connaît. « Ôtez la société du Luxembourg, dit avec raison Cousin, et les *Divers Portraits* de Mademoiselle, vous n'auriez jamais eu le *Portrait de la Rochefoucauld par lui-même;* de même, ôtez la société de Mme de Sablé et la passion des sentences et des pensées qui y régnait, jamais la Rochefoucauld n'eût songé ni à composer ni à publier son livre[5]. »

Cela est vrai, et l'illustre fortune de ce livre des *Maximes* n'en doit pas faire oublier l'origine un peu frivole. En littérature comme en politique, la Rochefoucauld, esprit vif, éveillé, ingénieux, est homme d'occasion, n'a ni l'attaque ni l'initiative; il vient ici à la suite d'une femme, et d'un écrivain de troi-

---

1. *OEuvres inédites de la Rochefoucauld, Préface,* p. 7 et 8.
2. *L'Astrée,* 1610.
3. Voyez, au chapitre III de *la Jeunesse de Mme de Longueville,* p. 257-265, l'*Histoire d'Agésilan et d'Isménie.*
4. *Portrait du duc de la Rochefoucauld fait par lui-même,* publié en 1659, dans un recueil intitulé : *Recueil des portraits et éloges en vers et en prose :* voyez ci-après (p. 1-11) ce portrait et la notice qui le précède.
5. *Madame de Sablé,* 2de édition, p. 137.

SUR LA ROCHEFOUCAULD.

sième ordre, Mme de Sablé et Jacques Esprit[1]; mais cette fois du moins, plus heureux et plus habile que dans les intrigues de la Fronde, il ne tarde pas à devancer ses guides, à prendre le pas, et, dès qu'il l'a pris, il le garde. Imitateur quant au genre, n'ayant pas même toujours le mérite de l'idée, il a celui de la mise en œuvre; avec un talent merveilleux, il travaille et cisèle la matière légère que parfois d'autres lui ont fournie : *in tenui labor, at tenuis non gloria*[2], et, chose rare en tous les temps, d'un succès de salon et de ruelles il se fait un titre de gloire que le temps a confirmé.

Il serait oiseux de revenir en détail sur la façon dont furent composées les *Maximes* de la Rochefoucauld; c'est un chapitre de notre histoire littéraire aujourd'hui connu de tout le monde, et que chacun peut reconstruire à l'aide du recueil de *lettres* publié dans le tome III de notre édition. Un sujet de sentence, mis sur le tapis, soit chez le duc[3], soit chez Mme de Sablé, dans son salon du faubourg Saint-Jacques, était discuté en petit comité; chacun donnait son mot, son avis; le travail se continuait même par lettres, comme le prouve la correspondance de la Rochefoucauld[4]. Pour ce dernier, cette sorte de critique à la ronde était la pierre de touche; le goût sûr de

---

1. L'année même de la mort de Mme de Sablé (1678), on publia un petit recueil de ses *Maximes et Pensées diverses :* « C'est plus judicieux que piquant, dit Sainte-Beuve; le tour y manque, ou du moins n'y est pas excellent. Ce sont des épreuves d'essai : la Rochefoucauld seul a la médaille parfaite. » (*Port-Royal*, tome V, p. 69.) — Le livre d'Esprit a pour titre : *la Fausseté des vertus humaines*, 2 vol. in-12, Paris, 1677-1678.

2. Virgile, *Géorgiques*, livre IV, vers 6.

3. Il logeait à la fin de sa vie, comme nous le voyons par son acte de décès (ci-après, p. xcii, note 4), et sans doute habita dans ses dernières années, rue de Seine, dans l'ancien hôtel de Liancourt, devenu l'hôtel de la Rochefoucauld en 1674, à la mort de son oncle maternel, Roger du Plessis (voyez notre tome III, p. 16, note 1), qui eut pour unique héritière sa petite-fille, mariée, en 1659, à François VII, fils de notre auteur : voyez ci-après l'*appendice* vi (p. cx).

4. On voit dans le tome XIII, fol. 122, des *Portefeuilles de Vallant*, qu'il y avait comme un greffier de ces sentences; à la fin d'une copie de lettre, non signée, se lisent ces mots : « Je vous supplie, Madame,

NOTICE BIOGRAPHIQUE

Mme de Sablé la rendait très-propre à cette entremise littéraire ; mais, il ne faut pas s'y tromper, lorsque la sentence, après avoir couru les salons et les alcôves, revenait à la Rochefoucauld, celui-ci, par un dernier tour de main, lui imprimait définitivement la marque propre de son style et de son humeur. « Il y a, lisons-nous dans *le Grand Cyrus*[1], un biais de dire les choses qui leur donne un nouveau prix ; » c'est par ce biais, dans la bonne acception du mot, que triomphait le noble écrivain. Formé non par l'étude, mais par l'expérience des intrigues, il mit tout de suite dans son style ces facultés de finesse un peu subtile et de réflexion laborieuse, cet art poussé jusqu'à l'artifice, qu'il avait en vain déployés pour sa fortune politique. Ces maximes cherchées, trouvées, élaborées une à une, allaient merveilleusement à son esprit indolent et mélancolique, qui avait une admirable pénétration, mais qui, ce semble, manquait d'étendue, qui excellait dans le détail, mais que nous ne voyons apte à rien concevoir d'ensemble. N'avoir à la fois qu'une seule idée, qu'on tourne et retourne en tous sens, arriver par ce labeur patient, qui, au fond, est plaisir plus encore que labeur, à ce qu'on appelait *le grand fin, le fin du fin* : quelle manière douce et commode d'être occupé, très-occupé même, au hasard et au jour le jour, pour un homme qui, de sa vie, n'avait eu dans sa conduite ni plan ni méthode ! quelle occasion aussi de se soulager des mécomptes subis, de calomnier les hommes pour se venger de ne les avoir pu gouverner, d'ôter les masques enfin et de faire voir ces *dessous de cartes* dont parle Mme de Sévigné[2] !

Il y avait bien six ou sept ans que la Rochefoucauld travaillait à ses *Maximes*, lorsqu'il se résolut à les publier. Elles parurent en 1665, la même année que les *Contes de la Fontaine*. On sait qu'à ce moment solennel de la mise au jour, il y eut, sous la présidence de Mme de Sablé, une dernière consultation des beaux esprits des deux sexes : la comtesse de Maure, la princesse de Guémené, la duchesse de Liancourt, Mme de

---

de vouloir bien donner à celui qui a le greffe de nos sentences copie de celles que je vous envoie, en cas que vous les approuviez. »
1. Tome X, livre II, p. 892.
2. *Lettre* du 24 juillet 1675, tome III, p. 522.

Schonberg, Éléonore de Rohan, et Mme de la Fayette s'exprimèrent sur l'ouvrage avec plus ou moins de franchise et de vivacité[1]. Les hommes, en général, approuvaient; mais les femmes se trouvaient prises au dépourvu. Tant que les *Maximes* avaient été colportées de bouche en bouche et la porte close, toutes les belles amies de l'auteur les avaient goûtées sans trop de scrupule; mais c'est une terrible chose qu'un livre imprimé; on découvrit tout à coup, et non sans raison, bien des pensées scabreuses dans ces sentences qui désormais allaient courir librement le monde. Le moyen que ces grandes dames missent ou parussent mettre leur visa à certaines maximes sur l'honnêteté et la chasteté des femmes, telles que la 204e et la 205e, qui sont dans le manuscrit autographe, se trouvent déjà dans la 1re édition et ont dû leur être communiquées[2]?

De là, dès cette première épreuve, dans ce tribunal intime, une pluie de critiques et de réfutations; l'ouvrage ayant été composé, préparé du moins, en commun, on craignait de se voir compromis dans une sorte de complicité avec l'auteur. Heureusement les *Maximes* n'en furent pas moins imprimées, mises en vente, et eurent, en peu d'années, un grand nombre d'éditions, que la Rochefoucauld revit avec soin. A vrai dire, il passa le reste de ses jours à perfectionner et à refaire son œuvre; il se concentra tout entier dans ce livre, je ne dirai pas le plus vrai, le plus confirmé par l'universelle expérience humaine, mais le plus éprouvé et, si l'on veut me permettre cette expression, le plus *vécu* qui fut jamais. Les *Maximes*, en effet, ce sont encore des *Mémoires*, mais des *Mémoires* hachés menu. Sous la gravité épigrammatique du trait tient souvent tout un épisode de l'histoire d'une âme, et la confidence est d'autant plus intime et précieuse qu'elle semble être mieux couverte sous l'apparente généralité de l'idée. Ce livre, c'est là son charme et aussi son défaut, n'est qu'une suite d'observations particulières, l'œuvre, comme dit Sainte-Beuve, d' « un

---

[1]. Voyez ci-après, à la fin du tome I, p. 371-399, les *Jugements des contemporains sur les Maximes*.

[2]. Voyez ci-après, aux pages 111 et 112, et à la note 1 de la page 112. Nous ne parlons pas de la *maxime* 367 (p. 173), bien moins respectueuse encore; elle n'a paru que dans la 4e édition.

grand observateur positif[1]; » une réunion de souvenirs et d'impressions individuelles, érigées en vérités absolues, ou faussées, dénaturées d'une autre manière, par les exigences d'un badinage de salon. La Rochefoucauld n'y peint pas l'homme en général, comme Pascal[2], mais seulement la cour et la ville ; sous mainte *maxime* se place, comme de lui-même, un nom propre, et la clef, pour une bonne partie de l'ouvrage, est facile à faire. Ces sentences sont vraies, si l'on veut, mais d'une vérité passagère et étroite, qui ne dépasse pas tel moment et tel personnage. Se laisser prendre à cet air de généralité que la Rochefoucauld a donné à ses *Maximes*, ce serait aller au delà des vues qu'avait et avouait l'auteur lui-même. Si son expérience et ses rancunes y ont souvent déposé des opinions malignement acquises sur les hommes et les choses, il arrive souvent aussi que chez lui l'artiste, le bel esprit sacrifie la vérité à la saillie. Ôtez les ciselures du style et l'appareil laborieux de profondeur, que reste-t-il en beaucoup d'endroits? un fond banal et commun. Ôtez l'écrivain, que demeure-t-il du penseur? un homme qui a découvert la malice des singes et le venin des serpents. Son originalité n'est guère que d'avoir retrouvé ou mis partout cette malice et ce venin. Le public du temps ne s'y est pas trompé : dans ces sentences absolues et tranchantes, dans cette théorie tout d'une pièce, il n'a vu qu'une forme piquante et paradoxale sur une matière assez indifférente en soi ; ce qu'il y avait pourtant de sérieux dans l'œuvre, c'était le dépit dont, après tout, la Rochefoucauld, plein d'une « amertume sans mélange[3], » s'était ainsi soulagé.

Peu à peu, les relations, d'abord très-suivies, devinrent plus rares entre Mme de Sablé et la Rochefoucauld ; l'étroite liaison de la marquise avec Mme de Longueville, rattachée à Port-Royal par sa pénitence, contribua sans doute à éloigner le duc de la compagnie du faubourg Saint-Jacques. Vers la fin de l'année 1665, la Rochefoucauld, qui n'avait eu jusqu'alors qu'un commerce de politesse avec Mme de la Fayette, se rap-

---

1. *Port-Royal*, tome III, p. 238.
2. Voyez *ibidem*, p. 427 et suivantes.
3. *Ibidem*, tome I, p. 408.

proche d'elle de plus en plus, et, en 1665, 1666, l'intimité semble être complète. Sainte-Beuve, dans son article sur Mme de la Fayette[1], a déduit cette date de 1665, 1666, d'une lettre écrite par elle à Mme de Sablé, qu'il avait trouvée à la Bibliothèque royale[2]. On voit par cette lettre, dit-il, « que vers le temps de la publication des *Maximes* (1665), et lors de la première entrée dans le monde du comte de Saint-Paul (*le second fils de Mme de Longueville, dont notre duc passait aux yeux de tous pour être le père*), il était bruit de cette liaison (*devenue intime*).... comme d'une chose assez récemment établie. Or la publication des *Maximes* et l'entrée du comte de Saint-Paul dans le monde, en la rapportant à l'âge de seize ou dix-sept ans (*il était né le 28 janvier* 1649), concordent juste et donnent l'année 1665 ou 1666. » Segrais nous dit[3], et, après lui, Auger[4] et Petitot[5], que « leur amitié a duré vingt-cinq ans, » ce qui la fait remonter dix ans plus haut, à 1655, puisque la Rochefoucauld mourut en 1680. Les deux témoignages ne nous paraissent pas précisément contradictoires : de bonnes et amicales relations ont pu exister dès 1655, c'est-à-dire dès le temps même du mariage de Mme de la Fayette; mais l'intimité plus étroite, donnant lieu aux *dits*,

---

1. Cet article, publié dans la *Revue des Deux Mondes* du 1er septembre 1836, a été inséré dans le recueil intitulé *Portraits de femmes;* l'endroit auquel nous renvoyons se trouve aux pages 524-526 de la *Revue*, et aux pages 235-238 de l'édition de 1845 dudit recueil de *Portraits*.

2. Nous donnons cette lettre, ci-après, à l'*appendice* VII (p. CXI), et M. Gilbert a cité (p. 374 et 375) des extraits de deux autres lettres qui confirment, croyons-nous, la conjecture de Sainte-Beuve. L'illustre critique se trompait toutefois, comme nous le dirons, quand il croyait avoir le premier découvert cette pièce.

3. *Segraisiana* (1722), p. 102.

4. *Notice sur la vie et les ouvrages de Mme de la Fayette*, p. VI, en tête des OEuvres, 1804.

5. *Collection des Mémoires*, 2de série, tome LXIV, *Notice sur Mme de la Fayette*, p. 342. — Le texte de Petitot fixe bien, comme nous le disons, le commencement de la liaison à 1655; mais, en note, une curieuse faute d'impression substitue à cette date la nôtre, 1665.

NOTICE BIOGRAPHIQUE

comme parle la lettre, aux propos du monde [1], est postérieure de dix années.

La comtesse, mariée en 1655, était veuve : depuis combien d'années? nous ne le savons pas au juste; mais le plus jeune de ses fils était né en 1659. Elle habitait rue de Vaugirard, en face du petit Luxembourg, un charmant hôtel avec un jardin où il y avait « un jet d'eau, un petit cabinet couvert,... le plus joli petit lieu du monde pour respirer à Paris [2]. » Là se rencontrait une docte et spirituelle société : Huet, la Fontaine, Ménage, Mme de Sévigné, Segrais, la Rochefoucauld, parfois Monsieur le Prince, « le héros, » dont elle était « si amie, » nous dit Saint-Simon [3], et qui demeurait dans le voisinage. Mme de la Fayette avait toutes les qualités du rôle qu'elle remplit si assidûment auprès de l'auteur des *Maximes :* plus

---

1. Et ces propos ne ménageaient pas tous la vertu de la comtesse. Un contemporain, le sieur Guillard, écrit, en 1689, dans un article de ses *Généalogies* [a], que l'on a « fait de petites railleries d'elle parce qu'elle souffroit avec plaisir l'attache que le feu duc de la Rochefoucauld avoit pour elle. » La médisance est moins polie dans une chanson du temps [b], où Mme de la Fayette est désignée sous le nom de la *nymphe Sagiette* et son ami sous celui du *berger Foucault;* Petitot (tome LXIV, p. 342, note 2) en cite quelques lignes auxquelles le nom propre très-significatif de *Saucourt* (*Soyecourt*) donne un sens fort clair et fort libre.

2. *Mme de Sévigné*, lettre du 24 juillet 1676, tome IV, p. 542. — Mme de la Fayette était fille d'Aymar de la Vergne, maréchal de camp. C'est lui sans doute que la *Topographie historique du vieux Paris*, de MM. Berty et Tisserand (région du Bourg Saint-Germain, p. 328), désigne par ce nom : « le sieur de la Vergne, » comme ayant acheté des religieuses du Calvaire, en 1640 (sa fille avait alors six ans, et quatorze ou quinze quand elle le perdit), une partie d'un grand jardin faisant le coin occidental de la rue Férou. L'acte de décès de Mme de la Fayette dit bien que son hôtel, où elle mourut en 1693, était « rue de Vaugirard, proche la rue Férou » : voyez le *Dictionnaire de Jal*, p. 720 et 721.

3. *Mémoires de Saint-Simon*, édition de 1873, tome IV, p. 397. — Voyez la *lettre de Mme de Sévigné* du 29 juillet 1676, tome IV, p. 549.

---

[a] Bibliothèque nationale, *Fonds Gaignières*, Fr. 25187, p. 30. Publié dans le *Cabinet historique*, tome IV, 1858, p. 212.
[b] Chansonnier, Fr. 12639, p. 177.

de solidité que d'éclat, plus de fond sensé que de vivacité d'esprit, une merveilleuse tendresse d'âme unie à « cette divine raison, » que Mme de Sévigné nomme[1] « sa qualité principale. » Elle savait le latin presque aussi bien que Ménage et le P. Rapin, qui le lui avaient appris; mais elle n'en faisait point parade, afin de ne pas attirer sur elle la jalousie des autres femmes. C'était, en outre, une femme d'affaires, ayant l'entente des procès[2]; son esprit était grand, mais « elle avoit, nous dit Segrais[3], le jugement au-dessus de son esprit; elle aimoit le vrai en toutes choses et sans dissimulation. C'est ce qui a fait dire à M. de la Rochefoucauld qu'elle étoit *vraie*[4], façon de parler dont il est auteur et qui est assez en usage. »

Née en 1633 ou 1634, elle devait, d'après ce que nous venons de dire, avoir trente-deux ou trente-trois ans quand la Rochefoucauld, âgé, lui, de cinquante-deux ou cinquante-trois, s'abrita définitivement sous son aile. Il semble toutefois que l'ancien Frondeur ait eu, à ce moment même, un vague retour et comme une secousse passagère d'ambition. Nous savons en effet[5] qu'il brigua, vers 1665, la charge de gouver-

---

1. *Lettre* du 3 juin 1693, tome X, p. 108.
2. « Mme de la Fayette, qui s'entendoit en toutes choses sans ostentation, s'entendoit aussi en procès, et ce fut elle qui empêcha que M. de la Rochefoucauld ne perdît le plus beau de ses biens, lui ayant fourni les moyens de prouver qu'ils étoient substitués. » (*Segraisiana*, p. 102.) — Gourville, qui eut avec elle quelques aigres démêlés (voyez ci-après, p. LXXXI), notamment à propos de la capitainerie de Saint-Maur, et qui, par suite peut-être, la goûte beaucoup moins que ne fait Segrais, dit dans ses *Mémoires* (p. 459) qu'elle « présumoit extrêmement de son esprit, » puis ajoute malignement : « Elle passoit ordinairement deux heures de la matinée à entretenir commerce avec tous ceux qui pouvoient lui être bons à quelque chose, et à faire des reproches à ceux qui ne la voyoient pas aussi souvent qu'elle le desiroit, pour les tenir tous sous sa main, pour voir à quel usage elle les pouvoit mettre chaque jour. »
3. *Segraisiana*, p. 45.
4. Voyez, dans le *Lexique de Mme de Sévigné*, à l'article VRAI, divers exemples de ce mot appliqué ainsi à des personnes.
5. Voyez, au tome III, p. 185, la *lettre* 87, à Mme de Sablé. — M. Ch. Dreyss, dans son introduction aux *Mémoires de Louis XIV*

neur du Dauphin, laquelle fut donnée, en 1668, au duc de
Montausier. Deux ans après, il se rend à l'armée, comme simple volontaire[1], et, malgré la goutte qui le tourmente, il est
au camp devant Lille. Au retour, le Roi lui fait un gracieux
accueil ; mais, quelles qu'eussent été peut-être ses secrètes espérances, cette reprise de bon vouloir ne profita, pour le
moment, qu'à un de ses fils, le troisième, qui fut pourvu de
l'abbaye de Fondfroide[2]. La Rochefoucauld se console, avec
une philosophie quelque peu mélancolique, de ne pas mieux
reconquérir la royale faveur : « Je suis venu ici (*au camp*),
écrit-il au comte de Guitaut, et on me traite assez bien. » Il
trouvait un doux dédommagement dans l'affection toujours
croissante de Mme de la Fayette, qui était pour lui ce que
Mme de Maintenon ne fut pas toujours pour Louis XIV vieillissant : elle l'éclairait en le calmant. Bien qu'elle fût « quelquefois lasse de la même chose[3], » elle ne se lassa jamais de cette
douce occupation ; la Rochefoucauld conserva jusqu'au bout,
chez elle, la bonne place auprès du foyer. Ce fut entre eux
un échange touchant de protection affectueuse et de reconnaissance attendrie, une de ces amitiés mixtes que rien n'altère. Faits pour se plaire, se goûter, se comprendre, même à
demi-mot, ils se laissèrent aller de tout cœur à ce charmant
commerce, qui devint bientôt aussi nécessaire à l'un qu'à
l'autre[4]. Tous deux avaient horreur du ridicule, de ce ridicule
des vieilles gens, dont parlent certaines *maximes*[5]. Mme de
la Fayette, dont nous venons de dire l'âge au début de cette
amitié, croyait-elle, comme son héroïne la princesse de Clèves,
qu'une femme ne peut être aimée, passé vingt-cinq ans[6]? La
Rochefoucauld s'imaginait-il, de son côté, avoir mis d'avance

(tome I, p. LXX-LXXIII), insiste sur le peu de vocation de l'auteur
des *Maximes* pour de telles fonctions.

1. Voyez, au tome III, p. 194-196, la *lettre* 94, à Guitaut, du
20 août 1667.

2. Il prit le nom d'abbé de Marcillac ; auparavant il se nommait, nous dit son père, M. d'Anville : voyez la même *lettre* 94.

3. *Ibidem*, lettre du 6 mars 1671, tome II, p. 97.

4. *Mme de Sévigné*, lettre du 17 mars 1680, tome VI, p. 312.

5. Voyez les *maximes* 408, 418.

6. Voyez *la Princesse de Clèves* (1678), tome I, p. 120.

entre elle et lui une barrière suffisante par le livre des *Maximes*, ce froid et refroidissant testament d'une âme à jamais désenchantée? En tout cas, ils paraissent s'être engagés l'un avec l'autre sur une sorte de convention tacite, propre à « couper les ailes à l'amour[1], » tout en laissant son plein essor à l'esprit. Jusqu'à quel point cette clause délicate fut-elle observée? Ces longues conversations, ces fines analyses morales où se mêlaient et se délectaient ces deux âmes d'élite, n'aboutirent-elles qu'à des développements littéraires bons à transcrire sur le papier? Ne prit-on rien pour soi de ces beaux sentiments qu'on prêtait aux personnages de romans? Nul ne le sait; nul peut-être n'a le droit de s'en enquérir, car nous sommes ici en présence d'une de ces liaisons nobles et touchantes que la postérité est tenue de respecter comme l'a fait l'élite des contemporains.

Grâce à Mme de la Fayette, la Rochefoucauld, cet homme jadis si inconséquent, si aventureux dans la conduite, devient un modèle de sagesse et de sens rassis. A vrai dire, est toujours mélancolique; mais sa mélancolie n'a rien de morose : c'est le misanthrope le plus serviable et le plus honnête homme qui se puisse voir[2]. Cette politesse accomplie, qu'on avait toujours admirée en lui, s'est affinée davantage encore au contact des femmes et dans l'atmosphère des salons; une plaisanterie de bon ton assaisonne tous ses entretiens. Amoureux, par-dessus tout, de considération, comme au temps de ses chevauchées ambitieuses, il gagne et retient les âmes sans effort. Il y a peu d'hommes dont le commerce soit aussi sûr; tel on l'a trouvé la veille, tel on le retrouve le lendemain, et ce qu'on est une fois dans sa maison, on l'y est toujours. Aussi est-il la figure avenante et recherchée dans ce petit cercle choisi qui se rassemblait tour à tour à l'hôtel de Liancourt, ou rue de Vaugirard,

---

1. Expression de Mlle de Scudéry dans une lettre à Bussy, du 6 décembre 1675 : voyez la *Correspondance de Bussy*, édition Lalanne, tome III, p. 116.

2. « Je n'ai jamais vu, dit Mme de Sévigné (31 janvier 1680, tome VI, p. 232), un homme si obligeant ni plus aimable, dans l'envie qu'il a de dire des choses agréables. » — Et ailleurs (22 août 1675, tome IV, p. 81) : « Demandez à la Garde : il vous dira s'il y a un plus honnête homme à la cour et moins corrompu. »

au fond de cette plaisante maison dont nous avons parlé. Ce n'était pas là un cénacle avant tout aristocratique, avec grande vue sur le dehors, comme l'ancien hôtel de Rambouillet; on vivait surtout pour soi dans cette compagnie où assidûment Mme de Sévigné apportait sa charmante et féconde vivacité, Mme de la Fayette sa douceur attentive et sa raison un peu sentencieuse, Segrais sa gracieuse rectitude d'esprit, Mme de Thianges sa beauté. Parfois le cercle s'élargissait : Corneille, Boileau, la Fontaine, Molière venaient s'y joindre. Tantôt c'était l'auteur du *Cid* qui lisait chez la Rochefoucauld sa tragédie de *Pulchérie*[1]; tantôt c'était Molière qui y donnait lecture de sa comédie des *Femmes savantes*[2], avant de lui faire affronter la scène du Palais-Royal.

Ainsi les auteurs les plus célèbres prisaient fort l'approbation de la Rochefoucauld. Il était devenu comme un oracle du bon goût; il suggérait des sujets d'apologue à la Fontaine, qui lui dédiait deux de ses fables les plus jolies[3]. En de certains jours, le petit cénacle dînait chez l'évêque du Mans, M. de Beaumanoir, ou chez la bonne marquise d'Huxelles, ou chez Mme de Lavardin, où Mme de Sévigné lisait les lettres de Mme de Grignan sa fille, qui avait inspiré à la Rochefoucauld une affection véritable. D'autres fois on allait à la comédie, ou s'amuser, à la foire, des exhibitions curieuses[4]; ou bien on se rencontrait, on se rendait ensemble à Saint-Maur, dans cette jolie maison du prince de Condé, où nous savons que Boileau lut son *Art poétique*[5]; l'industrieux Gourville, qui, depuis 1669, appartenait aux Condés[6], y faisait, au besoin,

---

1. *Mme de Sévigné*, tome II, p. 470, lettre du 15 janvier 1672.
2. *Ibidem*, p. 515, lettre du 1ᵉʳ mars 1672.
3. *L'Homme et son image; les Lapins* : voyez ci-après, p. 399 et 400.
4. *Mme de Sévigné*, lettre du 13 mars 1671, tome II, p. 104. — Sur l'affection de la Rochefoucauld pour Mme de Grignan, l'intérêt qu'il semblait lui porter, voyez particulièrement les lettres du 1ᵉʳ, du 17 et du 22 avril 1671, tome II, p. 137, p. 175 et p. 180; et celles du 16 mai 1672, tome III, p. 73 et 74; du 6 novembre 1673, *ibidem*, p. 264; et du 26 mars 1680, tome VI, p. 328.
5. Lettre du 15 décembre 1673, tome III, p. 315 et 316.
6. Voyez les *Mémoires de Gourville*, p. 402 et 403.

« avec un coup de baguette..., sortir de terre » d'admirables soupers[1].

A Saint-Maur se rattachent quelques pages des *Mémoires de Gourville*[2], vraiment plaisantes à lire, et où revient plusieurs fois le nom de notre duc. Ce sont celles où il raconte ses démêlés avec Mme de la Fayette, dont nous avons dit un mot ci-dessus[3]. Ayant obtenu de Monsieur le Prince la capitainerie de Saint-Maur, où celui-ci n'allait plus jamais, Gourville se préparait à l'accommoder. A ce moment, nous raconte-t-il, « Mme de la Fayette, après avoir été s'y promener, me demanda d'y aller passer quelques jours pour prendre l'air. Elle se logea dans le seul appartement qu'il y avoit alors, et s'y trouva si à son aise, qu'elle se proposoit déjà d'en faire sa maison de campagne. De l'autre côté de la maison, il y avoit deux ou trois chambres...; elle trouva que j'en avois assez d'une quand j'y voudrois aller, et destina, comme de raison, la plus propre pour M. de la Rochefoucauld, qu'elle souhaitoit qui y allât souvent. » Bref, elle fit à Saint-Maur un établissement si complet, y disposant à son gré des meubles, et y recevant société nombreuse, que Gourville, piqué, crut lui devoir rappeler, à la fin, que c'était à lui, non à elle, qu'on donnait la capitainerie. « Elle ne me l'a jamais pardonné, ajoute-t-il, et ne manqua pas de faire trouver cela mauvais à M. de la Rochefoucauld. Mais comme il lui convenoit que nous ne parussions pas brouillés ensemble, elle étoit bien aise que j'allasse presque tous les jours passer la soirée chez elle avec M. de la Rochefoucauld. »

A partir de 1671, époque où Segrais quitte le service de Mademoiselle et le Luxembourg, pour aller demeurer chez Mme de la Fayette, la liaison du duc et de la comtesse se resserre encore et devient, à proprement dire, une vie à deux. Mme de la Fayette n'a plus qu'une pensée, achever de *reformer* le cœur de la Rochefoucauld[4], le faire revenir de ses

---

1. *Lettre* du 8 juillet 1672, tome III, p. 140 et 141 ; et *lettre* du 15 octobre 1676, tome V, p. 102.

2. Pages 454-457. — 3. Page LXXVII, note 2.

4. On lit dans le *Segraisiana* (p. 28) : « Mme de la Fayette disoit de M. de la Rochefoucauld : « Il m'a donné de l'esprit, mais j'ai « reformé son cœur. » Et ailleurs (p. 100 et 101) : « Il donna de

aigreurs et de ses injustices contre les hommes et les choses. C'est sous l'influence salutaire de cette douce et sereine amie que le moraliste chagrin apporte à ses maximes tous ces correctifs qui se trouvent dans l'édition de 1672 et surtout dans celle de 1678, et qui atténuent un peu la malveillance première de l'ouvrage. Il est même probable que, si l'intime liaison avait commencé dix années plus tôt, le livre de la Rochefoucauld eût été autre qu'il n'est; mais peut-être, après tout, si la vérité y eût gagné, bien des lecteurs, plus amis du piquant que du vrai, y eussent-ils perdu. En même temps que, devenu plus satisfait de lui et du prochain, le duc émousse la pointe de quelques sentences, il s'efforce de faire disparaître de son œuvre, composée d'abord pour les femmes et les ruelles, certaines traces de *préciosité* et de mauvais goût. Malgré ce travail de correction, qui dura en réalité jusqu'à la mort de l'auteur, le livre garda néanmoins dans sa concision quelque chose de subtil et çà et là d'elliptique qui rebutait parfois Mme de Sévigné, cet esprit vif et clair avant tout, plein d'abondance et de suc. En 1672, elle écrivait à sa fille, en lui adressant un exemplaire de la nouvelle édition des *Maximes* : « Il y en a de divines ; et, à ma honte, il y en a que je n'entends point[1]. » A coup sûr, c'était le cœur de la marquise, bien plus encore que son esprit, qui se refusait à comprendre.

Entre Mme de la Fayette et la Rochefoucauld il n'y avait pas seulement une alliance de cœur, il y avait aussi accord d'esprit et entente intellectuelle. Tous deux réagissent en littérature contre l'ampleur diffuse de bon nombre d'écrivains de leur temps et du temps immédiatement antérieur ; tous deux appartiennent à cette école qui

D'un mot mis en sa place enseigna le pouvoir[2],

l'esprit et de la politesse à Mme de la Fayette ; mais Mme de a Fayette régla son cœur. » Dans l'édition de 1722 on a sauté, dans le premier de ces deux endroits, *de* et *Il*, et construit ainsi « Mme de la Fayette, disoit M. de la Rochefoucauld, m'a donné de l'esprit, etc. » La faute est évidente ; le second passage la corrige.

1. *Lettre* du 20 janvier 1672, tome II, p. 472.
2. Boileau, *l'Art poétique*, chant I, vers 133.

et donna l'exemple de la sobriété et de la précision. La première œuvre de Mme de la Fayette avait été, on le sait, *la Princesse de Montpensier*, petite nouvelle qui, publiée en 1660, sous le nom de Segrais, avait eu un très-grand succès. En 1670 parut *Zayde*, qui, bien que tenant encore par les développements romanesques à l'école raffinée des d'Urfé et des Scudéry, avait néanmoins le mérite de mieux rentrer dans la vraisemblance et de substituer le langage naturel au style ampoulé. La Rochefoucauld est manifestement intervenu par sa critique, ses conseils, de détail au moins, dans la rédaction de ce livre[1]. Mais c'est principalement dans *la Princesse de Clèves*, terminée en 1672, et publiée en 1678, que la collaboration du duc se révèle[2]. Ce roman n'est déjà plus romanesque à la manière dont on l'entendait alors ; la passion vraie y a pris la place de l'amour précieux, et a mis en déroute cette légion de *mourants par métaphore*, dont se moquait Boileau[3]. Cette fois le cadre et le style de l'ouvrage ont la forme historique ; l'analyse délicate et fine des mouvements du cœur, le ton vrai du récit et toute l'allure des personnages feraient croire parfois qu'il s'agit d'une histoire réelle. Qui ne reconnaîtrait l'inspiration et comme le coup de plume de la Rochefoucauld, d'abord, pour une bonne part, dans cet exposé éloquent des intrigues de cour, puis dans ces pensées et maximes qui toujours interviennent à propos, et, par-dessus tout, dans

---

1. On en trouve la preuve dans un feuillet de son écriture, portant une retouche d'un passage du roman de *Zayde*, que nous avons reproduite au tome III, p. 10, à la fin de la *Notice* sur les *Lettres*.

2. « M. de la Rochefoucauld et Mme de la Fayette ont fait un roman des galanteries de la cour de Henri second, qu'on dit être admirablement écrit. Ils ne sont pas en âge de faire autre chose ensemble. » (*Lettre de Mlle de Scudéry à Bussy*, du 8 décembre 1677, tome III, p. 430, de l'édition de M. Lalanne.) — « Cet hiver, un de mes amis m'écrivit que M. de la Rochefoucauld et Mme de la Fayette nous alloient donner quelque chose de fort joli ; et je vois bien que c'est *la Princesse de Clèves* dont il vouloit parler. » (*Lettre de Bussy à Mme de Sévigné*, du 22 mars 1678, tome V des *Lettres* de celle-ci, p. 429.)

. *Satire* , vers 264.

cette langue exquise, pleine de justesse et de mesure? Assurément il y a là bien des traces de son expérience personnelle, et, dans tout ce travail en commun, un véritable unisson d'âmes et d'intelligences. « Il est touchant de penser, dit le plus pénétrant des critiques[1], dans quelle situation particulière naquirent ces êtres si charmants, si purs, ces personnages nobles et sans tache, ces sentiments si frais, si accomplis, si tendres; comme Mme de la Fayette mit là tout ce que son âme aimante et poétique tenait en réserve de premiers rêves toujours chéris, et comme M. de la Rochefoucauld se plut sans doute à retrouver dans M. de Nemours cette fleur brillante de chevalerie dont il avait trop mésusé, et, en quelque sorte, un miroir embelli où recommençait sa jeunesse. Ainsi ces deux amis vieillis remontaient par l'imagination à cette première beauté de l'âge où ils ne s'étaient pas connus et où ils n'avaient pu s'aimer. »

Malgré tout, la fin de leur vie devait être triste : la Rochefoucauld souffrait cruellement de la goutte, dont il avait ressenti la première atteinte, à trente-neuf ans, dans son fameux voyage d'Agen à Paris[2], et, à partir de 1671, Mme de la Fayette, elle aussi, ne cessa d'être malade. Dès le mois d'octobre 1669, Gourville, portant à Verteuil la nouvelle de la mort de Mme la princesse de Marcillac, trouva, nous dit-il[3], « que M. de la Rochefoucauld ne marchoit plus ; les eaux de Barèges l'avoient mis en cet état. » Mais ce sont surtout les lettres de Mme de Sévigné qui nous permettent de suivre les phases et progrès du mal chez le duc. En mars 1671, elle nous le montre « criant les hauts cris.... au point que toute sa constance étoit vaincue, sans qu'il en restât un seul brin, » et souhaitant « la mort comme le coup de grâce[4]. » Quinze jours après, la Rochefoucauld est dans son hôtel, « n'ayant plus d'espérance de marcher. Son château en Espagne, c'est de se

---

1. Sainte-Beuve, *Portraits de femmes*, édition de 1845, p. 247 et 248, article sur *Mme de la Fayette*.
2. Voyez les *Mémoires*, p. 358, note 1.
3. *Mémoires de Gourville*, p. 408.
4. *Lettre* du 23 mars 1671, tome II, p. 125.

faire porter dans les maisons, ou dans son carrosse pour prendre l'air[1]. » Une semaine plus tard, Mme de Sévigné constate un mieux sensible ; elle écrit à sa fille chez Mme de la Fayette, chez qui elle fait, comme elle dit, son paquet : « M. de la Rochefoucauld que voilà vous embrasse sans autre forme de procès, et vous prie de croire qu'il est plus loin de vous oublier, qu'il n'est prêt à danser la bourrée : il a un petit agrément de goutte à la main, qui l'empêche de vous écrire dans cette lettre[2]. »

Les jours où la Rochefoucauld était paralysé par la souffrance, ses amis se réunissaient chez lui, ou chez Mme de la Fayette, quand il se pouvait faire transporter chez celle-ci. Mme de Marans surtout, qui appelait le duc son fils, et qu'on nommait, elle, « sa folle de mère[3], » et Mme de Sévigné s'y installaient, en quelque sorte, à demeure; la dernière y faisait même, nous venons de le voir, sa correspondance, ses paquets[4]. Au printemps de l'année 1672, après un hiver brillant à l'hôtel de Liancourt, l'horizon s'assombrit de nouveau pour la Rochefoucauld. Mme de la Fayette, de plus en plus affaiblie par le mal et dévorée par la fièvre, se retire à Fleury-sous-Meudon, pour « se reposer, se purger, se rafraîchir[5]. » Lui, reste seul dans sa chaise de goutteux ; « il est dans une tristesse incroyable, et l'on comprend bien aisément ce qu'il a[6]. » Quelques jours après s'ouvre la fameuse campagne du Rhin, chantée par Boileau ; la Rochefoucauld, accablé de chagrin, voit tous ses enfants partir pour l'armée[7]. Au commencement du mois suivant (4 mai), il perd sa mère, Gabrielle du Plessis-Liancourt. Mme de Sévigné s'exprime sur le chagrin du duc de manière à en faire voir toute la profondeur :

1. *Lettre* du 10 avril 1671, tome II, p. 160.
2. *Lettre* du 17 avril 1671, tome II, p. 175.
3. Voyez les *lettres* de Mme de Sévigné du 22 avril 1671, tome II, p. 179, et du 4 mai 1672, tome III, p. 53.
4. Voyez la *lettre* du 10 avril 1671, et la *lettre* précitée du 17, tome II, p. 160 et p. 174.
5. *Mme de Sévigné, lettres* du 15 avril et du 13 mai 1672, tome III, p. 20 et p. 62.
6. *Lettre* du 15 avril 1672, tome III, p. 20 et 21.
7. *Lettre* du 27 avril 1672, tome III, p. 40.

LXXXVI NOTICE BIOGRAPHIQUE

« Il a perdu sa vraie mère[1], dit-elle, je l'en ai vu pleurer avec une tendresse qui me le faisoit adorer.... Le cœur de M. de la Rochefoucauld pour sa famille est une chose incomparable[2]. » Quelques mois plus tard arrive la nouvelle du passage du Rhin, suivie aussitôt de celle des pertes que la noblesse y avait faites. Il apprend que le prince de Marcillac a été grièvement blessé, que son quatrième fils, le chevalier, a été tué, ainsi que le duc de Longueville. « Nous étions chez Mme de la Fayette, dit Mme de Sévigné[3].... Cette grêle est tombée sur lui en ma présence.... Ses larmes ont coulé du fond du cœur, et sa fermeté l'a empêché d'éclater. » Plusieurs fois la marquise revient sur ce triste sujet : « J'ai vu son cœur à découvert dans cette cruelle aventure; il est au premier rang de ce que j'ai jamais vu de courage, de mérite, de tendresse et de raison. Je compte pour rien son esprit et son agrément[4]. » — « N'oubliez pas, dit-elle encore dans une lettre à sa fille, d'écrire à M. de la Rochefoucauld sur la mort de son chevalier et la blessure de M. de Marcillac; n'allez pas vous fourvoyer : voilà ce qui l'afflige. Hélas! je mens : entre nous, ma fille, il n'a pas senti la perte du chevalier, et il est inconsolable de celui que tout le monde regrette[5]. »

1. Par comparaison avec ce qui est dit quelques lignes plus bas, dans la même lettre, de Mme de Marans : voyez ci-dessus, p. LXXXV.
2. *Lettre* du 4 mai 1672, tome III, p. 53.
3. *Lettre* du 17 juin 1672, tome III, p. 108 et 109.
4. *Lettre* du 20 juin 1672, tome III, p. 119.
5. C'est-à-dire du duc de Longueville (*Lettre* du 24 juin 1672, tome III, p. 121). — Charles-Paris d'Orléans, d'abord comte de Saint-Paul, était devenu duc de Longueville en 1671 par donation de son frère aîné, Jean-Louis-Charles d'Orléans, qui, entré dans les ordres, mourut, le dernier de sa maison, en 1694. Charles-Paris était né, on le sait, à l'Hôtel de Ville de Paris, le 29 janvier 1649. Henri-Louis de Brienne (tome II, p. 240, des *Mémoires* déjà cités) parle de son extrême ressemblance avec le duc de la Rochefoucauld, dont il était fils en effet. Il avait été question de le marier avec Mademoiselle, puis avec la sœur de l'Empereur, ce qui lui eût valu le trône de Pologne à la place de Michel Coribut Wiesniowiecki. L'affaire semblait être sur le point de se conclure, lorsqu'il fut tué (*Mémoires de Mademoiselle*, tome IV, p. 397 et 398). Le Roi ne l'aimait pas, et ne voulut pas lui donner le

SUR LA ROCHEFOUCAULD. LXXXVII

On comprend qu'après cela, malgré ses succès de salon et ses succès littéraires, auxquels il était également sensible, malgré l'amitié caressante de Mme de la Fayette et de Mme de Sévigné, la mélancolie de la Rochefoucauld, si rudement atteint dans son corps et dans son âme, n'ait fait que s'accroître dans les dernières années de sa vie. Il y a deux choses dont il nous parle dans ses *Maximes* avec une persistance significative : l'ennui, auquel il ne trouvait de remède que dans son extrémité même[1], et cette indolence, qu'il appelle la paresse, et qui, telle qu'il la définit, n'est autre que le découragement[2]. Dès le mois d'août 1671, il avait cédé sa duché-pairie à son fils aîné, « politique et complaisant[3], » partant fort bien en cour, pourvu d'une bonne pension, puis, plus tard successivement, avant la mort de son père, du gouvernement du Berri, à la place de Lauzun (décembre 1671), de la charge de grand maître de la garde-robe[4] (octobre 1672), et enfin de celle de

gouvernement de Normandie. Mademoiselle (*ibiaem*, p. 399) dit qu'il avait « un air fort méprisant. » La vérité est qu'il parlait peu, et avec beaucoup d'esprit, comme son père. Comme son père aussi, son père naturel bien entendu, il était fort aimé des dames: Mme de Thianges, Mme de Brissac, la marquise d'Huxelles et autres, qui voulaient l'accompagner en Pologne, et qui, à sa mort, portèrent le deuil. Il y eut, dit Mme de Sévigné (tome III, p. 142), « un nombre infini de pleureuses. » Ce duc de Longueville laissait de Mlle de la Ferté un fils naturel, le chevalier de Longueville, tué plus tard à Philipsbourg (1688) par un soldat qui tirait une bécassine. — La douleur de Mme de Longueville ne fut pas moins vive que celle de la Rochefoucauld ; c'était à faire *fendre le cœur*, dit Mme de Sévigné (20 juin 1672, tome III, p. 113-115), et elle ajoute : « J'ai dans la tête que s'ils s'étoient rencontrés tous deux dans ces premiers moments, et qu'il n'y eût eu que le chat avec eux, je crois que tous les autres sentiments auroient fait place à des cris et à des larmes, qu'on auroit redoublés de bon cœur : c'est une vision. »

1. *Maxime* 532.
2. Voyez les *maximes* auxquelles renvoie la *Table* du tome I, aux articles Ennui et Paresse.
3. Mot de Louis XIV lui-même, en 1682 (*Portefeuilles de Vallant*, tome VIII, fol. 364).
4. C'est en lui donnant cette charge, en 1672, que le Roi avait écrit au prince de Marcillac ce billet qui parut à tous alors une

grand veneur (juillet 1679)[1]. Mme de Sévigné nous dit elle-même que la Rochefoucauld n'avait point d'autre faveur que celle dont jouissait son fils le prince de Marcillac[2]. A Versailles, il est vrai, quand le duc y allait, le Roi l'accueillait avec toutes sortes d'égards[3]; mais, si bonne contenance que fît l'ancien Frondeur, au fond il souffrait sans aucun doute de son effacement forcé[4]. Parfois, quand sa santé le lui per-

si grande marque de faveur; nous l'avons retrouvé dans les *Portefeuilles de Vallant* (tome VII, fol. 183), avec cette suscription : « A M. de Marcillac en lui donnant la charge de grand maître de la garde-robe » : « Je vous envoie Lagybertie vous porter une nouvelle qui ne vous sera pas désagréable. Je m'en réjouis comme votre ami, et vous le donne comme votre maître. — LOUIS. »

1. Voyez, ci-après, l'*appendice* IX, p. CXVI.
2. *Lettre* du 15 décembre 1673, tome III, p. 316.
3. « M. de la Rochefoucauld ne bouge plus de Versailles, dit en plaisantant Mme de Sévigné (20 novembre 1673, tome III, p. 283); e Roi le fait entrer et asseoir chez Mme de Montespan, pour entendre les répétitions d'un opéra (*l'Alceste, de Quinault et Lulli*) qui passera tous les autres. » — La marquise dit cependant, peu de temps après, dans la lettre du 15 décembre citée tout à l'heure, qu'il « n'a point d'autre faveur que celle de son fils, qui est très-bien placé. Il entra, l'autre jour, comme je vous l'ai déjà mandé, à une musique chez Mme de Montespan : on le fit asseoir; le moyen de ne le pas faire? cela n'est rien du tout. »
4. C'était au moins l'avis de plus d'un de ses contemporains; il est exprimé dans cette note du *Chansonnier* (Bibliothèque nationale, Ms. Fr. 12 619, p. 557 et 558) : « Le duc de la Rochefoucauld voyant le prince de Marcillac, son fils, dans une espèce de faveur auprès du roi Louis XIV, tant à cause des charges de grand maître de la garde-robe de Sa Majesté qu'il avoit, et de grand veneur dont il venoit d'être pourvu, qu'à cause de la confidence du Roi qu'il avoit alors, personne n'étant mieux que lui auprès de son maître; le duc de la Rochefoucauld, dis-je, qui se sentoit un esprit supérieur, du savoir, de la capacité, beaucoup de talents, une grande naissance jointe à la dignité de duc et pair, et avec cela beaucoup d'ambition, eût peut-être été aise de profiter de la faveur de son fils pour se faire goûter au Roi, et entrer par là dans le ministère. Mais comme Michel le Tellier, chancelier de France, et François-Michel le Tellier, marquis de Louvois, son fils, secrétaire d'État au département de la guerre, étoient tous deux

mettait, il se rendait soit à Chantilly, soit, non loin de là, à Liancourt. En septembre 1676, il fait même, en compagnie de Gourville, un voyage dans le Poitou, et il y mène, par exception, joyeux train, allant « comme un enfant, » dit Mme de Sévigné[1], voir Verteuil rebâti et les lieux où il avait chassé avec tant de plaisir. Pendant ce temps, Mme de la Fayette était à Saint-Maur, avec « son mal de côté. »

ministres d'État, aussi bien que J.-B. Colbert, aussi secrétaire d'État et contrôleur général des finances, il falloit débusquer l'une de ces deux familles pour pouvoir entrer dans le Conseil étroit du Roi. Le duc de la Rochefoucauld avoit attaqué la première et lui rendoit tous les mauvais offices qu'il pouvoit en secret,... tant par le moyen du prince de Marcillac, qui parloit confidemment au Roi, que par toutes les autres voies qu'il pouvoit imaginer. » Voici du reste le couplet auquel est jointe cette note :

> La Rochefoucauld, ce guerrier
> Dans la Fronde si redoutable,
> Contre la race du Tellier
> En catimini fait le diable,
> Et si ce matois de ligueur
> Ne leur fait mal, il leur fait peur.

L'alliance dont nous parlons au paragraphe suivant rend plus qu'improbable cette sourde guerre, au moins au temps où la place l'annotateur, d'après qui elle serait postérieure à la nomination de Marcillac à la charge de grand veneur, c'est-à-dire au mois de juillet 1679, qui est l'année même où le petit-fils de notre duc épousa, en novembre, la fille de Louvois.

Un second couplet, très-méchant pour le prince de Marcillac :

> A la cour il est soutenu
> De la ganache formidable
> Du gros Marcillac, devenu
> Homme important et fort capable,

est commenté d'une façon grossièrement désobligeante.

1. *Lettre* du 7 octobre 1676, tome V, p. 90. Voici ce que Gourville (*Mémoires*, p. 469 et 470) raconte de ce voyage : « Au commencement de septembre 1676, je fis un voyage en Angoumois avec M. de la Rochefoucauld, M. le marquis de Sillery et M. l'abbé de Quincé. Comme il y avoit longtemps que M. de la Rochefoucauld n'avoit été dans ce pays-là, il fut visité d'un grand nombre de noblesse des provinces voisines ; et, après avoir resté quelques jours à Verteuil, il alla faire une pêche dans la Charente de Mon-

L'année 1679 fut marquée pour la Rochefoucauld par une belle journée. Son petit-fils François de la Roche-Guyon épousa un des grands partis de France, Madeleine-Charlotte le Tellier, fille de Louvois. Langlade avait fait ce mariage, qui fut célébré avec une grande pompe le 23 novembre[1]; le cadeau de noces du Roi fut magnifique[2]: brevet de duc sur la terre de la Roche-Guyon, survivance, pour le jeune époux, des charges de grand veneur et de grand maître de la garde-robe.

Le duc eût pu goûter un autre genre de satisfaction en se faisant élire à l'Académie française. Le célèbre érudit Huet, le futur évêque d'Avranches, sous-précepteur du Dauphin depuis 1670 et membre de l'Académie depuis 1674, avait fait une démarche auprès de Mme de la Fayette pour qu'elle engageât son ami à se mettre sur les rangs. Dans sa correspondance, conservée à la Bibliothèque nationale, sont les copies de deux billets, sans date, de la comtesse, qui rappellent cette invitation et le refus qui l'accueillit :

Je m'en vais envoyer votre lettre à M. de la Rochefoucauld. Je ne vous réponds de rien : il a la goutte, et ce seroit même une excuse pour n'être pas reçu en forme[3].

Du même jour.

M. de la Rochefoucauld vous est sensiblement obligé de l'envie que vous avez de l'avoir dans votre compagnie; mais il vous supplie de vous contenter de cette bonne intention, et d'empêcher qu'on ne pense à lui. Je ne saurois assez vous dire quelle est sa reconnoissance. Il me prie de vous en assurer, et il vous conjure aussi de témoigner à tous vos Messieurs combien il leur est obligé

tignac, où l'on prit plus de cinquante belles carpes, dont la moindre avoit plus de deux pieds. J'en fis porter une bonne partie à la Rochefoucauld, où ces Messieurs allèrent coucher; et, comme j'en étois encore capitaine, je me chargeai d'en faire les honneurs. On servit quatre tables pour le souper; mais, le lendemain, il en fallut bien davantage pour ceux qui venoient faire leur cour à M. de la Rochefoucauld. » En retournant à Paris, on s'arrêta à Basville, chez MM. de Lamoignon.

1. *Lettres de Mme de Sévigné* du 24 et du 29 novembre 1679, tome VI, p. 99, 105 et 106.
2. *Ibidem*, p. 86, *lettre*, sans date de mois, de 1679.
3. *En forme* corrige *dans les formes*.

et avec quelle joie il recevroit l'honneur qu'ils lui veulent faire, s'il s'en croyoit digne [1].

Mme de la Fayette avait, dit le manuscrit, ajouté ces mots sur l'adresse : « Il vous iroit remercier sans qu'il a la goutte. » En outre, au bas du feuillet portant ces deux copies, on lit ceci : « Dans ses notes manuscrites, Huet parle de cette démarche faite, au nom de plusieurs de ses confrères, auprès de l'auteur des *Maximes*, et il ajoute : « M. de la Rochefoucauld refusa « toujours de prendre place à l'Académie, parce qu'il étoit ti- « mide et craignoit de parler en public [2]. »

L'année suivante, 1680, s'annonça mal pour le duc et pour son amie. Celle-ci, en proie à de cruelles souffrances, ne quitte plus le lit, cherchant à se soutenir à l'aide du fameux bouillon de vipère tant prisé au dix-septième siècle [3]. Son âme cependant est toujours sereine : « C'est assez que d'être, » disait-elle, se résignant à son état maladif. La Rochefoucauld, de plus en plus goutteux, en est réduit aux empiriques : il a recours au frère Ange, religieux qui passait pour faire des cures merveilleuses; puis il s'adresse au médecin anglais Talbot [4].

1. *Correspondance de Huet*, 3 volumes in-4°, Ms. Fr. 15 188, tome I, p. 34.
2. Voyez l'autobiographie latine de Huet, publiée sous le titre de *Commentarius de rebus ad eum pertinentibus* (Amsterdam, 1718, p. 317), et la traduction française, sous le titre de *Mémoires*, de M. Ch. Nisard (1853, in-8°, p. 195 et 196).
3. Voyez au tome III, p. 155, 156; et *Mme de Sévigné, lettre* du 20 octobre 1679, tome VI, p. 58.
4. Ce médecin, dont le vrai nom était Tabor, avait, l'année précédente, guéri le Dauphin d'une fièvre quarte, au moyen d'un remède nouveau, le quinquina infusé dans du vin. Louis XIV lui acheta son secret et le rendit public. Mme de Sévigné, dans sa *lettre* du 13 mars à laquelle nous renvoyons ci-dessous, montre (p. 310) Gourville s'opposant à ce qu'on emploie pour son ancien maître le remède ordonné par « l'Anglois » (voyez l'*appendice* VIII, p. CXV). — Ajoutons, dès à présent, que si Gourville ne parle qu'une fois et très-incidemment (p. 460) de la mort de la Rochefoucauld, cela tient à ce que ses *Mémoires* ont, de 1677 à 1681, une lacune certaine. Nous le voyons, dans une autre lettre de Mme de Sévigné (26 mars 1680, tome VI, p. 328), couronner, en cette triste et dernière occasion, « tous ses fidèles services...; il est esti-

Leurs remèdes ne lui réussissent pas mieux que n'avaient fait les eaux de Barèges ; il devient évident, dès le mois de mars, que sa goutte remonte[1]. Le 15, Mme de Sévigné écrit à Mme de Grignan[2] : « Je crains bien que nous ne perdions cette fois M. de la Rochefoucauld ; sa fièvre a continué ; il a reçu hier Notre-Seigneur ; mais son état est une chose digne d'admiration : il est fort bien disposé pour sa conscience, voilà qui est fait. » Ce dernier mot est comme un cri de soulagement chez la marquise ; il trahit le genre de souci qui préoccupait l'entourage du duc ; on avait eu peur évidemment que ce philosophe, que Port-Royal avait en vain assiégé de toutes parts, ne mourût dans l'endurcissement de l'impénitence. Il n'en fut rien ; ce fut Bossuet qui lui administra les sacrements et recueillit son dernier soupir. « Il voulut expirer entre ses bras, dit le cardinal de Bausset dans son *Histoire de Bossuet* (tome II, p. 112), et être soutenu, dans ce grand combat de la vie et de la mort, par cet homme qui savait si bien parler de l'éternité à ceux à qui le temps est prêt à échapper. » Nous savons par Bourdelot, un des médecins qui l'assistèrent, que, jusqu'à la fin, du moins jusqu'à l'agonie même (voyez la page suivante), il garda sa connaissance[3]. Le corps fut présenté à Saint-Sulpice et porté de là chez les Cordeliers de Verteuil en Poitou[4].

Il quitta ce monde dans la nuit du 16 au 17 mars 1680, juste au second anniversaire de la publication de *la Princesse de Clèves*, et presque une année après Mme de Longueville, qui s'était éteinte aux Carmélites le 15 avril 1679[5]. Avant de mourir, il fit brûler tous ses papiers. « Il a bien fait, écrit à Bussy Rabutin le marquis de Trichâteau le 1er avril 1680[6],

---

mable et adorable par ce côté-là de son cœur, au delà, dit-elle, de ce que j'ai jamais vu : il faut m'en croire. »

1. *Lettre* de Mme de Sévigné du 13 mars 1680, tome VI, p. 307.
2. *Lettre* du 15 mars 1680, *ibidem*, p. 309.
3. Voyez l'*appendice* VIII, p. CXV.
4. *Dictionnaire de Jal*, p. 739. — Voici l'acte de décès que Jal a copié dans le registre de Saint-Sulpice : « Messre François, duc de la Roch., pair de France et chevr des ordres du R., décéda en son hôtel, rue de Seine, le 17 mars 1680, âgé de soixante-six ans. »
5. Voyez l'*appendice* VIII, p. CXV.
6. *Correspondance de Bussy*, édition Lalanne, tome V, p. 96.

de brûler ses papiers, si cela lui pouvoit faire de l'embarras en l'autre monde; mais je crois que celui-ci a perdu d'aimables amusements. » Le jour même de la mort, le dimanche 17, Mme de Sévigné écrit à sa fille, la tête toute « pleine de ce malheur et de l'extrême affliction » de Mme de la Fayette; elle lui raconte comment le duc, la veille encore, semblait revenir à la santé, si bien que chacun autour de lui « chantoit victoire; » tout à coup le mal avait redoublé; l'oppression et les *rêveries*, c'est-à-dire le délire, l'avaient saisi, et il était mort étranglé « traîtreusement » par la goutte, en quatre ou cinq heures, « dans cette chaise que vous connoissez. » Avec quelle éloquence du cœur la marquise, dans cette même lettre, parle de « l'horreur des séparations »! M. de Marcillac, dit-elle, est bien triste, « mais il retrouvera le Roi et la cour; toute sa famille se retrouvera en sa place; mais où Mme de la Fayette retrouvera-t-elle un tel ami?... Elle est infirme, elle est toujours dans sa chambre, elle ne court point les rues; M. de la Rochefoucauld étoit sédentaire aussi : cet état les rendoit nécessaires l'un à l'autre; rien ne pouvoit être comparé à la confiance et aux charmes de leur amitié[1]. » Le 20 mars, jour où l'on transporta le corps du duc à Verteuil, Mme de Sévigné reprend sa lettre inachevée : « Il est enfin mercredi, écrit-elle. M. de la Rochefoucauld est toujours mort, et M. de Marcillac toujours affligé.... La petite santé de Mme de la Fayette soutien mal une telle douleur[2]. » Le 22, on lit encore dans une lettre de la marquise : « M. de Marcillac est affligé outre mesure; son pauvre père est sur le chemin de Verteuil fort tristement[3]. » Le 26 : « Jamais homme n'a été si bien pleuré[4]. » Trois mois après, cette grande plaie se cicatrise : « On serre les files, il n'y paroît plus[5]. » Il y avait cependant au monde une personne pour laquelle la résignation était moins facile : c'était Mme de la Fayette; elle ne savait plus que faire d'elle-même[6]; la vue seule de l'écriture de son ami la faisait pleurer[7] : le

---

1. Voyez tome VI, p. 311-313. — 2. *Ibidem*, p. 315.
3. *Ibidem*, p. 324. — 4. *Ibidem*, p. 328.
5. *Lettre* du 5 juin 1680, *ibidem*, p. 439.
6. *Lettre* du 3 avril 1680, *ibidem*, p. 338.
7. *Lettre* du 12 avril 1680, *ibidem*, p. 354.

temps, « si bon aux autres[1], » ne pouvait qu'augmenter sa tristesse. Elle vécut treize années encore, d'une vie toute languissante, tournée vers la religion, et mourut le 3 juin 1693[2].

J. GOURDAULT.

[1]. *Lettre* du 22 mars 1680, tome VI, p. 324.

[2]. L'impression de cette Notice était entièrement achevée quand a paru, dans la *Revue des Deux Mondes* du 15 septembre 1880, à l'occasion d'une récente découverte faite dans les Archives d'Etat de Turin, une retouche du portrait de Mme de la Fayette, une nouvelle étude sur son caractère, qui nous la montre entretenant activement une correspondance diplomatique, çà et là frivole par le sujet, çà et là peu édifiante, qui étonne sous sa plume, et la continuant l'année même de la mort de la Rochefoucauld. Nous ne pouvons nier que la lecture de ces lettres ne modifie en partie l'idée qu'on aimait à se faire de leur auteur, mais nous ne croyons pas qu'on puisse induire de cette trouvaille que ses regrets de la perte de son ami n'aient pas été vifs et profonds et qu'elle ne soit pas demeurée fidèle à sa douleur.

Au reste, le changement que ces lettres de Turin apportent à l'appréciation qui a eu cours jusqu'ici est-il vraiment tout à fait inattendu? Que nous apprennent-elles surtout? Que Mme de la Fayette fut et demeura, plus longtemps qu'on ne l'eût cru, agissante, affairée, qu'elle poussait loin, trop loin, le désir de plaire, le besoin d'influence, l'amour des hautes, puissantes et utiles liaisons. Ses contemporains, ses amis ignoraient-ils absolument ce trait de son caractère, cet emploi de son activité? Sans reparler de Gourville, mécontent et blessé, donc témoin suspect[a], pesons ce que Mme de Sévigné écrit à Mme de Grignan, dans sa lettre du 26 février 1690[b], c'est-à-dire dix ans après la mort de la Rochefoucauld : « Voyez, dit-elle, comme Mme de la Fayette se trouve riche en amis de tous côtés et de toutes conditions : elle a cent bras, elle atteint partout; ses enfants savent bien qu'en dire, et la remercient tous les jours de s'être formé un esprit si liant; c'est une obligation qu'elle a à M. de la Rochefoucauld, dont sa famille s'est bien trouvée. » Ne suffit-il pas de forcer et grossir un peu ces coups de pinceau pour cesser d'être surpris de ce qu'il y a d'entregent, de facilité complaisante, peu scrupuleuse même, dans ce commerce épistolaire, dans ces relations entretenues en haut lieu?

[a] Voyez ci-dessus, p. LXXVII, note 2, et p. LXXXI.
[b] *Lettres de Mme de Sévigné*, tome IX, p. 474.

APPENDICES

DE LA NOTICE BIOGRAPHIQUE.

I

(Voyez p. 11 et note 2.)

ACTE DE BAPTÊME DE FRANÇOIS VI DE LA ROCHEFOUCAULD.

Extrait du *Dictionnaire critique de biographie et d'histoire*, où Jal l'a cité textuellement, à peu près en entier (p. 739).

Le 15 septembre 1613, à deux heures et demie après midi, naquit, rue des Petits-Champs, un enfant qui, le 4 octobre suivant, fut baptisé à l'église Saint-Honoré, sous le nom de François « fils de Messire compte (*sic*) de la Rochefoucault, prince de Marcillac, cons^r du R. en ses conseils d'Estat et privé, et m^e de sa garderobe, et de Mad. Gabrielle duplaissis (*sic*), sa femme. »

Le parrain fut « Rév. père en Dieu, Mess^{re} François, cardinal de la Rochefoucault; » la marraine « Mad. Antoinette de Ponce, marquise de Guercheville, dame d'hon[neur] de la R. et épouse de Mre Charles duplaissies (*sic*), chev^r de l'ord. du R., premier escuyer d'honneur du R., lieu^t g^l pour Sa Maj. en la ville et prevosté de Paris, seig^r de Liencourt et autres lieux. »

Le baptême fut administré par « Rév. père en Dieu, Mre Ant. de la Rochef., » évêque d'Angoulême, avec la permission de Mgr l'archevêque de Paris.

II

(Voyez p. 11 et suivantes.)

GÉNÉALOGIE

DE FRANÇOIS VI, AUTEUR DES *MAXIMES*[1],

à partir de son quadrisaïeul François I, *premier comte de la Rochefoucauld, seizième descendant de* Foucauld I.

François I, premier comte de la Rochefoucauld, seigneur de Marcillac, de Barbezieux, Montendre, Montguyon, etc., chambellan des rois Charles VIII et Louis XII, tint sur les fonts de baptême le roi François Ier (1494); mort en 1516. — Femmes : 1re (1470) Louise de Crussol; 2e Barbe du Bois.

| 1er *lit.* François II (voyez ci-après). | Antoine, tige de la seconde branche de Barbezieux. | Hubert. | Louis, mort sans alliance. | Jacquette, femme de François, vicomte de Rochechouart. | Anne, femme de François, seigneur de Pompadour. | 2^d *lit.* Louis, tige des seigneurs de Montendre et de Surgères. | Jean, évêque de Mende. | Catherine-Claude, femme de Joachim de Chabannes, baron de Curton. |

François II, comte de la Rochefoucauld, prince de Marcillac, mort en 1533. — Femme : (1518) Anne de Polignac, dame de Randan.

| François III (voyez ci-après). | Charles, tige de la branche de Randan. | Jean, abbé de Marmoutiers, etc. | Louise et Françoise, abbesses de Saintes. | Marie, prieure de Poissy. | Françoise, femme de Frédéric de Foix, comte de Candale. |

François III, comte de la Rochefoucauld et de Roucy, etc., chevalier de l'ordre du Roi, pris à la bataille de Saint-Quentin (1557), tué à la Saint-Barthélemy (1572). — Femmes : 1re (1552) Silvie Pic de la Mirandole; 2de (1557) Charlotte de Roye, comtesse de Roucy[2].

| 1er *lit.* François IV (voyez ci-après). | 2^d *lit.* Josué, comte de Roucy, tué à Arques (1589). | Henri, mort sans alliance. | Charles, tige de la branche de Roucy. | Benjamin, mort sans alliance. | Magdeleine, femme de Juste-Louis, seigneur de Tournon. | Isabelle, femme de Jean-Louis de la Rochefoucauld, comte de Randan, son cousin. |

François IV, comte de la Rochefoucauld, etc., tué par les Ligueurs devant Saint-Yrier-la-Perche (1591). — Femme : (1587) Claude d'Estissac.

| François V (voyez ci-après) | Benjamin, baron d'Estissac, tige de la branche d'Estissac | Élisabeth[3], abbesse de Saint-Sauveur d'Évreux. | Marie-Catherine, femme de Henri de Lezai-Lezignem, comte de Lezai | Marguerite, religieuse aux Carmélites du faubourg Saint-Jacques |

du Plessis-Liancourt, fille de Charles du Plessis, seigneur de Liancourt, chevalier des ordres du Roi, et d'Antoinette de Pons, marquise de Guercheville.

| François VI (voyez ci-après). | Louis, né le 23 déc. 1615, dit l'abbé de Marcillac, tenu sur les fonts à Poitiers, par le Roi et la Reine, évêque de Lectoure (1646), † le 5 déc. 1654. | Charles-Hilaire, chevalier de Malte, né le 14 juin 1628, † en 1651. | Aimery, né le 13 mai 1633, † jeune. | Henri, né le 27 juillet 1634, abbé de Sainte-Colombe, de Notre-Dame de Celles, de la Chaise-Dieu et de Fontfroide, † le 16 décembre 1708[4]. | Marie-Élisabeth, née le 10 août 1617, abbesse de St-Sauveur d'Évreux, † le 22 octobre 1698. | Catherine, née le 25 octobre 1619, abbesse de Charenton, puis du Paraclet. | Marie-Catherine, née le 16 février 1622 ; femme (1638) de Louis-Roger Brillart, marquis de Puisieux et de Sillery, † le 7 mars 1698. | Antoinette-Jeanne, née le 20 mars 1623, † en 1647. | Gabrielle-Marie, née le 13 décembre 1624, abbesse du Paraclet, puis de Notre-Dame de Soissons, † en novembre 1693. | Anne-Françoise, née le 20 avril 1626, coadjutrice de St-Sauveur d'Évreux, † en 1685. | Louise, née le 19 janvier 1630, religieuse à St-Sauveur d'Évreux, † en 1651. |

François VI, duc de la Rochefoucauld, né le 15 septembre[5] 1613, baptisé le 4 octobre suivant, chevalier des ordres du Roi, mort le 17 mars 1680. Femme : (1628) Andrée de Vivonne, fille unique et héritière d'André de Vivonne, seigneur de la Châteigneraie, et de Marie-Antoinette de Loménie.

| François VII (voyez ci-après). | Charles, né le 29 septembre 1635, chevalier de Malte, abbé de Molesmes, † le 19 novembre 1692. | Henri-Achille, né le 8 décembre 1642, chevalier de Malte, abbé de Fontfroide, de Beauport, puis de la Chaise-Dieu, † le 19 mai 1698. | Jean-Baptiste, dit le chevalier de Marcillac, né le 19 août 1646, tué en Allemagne dans la campagne de 1672. | Alexandre, né en avril 1655, abbé de Beauport et de Molesmes, après ses frères, † le 16 mai 1721. | Marie-Catherine, née le 22 février 1637, † le 5 octobre 1711. | Henriette, née le 15 juillet 1638, † le 3 novembre 1721. | Françoise, née le 9 août 1641, † le 22 mars 1708. |

François VII, duc de la Rochefoucauld, né le 2 septembre 1634, baptisé le 15 du même mois, grand veneur de France, grand maître de la garde-robe du Roi, chevalier de ses ordres, mort le 11 janvier 1714. — Femme : (1659) Jeanne-Charlotte du Plessis-Liancourt, sa cousine, fille unique de Henri du Plessis, comte de la Roche-Guyon, et d'Elisabeth de Lannoy, et petite-fille et héritière de Roger du Plessis, duc de la Roche-Guyon, et de Jeanne de Schonberg.

1. Voyez la Généalogie insérée au tome IV (p. 426-430) du P. Anselme ; notre Tableau offre quelques divergences, puisées, croyons-nous, à bonne source.
2. Voyez la fin de cet appendice II, P. c.
3. Le P. Anselme omet les trois filles, sœurs de François V, ajoutées aux deux fils chez Moréri et dans la *Généalogie* de 1654, citée ci-après.
4. Voyez, à l'appendice I du tome III (p. 230 et note 4), la mention de deux fils de plus, dont le souvenir s'est perdu.
5. Date de mois rectifiée, comme plus bas celle de la naissance de François VII, d'après le *Dictionnaire de Jal*, où, pour cette dernière, on a imprimé par mégarde, comme date d'année, 1644 pour 1634.

LA ROCHEFOUCAULD. I

APPENDICES

Il a paru, au milieu du dix-septième siècle, un livre intitulé : « Généalogie de la très-grande, très-ancienne et très-illustre maison de la Rochefoucaut. Imprimé aux despens de Monsieur de Roissac[1]. M.DC.LIV », in-4°.

L'exemplaire qui est au Cabinet des titres de la Bibliothèque nationale (Dossier bleu la Rochefoucauld 15 120) est chargé de corrections, de notes manuscrites, qui paraissent être de la main de d'Hozier. Au verso du feuillet de titre de l'exemplaire, annoté lui aussi, qui est à la Réserve du département des imprimés (L 3ᵐ 539), on lit cette note : « Avec des remarques prises sur celles qu'a faites M. d'Hozier dans le sien. » L'annotateur du volume du Cabinet relève durement les hautes prétentions affichées dans les premières pages, ces « visions, dit-il, dont on gâte ordinairement toutes les généalogies. » La préface débute par un second titre qui montre en quoi ces visions consistent :

« Briève description généalogique de la très-grande.... maison de la Rochefoucaut..., où est prouvée sa descente depuis Sigisbert roi d'Austrasie, fils de Clotaire premier du nom, roi de France, jusqu'à présent, de père en fils. »

Plus modeste est la généalogie que nous avons citée dans la *Notice* (p. 11), et qui fut imprimée, environ trente ans plus tôt, avec ce titre : « Généalogie de l'ancienne et illustre maison de la Rochefoucauld, dressée sur les chartes, titres et histoires plus fidèles, par André du Chesne, G. [Généalogiste] du Roi.... A Paris. M.DC.XXII. » Du Chesne ne remonte pas au delà de Foucauld I et va jusqu'à François V.

Dans les lettres d'érection, plusieurs fois citées, de 1622, il est dit que François V témoigne, par les preuves qu'il a données de son courage et de sa fidélité, « être digne successeur des comtes de la Rochefoucauld, issus de l'illustre maison de Lusignan, qui ont eu cet honneur d'être entrés en des alliances royales[2]. » On peut voir ce qui est dit dans l'*Histoire généalogique*[3] de cette tradition conjecturale de descendance des Lezignem ou Lusignan, de la manière dont l'abbé le Laboureur a cherché à l'établir, et de l'opinion d'André du Chesne, qui n'a pas encore, dit-il, trouvé « la vraie jonction ».

---

1. Dans les deux exemplaires que mentionnent les lignes suivantes, une note manuscrite ajoute : « et dressée par lui-même. » — M. de Roissac, en 1654, était Léonor de la Rochefoucauld, petit-fils du 4ᵉ fils de Louis de la Rochefoucauld, aîné du 2ᵈ lit de François I de la Rochefoucauld et tige des marquis de Montendre et de Surgères.
2. *Histoire généalogique* du P. Anselme, tome IV, p. 415.
3. *Ibidem*, p. 418.

DE LA NOTICE BIOGRAPHIQUE. XCIX

SUR LE TITRE DE COUSIN ET LE TABOURET.
(Extrait d'un mémoire de d'Hozier.)

« Les ducs de la Rochefoucauld sont traités de cousins par rapport à leur dignité[1], depuis 1622 que le comté de la Rochefoucauld fut érigé en duché ; mais je ne crois pas que les princes de Marcillac, fils aînés des ducs de la Rochefoucauld, aient aucun titre, ni même d'anciens exemples d'avoir été traités de cousins.

« La terre de Marcillac érigée en principauté ne donne aucune prérogative à son possesseur, et il y a plus d'apparence qu'en dressant quelque expédition pour les princes de Marcillac, on se sera servi pour modèle de celles faites pour les ducs leurs pères, et que la qualité de cousin s'y sera glissée. Le père de M. le duc de la Rochefoucauld d'aujourd'hui[2], n'étant que prince de Marcillac, fut fait gouverneur de Poitou en 1646, et dans les provisions il est traité de cousin. Son père avoit eu le même gouvernement.

« Le même prince de Marcillac se trouva engagé dans la rébellion des Parisiens, l'an 1649, et le prince de Conty, qui étoit à la tête de ce parti, demanda, dans ses propositions de paix, de procurer les honneurs du Louvre au prince de Marcillac, et le tabouret à sa femme. Après que le Roi eut accordé à la noblesse la révocation des rang et prérogatives extraordinaires, et avant que les nouveaux brevets donnés aux maisons de Rohan et de Bouillon eussent éclaté, Sa Majesté accorda, le 10 novembre 1649, un brevet au prince de Marcillac pour l'assurer qu'aucune personne de sa naissance, rang et condition, ne seroit honorée du tabouret, que la même grâce ne lui fût accordée, comme au fils aîné de la maison de la Rochefoucauld, pour la princesse de Marcillac, sa femme. Il se trouva depuis fortement engagé dans le parti de M. le prince de Condé, à la seconde guerre de Paris, sous le nom de duc de la Rochefoucauld, son père étant mort au mois de février 1651 (*lisez* 1650). Monsieur le Prince demanda pour lui, dans les propositions de paix qu'il donna à la cour l'an 1651, qu'on lui accordât un pareil brevet à celui de MM. de Bouillon et de Guémené, avec le gouvernement d'Angoumois et de Xaintonge, cent vingt mille livres d'argent, et permission de vendre ce gouvernement ; mais ces propositions ne furent pas acceptées.

1. Nous avons vu plus haut (p. III et note 1) les aînés de la famille traités de cousins par les rois, lorsqu'ils n'étaient encore que comtes, donc sans rapport à leur « dignité, » par laquelle d'Hozier, on le voit, entend ici le titre de duc.

2. Le Mémoire est daté de 1696. « Le duc d'aujourd'hui » est donc François VII, mort en 1714, fils de notre auteur.

APPENDICES

« Le brevet du 10 novembre 1649 a été le prétexte sur lequel M. le duc de la Rochefoucauld obtint, en 1679, l'érection de la Roche-Guyon en duché pour son fils aîné, pour lui procurer et à Madame sa femme les honneurs du Louvre. Ce fut aussi sur même prétexte qu'il s'opposa aux demandes que M. de Luxembourg fit au Roi, en 1685, des honneurs du Louvre pour ses enfants, comme issus de l'héritière de la maison souveraine de Luxembourg. »

(*Mémoire sur les honneurs dont jouissent chez le Roi les princes, ducs et pairs, ducs non pairs, officiers de la couronne et autres seigneurs....* « Je l'ai fait, dit d'Hozier, pour Mgr de Pontchartrain, en 1696, depuis chancelier de France. » — *Ms. Clairambault* 721, p. 510 et 511.)

En 1557, la maison de la Rochefoucauld contracta une étroite alliance avec une branche de la maison de Bourbon. François III, le bisaïeul de l'auteur des *Maximes*, épousa, cette année, Charlotte de Roye, dont la sœur aînée, Eléonore, avait épousé, en 1551, Louis I, prince de Condé, bisaïeul du grand Condé. Henri IV, et François IV, traité par le roi de Navarre de parent et de cousin dans ses lettres, nommaient donc tous deux Louis I leur oncle, l'un oncle paternel, l'autre oncle par alliance, et François VI était cousin de Louis II, le grand Condé, au troisième degré.

La *Gazette* du 5 janvier 1647 (p. 24) nomme François V, le premier après le duc d'Angoulême, parmi les parents qui reçoivent le duc d'Enghien quand celui-ci vient, le 30 décembre 1646, jeter, de la part du Roi, de l'eau bénite sur l'effigie de Henri II, prince de Condé, son grand-père.

III

(Voyez p. IV.)

LETTRE DE HENRI IV A FRANÇOIS IV, COMTE DE LA ROCHEFOUCAULD.

Mon cousin par ce que le Sr des marais vous fera bien amplement entendre comme apres avons faict tout ce qui nous a este possible pŏ obtenir les plus advantageuses conditions que nous avons peu au traicte de la paix qu'il a pleu a Dieu nous donner Je m'en

DE LA NOTICE BIOGRAPHIQUE.

remetray sur sa suffisance et vous prieray seullement de croire et vous asseurer que vous n'aurez jamais ung meilleur amy ne parent que moy, Qui en ceste volonté prie le Createur vous avoir Mon cousin en sa tres saincte et digne garde. de Bergerac, ce xviiie septembre 1577.

Je vous prye Mon cousin vous assurer de mon amytie[1].

Vre bien afectionne cousin et assure amy

HENRY.

Suscription (au verso d'un second feuillet) :

A Mon cousin Monsr le conte de la Rochefoucault.

IV

(Voyez p. XIII, etc.)

ÉTAT DES SERVICES MILITAIRES DU DUC FRANÇOIS VI DE LA ROCHEFOUCAULD.

Un membre de la famille de la Rochefoucauld nous a obligeamment communiqué un état des services militaires du duc François VI, qui lui a été récemment envoyé, sur sa demande, du Ministère de la guerre.

Il est à peu près identique avec celui de la *Chronologie historique militaire* de Pinard (1763, in-4°, tome VI, p. 209-211), sauf pour la part prise à la guerre civile, part indiquée par Pinard, et qui naturellement est omise dans le document fourni par le Ministère.

C'est également d'après Pinard qu'a été composé l'état inséré dans l'édition des *OEuvres* de 1865 (voyez la *Notice bibliographique*, II, E, n° 7).

Voici quel est dans la pièce ministérielle le détail des services :

Volontaire à l'attaque du Pas-de-Suse, 1629.

Mestre de camp d'un régiment de son nom[2], le 1er mai 1629.

Démissionnaire de ce régiment, en mars 1631.

Maréchal de camp, le 19 mai 1646.

Mestre de camp d'un régiment de cavalerie de son nom, le 11 septembre 1646, régiment licencié à la fin de 1648.

Gouverneur général du Poitou, le 3 novembre 1646.

---

1. Cette ligne est de la main du Roi, ainsi que la signature (formule et nom).

2. Voyez ci-dessus la *Notice*, p. XIII, note 4.

APPENDICES

Mestre de camp d'un régiment d'infanterie de son nom, le 10 février 1649.

Démissionnaire de ce régiment, le 2 novembre 1649.

Mestre de camp d'un nouveau régiment d'infanterie de son nom, le 10 novembre 1649.

Ce régiment lui fut retiré en février 1650.

Démissionnaire du gouvernement général du Poitou, en août 1651.

Après ce détail, le document officiel, suivant toujours Pinard, énumère les *Campagnes*, et y comprend l'attaque du Pas-de-Suse (1629), la conquête de la Savoie (1630), le siége de Nancy (1633), la bataille d'Avein (1635), le siége de Corbie (1636), la bataille de Rocroy et le siége de Thionville (1643), le siége de Gravelines (1644), les prises de Cassel, Mardick, Bourbourg, Menin, Béthune, Saint-Venant (1645), les siéges de Mardick et de Dunkerque (1646), le siége d'Ypres (1648). Il mentionne une blessure reçue au siége de Dunkerque, et termine par la nomination de chevalier des ordres du Roi, du 31 décembre 1661.

Il y a là bien des actions auxquelles nous savons par les *Mémoires* ou autrement que François VI n'assista pas. Les *Mémoires* nous apprennent (p. 14) qu'il fit ses premières armes dans la campagne d'Italie de 1629, mais ne parlent pas du Pas-de-Suse. Nous le voyons ensuite (p. 22 et 23), comme volontaire, à la bataille d'Avein ou, comme il la nomme, d'Avène, en 1635; à son retour, il est « chassé, » dit-il, éloigné de la cour (p. 23 et 24). En 1636, il nous apprend simplement (p. 26 et 27) qu'il était à l'armée, en Picardie, et que « le Roi reprit Corbie. » Nous devons conclure qu'il n'était, en 1643, ni à la bataille de Rocroy ni au siége de Thionville, non point seulement de son silence à l'endroit des *Mémoires* (p. 81) où il en parle, mais encore de deux lettres de félicitation [1] écrites par lui de Paris à Condé. En 1645, il n'est pas à l'armée, mais à la cour, « dans un état ennuyeux » (p. 92). Il suit le duc d'Enghien à l'armée, en 1646 (p. 96 et 97); il est, comme il y a lieu de l'induire d'un passage de Gourville (p. 216), à la prise de Courtray, puis à celle de Mardick, où il est blessé, et non à la prise de Dunkerque[2], de trois coups de mousquet (p. 98). Ensuite sa vie ne nous offre plus, les rébellions omises, qu'un dernier souvenir militaire, bien postérieur. Une lettre de 1667 est écrite du camp devant Lille[3] : il est au siége comme volontaire, à l'âge de cinquante-quatre ans.

1. Tome III, p. 23-25, *lettres* 4 et 5.
2. Comme il est dit dans l'état communiqué par le Ministère de la guerre.
3. Tome III, p. 194, *lettre* 94.

V

PIÈCES RELATIVES AU GOUVERNEMENT DU POITOU,
PUIS AU TEMPS DE LA GUERRE CIVILE.

1° *Répression par le prince de Marcillac des troubles du Poitou (août à décembre 1648).*

(Voyez ci-dessus, p. XXXVI et note 2.)

« A Monsieur le prince de Marcillac, sur les désordres arrivés en Poitou dans les lieux où sont établis les bureaux des traites et [traites] foraines. Du 16e août 1648. » (Bibl. nat., Ms. Fr. 4178, fol. 95 et 96 ; copie au Dépôt de la guerre, vol. 108, fol. 91 et 92.)

« A Monsieur le prince de Marcillac, pour lui dire de tenir la main à ce qu'il ne sorte aucuns blés de Poitou et de Xaintonge. A Ruel, le 20e septembre 1648. » (Bibl. nat., Ms. Fr. 4178, fol. 119 v° et 120 ; copie au Dépôt de la guerre, vol. 108, fol. 115 et 116.)

« Lettre du Roi au prince de Marcillac, relative aux affaires de Poitou. 19 octobre 1648. » (Minute. Dépôt de la guerre, vol. 117, pièce n° 90.)

« A Monsieur le prince de Marcillac, pour lui dire d'empêcher les armements et levées secrètes de gens de guerre, que l'on a avis de faire en Poitou. Du 19e octobre 1648. » (Bibl. nat., Ms. Fr. 4178, fol. 136 v° et 137 ; copie au Dépôt de la guerre, vol. 108, fol. 134 et 135.)

Marcillac répond, à ce sujet,

Au comte de Brienne[1] :

« Monsieur,

« Aussitôt que j'ai reçu la lettre que vous m'avez fait l'honneur de m'écrire, je me suis informé particulièrement de plusieurs gentilshommes de bas Poitou s'ils n'avoient eu aucune connoissance de l'avis qu'il vous a plu me donner, et ils m'ont[2] tellement assuré qu'ils n'en avoient rien su[3], que j'ai bien de la peine à croire que ce soit dans mon gouvernement qu'on ait essayé de faire des levées. Je ferai néanmoins toute la diligence possible pour en savoir certainement la vérité, et pour faire punir les coupables.

---

1. Vu sur l'autographe, Bibliothèque nationale, *Ms. Clairambault* 417, p. 2501-2504 ; cachets conservés ; au dos, cette mention : « M. le Pr. de Marcillac, du 29e octobre 1648, à Vertœil. Rendue le 6e novembre. » — Sur le comte de Brienne, voyez les *Mémoires*, p. 65, note 6.

2. *Ils m'ont* corrige *je les*.

3. Devant *rien su*, les mots *en aucune cognoissance* ont été biffés.

« Je vous supplie très-humblement de croire que je vous avertirai de tout ce qui viendra à ma connoissance, et que je suis, Monsieur, votre très-humble et très-affectionné serviteur.

« MARCILLAC.

« A Vertœil, ce 29ᵐᵉ octobre. »

Suscription : A Monsieur Monsieur le comte de Brienne, conseiller du Roi en ses Conseils et secrétaire de ses commandements.

« Lettre du Roi au prince de Marcillac, par laquelle S. M. lui dit qu'Elle est informée par les fermiers des cinq grosses fermes que leurs droits ne sont perçus dans son gouvernement qu'avec beaucoup de difficulté. 5 novembre 1648. » (Minute. Dépôt de la guerre, vol. 117, pièce n° 113.)

« A Monsieur le prince de Marcillac, pour donner son avis sur l'absence de quelques-uns des échevins de Niort. Du 11ᵉ novembre 1648. » (Bibl. nat., Ms. Fr. 4178, fol. 158; copie au Dépôt de la guerre, vol. 108, fol. 160 et 161.)

« Lettre du Roi au prince de Marcillac, sur la plainte portée par l'abbaye de Fontevrault contre les fermiers. 20 novembre 1648. » (Minute. Dépôt de la guerre, vol. 117, pièce n° 123.)

« A Monsieur le prince de Marcillac, pour faire relâcher six habitants de Saint-Hermine et Saint-Jemme, à cause des désordres qui sont arrivés en Poitou. 7 décembre 1648. » (Dépôt de la guerre, vol. 108, fol. 106 et 107.)

« Lettre de M. le Tellier à mondit sieur le prince de Marcillac, sur le même sujet et autres points, dudit jour. » (Dépôt de la uerre, vol. 108, fol. 107-109.)

« A Monsieur le prince de Marcillac, pour se rendre dans son gouvernement de Poitou. 30 décembre 1648. » (Bibl. nat., Ms. Fr. 4178, fol. 237; copie au Dépôt de la guerre, vol. 108, fol. 248.)

2° *Première rébellion du prince de Marcillac (janvier* 1649).

(Voyez ci-dessus, p. XXXVI, et à l'*appendice* I du tome III, n° 9, p. 249, 250, et note 3 de la page 250.)

« Instruction donnée au sieur abbé de Palluau s'en allant en Poitou. Du 16ᵉ janvier 1649, à Saint-Germain-en-Laye. » (Bibl. nat., Ms. Fr. 4179, fol. 24 et 25.)

« A Monsieur le duc de la Rochefoucauld, touchant l'envoi du sieur abbé de Palluau en Poitou, à cause de la rébellion de son fils. Du 17ᵉ janvier 1649. » (Bibl. nat., Ms. Fr. 4179, fol. 25 v° et 26.)

« A Monsieur des Roches–Baritault, sur ce sujet, dudit jour. »

« Il a été écrit à M. le marquis de Montausier, gouverneur

DE LA NOTICE BIOGRAPHIQUE.

de Xaintonge et Angoumois, et au sieur comte de Jonzac, lieutenant de Sa Majesté ès-dits lieux, de semblables lettres et pour le même sujet. » (Bibl. nat., Ms. Fr. 4179, fol. 26 v°.)
« Lettre à M. le marquis d'Aumont, pour se rendre au plus tôt en son gouvernement. Le 16e janvier, à Saint-Germain. »
« Il a été écrit aux habitants de Poitiers pour leur dire d'agir sous les ordres dudit sieur marquis d'Aumont, et de le faire garder. Dudit jour 16e janvier 1649. » (Bibl. nat., Ms. Fr. 4179, fol. 27.)

3° *Lettre du prince de Marcillac aux maire et échevins de Poitiers (avril* 1649, *à la veille de la conclusion de la paix de Rueil)*[1].

(Voyez ci-dessus, p. xxxviii et note 3.)

Messieurs,

Le Roi ayant, par sa déclaration vérifiée au Parlement le premier de ce mois, fait cesser tous mouvements et si bien apaisé les troubles de son État que nous sommes à présent pour jouir en France d'un repos assuré, attendant qu'en bref, suivant les intentions de Sa Majesté, nous ayons conclu la paix générale, je vous donne avis par celle-ci, mon indisposition et l'incommodité de mes blessures ne me l'ayant pu permettre plus tôt; vous saurez donc, s'il vous plaît, faire observer toutes choses ordinaires en semblable cas.

C'est pourquoi je ne ferai la présente plus longue, et vous assure que je suis votre très-humble et très-affectionné serviteur.

MARCILLAC.

A Paris, ce 7 avril 1649.

4° *Seconde rébellion du prince de Marcillac, duc de la Rochefoucauld*[2] (1er *février à* 11 *mai* 1650).

(Voyez ci-dessus, p. xli et note 2.)

« Déclaration du Roi adressée au parlement de Dauphiné, portant commandement aux duc de Bouillon, maréchaux de Brezé et de Turenne, et prince de Marcillac, de se rendre près du Roi, à

---

1. Extrait de l'*Histoire du Poitou*, par Thibaudeau, tome III, p. 310 et 311.
2. Quoique, à partir du 8 février 1650, donc dès la seconde lettre de ce 4e paragraphe, la Rochefoucauld ait droit au titre de duc, on verra que, dans toutes les pièces, on continue de le désigner par celui de « prince de Marcillac. »

peine de crime de lèse-majesté. Du 1er jour de février 1650. A Paris. » (Bibl. nat., Ms. Fr. 4181, fol. 114-116 ; copie au Dépôt de la guerre, vol. 120, fol. 118-120.)

« A M. le marquis des Roches-Baritault, sur la rébellion du prince de Marcillac. Du 12e février 1650. »

> « Il a été écrit une semblable lettre à M. de la Rochepozay, pour la même chose, dans l'étendue de sa charge, dudit jour. » (Bibl. nat., Ms. Fr. 4181, fol. 143 et 144 ; copie au Dépôt de la guerre, vol. 120, fol. 146 et 147.)

« A Monsieur de la Rochepozay, sur l'avis que l'on a eu que le prince de Marcillac assemble quelques gens de guerre en Poitou. Du 9e avril 1650[1]. »

> « Il a été écrit de semblables lettres aux sieurs des Roches-Baritault pour son département de Poitou, et aux gouverneurs et lieutenants généraux de Touraine, Anjou, Saintonge et autres, pour le même sujet. Il a aussi été écrit aux principales villes desdits pays, ledit jour. » (Bibl. nat., Ms. Fr. 4181, fol. 228 ; copie au Dépôt de la guerre, vol. 120, fol. 228.)

« A Monsieur de Comminges, pour aller dans le Poitou, avec les troupes qu'il pourra assembler, en qualité de maréchal de camp, y dissiper les levées et les rébellions que le prince de Marcillac y pourroit causer, et le pousser hors la province. Du 16e avril 1650. »

> « Il a été écrit, sur ce même sujet, aux sieurs des Roches-Baritault, de la Rochepozay, et autres gouverneurs de ladite province de Poitou, ledit jour 16e avril 1650. » (Bibl. nat., Ms. Fr. 4181, fol. 230-232 ; copie au Dépôt de la guerre, vol. 120, fol. 230-232.)

« Aux habitants des villes de Poitiers, Tours, Niort, Fontenay et autres, pour leur dire de faire garde à leurs portes pour empêcher que les rebelles ne se saisissent desdites places. Du 19e avril 1650. »

> « Il a été écrit à M. le duc de Rohan et à MM. des Roches-Baritault, la Rochepozay, et autres gouverneurs des provinces et villes du côté de Poitou, pour leur donner aussi avis sur la cessation de ladite garde ci-dessus. Ledit jour 19e avril 1650. » (Bibl. nat., Ms. Fr. 4181, fol. 232 v° et 233.)

---

1. Cette pièce et les deux suivantes portent au bas soit *écrit*, soit *donné*, à *Dijon*.

DE LA NOTICE BIOGRAPHIQUE.

« A Monsieur le comte du Dognon, pour recevoir du sieur baron de Montendre et autres gentilshommes de ces quartiers-là les protestations de fidélité au service du Roi qu'ils sont obligés de lui rendre[1]. Du 7e mai 1650. » (Bibl. nat., Ms. Fr. 4181, fol. 247 v° et 248.)

« A Monsieur l'évêque de la Rochelle, de la main de Mgr le Tellier, sur ce sujet, dudit jour. » (Bibl. nat., Ms. Fr. 4181, fol. 249.)

« Déclaration du Roi contre Mme la duchesse de Longueville, les duc de Bouillon, maréchal de Turenne, prince de Marcillac et leurs adhérents. Du 9e de mai 1650, à Paris. » (Bibl. nat., Ms. Fr. 4181, fol. 251 v°-257.)

« A Monsieur le maréchal de la Meilleraye, pour lui donner avis des pratiques qui se font à Bordeaux contre le service du Roi, et lui ordonner de pousser le prince de Marcillac hors le Poitou et M. de Bouillon du vicomté de Turenne. Du 11e mai 1650. » (Bibl. nat., Ms. Fr. 4181, fol. 259 v°-261 ; copie au Dépôt de la guerre, vol. 120, fol. 260-262.)

5° *A Monsieur de Bar, pour lui dire de laisser parler à mesdits sieurs les Princes les sieurs duc de la Rochefoucauld, président Viole et Arnaud, dudit jour* (10e *février* 1651).

(Voyez ci-dessus, p. XLVII et note 2.)

Monsieur de Bar, mon cousin le duc de la Rochefoucauld, le sieur président Viole et le sieur Arnaud, s'en allant au Havre avec ma permission pour voir mes cousins les princes de Condé et de Conty et duc de Longueville, j'ai bien voulu, par l'avis de la Reine, vous faire cette lettre pour vous dire que vous ayez à les laisser entrer en ma citadelle du Havre, et voir mesdits cousins, et les entretenir en votre présence. Et sur ce, je prie Dieu, etc.
(Bibl. nat., Ms. Fr. 4182, fol. 431 ; cet ordre fait partie d'une série de pièces toutes relatives au traitement des Princes dans la prison du Havre, et à leur mise en liberté.)

---

1. Ces gentilshommes étaient du nombre de ceux que le nouveau duc de la Rochefoucauld avait assemblés sous le prétexte d'accompagner à Verteuil le corps de son père ; et, soit crainte d'un châtiment, soit aussi de bonne foi, plusieurs avaient protesté contre cette surprise. Voyez les *Mémoires*, p. 179-182.

APPENDICES

6° *Dernière rébellion du duc de la Rochefoucauld*
(février à avril 1652).

(Voyez ci-dessus, p. L et note 5.)

« Ordre au sieur de Chalesme[1], pour se saisir des châteaux de la Rochefoucauld, Vertœil et la Vergne. Du 16e février 1652. »

« Il a été écrit à M. le comte d'Harcourt et à M. le marquis de Montausier, sur ce sujet, ledit jour. » (Bibl. nat., Ms. Fr. 4184, fol. 112 et 113.)

« Au capitaine de Chalesme, pour recevoir les ordres de M. de Montausier au sujet de la garde de la Rochefoucauld et Vertœil. Du 14e mars 1652, à Amboise. » (Bibl. nat., Ms. Fr. 4184, fol. 181.)

« A MM. du Plessis-Bellière et marquis de Montausier, sur ce qu'ils auront à faire avec les troupes du Roi en conséquence de la prise de Xaintes et de Taillebourg. Du 4e avril 1652, à Sully. » (Bibl. nat., Ms. Fr. 4184, fol. 214 v°-218; copie au Dépôt de la guerre, vol. 135, fol. 170 et 171.)

Cette lettre contient (fol. 217 v° et 218), après un ordre de gratification de cent écus pour chacune des compagnies d'infanterie qui ont servi aux siéges de Xaintes et de Taillebourg, le paragraphe suivant :

« Et parce que j'ai trouvé bon de décharger de garnison les terres de la Rochefoucauld et Verteuil, la Terne, Marcillac et Montignac, à cause qu'il a été vérifié que la jouissance en doit être délaissée à ma cousine la duchesse de la Rochefoucauld, ainsi que je l'écris particulièrement à vous, sr de Montausier, par une dépêche qui vous sera rendue par celui qui a sollicité cette décharge de la part de madite cousine, à la charge toutefois qu'elle n'y fera donner aucune retraite ni assistance aux ennemis dans lesdits lieux, et en ceux en dépendance dont elle doit jouir, je desire que vous retiriez ledit capitaine Chalesme et sa compagnie desdits lieux. »

7° *Défection de novembre 1652.*
Fragments de deux lettres du marquis de Montausier à le Tellier.

(Voyez ci-dessus, p. LV et note 1.)

« .... Pour ce qui regarde l'Angoumois, la permission que le Roi a donnée à M. de Marcillac de demeurer dans les maisons de son

---

1. Capitaine au régiment d'infanterie de la Reine.

père y est fort nuisible ; car sa présence réveille beaucoup de factieux endormis, qu'il visite et dont il est visité sous prétexte de chasse et de divertissement. On dit qu'on veut donner une pareille permission à M. de la Rochefoucauld ; si cela est, je ne réponds pas d'Angoulême, n'y ayant que des bourgeois pour garder la ville, qui sont si las de ce métier que, quelque rigueur dont je me serve, je ne les y puis plus obliger, n'y ayant quelquefois que trois ou quatre bourgeois à la garde : de sorte que le voisinage de M. de la Rochefoucauld et de M. de Marcillac est plus dangereux pour cette ville que celui d'une armée ennemie ; car le bruit de celle-ci obligeroit les habitants à se tenir sur leurs gardes par la peur qu'elle leur feroit, à quoi ces deux Messieurs ne les obligeroient pas, faisant semblant de ne s'occuper qu'à la chasse, outre que, si les ennemis entroient en ce pays par quelque endroit, ces gens ici se pourroient servir de l'occasion, durant qu'on s'opposeroit à cet orage. Ainsi, Monsieur, la demeure de personnes aussi suspectes que celles-là dans leurs maisons ne peut être que très-pernicieuse au service du Roi, et je vous conjure de faire révoquer celle du fils et refuser celle du père. Ce n'est point mon intérêt qui me fait parler en ceci, car j'ai toute ma vie été leur ami ; mais c'est le service du Roi, au prix duquel je ne considère personne.... »

(*Lettre du marquis de Montausier à le Tellier*, du 14 novembre 1652. — Dépôt de la guerre, vol. 134, pièce n° 371. — Publiée dans les *Souvenirs du règne de Louis XIV*, par M. le comte de Cosnac, tome V, p. 125-131.)

« Je vous conjure, Monsieur, de ne pas négliger ce que je vous ai mandé par ma précédente touchant la permission qu'on a donnée à M. de Marcillac de demeurer en ce pays-ci et de celle qu'il dit que Monsieur son père a d'en faire de même. Rien n'est plus dangereux en ce pays-ci que cela ; c'est pourquoi je vous en rafraîchis la mémoire. »

(*Post-scriptum d'une lettre du même au même*, du 18 novembre 1652. — Dépôt de la guerre, vol. 134, pièce n° 382. — Publiée *ibidem*, p. 134-137.)

Le volume 136 du Dépôt de la guerre contient (fol. 336 v°-344 v°) une pièce du 12 novembre 1652, intitulée :

« Déclaration du Roi contre les princes de Condé, de Conty, la duchesse de Longueville, le duc de la Rochefoucauld, le prince de Talmont et leurs adhérents. »

APPENDICES

VI

HÔTEL DE LA ROCHEFOUCAULD (rue de Seine[1]).
(Voyez ci-dessus, p. LXXI, note 3.)

« Cette maison a appartenu autrefois à Henri de la Tour, prince de Sedan, duc de Bouillon, vicomte de Turenne et maréchal de France[2]. Roger du Plessis, marquis de Liancourt, duc de la Roche-Guyon, pair de France, connu sous le nom de duc de Liancourt, chevalier des ordres du Roi, premier gentilhomme de sa Chambre, l'acheta ensuite et l'occupa jusqu'à sa mort[3]; mais Henri-Roger du Plessis, son fils unique, étant mort avant lui et n'ayant laissé qu'une fille unique, nommée Jeanne-Charlotte du Plessis-Liancourt, que son grand-père maria, le 13 novembre 1659, à François de la Rochefoucauld, septième du nom, elle apporta à son mari cet hôtel et toute la succession du duc de Liancourt, son grand-père; ce qui a fait prendre à cette maison le nom d'hôtel de la Rochefoucauld. La porte principale est sur la rue de Seine, et ne donne pas une grande idée de la maison; cependant elle est grande, et est décorée d'une architecture dorique en pilastres, tant du côté de la cour, que du côté du jardin. On voit dans cet hôtel plusieurs tableaux qui viennent du duc de Liancourt. On y admire surtout un *Ecce homo*, d'André Solario, qui est regardé comme un tableau inestimable. » (Piganiol de la Force, *Description historique de la ville de Paris*, 1765; tome VIII, p. 184 et 185.)

« HÔTEL DAUPHIN, DE BOUILLON, DE LIANCOURT et DE LA ROCHEFOUCAULD, aboutissant rue Bonaparte.

« Cet hôtel occupait l'emplacement de deux propriétés contiguës, qui bordaient la rue de Seine, et dont la première contenait un demi-arpent. Après avoir appartenu à Charles de Magny, « ca-« pitaine de la porte du Roi, » elle était, dès 1538, à François Bas-

---

1. Dans la partie où s'ouvre maintenant la rue des Beaux-Arts. Nous donnons dans l'*Album* la copie d'une gravure représentant la façade de l'hôtel qui fut et se nomma, de 1659 à 1718, l' « hôtel de la Rochefoucauld ».
2. Le père du grand Turenne.
3. Roger du Plessis, oncle maternel de notre duc, mourut le 1ᵉʳ août 1674, la même année et le même jour que sa petite-fille, dont il est parlé quelques lignes plus loin : voyez le *P. Anselme*, tome IV, p. 757.

tonneau, notaire, lequel y fit construire une maison. La seconde propriété consistait en un jardin clos, d'environ sept quartiers, lequel, après avoir appartenu aussi à Charles de Magny, et ensuite à Jean-Jacques de Mesmes, seigneur de Roissy, lieutenant civil de la prévôté de Paris, était passé, dès 1543, aux mains de Nicolas Dangu, évêque de Seez, puis de Mende. En 1586, les deux propriétés étaient fondues en une seule, et appartenaient à François de Bourbon, duc de Montpensier, dauphin d'Auvergne ; d'où le nom de « Hostel Daulphin » qu'on trouve dans le censier de 1595, où il est dit que l'hôtel était alors possédé par M. de Penillac. Il fut ensuite acquis par Henri de la Tour, duc de Bouillon, maréchal de France, et après sa mort, arrivée en 1623, par Roger du Plessis, sieur de Liancourt, qui le fit rebâtir sur les dessins de Lemercier, l'architecte du Louvre. La petite-fille du duc de Liancourt ayant épousé, en 1659, le duc François de la Rochefoucauld, celui-ci devint propriétaire de l'hôtel, que l'on continua à appeler l'hôtel de la Rochefoucauld ; cependant il fut vendu, en 1718, par le prince de Marcillac à la famille Gilbert des Voisins. La rue des Beaux-Arts a été ouverte, en 1825, sur l'emplacement de cet édifice, détruit peu auparavant. » (*Topographie historique du Vieux Paris* par feu Berty et Tisserand. Région du bourg Saint-Germain, p. 239 et 240.)

VII

LETTRE DE MADAME DE LA FAYETTE A MADAME DE SABLÉ[1].

(Voyez ci-dessus, p. LXXV et note 2.)

« Ce lundi au soir [1665 ou 1666].

« Je ne pus hier répondre à votre billet, parce que j'avois du

---

1. La source indiquée par Sainte-Beuve (*Portraits de femmes*, édition de 1845, note de la page 235) est, d'après l'ancien classement des manuscrits de la Bibliothèque du Roi : « Résidu de Saint-Germain, paquet 4, n° 6 » ; mais nous avons en vain cherché la pièce, ainsi que les sept autres lettres de Mme de la Fayette dont nous allons parler, dans les *Portefeuilles de Vallant*, où se trouve maintenant placé ce *Résidu*. Nous pouvions du reste prévoir que nous ne la trouverions pas : dès 1851, MM. Lalanne et Bordier l'avaient signalée comme absente dans leur *Dictionnaire des autographes volés* (p. 177, article LA FAYETTE). — Sainte-Beuve croyait, nous l'avons dit, avoir le premier découvert cette lettre. Cette erreur, partagée par Geruzez et par V. Cousin, a été rectifiée par Édouard Fournier, qui, en insérant dans ses *Variétés historiques*

monde, et je crois que je n'y répondrai pas aujourd'hui, parce que je le trouve trop obligeant. Je suis honteuse des louanges que vous me donnez, et, d'un autre côté, j'aime que vous ayez bonne opinion de moi, et je ne veux vous rien dire de contraire à ce que vous en pensez. Ainsi je ne vous répondrai qu'en vous disant que M. le comte de Saint-Paul sort de céans, et que nous avons parlé de vous, une heure durant, comme vous savez que j'en sais parler. Nous avons aussi parlé d'un homme que je prends toujours la liberté de mettre en comparaison avec vous pour l'agrément de l'esprit. Je ne sais si la comparaison vous offense, mais, quand elle vous offenseroit dans la bouche d'un autre[1], elle est une grande louange dans la mienne, si tout ce qu'on dit est vrai. J'ai bien vu que M. le comte de Saint-Paul avoit ouï parler de ces dits-là, et j'y suis un peu entrée avec lui; mais j'ai peur qu'il n'ait pris tout sérieusement ce que je lui en ai dit. Je vous conjure, la première fois que vous le verrez, de lui parler de vous-même de ces bruits-là. Cela viendra aisément à propos, car je lui ai donné les *Maximes*, et[2] il vous le dira sans doute; mais je vous prie de lui en parler bien comme il faut pour lui[3] mettre dans la tête que ce n'est autre chose qu'une plaisanterie[4]; et je ne suis pas assez assurée de ce que vous en pensez pour répondre que vous direz bien, et je pense qu'il faudroit commencer par persuader l'ambassadeur. Néanmoins il faut s'en fier à votre habileté; elle est au-dessus des maximes ordinaires; mais enfin persuadez-le. Je hais comme la mort que

---

et littéraires (tome X, p. 117-129) huit lettres de Mme de la Fayette à Mme de Sablé, dont celle-ci est la dernière, nous apprend qu'elles ont toutes paru (*avec quelques légères variantes*), en 1821, dans un livre bizarre de J. Delort : *Mes Voyages aux environs de Paris* (tome I, p. 217-224). Delort joint à son texte un fac-similé de celle qu'il a placée en tête.

1. Tel est le texte de Sainte-Beuve; dans celui de Delort, reproduit par Édouard Fournier : « d'une autre ».
2. Delort et Éd. Fournier ont omis *et*, ici et deux lignes plus bas.
3. Chez Delort et Fournier, *le*, au lieu de *lui*; si c'est le vrai texte, c'est sans doute que Mme de la Fayette avait voulu d'abord employer un autre verbe, comme *le convaincre*, *le persuader*, qui revient plusieurs fois dans la suite immédiate.
4. Ceci n'est pas clair. A quoi s'applique le mot de « plaisanterie » ? A ces *dits-là*, ces *bruits-là*, ou bien aux *Maximes ?* Nous croyons, vu l'objet même et la suite de la lettre, devoir adopter la première explication, bien que la seconde, préférée par Éd. Fournier, paraisse tirer quelque vraisemblance d'une lettre antérieure dont nous parlons à la suite de celle-ci, et où nous voyons Mme de la Fayette appliquer à ces maximes qui la révoltent le même mot de « plaisanterie », et ne trouver, pour atténuer son blâme, d'autre tour que de es traiter de pur jeu d'esprit. Le passage est, en tout cas, fort obscur.

DE LA NOTICE BIOGRAPHIQUE.

les gens de son âge puissent croire que j'ai des galanteries[1]. Il me[2] semble qu'on leur paroît cent ans dès qu'on[3] est plus vieille qu'eux, et ils sont tous propres à s'étonner qu'il soit encore question des gens ; et de plus il croiroit plus aisément ce qu'on lui diroit de M. de la R. F.[4] que d'un autre. Enfin je ne veux pas qu'il en pense rien, sinon qu'il est de mes amis, et je vous prie[5] de n'oublier non plus de lui ôter cela de la tête, si tant est qu'il l'ait[6], que j'ai oublié votre message. Cela n'est pas généreux de vous faire souvenir d'un service en vous en demandant un autre. »

En marge : « Je ne veux pas oublier de vous dire que j'ai trouvé terriblement de l'esprit au comte de Saint-Paul. »

Parmi les huit lettres de Mme de la Fayette à Mme de Sablé, il y en a deux, les nos 2 et 3 d'Édouard Fournier (p. 120-122), qui nous paraissent confirmer la date assignée par Sainte-Beuve, non pas au commencement d'amitié, mais à la tendre intimité et aux quotidiennes relations. Qu'on veuille bien relire les extraits que M. Gilbert a donnés, au tome I, p. 374 et 375, de ces deux lettres, dont la première a échappé à Cousin et à Sainte-Beuve. Elles sont du temps où les *Maximes*, déjà imprimées quand fut écrite la lettre où il s'agit du comte de Saint-Paul, étaient encore manuscrites, c'est-à-dire, très-probablement, d'une de ces dix années antérieures à 1665, qu'avant Sainte-Beuve on comprenait dans l'époque d'étroite intimité. L'auteur avait communiqué son écrit à Mme de Sablé, qui, à son tour, sans paraître agir au nom de l'auteur, le communiquait aux personnes considérées comme les plus capables d'en bien juger. Or peut-on dire que le jugement qu'en porte Mme de la Fayette et la manière dont il est exprimé, surtout dans le premier

---

1. Sainte-Beuve fait remarquer (p. 238) que Mme de la Fayette s'applique là une idée qu'elle a exprimée dans son roman de *la Princesse de Clèves* (tome I, p. 120, édition de 1678) : « Mme de Clèves.... étoit dans cet âge où l'on ne croit pas qu'une femme puisse être aimée quand elle a passé vingt-cinq ans. »

2. Au lieu de *leur*, qui est le texte de Sainte-Beuve et peut-être bien le texte original, Delort et Fournier ont *me*, qui est en effet bien préférable pour le sens. Il est probable que l'intention de Mme de la Fayette avait été de mettre : « Il leur semble qu'on a cent ans. »

3. Chez Delort et Fournier, « dès que l'on ».

4. Le nom propre est ainsi en abrégé dans l'original. Tournier croit voir là une petite preuve de « rare délicatesse. »

5. Delort et Fournier ont *supplie*, au lieu de *prie*; à la suite, Fournier omet *cela* après *ôter*.

6. Tel est le texte de Sainte-Beuve ; chez Fournier, « qui le l'eust » ; chez Delort, « qui le l'ait ». Ce *le* de trop est probablement, par inadvertance, dans l'autographe.

extrait, impliquent vive estime et soient d'une tendre et familière amie? Puis la communication par un tiers ne suffit-elle pas à montrer que l'époque d'entière confiance où l'on ne se cachait rien et où l'on se voyait si souvent, n'avait pas encore commencé?

VIII

SUR LA MALADIE, LA MORT ET L'AUTOPSIE DU DUC
DE LA ROCHEFOUCAULD.

(Voyez ci-dessus, p. xci et xcii.)

Un recueil fort rare, publié, dans l'année même, par Nicolas de Blegny, sous ce titre : *Le Temple d'Esculape ou le Dépositaire des Nouvelles découvertes qui se font journellement dans toutes les parties de la médecine* [1], contient (tome II, in-12, 1680, p. 277-291, et p. 300-309) « sur la mort et sur l'ouverture de Mgr le duc de la Rochefoucauld » une correspondance qui aurait pu fournir à Molière, s'il n'eût précédé le moraliste de sept ans dans la tombe, quelques épigrammes nouvelles. C'est une lettre adressée par l'abbé Bourdelot, premier médecin de la reine de Suède (Christine) et de S. A. S. Monseigneur le Prince, au célèbre Fagon, alors premier médecin de la Reine (de France), puis la réponse de Fagon et une réplique de Bourdelot. Celui-ci, rendant compte de l'« ouverture » du corps faite par le docteur Morel, affirme que « la cause de la mort *a été* la grande abondance du sang qui a gorgé et inondé le poumon, » et amené « la suffocation de cette partie. » Trois ans auparavant, Bourdelot avait traité le duc d'« une péripneumonie.... avec crachement de sang, » et l'avait sauvé, dit-il, en le faisant « saigner vigoureusement. » Lors de la rechute, les médecins (« MM. Lisot, Duchesne et moi ») conseillèrent aussi « de grandes saignées des pieds et des bras; » mais « les parents et assistants, par tendresse ou mal persuadés sur les remèdes, n'y ont point voulu consentir....

---

1. Nous devons la connaissance de ce livre, que nous avons trouvé à la Bibliothèque nationale, à M. Ch. Livet, qui possède et a bien voulu nous communiquer un exemplaire de la traduction latine qui en a été publiée à Genève, en 1682, sous ce titre singulier : *Zodiacus medico-gallicus*. — On peut voir, au sujet de ce curieux répertoire médical, une note d'Édouard Fournier au tome II (p. 177) de l'édition elzévirienne du *Livre commode*, de 1692, publié, sous le nom de du Pradel, par le même Blegny ou de Blegny, et, sur l'auteur, les pages XLIII et suivantes de l'Introduction placée par Fournier en tête du tome I dudit *Livre commode*.

Nous sommes dans un siècle où tout le monde croit être médecin. Il y a une corruption dans les esprits qui les empêche d'entendre tout ce qui est raisonnable et leur fait avoir recours à des remèdes bizarres, qui sont toujours funestes. Les parents et les amis du malade s'opposèrent.... à la saignée. Ils dirent qu'il étoit âgé, que la saignée n'étoit pas bonne aux goutteux, que le médecin anglois[1] et d'autres gens guérissoient les fièvres sans saignées, et, pendant qu'ils s'opiniâtrèrent à s'en tenir à ces petites raisons et à d'autres aussi méchantes, le poumon s'étant gorgé de sang, » les symptômes devinrent de plus en plus graves et la mort suivit.

Fagon, avec des ménagements d'infinie politesse, admet que le malade « est mort suffoqué par le débordement du sang dans le poumon, » mais il veut que ce soit le cerveau qui, « inondé d'une sérosité maligne, » ait causé le dernier étouffement « par la paralysie des nerfs du poumon et du diaphragme. » Bourdelot maintient son dire : à savoir, que « la cause de la mort et celle du mal par conséquent étoit principalement renfermée dans le thorax.... Il n'y a point eu de transport au cerveau, car le raisonnement du malade a toujours été bon. » Mais ce que surtout il soutient jusqu'au bout et ce que son confrère ne nie pas, c'est « que de bonnes saignées l'auroient guéri. »

Il y a dans les *Portefeuilles de Vallant*, tome XIV, p. 137-140, une note, de sujet analogue, sur la mort et l'autopsie de Mme de Longueville, décédée dans la nuit du vendredi au samedi 15 avril 1679, « à quatre heures et un demi quart du matin, » âgée de cinquante-neuf ans et demi; « elle en auroit eu soixante accomplis le jour de saint Augustin, qui est le 28e août. Elle n'avoit eu pendant sa maladie nulle frayeur ni trouble. » L'autopsie fit voir « la rate pourrie et en bouillie noire ; le rein gauche de même et fort petit...; le cœur grand et flétri ; quasi point de sang dans la (veine) cave...; cerveau flétri, avec de l'eau rougeâtre dans les ventricules. » — Hélas ! qu'était devenue cette beauté tant prisée dans sa jeunesse et dont le souvenir a passionné, de nos jours encore, un éloquent historien-philosophe ?

1. Voyez ci-dessus, la note 4 de la page xci.

IX

ARTICLES RELATIFS AU DUC DE LA ROCHEFOUCAULD, FRANÇOIS VI,
A SES ENFANTS ET A SON PETIT-FILS, LE DUC DE LA ROCHE-GUYON,

dans le *Dictionnaire des bienfaits du Roi* (tome IV et dernier)
de l'abbé de Dangeau[1].

(Voyez ci-dessus, p. LXXXVII-XC.)

« Le duc de la Rochefoucauld se nommoit François (VI) de la Rochefoucauld, avoit épousé Andrée de Vivonne de la Châteigneraie, dont il a eu : le duc de la Rochefoucauld; le chevalier de la Rochefoucauld; l'abbé de Marcillac; le chevalier de Marcillac, tué dans la guerre de Hollande en 72; l'abbé de Verteuil et trois filles.

« Étoit duc et pair; il se démit de son duché en faveur du prince de Marcillac, son fils. Nonobstant sa démission, le Roi lui conserva les honneurs du Louvre.

« Avoit été gouverneur de Poitou; avoit vendu cent mille écus au duc de Roannais.

« 1er janvier 62, le Roi le fait chevalier de l'Ordre. »

« Le duc de la Rochefoucauld se nomme François (VII) de la Rochefoucauld. Jusqu'à la mort de son père, on l'a appelé prince de Marcillac; a épousé Jeanne-Charlotte du Plessis de Liancourt, petite-fille et héritière du duc de Liancourt, dont il a eu : le duc de la Roche-Guyon et le marquis de Liancourt.

« Novembre 61, le Roi lui donne un brevet de justaucorps en broderie.

« 64, le Roi le fait mestre de camp du régiment royal; achète quarante mille écus de Moutpezat, vend vingt-trois mille écus au marquis de Planci.

« Août 71, le Roi le fait duc et pair sur la démission du duc de la Rochefoucauld, son père.

« Le Roi lui donne une pension de dix-huit mille livres.

« Décembre 71, le Roi le fait gouverneur de Berri; s'en démet, mars 81, en faveur du prince de Soubise, qui lui en donna cent mille écus.

« 21 octobre 72, le Roi lui donne la charge de grand maître de la garde-robe, vacante par la mort du marquis de Guitri, tué au passage du Rhin. Le Roi lui permet de choisir deux artisans de chaque métier pour servir à la garde-robe, qui ont chacun soixante livres de gages, avec les priviléges de commensaux de la maison du Roi. Le duc de la Roche-Guyon eut la survivance de cette charge, en novembre 79.

« 79, le Roi lui donne la charge de grand veneur, vacante par la mort du marquis de Soyecourt, en donnant aux héritiers deux cent trente mille livres,

Bibliothèque nationale, Ms. Fr. 658, fol. 83 v°-89.

dont il eut un brevet de retenue. Le duc de la Roche-Guyon eut la survivance de cette charge, 10 novembre 79.

« Le Roi lui donne la finance des charges de la chancellerie de Tournai ; il en a eu cent vingt mille écus. »

« Le chevalier de la Rochefoucauld se nomme Charles de la Rochefoucauld, frère du duc de la Rochefoucauld (François VII).

« [52,] le Roi lui donne l'abbaye de Molesme par   [1] de François de Clermont ; cette abbaye est de l'ordre de Saint-Benoît, diocèse de Langres.

« 2 février 80, le Roi lui donne une pension de quatre mille livres sur l'évêché de Poitiers.

« 11 novembre 87, le Roi lui donne une pension de cinq mille livres sur l'abbaye de la Chaise-Dieu, que Sa Majesté donna pour lors à l'abbé de Marcillac, son frère. »

« De la Rochefoucauld, abbé de Marcillac, se nomme Henri-Achille de la Rochefoucauld, frère du duc de la Rochefoucauld (François VII).

« [67[2]], le Roi lui donne l'abbaye de Fontfroide, vacante par la mort de Jean de Noblet des Prés ; cette abbaye est de l'ordre de Cîteaux, diocèse de Narbonne.

« Il a deux pensions, l'une sur l'abbaye de Molesme, et l'autre sur Sainte-Colombe-lez-Sens.

« 11 janvier 87, le Roi lui donne l'abbaye de la Chaise-Dieu, vacante par la mort d'Hyacinthe Seroni, archevêque d'Albi ; cette abbaye est de l'ordre de Saint-Benoît, diocèse de Clermont, a un grand nombre de collations. »

« De la Rochefoucauld, abbé de Verteuil, se nomme Alexandre de la Rochefoucauld de Verteuil, frère du duc de la Rochefoucauld d'aujourd'hui (François VII).

« 24 février 79, le Roi lui donne l'abbaye de Beauport, vacante par la mort de la Rochepozay ; cette abbaye est de l'ordre de Prémontré, diocèse de Saint-Brieuc. »

A la suite (fol. 86 v°-88) viennent les articles relatifs à un oncle et à quatre tantes du duc François VII, c'est-à-dire à un frère de François VI : [Henri,] abbé de la Rochefoucauld, et à quatre de ses sœurs : Gabrielle, Catherine, Marie-Élisabeth, Anne-Françoise ; les prénoms de cette dernière ne sont pas donnés. Des donations enregistrées avec dates, il n'y en a que deux qui soient antérieures à la mort de notre duc : l'abbaye d'Issy, près de Paris, donnée à Gabrielle, qui refuse, et l'abbaye de Charenton donnée à Catherine.

« Le duc de la Roche-Guyon se nomme François (VIII) de la

---

1. Ce blanc est dans le manuscrit. Le prédécesseur dans le *Gallia christiana* (tome IV, col. 741) est Armand, prince de Conty. Alexandre de la Rochefoucauld (voyez ci-après) succède à son frère Charles en 1689.

2. Voyez le *Gallia christiana*, tome IV, col. 215.

Rochefoucauld, fils aîné du duc (François VII) de la Rochefoucauld (petit-fils de François VI), a épousé Madeleine le Tellier, fille aînée du marquis de Louvois.

« 10 novembre 79, le Roi lui donne la survivance des charges de grand maître de la garde-robe et de grand veneur, que possède le duc de la Rochefoucauld, son père.

« Le Roi le fait duc; la terre de la Roche-Guyon fut érigée en duché le 17 novembre 79 et vérifiée au Parlement.

« Février 81, le Roi lui donne une pension de neuf mille livres.

« Mars 84, le Roi lui donne un brevet de justaucorps en broderie.

« 83, le Roi le fait colonel du régiment de Navarre, par la mort du chevalier de Souvré. »

12834. — PARIS, IMPRIMERIE A. LAHURE
Rue de Fleurus, 9

AVANT-PROPOS.

Cet *Appendice* de notre tome I des *OEuvres de la Rochefoucauld* est relatif, presque en entier, à la critique et constitution du texte des *Maximes* et à la bibliographie. Ce qui y a donné lieu, ce sont, d'une part, des découvertes postérieures à la publication de ce tome I, qui a paru il y a quinze ans, en 1868, et, d'autre part, une difficulté qui s'est élevée pour nous, à notre grande surprise, quand nous avons eu à examiner comparativement, à l'occasion de deux de ces découvertes, les variantes du manuscrit cité par M. Gilbert dans son commentaire.

Le contenu de ce petit volume annexe est :
Pour les *Maximes*,
I° Le triple relevé des variantes :
a) du manuscrit autographe qui est aujourd'hui à Liancourt[1] et appartient au chef de la famille, M. le duc de la Rochefoucauld;
b) de la copie portant la date de 1663, qui est à la Bibliothèque nationale;
c) de l'édition de Hollande de 1664, que M. Willems a le premier fait connaître.
II° Les Maximes inédites que fournissent ces trois sources.
III° L'étude de M. Willems sur l'édition de 1664.
IV° Les leçons, corrigées dans les exemplaires de second état des *Maximes*, ou, au moyen de cartons, dans ceux de premier état.
V° Des tableaux de concordance rendant possible et facile la comparaison des divers textes.
VI° Pour les *Réflexions diverses*, les variantes et une longue addition inédite à la *Réflexion* XVII, que nous a données la collation d'un manuscrit, non mis à profit jusqu'à présent, qui appartient à M. le duc de la Roche-Guyon, et qui a été trouvé, tout récemment, dans sa bibliothèque du château de ce nom.
VII° Trois autres morceaux, tirés du même manuscrit, que nous croyons également inédits, et qui sont probablement de l'auteur des *Maximes*.
VIII° Une rédaction inédite, trouvée à la Bibliothèque nationale, du *Portrait du cardinal de Retz* (tome I, p. 15-21); et un petit nombre de variantes, sans importance, fournies aussi par le manuscrit de la Roche-Guyon, pour le même *Portrait*, dont l'attribution à la Roche-

---

1. Nous le désignons souvent, dans les comparaisons qui vont suivre, par l'abréviation Ms. L. ou simplement L., et ceux, dont il va être question, que MM. de Barthélemy et Gilbert appellent chacun leur « manuscrit autographe de la Roche-Guyon », par Ms. B., Ms. G. ou simplement B., G.

foucauld serait encore confirmée, s'il en était besoin, par l'insertion d'une copie de cette pièce dans ce volume manuscrit qui paraît bien ne contenir que de ses écrits.

IX° La *Notice bibliographique* de toutes les *OEuvres*. Nous l'ajoutons à cet *Appendice*, avec lequel elle cadre bien, parce qu'elle eût trop grossi le tome I, où notre premier dessein avait été de la mettre à la suite de la *Notice biographique*.

X° Les *Additions et Corrections* pour tous les volumes des *OEuvres*.

Ce que nous avons à dire sur la partie la plus importante de la section I de l'énumération qui précède, à savoir au sujet des *Variantes du manuscrit autographe*, étonnera sans doute le lecteur et nous a fort étonnés nous-mêmes. Nous n'avons rien négligé pour parvenir à élucider les faits, mais n'avons pu y réussir comme nous l'aurions voulu. Nous allons les exposer avec toute la netteté que laisse possible l'obscurité énigmatique de ce que nous avons à dire.

Il se trouve qu'il y a trois manuscrits honorés chacun du nom de « manuscrit autographe, » un par M. le comte Édouard de Barthélemy, un par feu M. Gilbert, et un par nous. Les deux manuscrits employés par eux diffèrent l'un de l'autre et plus encore du nôtre, de celui que nous nommons, du lieu où il est maintenant, « de Liancourt ».

M. Gilbert mentionne dans ses notes, comme données par son *autographe*, 100 maximes qui manquent au nôtre, et ne dit mot de 87 autres que celui-ci contient et qu'il est impossible de supposer absolument identiques, dans sa source à lui, avec le texte définitif : ce qui seul pourtant nous en pourrait expliquer l'omission. Pour celles qui sont dans les deux sources, la sienne et la nôtre, les dissemblances de texte sont très-nombreuses et très-notables : il sera facile d'en apprécier et la quantité et l'importance en comparant son commentaire du tome I avec le relevé, qui suit cet *Avant-propos*, des variantes du manuscrit de Liancourt. Nous ne parlons pas de l'ordre où les maximes sont rangées : M. Gilbert ne l'indique point.

La source où a puisé M. de Barthélemy ne nous intéresse point ici pour les mêmes motifs que celle de l'éditeur de notre tome I, M. Gilbert. Mais, en qualité de bibliographes et d'historiens du texte des *Maximes*, nous avons à en tenir compte comme ayant fourni une édition antérieure à la nôtre et curieuse à comparer avec notre source, à nous, le manuscrit de Liancourt. Les divergences sont considérables; elles consistent : 1° dans le nombre des maximes; le manuscrit de M. de Barthélemy lui en a donné 259[1], et à nous le nôtre 275; il a trouvé dans le sien, de plus que nous dans le nôtre, 5 maximes, et, de moins que nous, 21[2]; 2° dans l'ordre où elles sont

1. Il marque, par inadvertance, deux maximes du chiffre 99; mais, par compensation, il répète, sous les chiffres 24 et 233, une même maxime.

2. Nous avons, pour notre travail de rapprochement, fait dresser des tableaux comparatifs, propres à nous répondre de l'exactitude de nos calculs.

rangées[1]; 3°, un peu moins toutefois que pour celui de M. Gilbert, dans de fort nombreuses et souvent fort grandes diversités de texte.

Quelques chiffres et quelques exemples suffiront à donner une idée de la différence. Nous avons relevé, dans les cinquante premières maximes de M. de Barthélemy, en n'y comprenant pas sa 16ᵉ (notre DLXIIIᵉ), 56 dissemblances, et, dans sa 16ᵉ seule, 22. Nous nous bornerons à citer comme exemples les cinq maximes que voici, choisies de côté et d'autre dans tout l'ouvrage :

Pour notre *Maxime* VIII, le Ms. L. (n° 121) a de plus que le ms. B. (n° 19) toute cette fin de phrase : « et l'homme le plus simple qui sent persuade mieux que celui qui n'a que la seule éloquence. »

De même, pour notre *Maxime* CCXXXVI (B. 223), il manque à M. de Barthélemy (qui fait suivre de points les mots *et plus*, comme trouvant dans son texte une phrase inachevée) cette fin du Ms. L. (n° 48) : « [et plus] abondant; c'est un désintéressement qu'il met à une furieuse usure; c'est enfin un ressort délicat avec lequel il remue, il dispose et tourne tous les hommes en sa faveur. »

Maxime XVII (Ms. L. 72) : « La modération dans la bonne fortune est le calme de notre humeur adoucie par la satisfaction de l'esprit. » — Ms. B. (n° 35) : « La modération des personnes heureuses est le calme de leur humeur adoucie par la possession du bien. »

Maxime LXXXVIII (Ms. L. 102) : « car nous voyons un amoureux, agité de la rage où l'a mis un visible oubli ou infidélité découverte, conjure[r] le Ciel et les Enfers contre sa maîtresse, et néanmoins, etc. » — Ms. B. (n° 197) : « car nous voyons un amoureux, agité de la rage où l'a mis l'oubli et l'infidélité de ce qu'il aime, méditer pour sa vengeance tout ce que cette passion inspire de plus violent. Néanmoins, etc. »

Maxime DLXIII (Ms. L. 89) : « Il (l'amour-propre) passe même dans le parti des gens de piété qui lui font la guerre.... Il ne faut donc pas s'étonner s'il se joint à la plus sévère piété.... Quand on pense qu'il quitte son plaisir, il le change seulement en satisfaction. » — Ms. B. (n° 16) : « Il passe même dans le parti des gens qui lui font la guerre.... Il ne faut donc pas s'étonner s'il se joint quelquefois à la plus rude austérité.... Quand on pense qu'il quitte son plaisir, il ne fait que le suspendre ou le changer. »

Si maintenant nous comparons entre elles la source de M. Gilbert et celle de M. Barthélemy, le premier donne les variantes de 97 maximes qui manquent chez le second et ne fait nulle mention

---

[1]. Voici la concordance ou plutôt la non-concordance de l'ordre et du numérotage des dix premières :

Barth.	Lianc.	Barth.	Lianc.
1.	3	6.	113
2.	242	7.	184
3.	66	8.	152
4.	12	9.	92
5.	217	10.	43

Et les différences continuent ainsi jusqu'au bout.

de 88 des 259 de celui-ci. Des maximes qu'ils donnent tous deux, 91 sont de texte identique et 87 diffèrent. Nous n'avons point à entrer ici dans tout le détail des dissemblances. Il y en a çà et là qu'on peut dire énormes. Ainsi, pour notre *Maxime* ccli (B. 231), le texte de M. Gilbert est : « Il y a des personnes.... qui sont dégoûtantes malgré toutes les bonnes qualités; » celui de M. Barthélemy : « disgraciées de leurs bonnes qualités; » pour notre *Maxime* xxii (B. 48), M. Gilbert : « La philosophie ne fait des merveilles que contre les maux passés ou contre ceux qui ne sont pas prêts d'arriver, mais elle n'a pas grande vertu contre les maux présents; » et M. de Barthélemy : « La philosophie triomphe aisément des maux passés et de ceux qui ne sont pas près d'arriver, mais les maux présents triomphent d'elle; » pour notre *Maxime* ccxli (B. 227), M. Gilbert : « La coquetterie est le fond et l'humeur de toutes les femmes, mais toutes ne la mettent pas en pratique, parce que la coquetterie de quelques-unes est retenue par la crainte ou par la raison; » et M. de Barthélemy : « La coquetterie est le fond de l'humeur de toutes les femmes, mais toutes en ont l'exercice, parce que la coquetterie de quelques-unes est arrêtée et renfermée par leur tempérament et par leur raison ».

Pour ces trois maximes, le texte de M. de Barthélemy est conforme à celui des n°s 98, 174 et 124 de Liancourt, à deux variantes près dans la dernière (ccxli) : « en ont l'exercice » pour « n'en ont pas l'exercice, » leçon impossible; et « renfermée » au lieu d' « enfermée ». Pour la première et la seconde (ccli et xxii), le texte de M. Gilbert n'est nulle part que chez lui; pour la troisième (ccxli), sa source est conforme, sauf « le fond et l'humeur » pour « le fond de l'humeur, » à l'édition définitive de 1678.

Nous croyons en avoir dit plutôt trop que pas assez pour mettre hors de doute que les trois textes, celui de l'édition de M. de Barthélemy, un second à constituer d'après les variantes relevées en note par M. Gilbert dans notre tome I, et enfin celui du manuscrit de Liancourt, sortent de trois sources bien distinctes. La comparaison avec les nombreux autographes qui ont été conservés de la Rochefoucauld nous permet d'affirmer que le manuscrit de Liancourt est bien de sa main. MM. de Barthélemy et Gilbert affirment, de leur côté, que les leurs sont également de son écriture.

J'ai coutume, malgré ma confiance en mes collaborateurs, de tenir à me bien rendre compte par moi-même et de mes yeux, pour peu qu'il soit possible, de la constitution des textes, à examiner de près les originaux collationnés. Mais, dans le temps de l'impression des *Maximes*, après la collation faite par M. Gilbert, il m'eût paru indiscret de demander au possesseur d'alors du précieux manuscrit, M. le duc de la Rochefoucauld, aïeul du chef actuel de la famille et père de M. le duc de la Roche-Guyon, une communication nouvelle, qui, à ses yeux, eût été une grande et inutile faveur impliquant, sans motif, un défiant besoin de contrôle. Je devais, et le fis, m'en rapporter à M. Gilbert de la comparaison de l'autographe avec notre texte définitif, de 1678, et accessoirement avec l'édition de M. de Barthélemy.

AVANT-PROPOS.

D'après ce que m'avait dit le feu duc de la Rochefoucauld que je viens de nommer, quand, dans une visite dont je vais parler, il me montra le manuscrit de Liancourt, et ce que confirment aujourd'hui, comme étant la tradition de la famille, son fils puîné M. le duc de la Roche-Guyon et, puis-je ajouter, Mme la duchesse, ainsi que leur fils aîné M. le comte Pierre de la Rochefoucauld, j'étais bien convaincu, et devais l'être, qu'il n'existait qu'un seul manuscrit des *Maximes* écrit de la main de l'illustre auteur antérieurement à l'impression : rien absolument ne pouvait me faire ou laisser supposer qu'il y en eût deux autres.

Or il y a, je l'atteste, toute certitude que ce manuscrit qui m'avait été déclaré unique et montré comme tel, et dont l'authenticité est rendue indubitable par les rapprochements, dont j'ai parlé, avec d'autres autographes, et par une note écrite en tête du volume par une personne évidemment bien informée, que ce manuscrit, dis-je, est bien celui que, depuis l'impression de notre tome I, M. le duc actuel de la Rochefoucauld a eu, par deux fois, la bonté de nous communiquer et dont nous avons tiré les variantes données dans cet *Appendice*. Il a été transporté, en 1870, de la Roche-Guyon à Liancourt, où, il y a plusieurs années, dans la visite mentionnée plus haut, je l'avais, sans en rapprocher alors le texte des notes de M. Gilbert, attentivement examiné au dedans et au dehors, pris copie de la note initiale, rédigé une description minutieusement exacte, lesquelles sont reproduites ci-après, note et description, dans la *Notice bibliographique*. C'est pour pouvoir le comparer de près à l'édition hollandaise de 1664 que j'ai, il y a peu de temps, témoigné le désir, qui a été obligeamment satisfait, d'avoir le respectable volume à ma disposition pendant quelques jours; et alors j'en ai tout reconnu entièrement conforme à mes souvenirs, intérieur et extérieur, la note initiale, la suite des morceaux, l'écriture, la reliure de parchemin, tout, en un mot, tel qu'il est décrit ci-après, p. 107-108. Et, de son côté, M. le comte Pierre de la Rochefoucauld nous dit se rappeler très-bien qu'il le voyait, ainsi relié en vieux parchemin, enfermé dans une vitrine placée au milieu de la table de la bibliothèque de la Roche-Guyon, et sur laquelle son grand-père prenait plaisir à attirer son attention.

Voilà donc tout parfaitement éclairci au sujet du manuscrit que nous nommons « de Liancourt » et d'où est extraite la première série de variantes de cet *Appendice*. Il reste maintenant à se demander : « Que sont et où sont les manuscrits de MM. de Barthélemy et Gilbert ? » Aidés de toute la bonne volonté des nobles propriétaires de Liancourt et de la Roche-Guyon, nous n'avons rien négligé pour retrouver ces deux textes. Tout récemment, mon fils est allé successivement à l'un et l'autre château et y a cherché dans les bibliothèques et partout, vu un à un tous les volumes : à Liancourt, libéralement autorisé par M. le duc de la Rochefoucauld, et en compagnie d'un de nos collaborateurs; à la Roche-Guyon, avec M. le comte Pierre de la Rochefoucauld, qui a bien voulu diriger lui-même la recherche. Dans les deux endroits, l'enquête a été absolument vaine : on n'a trouvé de manuscrit des *Maximes* que le nôtre, le manuscrit nommé par nous « de Liancourt, » nul autre autographe, nulle autre copie de cet ouvrage.

A supposer, ce qui est, nous dit-on, on ne peut plus invraisemblable, que les deux volumes, deux bien distincts, jadis collationnés à la Roche-Guyon par M. de Barthélemy et ensuite par M. Gilbert, aient depuis disparu, aient été soit détruits, soit dérobés, il demeure toujours, d'abord bien étonnant que la famille ait possédé, et cela sans le savoir, sans qu'elle en ait gardé nul souvenir, une triple rédaction autographe des *Maximes*, puis à peu près inexplicable que, par hasard, sans dessein de faire une différence dans les communications, l'un des deux manuscrits aujourd'hui introuvables ait été communiqué à M. de Barthélemy[1], l'autre à M. Gilbert, et enfin à nous un autre encore, un troisième, qui heureusement, avec tous les caractères, nous l'avons dit, de parfaite authenticité, est toujours visible et tangible et d'existence bien actuelle.

Malgré cet étonnement, cette difficulté d'expliquer, il est impossible de révoquer en doute ce fait, que ces deux honorables érudits ont eu à leur disposition deux textes différents du nôtre et différents entre eux, d'où l'un a tiré son édition, l'autre ses variantes; et nous nous trouvons réduits à dire qu'il y a là une singulière énigme : en vain nous en avons cherché, en cherchons encore le mot; nous serions heureux que de façon ou d'autre le jour se fît.

Nous n'avons pas à nous étendre sur la plupart des autres parties de l'*Appendice*. Ce qui est à en dire se trouve soit dans l'énumération par laquelle commence cet *Avant-propos*, soit dans les courtes notices et dans les notes qui accompagnent chacune de ces parties. Nous ne nous arrêterons un peu que sur les sections VI et VII, les *Morceaux que nous croyons inédits*.

Pour achever d'abord ce qui concerne la section I, les *Variantes des Maximes*, on a vu qu'il y en avait un triple relevé. Outre le manuscrit autographe de Liancourt, dont nous ne savons point la date, mais dont la rédaction a suivi probablement d'assez près le temps des billets échangés avec Mme de Sablé qui sont dans la 1re partie du tome III et qui pourraient bien être, pour la plupart, de 1659, 1660, 1661, il nous a paru intéressant de donner le moyen de rapprocher de la 1re édition, de 1665, deux textes portant les dates des deux années immédiatement précédentes, l'un, manuscrit, de 1663, l'autre, imprimé, de 1664[2], dates qui sans doute ne marquent

---

1. On a tiré, nous écrit-il, le manuscrit, pour le mettre, sur place, à sa disposition, de cette vitrine dont, de son côté, nous a parlé M. le comte Pierre de la Rochefoucauld.

2. Voyez, au sujet de l'un et de l'autre de ces anciens textes, la *Notice bibliographique*, p. 110 (n° 4) et 117, et, pour le second, la section III de cet *Appendice*. — Le manuscrit de 1663 est plein de fautes, mais de fautes qui, sauf certaines omissions, sont faciles à corriger et ne cachent ni ne dénaturent l'ancienne rédaction dont il est la copie et qui, du

pas le temps de la composition de chacun d'eux, mais nous font remonter, ainsi que le volume autographe de Liancourt, au delà de l'impression avouée et voulue par la Rochefoucauld. Ils appartiennent donc tous trois à l'époque que nous pouvons nommer de première élaboration, et, par les différences qui les distinguent, nous montrent combien l'auteur a travaillé sa pensée et son style, quelle peine il avait à se contenter. C'est, au reste, ce que confirment, comparées entre elles, les cinq éditions mises au jour par l'auteur, de 1665 à 1678.

Nous avons une autre preuve de sa sévère attention, de son besoin de perfection, dans les remaniements et les tirages divers d'une même édition, les changements faits pendant l'impression, les exemplaires de premier et de second état de 1665 (un de premier état de 1675), les corrections au moyen de cartons, en un mot dans l'espèce de variantes qui fait l'objet de notre IV⁰ section (ci-après, p. 61-65).

Nous croyons qu'on nous saura gré de la III⁰, qui est la reproduction de l'étude de M. Willems sur une de nos sources de variantes, l'édition hollandaise de 1664, qu'il a le premier, nous l'avons dit, fait connaître[1]. Il nous a gracieusement autorisé à réimprimer cette étude. Elle garde un véritable intérêt et demeure un modèle en son genre, bien que la substitution du manuscrit de Liancourt à celui de M. Gilbert y puisse paraître désirable, et que, tout au moins, le compte à tenir maintenant de cet autographe nouvellement collationné rende opportunes quelques modifications et additions que l'auteur a bien voulu nous permettre de faire en note[2].

reste, ainsi que celle de 1664, a beaucoup de ressemblance avec celle du manuscrit de Liancourt.

1. Voyez ci-après la *Notice bibliographique*, p. 117, note 1.
2. A l'occasion de cette étude de M. Willems, il convient d'en mentionner une autre que M. F.-A. Aulard, professeur à la Faculté de Poitiers, a insérée dans le 1ᵉʳ numéro (janvier 1883) du *Bulletin mensuel* de cette faculté, sous ce titre : *La Première édition des Maximes de la Rochefoucauld, étude bibliographique et littéraire*. Ce n'est pas le lieu d'examiner les conjectures de M. Aulard sur le *Discours préliminaire* de l'édition de 1665 ; l'étude est intéressante à lire, et l'on ne peut que savoir très-bon gré à l'auteur d'avoir appelé l'attention des étudiants sur l'utilité de la bibliographie, sur « les renseignements précis » qu'elle peut apporter à la critique (p. 26). Seulement je lui demanderai si lui-même croit avoir été précis, et juste, ajouterai-je, lorsqu'il reproche, comme une « erreur grave, » à M. Gilbert d'avoir ignoré, en 1868, l'édition elzevirienne de 1664, sans ajouter combien cette ignorance était alors pardonnable. C'est en 1879 que M. Willems, dans le petit Mémoire que nous réimprimons, a le premier révélé l'existence du livret hollandais, que, l'année suivante, il a enregistré, sous le n° 889 (p. 222), dans son magnifique ouvrage des *Elzevier* (Bruxelles, 1880). Jusqu'ici on ne connaît ou du moins n'a fait connaître que deux exemplaires de cette édition[a]. M. Rochebilière a fait mystère du sien à nous, à tous peut-être, et par aucun autre possesseur, s'il en est, on n'avait absolument rien appris, au moment où pa-

[a] Cela était vrai quand j'écrivais cet *Avant-propos*. Le catalogue mensuel de la librairie Durel, de mars 1883, en a annoncé un troisième, qui, je le sais, est déjà vendu.

VIII APPENDICE DU TOME I.

Demeurée vaine pour son objet, la recherche, dont nous avons parlé, faite au château de la Roche-Guyon, a eu un fruit inattendu, dont il est dit un mot déjà au commencement de cet *Avant-propos*, au sujet des sections VI à VIII de l'*Appendice*. Mon fils a eu la bonne fortune d'y trouver une copie, non mise à profit jusqu'ici, des *Réflexions diverses*, complète moins deux. Sans parler des variantes et d'une curieuse addition inédite, sur le projet de mariage de Mademoiselle et de Lauzun, qu'elle nous fournit pour ces *Réflexions*, elle nous donne, outre une transcription du *Portrait de Retz*, avec quelques leçons différant de notre texte du tome I, trois morceaux dont l'attribution à la Rochefoucauld est rendue bien vraisemblable par leur présence dans ce volume où il n'y a rien du reste qui ne soit de lui, et où il nous semble qu'ils ne font disparate ni par la nature et le tour des idées ni par le style. M. le duc de la Roche-Guyon a bien voulu nous permettre d'en enrichir notre édition. Nous les croyons inédits et, les ayant communiqués à deux érudits qui, plus que personne, ont pratiqué le dix-septième siècle et connaissent ce qui nous en reste, MM. de Boislisle et Tamizey de Larroque, ils nous ont dit ne pas se souvenir de les avoir rencontrés ailleurs. Notre collaborateur et ami M. Paul Mesnard, dont la mémoire a aussi, en

raissait notre tome Ier. C'est, je le suppose, ce que M. Aulard ne savait pas ; le sachant, il l'eût dit et excusé l'inévitable inexactitude qu'il relevait.

Qu'il me permette de lui signaler aussi, au début de son étude (p. 27), ce passage, qui n'est pas non plus juste, ce me semble, et même doit mal rendre sa pensée : « Dire que les *Maximes* parurent en 1665, comme on le lit presque partout, même dans le *la Rochefoucauld* de la collection des *Grands Écrivains*, c'est donner une idée peu juste de l'époque exacte où ces *Maximes* furent composées, connues et même, comme on va le voir, imprimées. » Dater de 1665 la première édition de l'ouvrage, et en 1868 M. Aulard l'eût datée de même, est-ce dire, ce que sa phrase donne à penser, que cet ouvrage n'a été *composé* et *connu* que cette année-là? M. Gilbert remettait à la *Notice biographique* l'histoire de la composition des *Maximes*, qui avait tenu une si grande place dans la vie de l'auteur; mais, dès la courte préface dont elles sont précédées dans notre tome I, il avait renvoyé aux billets qui devaient être insérés, et l'ont été, dans la 1re partie du tome III, aux papiers de Mme de Sablé, et M. Gourdault, qui a écrit, après la mort de M. Gilbert, la biographie, a soin de dire là (p. LXXII) qu' « il y avait bien six ou sept ans que la Rochefoucauld travaillait à ses *Maximes* lorsqu'il se résolut à les publier. » M. Aulard me saura gré, je pense, de rectifier, en le complétant, un autre endroit (p. 34). A la manière dont il parle de la 2de partie mise en vente par Barbin en 1678, il est impossible de deviner que les 107 maximes nouvelles qu'elle contient ne se trouvent pas là seulement, mais aussi, chacune à sa place, dans la 5e édition publiée en cette même année 1678, que le volume supplémentaire n'est point une addition à cette dernière, mais un complément honnêtement offert par le libraire aux possesseurs des deux précédentes, la 3e, de 1671, et la 4e, de 1675 : voyez les n°s 466 et 467 du Catalogue de la vente Rochebilière par M. Claudin, et la *Notice bibliographique*, ci-dessous, p. 121, à la suite du n° 5. Il existe des exemplaires de la 3e édition (1671) où, à l'époque même, a été joint le supplément de 1678 ; tels sont les n°s 461 et 462 du même catalogue.

ce qui touche cette époque, grande autorité, ne se rappelle pas non plus les avoir vus. Comme son goût n'en a pas moins, nous lui avons demandé s'il pensait, comme nous, qu'ils fussent de la Rochefoucauld. Il nous a envoyé, en réponse, un avis fort bien motivé, que nous nous félicitons de pouvoir reproduire :

« Le volume manuscrit où se trouvent les trois morceaux ne contenant que des écrits de la Rochefoucauld, on ne pourrait douter qu'il en soit l'auteur que si le style n'en était pas digne de lui. Loin de là, il n'y a qu'un excellent écrivain qui puisse s'exprimer en si bon langage. Il faut reconnaître une des premières plumes du dix-septième siècle; et à quelle autre qu'à celle de la Rochefoucauld serait-il possible de penser ici ?

« Il se peut qu'il ait écrit deux de ces pièces, celles de *Mme de Montespan* et du *Comte d'Harcourt*, avec intention de les insérer dans la *Réflexion xvii*, *des Événements de ce siècle*. La date un peu tardive (1675) de la retraite de Mlle de la Vallière aux Carmélites, dont il est parlé dans la première, n'est point une objection, puisqu'il s'agit dans cette *Réflexion xvii* d'événements de 1677 et de 1678. La maligne interprétation de cette retraite, attribuée à la faiblesse plus qu'à la dévotion, et le trait final, dont la pointe est finement aiguisée, semblent bien déceler la main de l'auteur des *Maximes* et confirment la vraisemblance de l'attribution.

« Les *Remarques sur les commencements de la vie du cardinal de Richelieu*, qui a déjà son article, tout autre, dans la *Réflexion xvii* (tome I, p. 334 et 335), sont d'un esprit habitué à fronder, et d'un homme qui regardait volontiers les actions humaines du moins beau côté.

« Mais le morceau où la Rochefoucauld paraît avoir le plus évidemment imprimé son cachet, est celui du *Comte d'Harcourt*. Outre qu'il devait parler ainsi d'un des chefs du parti contraire, tout ce qui est dit de la fortune, cette manière de la personnifier, le rôle qui lui est donné dans les affaires humaines, sont bien aussi de l'auteur des *Maximes* et des *Mémoires*, et rappellent plus d'un passage des tomes I et II. » Nous les indiquerons dans les notes dont nous accompagnerons cette pièce.

A la section VII nous joignons, en addition à la 1re partie de notre tome III, une *Lettre à Mlle de Scudéry*, récemment publiée : voyez ci-après, p. 98, la notice que nous avons placée en tête.

Dans la IXe section, *Notice bibliographique*, toute la première partie, relative aux manuscrits, est le fruit de nos propres recherches. La plupart des éléments de la seconde, celle des imprimés, ont été réunis, sauf ce qui concerne les premiers numéros des *Mémoires* et des *Maximes*, par M. Pauly, conservateur sous-directeur adjoint à la Bibliothèque nationale, que nous avons eu déjà à remercier, plus d'une fois, de semblable collaboration, et dont on connaît la compétence en pareille matière et la soigneuse exactitude. On verra ce que nous devons, pour les plus anciennes éditions, à M. Willems, et le profit que nous avons tiré du catalogue, rédigé par M. Claudin et qui lui fait grand honneur, de la vente Rochebilière. Notre liste des traductions des *Maximes* a été enrichie d'un bon nombre de titres par d'obligeantes communications de M. Emile Picot, par l'opuscule de M. le marquis de Granges de Surgères dont on trouvera l'intitulé complet ci-après, p. 144, n° 20, et par l'article que M. Picot a consacré à cet opuscule dans le numéro du 23 avril de la *Revue critique d'histoire et de littérature*, p. 330-332.

Nous regrettons fort que cet *Appendice* ait été rendu, en partie, nécessaire par l'énigme, longuement exposée plus haut, que présente et laisse à deviner, non, grâce à Dieu, notre texte des *Maximes*, très-exactement constitué, tant pour les définitives que pour les posthumes et les supprimées, mais le commentaire de M. Gilbert, ou, pour mieux dire, seulement, dans ce commentaire, les citations empruntées à ce qu'il appelle « le manuscrit autographe. » Ce regret exprimé, on reconnaîtra avec nous, je pense, que du mal est sorti un bien, et que ce fascicule annexé aux œuvres, intéressant, à divers égards, par son contenu, forme un utile ensemble de critique et de bibliographie.

Juin 1883.

Ad. REGNIER.

Cet *Avant-propos* était imprimé, n'attendant plus que le bon à tirer, lorsque nous avons appris l'existence d'un manuscrit appartenant à M. Damascène Morgand, libraire-éditeur, et contenant une copie, du dix-huitième siècle, 1° des *Maximes* de la Rochefoucauld, 2° de ses *Réflexions diverses*, 3° d'un petit traité intitulé *de l'Inconsistance*, que l'on ne peut pas attribuer à notre auteur et qui pourrait bien être l'œuvre du président Denis Talon.

M. Morgand, que nous prions d'agréer nos sincères remercîments, a bien voulu mettre ce manuscrit à notre disposition, en nous autorisant à le collationner et en tirer tout le parti que nous jugerions utile pour notre édition. Nous le décrivons dans notre *Notice bibliographique* (ci-après, p. 108 et 109, B, n° 2; et p. 111, C, n° 3), et disons là le résultat de notre collation en ce qui touche le texte soit des *Maximes*, soit des *Réflexions diverses*. Nous nous contenterons d'avertir ici d'avance que la comparaison ne nous a rien fourni qu'il eût été important de noter, soit au tome I, soit dans les sections de l'*Appendice* qui se rapportent à ces deux textes. Ce qui donne un grand prix à ce manuscrit, c'est que sa première partie est la seule copie dont jusqu'ici nous ayons eu connaissance, et une copie très-fidèle, du manuscrit autographe des *Maximes* que nous nommons de « Liancourt, » et dont les variantes sont relevées dans la section I de cet *Appendice*.

I

VARIANTES DE TROIS TEXTES DES *MAXIMES*

ANTÉRIEURS A LA Ire ÉDITION PUBLIÉE PAR L'AUTEUR EN 1665,

*c'est-à-dire du manuscrit autographe de Liancourt, d'une copie de 1663
et de l'édition hollandaise de 1664.*

N. B. — Les chiffres placés au-dessus des maximes sont ceux de notre édition, qui reproduit, pour les 504 premières, le numérotage de 1678.

Les chiffres manquants sont ceux qui se rapportent soit à des maximes qui ne se trouvent dans aucun des trois textes, soit à des maximes sans variantes. Au moyen des tableaux de concordance, il sera facile de distinguer les unes des autres, comme aussi pour laquelle de ces deux causes il y a non mention, sous un chiffre, de tel ou tel desdits textes.

1° *Variantes se rapportant aux* Maximes *définitives*,

c'est-à-dire conservées dans l'édition de 1678, la dernière donnée par l'auteur.
(Voyez tome I, p. 31-215.)

VI

MANUSCRIT AUTOGRAPHE (de Liancourt). — La passion fait souvent du plus habile homme un sot et rend quasi toujours les plus sots habiles.

MANUSCRIT-COPIE DE 1663. — Conforme au manuscrit autographe, sauf l'omission de *toujours* après *quasi*.

ÉDITION DE 1664. — Conforme au manuscrit autographe.

VII

Ms. AUT. — Les grandes et éclatantes actions qui éblouissent les yeux des hommes sont représentées par les politiques comme les effets des grands intérêts, au lieu que ce sont d'ordinaire les effets de l'humeur et des passions. Ainsi la guerre d'Auguste et d'Antoine, qu'on rapporte à l'ambition qu'ils avoient de se rendre maîtres du monde, étoit un effet de la jalousie.

Ms. 1663. — Les grandes et éclatantes actions qui éblouissent les yeux sont représentées par les politiques comme des états des grands intérêts, au lieu que ce sont d'ordinaire des états[1] de l'humeur et des passions. Ainsi la guerre d'Auguste et d'Antoine, qu'on rapporte à l'ambition d'être maîtres du monde, étoit un effet de jalousie.

1. *États*, pour *effets*, fautes évidentes les deux fois.

Edit. 1664. — Conforme au manuscrit autographe, sauf ces variantes, identiques, la 1re et la 3e, avec celles de 1663 : « Les grandes et éclatantes actions qui éblouissent les yeux sont représentées » ; « au lieu qu'ils sont d'ordinaire les effets de », et « étoit un effet de jalousie. »

VIII

Ms. aut. — Les passions sont les seuls orateurs qui persuadent toujours. Elles sont comme un art de la nature dont les règles sont infaillibles ; et l'homme le plus simple qui sent persuade mieux que celui qui n'a que la seule éloquence.

Ms. 1663. — Conforme au manuscrit autographe, sauf cette variante : « et l'homme le plus simple les persuade mieux que ».

Edit. 1664. — Conforme au manuscrit autographe, sauf ces variantes : « comme un art dans la nature », et « infaillibles. Par elle[s] l'homme le plus simple persuade mieux que ne fait le plus habile avec toutes les fleurs de l'éloquence. »

IX

Ms. aut. — Les passions ont une injustice et un propre intérêt qui fait qu'elles offensent et blessent toujours, même lorsqu'elles parlent raisonnablement et équitablement. La charité a seule le privilége de dire quasi tout ce qui lui plaît et de ne blesser jamais personne.

Ms. 1663[1]. — Conforme au manuscrit autographe, sauf cette variante : « La charité assure le privilége à dire tout ce qui lui plaît et de ».

Edit. 1664. — Conforme au manuscrit autographe.

X

Ms. aut. — Comme dans la nature il y a une éternelle génération, et que la mort d'une chose est toujours la production d'une autre, de même il y a dans le cœur humain une génération perpétuelle de passions, en sorte que la ruine de l'une est toujours l'établissement d'une autre.

Ms. 1663. — Conforme au manuscrit autographe.

Edit. 1664. — Conforme au manuscrit autographe, sauf cette variante : « est toujours le rétablissement de l'autre. »

XI

Ms. aut. — Je ne sais si cette maxime, que chacun produit son semblable, est véritable dans la physique ; mais je sais bien qu'elle est fausse dans la morale, et que les passions en engendrent souvent qui leur sont contraires : ainsi l'avarice produit quelquefois la libéralité, et la libéralité l'avarice ; on est souvent ferme de foiblesse, et l'audace naît de la timidité.

Ms. 1663. — Conforme au manuscrit autographe, sauf cette omission : « ainsi l'avarice produit quelquefois la libéralité ; on est souvent ferme de ».

Edit. 1664. — Conforme à la copie de 1663.

---

1. La maxime en forme deux dans cette copie.

XII

Ms. aut. — Quelque industrie que l'on ait à cacher ses passions sous le voile de la piété et de l'honneur, il y en a toujours quelque coin qui se montre.

Ms. 1663. — Conforme au manuscrit autographe, sauf ces variantes : « qu'on ait à cacher », et « quelque endroit qui se montre. »

Édit. 1664. — Conforme au manuscrit autographe, sauf cette variante : « il y a toujours quelque endroit qui se montre. »

XIV

Ms. aut. — Les François ne sont pas seulement sujets, comme la plupart des hommes, à perdre également le souvenir des bienfaits et des injures ; mais ils haïssent ceux qui les ont obligés. L'orgueil et l'intérêt produit partout l'ingratitude. L'application à récompenser le bien et à se venger du mal, leur paroît une servitude à laquelle ils ont peine de s'assujettir.

Ms. 1663. — Conforme au manuscrit autographe.

Édit. 1664. — Conforme au manuscrit autographe, sauf cette variante : « Les hommes ne sont pas seulement sujets à perdre également le souvenir des bienfaits et des injures ».

XV

Ms. aut. — La clémence des princes est une politique dont ils se servent pour gagner l'affection des peuples.

Ms. 1663. — Conforme au manuscrit autographe.

Édit. 1664. — Voyez, ci-après, la maxime xvi.

XVI

Ms. aut. — La clémence, c'est un mélange de gloire, de paresse et de crainte, dont nous faisons une vertu.

Ms. 1663. — Conforme au manuscrit autographe, sauf cette variante : « La clémence est un mélange ».

Édit. 1664. — Cette édition a, pour cette maxime et la maxime xv, réunies, la variante que voici (conforme, pour le commencement de xvi, à la copie de 1663) : « La clémence est un mélange de gloire, de paresse et de crainte, dont nous faisons une vertu, et chez les princes, c'est une politique dont ils se servent pour gagner l'affection des peuples. »

XVII et XVIII[1]

Ms. aut. — La modération dans la bonne fortune est le calme de notre humeur adoucie par la satisfaction de l'esprit. C'est aussi la crainte du blâme et du mépris qui suivent ceux qui s'enivrent de leur bonheur ; c'est une vaine ostentation de la force de notre esprit ; et enfin, pour la définir intimement, la modération des hommes dans leurs plus hautes élévations est une ambition de paroître plus grands que les choses qui les élèvent.

1. Les deux n'en forment qu'une dans les trois textes.

Ms. 1663. — Conforme au manuscrit autographe.

Édit. 1664. — Conforme au manuscrit autographe, sauf ce début : « C'est[1] le calme de notre humeur », et cette variante : « dans leurs plus hautes élévations, c'est une ambition de ».

XX

Ms. aut. — La constance des sages n'est qu'un art avec lequel ils savent enfermer dans leur cœur leur agitation.

Ms. 1663. — Conforme au manuscrit autographe, sauf cette faute : « un art avec laquelle ».

Édit. 1664. — Conforme au manuscrit autographe, sauf cette variante : « ils savent renfermer dans leur âme leur agitation. »

XXI

Ms. aut. — Ceux qu'on exécute affectent quelquefois des constances, des froideurs et des mépris de la mort, pour ne pas penser à elle et pour s'étourdir : de sorte qu'on peut dire que ces froideurs et ces mépris font à leur esprit ce que le mouchoir fait à leurs yeux.

Ms. 1663. — Conforme au manuscrit autographe, sauf cette faute : « Ceux qu'on exécutent », et cette variante : « ce qu'un mouchoir fait à leurs yeux. »

Édit. 1664. — Conforme au manuscrit autographe.

XXII

Ms. aut. — La philosophie triomphe aisément des maux passés et de ceux qui ne sont pas prêts d'arriver, mais les maux présents triomphent d'elle.

Ms. 1663. — Conforme au manuscrit autographe.

Édit. 1664. — Conforme au manuscrit autographe.

XXIII

Ms. aut. — Peu de gens connoissent la mort : on la souffre, non par la résolution, mais par la stupidité et par la coutume, et la plupart des hommes meurent parce qu'on meurt.

Ms. 1663. — Conforme au manuscrit autographe, sauf cette variante : « mais par la stupidité, par la coutume, et ».

Édit. 1664. — Conforme au manuscrit autographe, sauf cette variante : « non par résolution, mais par stupidité et par coutume, et ».

XXIV

Ms. aut. — Les grands hommes s'abattent et se démontent à la fin par la longueur de leurs infortunes; cela ne veut pas dire qu'ils fussent

---

1. La maxime est, dans cette édition, jointe à notre maxime DLXV (voyez ci-après, p. 44).

forts quand ils les supportoient, mais seulement qu'ils se donnoient la gêne pour le paroître, et qu'ils soutenoient leurs malheurs par la force de leur ambition, et non pas par celle de leur âme ; cela fait voir manifestement qu'à une grande vanité près, les héros sont faits comme les autres hommes.

Ms. 1663. — Conforme au manuscrit autographe, sauf un article omis : « leurs malheurs par [la] force de leur ambition ».

Édit. 1664. — Conforme au manuscrit autographe, sauf cette faute : « s'abattent et se démontrent », et l'orthographe : « gehenne » pour « gêne ».

XXVII

Ms. aut. — Quoique toutes les passions se dussent cacher, elles ne craignent pas néanmoins le jour ; la seule envie est une passion timide et honteuse qu'on ne peut jamais avouer.

Ms. 1663. — Conforme au manuscrit autographe.

Édit. 1664. — Conforme au manuscrit autographe.

XXVIII

Ms. aut. — La jalousie est raisonnable en quelque manière, puisqu'elle ne cherche qu'à conserver un bien qui nous appartient ou que nous croyons nous devoir appartenir, au lieu que l'envie est une fureur qui nous fait toujours souhaiter la ruine du bien des autres.

Ms. 1663. — Conforme au manuscrit autographe, sauf cette variante : « est raisonnable et juste en quelque manière, parce qu'elle ».

Édit. 1664. — Conforme au manuscrit autographe, sauf cette variante, identique avec le texte de 1663 : « est raisonnable et juste ».

XXIX

Ms. aut. — Le mal que nous faisons aux autres ne nous attire point tant la persécution et leur haine que les bonnes qualités que nous avons.

Ms. 1663. — Conforme au manuscrit autographe, sauf cette variante : « leur persécution ».

XXX

Ms. aut. — La maxime s'y trouve sous ces deux formes :

Rien n'est impossible de soi : il y a des voies qui conduisent à toutes choses, et si nous avions assez de volonté nous aurions toujours assez de moyens.

On peut toujours ce qu'on veut, pourvu qu'on le veuille bien.

Ms. 1663. — Conforme à la première des deux variantes données par le manuscrit autographe.

Édit. 1664. — Conforme à la première des deux variantes données par le manuscrit autographe, sauf ces mots omis : « de soi ».

XXXI

Ms. aut. — Si nous n'avions point de défauts, nous ne serions pas si aises d'en remarquer aux autres.

XXXII

Ms. aut. — La jalousie ne subsiste que dans les doutes, et ne vit que dans de nouvelles inquiétudes; l'incertitude est sa matière.

XXXIII

Ms. aut. — L'orgueil se dédommage toujours, et il ne perd rien lors même qu'il renonce à la vanité.
Ms. 1663. — Conforme au manuscrit autographe.
Edit. 1664. — Conforme au manuscrit autographe.

XXXV

Ms. aut. — L'orgueil est égal dans tous les hommes, et il n'y a de différence qu'en la manière de le mettre au jour.

XXXVII

Ms. aut. — L'orgueil a bien plus de part que la charité aux remontrances que nous faisons à ceux qui commettent des fautes, et nous les en reprenons bien moins pour les en corriger, que pour persuader que nous en sommes exempts.
Ms. 1663. — Conforme au manuscrit autographe, sauf ces deux variantes, la 1re évidemment fautive : « et nous les représentons bien moins pour les en corriger, que pour les persuader que ».
Edit. 1664. — Conforme au manuscrit autographe, sauf cette double variante : « et nous les reprenons bien moins pour les en corriger, que pour les persuader que nous en sommes exempts[1]. »

XXXIX

Ms. aut. — Ce manuscrit qui donne, de la maxime, notre leçon définitive (sauf, les deux fois, « toute sorte » au singulier), en offre de plus ailleurs (p. 4 et maxime 15 du manuscrit) cette variante : « L'intérêt fait jouer toute sorte de personnages, et même celui de désintéressé. »
Ms. 1663. — Conforme aux deux leçons du manuscrit autographe.
Edit. 1664. — Conforme à la seconde leçon du manuscrit autographe.

XL

Ms. aut. — L'intérêt, à qui on reproche d'aveugler les uns, est ce qui fait toute la lumière des autres.
Ms. 1663. — Conforme au manuscrit autographe, sauf cette variante : « est tout ce qui fait la lumière des autres. »
Edit. 1664. — Conforme à la copie de 1663.

---

[1]. La variante est suivie, dans cette édition, de la leçon définitive de notre maxime xxxiv, rattachée par la conjonction « et ».

XLI

Ms. aut. — Ceux qui s'appliquent trop aux petites choses peuvent difficilement s'appliquer assez aux grandes, parce qu'ils consomment toute leur application pour les petites, et même, en la plupart des hommes, c'est une marque qu'ils n'ont aucun talent pour les grandes[1].
Ms. 1663. — Conforme au manuscrit autographe.

XLII

Ms. 1663. — Nous n'avons pas assez de force pour suivre notre raison.
Edit. 1664. — Nous n'avons presque jamais assez de force pour suivre toute notre raison.

XLIII

Ms. aut. — L'homme est conduit lorsqu'il croit se conduire, et pendant que par son esprit il vise à un endroit, son cœur l'achemine insensiblement à un autre.
Ms. 1663. — Conforme au manuscrit autographe.

XLIV

Ms. aut. — La foiblesse de l'esprit est mal nommée; c'est, en effet, la foiblesse du cœur, qui n'est autre chose qu'une impuissance d'agir et un manque de principe de vie.
Ms. 1663. — Conforme au manuscrit autographe, sauf cette variante : « mal nommée; c'est un effet de la foiblesse du tempérament, qui n'est ».
Edit. 1664. — Conforme au manuscrit autographe, sauf cette variante : « mal nommée; c'est, en effet, la foiblesse du tempérament, qui n'est ».

XLV

Ms. aut. — Le caprice de l'humeur est encore plus bizarre que celui de la fortune.
Ms. 1663. — Conforme au manuscrit autographe.
Edit. 1664. — Conforme au manuscrit autographe, sauf cette orthographe : « bigearre »[2].

XLVI

Ms. aut. — Le desir de vivre ou de mourir sont des goûts de l'amour-propre, dont il ne faut non plus disputer que des goûts de la langue ou du choix des couleurs.

---

1. Rapprochez cette variante, de notre maxime DLXIX.
2. La maxime, dans cette édition, suit une variante à notre maxime CCXCVII (voyez ci-après, p. 39), à laquelle elle est rattachée par la conjonction « et ».

XLVIII

Ms. aut. — La félicité est dans le goût, et non pas dans les choses, et c'est par avoir ce qu'on aime qu'on est heureux, et non pas par avoir ce que les autres trouvent aimable.
Ms. 1663. — Conforme au manuscrit autographe, sauf cette variante : « et c'est pour avoir ce qu'on aime ».
Édit. 1664. — Conforme au manuscrit autographe, sauf ces deux variantes, dont la copie de 1663 n'a que la 1re : « et c'est pour avoir ce qu'on aime qu'on est heureux, et non pas pour avoir ».

XLIX

Ms. aut. — Les biens et les maux sont plus grands dans notre imagination qu'ils ne le sont en effet, et on n'est jamais si heureux ni si malheureux que l'on pense[1].
Ms. 1663. — Conforme au manuscrit autographe.
Édit. 1664. — Conforme au manuscrit autographe.

L

Ms. aut. — Ceux qui se sentent du mérite se piquent toujours d'être malheureux, pour persuader aux autres et à eux-mêmes qu'ils sont de véritables héros, puisque la mauvaise fortune ne s'opiniâtre jamais à persécuter que les personnes qui ont des qualités extraordinaires (*sic*).
Ms. 1663. — Conforme au manuscrit autographe, sauf ces variantes : « des véritables héros », et « ne s'opiniâtre jamais à pressentir que les personnes ».
Édit. 1664. — Conforme au manuscrit autographe[2].

LI

Ms. aut. — Rien ne doit tant diminuer la satisfaction que nous avons de nous-mêmes que de voir que nous avons été dans des états et dans des sentiments que nous désapprouvons à cette heure.
Ms. 1663. — Conforme au manuscrit autographe, sauf cette variante : « dans les états et dans les sentiments que ».
Édit. 1664. — Conforme à la copie de 1663.

LII

Ms. aut. — Quelque différence qu'il y ait entre les fortunes, il y a pourtant une certaine proportion de biens et de maux qui les rend égales.
Ms. 1663. — Conforme au manuscrit autographe.
Édit. 1664. — Conforme au manuscrit autographe.

---

1. Voyez ci-après, p. 45, notre maxime DLXXII.
2. La variante est, dans cette édition, suivie du texte définitif de notre maxime DLXXIII, rattachée par ces mots : « De là vient qu'[on se] ».

LIII

Ms. aut. — Quelques grands avantages que la nature donne, ce n'es pas elle, mais la fortune qui fait les héros.
Ms. 1663. — Conforme au manuscrit autographe.
Edit. 1664. — Conforme au manuscrit autographe.

LIV

Ms. aut. — Le mépris des richesses dans les philosophes étoit un desir caché de...; c'étoit un secret qu'ils avoient trouvé pour se dédommager de l'avilissement de la pauvreté; c'étoit enfin un chemin détourné pour aller à la considération que les richesses donnent.
Ms. 1663. — Conforme au manuscrit autographe, sauf cette variante : « de l'avilissement de la pauvreté, pour aller à la considération qu'ils ne pouvoient avoir par les richesses. »
Edit. 1664. — Conforme au manuscrit autographe, sauf cette variante : « de l'avilissement de la pauvreté; c'étoit un chemin détourné pour aller à la considération qu'ils ne pouvoient avoir par les richesses. »

LV

Ms. aut. — La haine qu'on a pour les favoris n'est autre chose que l'amour de la faveur; c'est aussi la rage de n'avoir point la faveur, qui se console et s'adoucit un peu par le mépris des favoris; c'est enfin une secrète envie de les détruire, qui fait que nous leur ôtons nos propres hommages, ne pouvant pas leur ôter ce[1] qui leur attire ceux de tout le monde.
Ms. 1663. — Conforme au manuscrit autographe, sauf ces variantes : « c'est aussi la rage que de n'avoir point de faveur »; « une secrète envie de la détruire », et « ne pouvant pas leur ôter ceux de tout le monde. »
Edit. 1664. — La haine qu'on a pour les favoris n'est autre chose que l'amour de la fortune et de la faveur; c'est aussi la rage de n'avoir point de faveur, qui se console et s'adoucit un peu par le mépris des favoris; c'est enfin une secrète envie de les détruire, qui fait que nous leur ôtons nos propres hommages, ne pouvant[2] pas leur ôter les qualités qui leur attirent ceux du monde.

LVI

Ms. aut. — Pour s'établir dans le monde, on fait tout ce qu'on peut pour y paroître établi.
Ms. 1663. — Conforme au manuscrit autographe.

LVII

Ms. aut. — Quoique la vanité des ministres se flatte de la grandeur de leurs actions, elles sont bien souvent les effets du hasard ou de quelque petit dessein.

---

1. Dans le manuscrit : « ceux qui leur attire (*sic*) ceux ».
2. Dans cette édition, par mégarde : « ne peuvent ».

Ms. 1663. — Conforme au manuscrit autographe, sauf cette variante :
« Quoique la grandeur des ministres se forme par la grandeur de ».
Édit. 1664. — Conforme au manuscrit autographe, sauf cette variante :
« Quoique la prudence des ministres se flatte de la grandeur de ».

LVIII

Ms. aut. — Il semble que plusieurs de nos actions aient des étoiles heureuses ou malheureuses, aussi bien que nous, d'où dépend une grande partie de la louange ou du blâme qu'on leur donne.

LIX

Ms. aut. — On pourroit dire qu'il n'y a point d'heureux ni de malheureux accidents, parce que les habiles gens savent profiter des mauvais, et que les imprudents tournent bien souvent les plus avantageux à leur préjudice.
Ms. 1663. — Conforme au manuscrit autographe, sauf cette variante :
« qu'il n'est point d'heureux ni de malheureux accident ».
Édit. 1664. — Conforme au manuscrit autographe.

LXII

Ms. aut. — La sincérité, c'est une naturelle ouverture de cœur. On la trouve en fort peu de gens, et celle qui se pratique d'ordinaire n'est qu'une fine dissimulation, pour arriver à la confiance des autres.
Ms. 1663. — Conforme au manuscrit autographe, sauf cette variante :
« La sincérité est une ».
Édit. 1664. — Conforme au manuscrit autographe, sauf cette double variante : « La sincérité est une naturelle ouverture du cœur. »

LXIII

Ms. aut. — La vérité qui fait les gens véritables est une imperceptible ambition qu'ils ont de rendre leur témoignage considérable, et d'attirer à leurs paroles un respect de religion.
Ms. 1663. — Conforme au manuscrit autographe, sauf cette variante :
« La vérité qui fait les gens véritables est une perceptible ambition ».
Édit. 1664. — Conforme au manuscrit autographe.

LXIV

Ms. aut. — Le vrai ne fait pas tant de bien dans le monde que le vraisemblable y fait de mal.

LXV

Ms. aut. — On élève la prudence jusqu'au ciel, et il n'est sorte d'éloge qu'on ne lui donne ; elle est la règle de nos actions et de nos conduites ; elle est la maîtresse de la fortune ; elle fait le destin des empires ; sans elle, on a tous les maux; avec elle, on a tous les biens; et, comme disoit autrefois un poëte, quand nous avons la prudence, il ne nous manque aucune divinité, pour dire que nous trouvons dans la prudence tous les secours que nous demandons aux Dieux. Cependant la prudence la plus consommée ne sauroit nous assurer du plus petit effet du monde, parce que, travaillant sur une matière aussi changeante et inconnue qu'est l'homme, elle ne peut exécuter sûrement aucun de ses projets; Dieu seul, qui tient tous les cœurs des hommes entre ses mains, et qui, quand il lui plaît, en accorde les mouvements, fait aussi réussir les choses qui en dépendent : d'où il faut conclure que toutes les louanges dont notre ignorance et notre vanité flatte (*sic*) notre prudence sont autant d'injures que nous faisons à sa Providence.

Ms. 1663. — Conforme au manuscrit autographe, sauf ces variantes : « jusques au ciel », et « aussi changeante et aussi peu connue qu'est l'homme ».

Edit. 1664. — Conforme au manuscrit autographe, sauf ces variantes : « jusques au ciel »; « elle fait le déclin[1] des empires », et « aussi changeante et aussi commune qu'est l'homme ».

LXVI

Ms. aut. — Un habile homme doit savoir régler le rang de ses intérêts, et les conduire chacun dans son ordre; notre avidité le trouble souvent, en nous faisant courir à tant de choses à la fois; de là vient que pour desirer trop les moins importantes, nous ne les faisons pas assez servir à obtenir les plus considérables.

Ms. 1663. — Conforme au manuscrit autographe, sauf ces fautes : « Un habile homme dit savoir »; « les rangs de ses intérêts », et « pour desirer trop les moins importants ».

Edit. 1664. — Conforme au manuscrit autographe, sauf cette variante : « nous ne faisons pas assez pour obtenir les plus considérables. »

LXVIII

Ms. aut. — Il est malaisé de définir l'amour, et tout ce qu'on peut dire, c'est que, dans l'âme, c'est une passion de régner; dans les esprits, c'est une sympathie; et dans le corps, ce n'est qu'une envie cachée et délicate de jouir de ce que l'on aime après beaucoup de mystères.

Ms. 1663. — Conforme au manuscrit autographe, sauf ces variantes : « Il est malaisé de définir l'amour; tout ce qu'on peut dire est que, dans l'âme, c'est », et « de jouir de ce que l'on aime après beaucoup de misères. »

Edit. 1664. — Conforme au manuscrit autographe, sauf ces variantes : « Il est malaisé de définir l'amour; tout ce qu'on peut dire », et « dans les corps ».

LXIX

Ms. aut. — Il n'y a point d'amour pure et exempte du mélange de nos autres passions, que celle qui est cachée au fond du cœur, et que nous ignorons nous-mêmes.

---

1. D'éclin (*sic*).

Ms. 1663. — Conforme au manuscrit autographe, sauf cette faute : « d'amour pur et exempt.... que celle qui est cachée ».

Édit. 1664. — Il n'y a point d'amour pur et exempt du mélange de nos autres passions. — Le reste manque.

LXXII

Ms. aut. — Si l'on juge de l'amour par la plupart de ses effets, il ressemble plus à la haine qu'à l'amitié.

Ms. 1663. — Conforme au manuscrit autographe, sauf cette variante : « Si on jugeoit de ».

LXXIII

Ms. aut. — Il y a beaucoup de femmes qui n'ont jamais fait de galanterie ; mais je ne sais s'il y en a qui n'en aient jamais fait[1] qu'une.

Ms. 1663. — On peut trouver des femmes qui n'ont jamais fait des galanteries, mais il est rare d'en trouver qui n'en aient jamais fait qu'une.

Édit. 1664. — Conforme à la copie de 1663, sauf ces variantes : « de galanteries », et « qui n'en ait jamais fait qu'une. »

LXXVI

Ms. aut. — Il est de l'amour comme de l'apparition des esprits, *etc.*

LXXVII

Ms. aut. — L'amour prête son nom à un nombre infini de commerces qu'on lui attribue, où il n'a souvent guère plus de part que le Doge[2] en a à ce qui se fait à Venise.

LXXVIII

Ms. aut. — L'amour de la justice n'est que la crainte de souffrir l'injustice.

Ms. 1663. — Conforme au manuscrit autographe.

Édit. 1664. — L'amour de la justice, dans les bons juges qui sont modérés, n'est que l'amour de leur élévation ; dans la plupart des hommes, ce n'est que la crainte de souffrir l'injustice, et qu'une vive appréhension qu'on ne nous ôte ce qui nous appartient. De là vient cette considération et ce respect pour tous les intérêts du prochain, et cette scrupuleuse application à ne lui faire aucun préjudice. Sans cette crainte, qui retient l'homme dans les bornes des biens que sa naissance ou la fortune lui a donnés, pressé par la violente passion de se conserver, il feroit des courses continuellement sur les autres[3].

---

1. Dans le manuscrit, *fait* est, les deux fois, corrigé en *eu* par la main étrangère qui, devant un assez grand nombre de maximes, a placé à la marge les lettres initiales du mot dominant (voyez, ci-après, dans la *Notice bibliographique*, la description du manuscrit autographe).

2. La Rochefoucauld a, dans le manuscrit, laissé en blanc le mot *Doge*, qu'a rétabli la même main étrangère dont nous venons de parler.

3. Cette leçon contient, avec variantes, outre notre maxime LXXVIII, nos maximes DLXXVIII et DLXXIX (voyez ci-après, p. 46).

LXXX

Ms. aut. — Ce qui rend nos amitiés si légères et si changeantes, c'est qu'il est aisé de connoître les qualités de l'esprit, et difficile de connoître celles de l'âme.
Ms. 1663. — Conforme au manuscrit autographe.
Edit. 1664. — Conforme au manuscrit autographe.

LXXXII

Ms. aut. — La réconciliation avec nos ennemis, qui se fait au nom de la sincérité, de la douceur et de la tendresse, n'est qu'un desir de rendre sa condition meilleure, une lassitude de la guerre, et une crainte de quelque mauvais événement.
Ms. 1663. — Conforme au manuscrit autographe.
Edit. 1664. — Conforme au manuscrit autographe, sauf cette faute : « de quelques mauvais événement (sic). »

LXXXIII

Ms. aut. — L'amitié la plus sainte et la plus sacrée n'est qu'un trafic où nous croyons toujours gagner quelque chose.
Ms. 1663. — Conforme au manuscrit autographe.
Edit. 1664. — Conforme au manuscrit autographe, sauf cette variante : « L'amitié la plus sainte et la plus sincère ».

LXXXV

Ms. aut. — Nous nous persuadons souvent d'aimer les gens plus puissants que nous ; l'intérêt seul produit notre amitié, et nous ne leur promettons pas selon ce que nous leur voulons donner, mais selon ce que nous voulons qu'ils nous donnent.
Ms. 1663. — Conforme au manuscrit autographe, sauf cette variante : « Nous nous persuadons souvent mal à propos d'aimer ».
Edit. 1664. — Conforme à la copie de 1663, sauf cette variante : « selon ce que nous voulons leur donner ».

LXXXVIII

Ms. aut. — Comme si ce n'étoit pas assez à l'amour-propre d'avoir la vertu de se transformer lui[1]-même, il a encore celle de transformer ses objets, ce qu'il fait d'une manière fort étonnante, car non-seulement il les déguise si bien qu'il y est lui-même abusé, mais aussi, comme si ses actions étoient des miracles, il change l'état et la nature des choses soudainement : en effet, lorsqu'une personne nous est contraire, et qu'elle tourne sa haine et sa persécution contre nous, c'est avec toute la sévérité de la justice que notre amour-propre juge[2] ses actions ; il

---

1. *Luy*, écrit en interligne, corrige *elle*.
2. Après *juge* est biffé *de*.

donne même une étendue à ses défauts qui les rend énormes, et met ses bonnes qualités dans un jour si désavantageux, qu'elles deviennent plus dégoûtantes que ses défauts. Cependant, dès que cette même personne nous devient favorable, ou que quelqu'un de nos intérêts l'a réconciliée avec nous, notre seule satisfaction rend aussitôt à son mérite le lustre que notre aversion venoit d'effacer. Tous ses avantages en reçoivent un fort grand des biais dont nous les regardons; toutes ses mauvaises qualités disparoissent, et nous appelons même toute notre indulgence pour la forcer à justifier la guerre qu'elles nous ont faite[1]. Quoique toutes les passions montrent cette vérité, l'amour la fait voir plus clairement que les autres, car nous voyons un amoureux, agité de la rage où l'a mis un visible oubli ou infidélité découverte, conjure[2] le Ciel et les Enfers contre sa maîtresse; et néanmoins, aussitôt qu'elle s'est présentée et que sa vue a calmé la fureur de ses mouvements, son ravissement rend cette beauté innocente, il n'accuse plus que lui-même; il condamne ses condamnations, et, par cette vertu miraculeuse de l'amour-propre, il ôte la noirceur aux actions mauvaises de sa maîtresse, et en sépare le crime, pour en charger ses soupçons.

Ms. 1663. — Conforme au manuscrit autographe, sauf ces variantes : « il a encore celle de transformer des objets »; « que notre amour-propre juge les actions »; « lorsque personne ne nous est contraire »; « du biais dont nous les regardons », et « car nous voyons un amoureux agité de la rage où l'a mis un visible oubli ou l'infidélité découverte, conjure (sic) le Ciel et les Enfers. Et néanmoins aussitôt qu'elle (sic) s'est présentée, et que la vue a calmé la fureur de ces mouvements sans (sic) ravissement rend ».

Edit. 1664. — Conforme au manuscrit autographe, sauf ces variantes : « de transformer les objets »; « contre nous, c'est notre amour-propre qui juge ses actions; il donne même »; « la réconcilie avec nous, notre seule satisfaction »; « le lustre que notre aversion venoit de lui ôter. Tous ses avantages en reçoivent un fort grand du biais dont nous les regardons; toutes ses mauvaises qualités »; « pour la forcer de justifier la guerre qu'elle nous ont fait (sic). Quoique toutes les passions montrent cette vérité, l'amour le fait voir plus clairement que les autres; car nous voyons un amoureux agité de la rage où l'a mis un visible oubli, ou pour une infidélité découverte, conjurer le Ciel et les Enfers, et néanmoins aussitôt que sa maîtresse s'est présentée, et que sa vue a calmé », et « pour en changer ses soupçons[3]. »

XCVII

Ms. aut. — Le jugement n'est autre chose que la grandeur de la lumière de l'esprit; on peut dire la même chose de son étendue, de sa profondeur, de son discernement, de sa justesse, de sa droiture et de sa délicatesse. L'étendue de l'esprit est la mesure de sa lumière; la profondeur est celle qui découvre le fond des choses; le discernement les compare et les distingue; la justesse ne voit que ce qu'il faut voir; la droiture prend toujours le bon biais des choses; la délicatesse aperçoit les imper-

---

1. *Faites*, par mégarde, dans le manuscrit.
2. Ainsi, pour « conjurer », à moins, ce qui n'est guère probable, qu'on ne doive suppléer « que » devant *un amoureux*. Nous verrons, onze lignes plus bas, que la copie de 1663 a la même faute.
3. La maxime en forme, dans cette édition, deux qui sont ainsi fautivement coupées :
« .... et la nature des choses soudainement en effet.
« Lorsqu'une personne, etc. »

ceptibles, et le jugement prononce ce qu'elles sont. Si on l'examine bien, on trouvera que toutes ces qualités ne sont autre chose que la grandeur de l'esprit, lequel, voyant tout, rencontre dans la plénitude de ses lumières tous les avantages dont nous venons de parler.

Ms. 1663[1]. — Le jugement n'est autre chose....[2] de son étendue, de sa profondeur, de son discernement, de sa justesse, de sa droiture et de sa délicatesse. L'étendue de l'esprit est la mesure de sa lumière; la profondeur est celle qui découvre le fond des choses; le discernement compare et distingue les choses.[3] La justesse ne voit que ce qu'il faut voir; la droiture prend toujours le bon droit des choses; la délicatesse aperçoit les choses perceptibles, et le jugement prononce ce que les choses sont. Si on l'examine bien, on trouvera que toutes ces qualités ne sont autre chose que la grandeur de l'esprit, lequel voyant tout, rencontre dans la plénitude de ces lumières tous les avantages dont nous venons de parler.

Édit. 1664. — La véritable justice (*sic*) ne voit que ce qu'il faut voir; la droiture prend tout le bon droit des choses; la délicatesse aperçoit les choses imperceptibles, et le jugement prononce ce que les choses sont. Si on l'examine bien, on trouvera que toutes ses qualités ne sont autre chose que la grandeur de l'esprit, lequel voit en toutes rencontres, dans la plénitude de ses lumières, tous les avantages dont nous venons de parler.[4] Le jugement n'est autre chose que la grandeur de la lumière de l'esprit; on peut dire la même chose de son étendue et de sa profondeur, de son discernement, de sa justice, de sa droiture et de sa délicatesse. L'étendue de l'esprit est la mesure de la lumière, la profondeur est celle qui découvre le fond des choses, le discernement compare et distingue les choses.

XCIX

Ms. aut. — La politesse de l'esprit est un tour de l'esprit par lequel il pense toujours des choses agréables, honnêtes et délicates.

Ms. 1663. — Conforme au manuscrit autographe, sauf cette variante : « La politesse est un tour de l'esprit par lequel [il] pense ».

Édit. 1664. — Conforme à la copie de 1663, moins la faute de « il » omis.

C

Ms. aut. — La galanterie de l'esprit est un tour de l'esprit par lequel il pénètre et conçoit les choses les plus flatteuses, c'est-à-dire celles qui sont le plus capables de plaire aux autres.

Ms. 1663. — Conforme au manuscrit autographe, sauf ces variantes : « il pénètre les choses », et « les plus capables de ».

Édit. 1664. — La galanterie est un tour de l'esprit, par lequel il pénètre les choses les plus flatteuses, c'est-à-dire celles qui sont les plus capables de plaire.

---

1. La maxime, qui en forme deux dans cette copie, y offre de très-grands rapports avec la leçon du manuscrit autographe, mais a aussi d'assez nombreuses variantes pour que nous croyions devoir la reproduire intégralement.
2. Ces points et cette lacune sont au manuscrit.
3. La maxime est coupée ici.
4. Comme dans la copie de 1663, la maxime en forme deux dans cette édition; elle y est coupée après « de parler. »

CI

Ms. aut. — Il y a de jolies choses que l'esprit ne cherche point, et qu'il trouve toutes achevées en lui-même, de sorte qu'il semble qu'elles y soient cachées, comme l'or et les diamants dans le sein de la terre.

Ms. 1663. — Conforme au manuscrit autographe, sauf un mot : « Il y a des jolies choses ».

Édit. 1664. — Conforme au manuscrit autographe.

CII

Ms. 1663. — L'esprit est toujours la dupe de l'esprit.

CIII

Ms. aut. — On peut connoître son esprit, mais qui peut connoître son cœur ?

CIV

Ms. aut. — Les affaires et les actions des grands hommes ont, comme les statues, leur point de perspective : il y en a qu'il faut voir de près, pour en discerner toutes les circonstances, et il y en a d'autres dont on ne juge jamais si bien que quand on en est éloigné.

Ms. 1663. — Conforme au manuscrit autographe, sauf cette variante : « que quand on est éloigné. »

Édit. 1664. — Conforme au manuscrit autographe.

CV

Ms. aut. — Celui-là n'est pas raisonnable qui trouve la raison, mais celui qui la connoît, qui la goûte et qui la discerne.

Ms. 1663. — Conforme au manuscrit autographe.

Édit. 1664. — Conforme au manuscrit autographe.

CVI

Ms. aut. — Pour savoir, il faut savoir le détail des choses, et, comme il est presque infini, de là vient que si peu de gens sont savants, et que nos connoissances sont superficielles et imparfaites, et qu'on décrit les choses, au lieu de les définir. En effet, on ne les connoît et on ne les fait connoître qu'en gros, et par des marques communes : de même que si quelqu'un disoit que le corps humain est droit, et composé de différentes parties, sans dire le nombre, la situation, les fonctions, les rapports et les différences de ces parties.

Ms. 1663. — On ne sauroit exempter toutes les espèces de vanité[1] ; et,

---

1. Ces premiers mots sont, avec une variante fautive, notre maxime DVI (voyez ci-après, p. 40), à laquelle la maxime CVI est jointe par *et*, avec un texte fort peu correct, dans la copie de 1663.

pour les savoir, il faut savoir le détail des choses, et, comme il est presque infini, de là vient que si peu de gens sont savants, et que nos connoissances sont si particulières, et qui[1], par faute d'écrire les choses au lieu de les définir en état, on ne les connoît et on ne les fait connoître qu'en gros et par des marques communes; c'est comme si quelqu'un disoit que ce corps humain est droit, et composé de différentes parties, sans dire le nombre, la situation, les fonctions, les rapports et les différences de ces parties.

Édit. 1664. — On ne sauroit compter toutes les espèces de vanité[2] : pour cela il faut savoir le détail des choses, et comme il est presque infini, de là vient que si peu de gens sont savants, et que nos connoissances sont superflues et imparfaites. On décrit les choses, au lieu de les définir. En effet [on] ne les connoît et on ne les peut connoître qu'en gros, et par des marques communes. C'est comme si quelqu'un disoit que le corps humain est droit, et composé de différentes parties, sans dire la matière, la situation, les fonctions, les rapports et les différences de ses parties.

CXIV

Ms. AUT. — On est au désespoir d'être trompé par ses ennemis, et trahi par ses amis, et on est toujours satisfait de l'être par soi-même.
Ms. 1663. — Conforme au manuscrit autographe.
Édit. 1664. — Conforme au manuscrit autographe, sauf la variante *souvent* pour *toujours*.

CXV

Ms. AUT. — Il est aussi aisé de se tromper soi-même, *etc*.
Ms. 1663. — Conforme au manuscrit autographe.
Édit. 1664. — Conforme au manuscrit autographe.

CXVI

Ms. AUT. — Rien n'est plus divertissant que de voir deux hommes assemblés, l'un pour demander conseil, et l'autre pour le donner : l'un paroît avec une déférence respectueuse, et dit qu'il vient recevoir des conduites et soumettre ses sentiments; et son dessein, le plus souvent, est de faire passer les siens, et de rendre celui qu'il fait maître de son avis, garant de l'affaire qu'il lui propose. Quant à celui qui conseille, il paye d'abord la sincérité de son ami d'un zèle ardent et désintéressé qu'il lui montre, et cherche en même temps dans ses propres intérêts des règles de conseiller, de sorte que son conseil lui est bien plus propre qu'à celui qui le reçoit.
Ms. 1663. — Conforme au manuscrit autographe, sauf ces variantes : « qu'il vient recevoir des conseils et soumettre », et « Quant à celui qui conseille, il appuie d'abord la sincérité de son avis d'un zèle ».
Édit. 1664. — Conforme au manuscrit autographe, sauf ces variantes : « deux hommes s'assembler, l'un pour demander conseil, et l'autre pour le donner : l'un paroît avec une indifférence respectueuse »; « et son

---

1. Entassement de fautes : *qui* pour *que*, *d'écrire* pour *de décrire*; puis *état* pour *effet*, comme à la maxime VII, ci-dessus, p. 1; sans parler de « par faute », qui est sans doute pour « par la faute ».
2. Voyez la note de la page 16.

desir, le plus souvent, est » ; « Quant à celui qui est conseillé[1], il » ; « d'un zèle ardent et déintéressé (sic) », et « de sorte que son conseil lui devient plus propre ».

CXVII

Ms. aut. — La plus déliée de toutes les finesses est de savoir bien faire semblant de tomber dans les piéges que l'on nous tend ; on n'est jamais si aisément trompé que quand on songe à tromper les autres.
Ms. 1663. — Conforme au manuscrit autographe, sauf cette variante : « est de faire semblant de tomber ».
Édit. 1664. — Conforme à la copie de 1663.

CXIX

Ms. aut. — La coutume que nous avons de nous déguiser aux autres, pour acquérir leur estime, fait qu'enfin nous nous déguisons à nous-mêmes.
Ms. 1663. — Conforme au manuscrit autographe, sauf cette faute : « qu'enfin nous nous déguisons nous-mêmes. »

CXX

Ms. aut. — La foiblesse fait commettre plus de trahisons que le véritable dessein de trahir.
Ms. 1663. — La foiblesse fait connoître (sic) plus de trahisons que les véritables desseins de trahir.
Édit. 1664. — Conforme au manuscrit autographe.

CXXI

Ms. aut. — On fait souvent du bien pour pouvoir faire du mal impunément.

CXXIV

Ms. aut. — Rien n'est si dangereux que l'usage des finesses, que tant de gens d'esprit emploient communément ; les plus habiles affectent de les éviter toute leur vie, pour s'en servir en quelque grande occasion et pour quelque grand intérêt.
Ms. 1663. — Conforme au manuscrit autographe, sauf cette variante : « les plus habiles affectant de les rejeter toute leur vie, pour s'en servir en quelque grand intérêt. »
Édit. 1664. — Conforme au manuscrit autographe, sauf cette variante : « dans quelque grande occasion ».

---

1. Faut-il lire : « qui est conseiller », ou « qui est consulté » ? Plutôt, ce semble, « qui conseille », ce qui est la leçon du manuscrit autographe, de la copie de 1663, et des éditions de 1665-1678.

CXXV

Ms. aut. — Comme la finesse est l'effet d'un petit esprit, il arrive quasi toujours que celui qui s'en sert pour se couvrir en un endroit, se découvre en un autre.
Ms. 1663. — Conforme au manuscrit autographe.
Édit. 1664. — Comme elles[1] sont l'effet d'un petit esprit, il arrive quasi toujours que celui qui s'en sert pour se courir (sic) en un endroit, se découvre en un autre.

CXXVI

Ms. 1663. — Si on étoit assez habile, on ne feroit jamais de finesses ni de trahisons.
Édit. 1664. — Chacun pense être plus fin que les autres[2], et si l'on étoit habile, on ne feroit jamais de finesses ni de trahison.

CXXVIII

Ms. aut. — La subtilité est une fausse délicatesse, et la délicatesse est une solide subtilité.
Ms. 1663. — Conforme au manuscrit autographe, sauf cette variante : « une subtilité solide. »
Édit. 1664. — Conforme à la copie de 1663.

CXXXII

Ms. aut. — On est sage pour les autres; personne ne l'est assez pour soi-même.

CXXXV

Ms. aut. — Chaque homme n'est pas plus différent des autres hommes qu'il l'est souvent de lui-même.
Ms. 1663. — Conforme au manuscrit autographe.
Édit. 1664. — Conforme au manuscrit autographe.

CXXXVII

Ms. aut. — Quand la vanité ne fait point parler, on n'a pas envie de dire grand'chose.
Ms. 1663. — Conforme au manuscrit autographe.
Édit. 1664. — Conforme au manuscrit autographe.

---

1. Pour « Comme les finesses ». — Cette maxime et la précédente se suivent immédiatement dans cette édition, ainsi que dans toutes celles qu'a publiées l'auteur et dans nos manuscrits.
2. Voyez ci-après, p. 39, la maxime cccxciv et la note qui s'y rapporte.

CXXXVIII

Ms. aut. — On aime mieux dire du mal de soi que de n'en point parler.
Ms. 1663. — Conforme au manuscrit autographe, sauf cette faute : « On n'aime mieux dire ».

CXXXIX

Ms. aut. — Une des choses qui fait que l'on trouve si peu de gens qui paroissent raisonnables et agréables dans la conversation, c'est qu'il n'y a quasi personne qui ne pense plutôt à ce qu'il veut dire qu'à répondre précisément à ce qu'on lui dit, et que les plus habiles et les plus complaints se contentent de montrer seulement une mine attentive, au même temps que l'on voit, dans leurs yeux et dans leur esprit, un égarement et une précipitation de retourner à ce qu'ils veulent dire, au lieu de considérer que c'est un mauvais moyen de plaire ou de persuader les autres, de chercher si fort à se plaire à soi-même, et que bien écouter et bien répondre est une des plus grandes perfections qu'on puisse avoir.
Ms. 1663. — Conforme au manuscrit autographe.
Édit. 1664. — Conforme au manuscrit autographe, sauf ces variantes : « Dans leur[s] yeux et dans leurs esprits », et « c'est une des grandes perfections qu'on puisse avoir. »

CXL

Ms. aut. — Un homme d'esprit seroit souvent embarrassé sans la compagnie des sots.
Édit. 1664. — Un homme d'esprit seroit bien souvent embarrassé sans la compagnie des sots.

CXLI

Ms. aut. — On se vante souvent mal à propos de ne se point ennuyer, et l'homme est si glorieux qu'il ne veut pas se trouver de mauvaise compagnie.
Ms. 1663. — Conforme au manuscrit autographe, sauf cette faute : « l'honneur » pour « l'homme ».
Édit. 1664. — Conforme au manuscrit autographe.

CXLII

Ms. aut. — Comme c'est le caractère des grands esprits de faire entendre avec peu de paroles beaucoup de choses, les petits esprits, en revanche, ont l'art de parler beaucoup, et de ne dire rien.

CXLIII

Ms. aut. — C'est plutôt par l'estime de nos sentiments que nous exagérons les bonnes qualités des autres, que par leur mérite ; et nous nous louons en effet lorsqu'il semble que nous leur donnons des louanges.

Ms. 1663. — Conforme au manuscrit autographe, sauf cette faute : « et nous nous l'avons en effet », au lieu de : « et nous nous louons en effet ».
Édit. 1664. — Conforme au manuscrit autographe[1].

CXLIV

Ms. aut. — Conforme à la leçon définitive, sauf un mot : « l'un la prend comme *la* récompense de ».
Ms. 1663. — Conforme à la leçon définitive, sauf un mot : « *on* la prend comme une récompense de ».

CXLV

Ms. aut. — Nous choisissons souvent des louanges empoisonnées qui découvrent, par contre-coup, des défauts en nos amis, que nous n'osons divulguer[2].
Ms. 1663. — Conforme au manuscrit autographe, sauf la variante *souvent* pour *toujours*.
Édit. 1664. — Conforme au manuscrit autographe.

CXLVI

Ms. aut. — On ne loue que pour être loué.
Ms. 1663. — Conforme au manuscrit autographe.

CXLVII

Ms. aut. — Peu de gens sont assez sages pour aimer mieux le blâme qui leur sert que la louange qui les trahit.
Ms. 1663. — Conforme au manuscrit autographe.
Édit. 1664. — Conforme au manuscrit autographe.

CLV

Ms. aut. — Comme il y a de bonnes viandes qui affadissent le cœur, il y a un mérite fade, et des personnes qui dégoûtent avec des qualités bonnes et estimables.
Ms. 1663. — Conforme au manuscrit autographe, sauf cette variante : « Comme il y a des bonnes viandes ».
Édit. 1664. — Conforme au manuscrit autographe.

CLVI

Ms. aut. — Il y a des gens dont le mérite....
Édit. 1664. — Conforme au manuscrit autographe.

---

1. Voyez ci-après, p. 47, la maxime DXCVI et la note qui s'y rapporte.
2. Voyez la maxime CXCVIII, ci-après, p. 26 et note 1.

APPENDICE DU TOME I.

CLIX

Ms. 1663. — Ce n'est pas assez d'avoir des grandes qualités, *etc.*

CLX

Ms. AUT. — On se mécompte toujours dans le jugement que l'on fait de nos actions, quand elles sont plus grandes que nos desseins.
Ms. 1663. — Conforme au manuscrit autographe.
ÉDIT. 1664. — Conforme au manuscrit autographe.

CLXI

Ms. AUT. — Il faut une certaine proportion entre les actions et les desseins qui les produisent, sans laquelle les actions ne font jamais tous les effets qu'elles doivent faire.
Ms. 1663. — Conforme au manuscrit autographe, sauf trois mots oubliés : « sans laquelle » et « jamais ».
ÉDIT. 1664. — Conforme au manuscrit autographe, sauf deux mots oubliés : « sans laquelle ».

CLXII

Ms. AUT. — On admire tout ce qui éblouit, et l'art de savoir bien mettre en œuvre de médiocres qualités dérobe l'estime, et donne souvent plus de réputation que le véritable mérite.
Ms. 1663. — Conforme au manuscrit autographe, sauf cette faute : « dérobe l'estime qui donne ».
ÉDIT. 1664. — Conforme au manuscrit autographe, sauf cette autre faute : « plus de réputation que de véritable mérite. »

CLXIII

Ms. AUT. — Il y a une infinité de conduites qui ont un ridicule apparent, et qui sont, dans leurs raisons cachées, très-sages et très-solides.

CLXVI

Ms. AUT. — Le monde, ne connoissant point le véritable mérite, n'a garde de pouvoir le récompenser : aussi n'élève-t-il à ses grandeurs et à ses dignités que des personnes qui ont de belles qualités apparentes, et il couronne généralement tout ce qui luit, quoique tout ce qui luit ne soit pas de l'or.
Ms. 1663. — Conforme au manuscrit autographe, sauf cette variante : « ne soit point de l'or. »
ÉDIT. 1664. — Conforme au manuscrit autographe, sauf cette faute : « la récompenser », et cette orthographe : « n'élève il à » (comparez tome III, 1re partie, p. 58, *l.* 2).

CLXVIII

Ms. AUT. — L'espérance, toute vaine et toute trompeuse qu'elle est d'ordinaire, sert au moins à nous mener à la fin de la vie par un beau chemin.

CLXIX

Ms. aut. — La honte, la paresse et la timidité ont souvent toutes seules le mérite de nous retenir dans notre devoir, pendant que notre vertu en a tout l'honneur.
Ms. 1663. — Conforme au manuscrit autographe, sauf cette variante : « pendant que notre vertu en a tiré l'honneur. »
Edit. 1664. — Conforme au manuscrit autographe.

CLXX

Ms. aut. — Il n'y a que Dieu qui sache si un procédé net, sincère et honnête, est plutôt un effet de probité que d'habileté.
Ms. 1663. — Conforme au manuscrit autographe.
Edit. 1664. — Il n'y a que Dieu qui sache si un procédé est net, sincère et honnête.

CLXXI

Ms. aut. — Toutes les vertus des hommes se perdent dans l'intérêt, comme les fleuves se perdent dans la mer.
Ms. 1663. — Conforme au manuscrit autographe, sauf, les deux fois, « se portent » au lieu de « se perdent ».
Edit. 1664. — Conforme au manuscrit autographe.

CLXXIII

Ms. aut. — La curiosité n'est pas, comme l'on croit, un simple amour de la nouveauté : il y en a d'intérêt, qui fait que nous voulons savoir les choses pour nous en prévaloir, et il y en a une autre d'orgueil, qui nous donne envie d'être au-dessus de tous ceux qui ignorent les choses, et de n'être pas au-dessous de ceux qui les savent.

CLXXV

Ms. aut. — La constance en amour est... : de sorte que cette constance n'est que notre inconstance arrêtée et renfermée dans un sujet.
Ms. 1663. — Conforme au manuscrit autographe.
Edit. 1664. — Conforme au manuscrit autographe, sauf ces variantes : « Toute constance en amour est », et « de sorte que cette constance n'est qu'une inconstance arrêtée et ».

CLXXVI

Ms. aut. — La durée de l'amour, et ce qu'on appelle ordinairement constance, sont deux choses bien différentes : la première vient de ce que l'on trouve sans cesse dans la personne[1] que l'on aime, comme dans une

---

1. Après le mot *personne*, il y a quelques lettres biffées.

source inépuisable, de nouveaux sujets d'aimer, et l'autre vient de ce qu'on se fait un honneur de tenir sa parole.

Ms. 1663. — Il y a deux sortes de constances en amour : l'une vient de ce que l'on trouve sans cesse des nouveaux sujets d'aimer en la personne que l'on aime, comme en une source inépuisable, et l'autre vient de ce que l'on se fait un honneur de tenir sa parole.

Édit. 1664. — Conforme à la copie de 1663, sauf ces variantes : « constance », au singulier; « de nouveaux sujets d'aimer », et « de ce qu'on se fait honneur de tenir sa parole. »

CLXXVII

Ms. aut. — La persévérance n'est digne de blâme, ni de louange, parce qu'elle n'est que la durée des goûts et des sentiments, qu'on ne s'ôte ni qu'on ne se donne.

Ms. 1663. — Conforme au manuscrit autographe.
Édit. 1664. — Conforme au manuscrit autographe.

CLXXVIII

Ms. aut. — Ce qui nous fait aimer les connoissances nouvelles n'est pas tant la lassitude que l'on a des vieilles, ni le plaisir de changer, que le dégoût que nous avons de n'être pas assez admirés de ceux qui nous connoissent trop, et l'espérance de l'être davantage de ceux qui ne nous connoissent guère.

Ms. 1663. — Conforme au manuscrit autographe, sauf cette variante : « l'espérance que nous avons de l'être davantage ».
Édit. 1664. — Conforme à la copie de 1663.

CLXXX

Ms. aut. — Notre repentir ne vient point de nos actions, mais du dommage qu'elles nous causent.

Ms. 1663. — Conforme au manuscrit autographe.
Édit. 1664. — Conforme au manuscrit autographe.

CLXXXI

Ms. aut. — Il y a deux sortes d'inconstances : l'une qui vient de la légèreté de l'esprit, qui, à tout moment, change d'opinion, ou plutôt de la pauvreté de l'esprit, qui reçoit toutes les opinions des autres; l'autre, qui est plus excusable, vient de la [fin][1] du goût des choses que l'on aimoit.

Ms. 1663. — Conforme au manuscrit autographe, sauf ces variantes : « à tous moments », et «l'autre, qui n'est (sic) plus excusable, vient de la fin du goût des choses que l'on aimoit. »

Édit. 1664. — Conforme au manuscrit autographe, sauf ces variantes : « Il y a deux sortes d'inconstances : la première vient de la légèreté de l'esprit, qui à tous moments », et « la seconde, qui est plus excusable, vient de la fin du goût des choses que l'on aimoit. »

---

1. Au lieu de ce mot, il y a un blanc au manuscrit.

CLXXXII

Ms. aut. — Les vices entrent dans la composition des vertus, comme es poisons entrent dans la composition des plus grands remèdes de la médecine; la prudence les assemble, elle les tempère, et elle s'en sert utilement contre les maux de la vie.
Ms. 1663. — Conforme au manuscrit autographe, sauf ces variantes : « dans la composition des remèdes de la médecine », et « la prudence les assemble et les tempère, et elle ».
Edit. 1664. — Conforme à la copie de 1663.

CLXXXIV

Ms. aut. — Nous avouons nos défauts, pour réparer le préjudice qu'ils nous font dans l'esprit des autres, par l'impression que nous leur donnons de la justice du nôtre.
Ms. 1663. — Conforme au manuscrit autographe.
Edit. 1664. — Conforme au manuscrit autographe.

CLXXXV

Ms. 1663. — Le crime a ses héros ainsi que la vertu[1].
Edit. 1664. — Conforme à cette variante de la copie de 1663.

CLXXXVI

Ms. aut. — On hait souvent les vices, mais on méprise toujours le manque de vertu.
Ms. 1663. — Conforme au manuscrit autographe.
Edit. 1664. — Conforme au manuscrit autographe.

CLXXXVIII

Ms. aut. — La santé de l'âme n'est pas plus assurée que celle du corps; et quelque éloignés que nous paroissions être des passions que nous n'avons pas encore ressenties, il faut croire toutefois que l'on n'y est pas moins exposé qu'on l'est à tomber malade quand on se porte bien.
Ms. 1663. — Conforme au manuscrit autographe, sauf cette variante : « du corps; quelque éloignés que ».
Edit. 1664. — Conforme au manuscrit autographe.

CXCI

Ms. aut. — On pourroit presque dire qu'ils[2] nous attendent sur le

---

1. Outre cette variante, qu'il joint, sous cette forme, à la maxime DCVIII (voyez ci-après, p. 49), ce manuscrit donne ailleurs, à part, la leçon définitive de cette maxime CLXXXV.
2. C'est-à-dire « les vices », les deux maximes CXCI et CXCII n'en faisant qu'une dans ce manuscrit, et y étant interverties.

cours ordinaire de la vie, comme des hôtelleries où il faut successivement loger; et je doute que l'expérience même nous en pût garantir, s'il nous étoit permis de faire deux fois le même chemin.

CXCII

Ms. AUT. — Quand les vices nous quittent, nous voulons croire que c'est nous qui les quittons.

CXCIII

Ms. AUT. — On n'est pas moins exposé aux rechutes des maladies de l'âme que de celles du corps; nous croyons être guéris, bien que, le plus souvent, ce ne soit qu'un relâche, ou un changement de mal.

CXCIV

Ms. AUT. — Les défauts de l'âme sont comme les blessures du corps : quelque soin qu'on prenne de les guérir, la cicatrice paroît toujours, et elles se peuvent toujours rouvrir.

CXCVI

Ms. AUT. — Quand il n'y a que nous qui sachions nos crimes, ils sont bientôt oubliés.
Ms. 1663. — Conforme au manuscrit autographe, sauf cette variante : « qui sachons ».

CXCVIII

Ms. AUT. — Nous élevons même[1] la gloire des uns pour abaisser par là celle des autres, et on loueroit moins Monsieur le Prince et M. de Turenne, si on ne vouloit pas les blâmer tous les deux.
Ms. 1663. — Conforme au manuscrit autographe, sauf cette variante : « Nous élevons la gloire ».
ÉDIT. 1664. — Conforme à la copie de 1663.

CXCIX

Ms. AUT. — Le desir de paroître habile empêche souvent de le devenir, parce qu'on songe plus à paroître aux autres qu'à être effectivement ce qu'il faut être.

CCII

Ms. AUT. — Les faux honnêtes gens sont ceux qui déguisent la corruption de leur cœur aux autres et à eux-mêmes; les vrais honnêtes

---

1. Cette maxime, dans ce manuscrit, comme dans les deux autres textes, suit immédiatement la maxime CXLV, dont les variantes sont données ci-dessus, p. 21.

gens sont ceux qui la connoissent parfaitement, et la confessent aux autres.
Ms. 1663. — Conforme au manuscrit autographe.
Édit. 1664. — Conforme au manuscrit autographe.

CCIII

Ms. aut. — Le vrai honnête homme, c'est celui qui ne se pique de rien.

CCIV

Ms. aut. — La sévérité des femmes, c'est un ajustement et un fard qu'elles ajoutent à leur beauté. C'est comme un prix dont elles augmentent le leur; c'est enfin un attrait fin et délicat, et une douceur déguisée.
Ms. 1663. — La sévérité des femmes, c'est un ajustement et un fard qu'elles ajustent à leur beauté. C'est enfin un attrait fin et délicat, et une douceur déguisée.
Édit. 1664. — Conforme à la copie de 1663, sauf ces variantes : « La sévérité des femmes est un ajustement », et « qu'elles ajoutent à leur beauté. C'est enfin ».

CCV

Ms. aut. — La chasteté des femmes est l'amour de leur réputation et de leur repos.
Ms. 1663. — Conforme au manuscrit autographe.
Édit. 1664. — Conforme au manuscrit autographe.

CCVI

Ms. aut. — C'est être véritablement honnête homme que de vouloir bien être examiné des honnêtes gens, en tous temps, et sur tous les sujets qui se présentent.

CCVII

Ms. aut. — L'enfance nous suit dans tous les temps de la vie. Si quelqu'un paroît sage, c'est seulement parce que ses folies sont proportionnées à son âge et à sa fortune.
Édit. 1664. — Conforme à la leçon définitive, sauf cette variante : « de la vie; et si quelqu'un ».

CCVIII

Ms. aut. — Il y a des gens niais qui se connoissent niais, et qui emploient habilement leur niaiserie.
Ms. 1663. — Conforme au manuscrit autographe[1].

---

1. Il semble que le copiste ait mal lu, et écrit, sans chercher un sens : « qui se connoissent *mais*, et qui ».

APPENDICE DU TOME I.

Édit. 1664. — Il y a des gens niais qui se connoissent fort sots, et qui emploient habilement leurs sottises.

CCIX

Édit. 1664. — Les plus sages le sont dans les choses indifférentes, mais ils ne le sont presque jamais dans leurs plus sérieuses affaires[1] ; et qui vit sans folie n'est pas si sage qu'il croit.

CCXI

Ms. aut. — Il y a des gens qui ressemblent aux vaudevilles, que tout le monde chante un certain temps, quelques (sic) fades et dégoûtants qu'ils soient.
Ms. 1663. — Conforme au manuscrit autographe, sauf cette orthographe : « vaux de villes », et un mot : « quelques *fats* et ».
Édit. 1664. — Conforme au manuscrit autographe, sauf cette variante : « à des vaudevilles ».

CCXII

Ms. aut. — La plupart des gens ne voient dans les hommes que la vogue qu'ils ont, et le mérite de leur fortune.
Ms. 1663. — Conforme au manuscrit autographe.
Édit. 1664. — Conforme au manuscrit autographe.

CCXIII

Ms. aut. — L'amour de la gloire, et plus encore la crainte de la honte, le dessein de faire fortune, le desir de rendre notre vie commode et agréable, et l'envie d'abaisser les autres, font cette valeur qui est si célèbre parmi les hommes.
Ms. 1663. — Conforme au manuscrit autographe, sauf ces variantes : « le dessein de faire fortune, le dessein de rendre notre vie », et « font naître cette valeur ».
Édit. 1664. — Conforme au manuscrit autographe, sauf cette variante : « font naître cette valeur ».

CCXIV

Ms. aut. — La valeur, dans les simples soldats, est un métier périlleux qu'ils ont pris pour gagner leur vie.
Ms. 1663. — Conforme au manuscrit autographe.
Édit. 1664. — Conforme au manuscrit autographe.

CCXV

Ms. aut. — La parfaite valeur et la poltronnerie complète sont des extrémités où on arrive rarement. L'espace qui est entre-deux est vaste,

---

1. Ce commencement est notre maxime DXCI.

et contient toutes les autres espèces de courage : il n'y a pas moins de différence entre eux qu'il y en a entre les visages et les humeurs; cependant ils conviennent en beaucoup de choses. Il y a des hommes qui s'exposent volontiers au commencement d'une action, et qui se relâchent et se rebutent aisément par sa durée; il y en a qui sont assez contents quand ils ont satisfait à l'honneur du monde, et qui font fort peu de choses au delà. On en voit qui ne sont pas toujours également maîtres d'eux-mêmes; d'autres se laissent quelquefois entraîner à des épouvantes générales; d'autres vont à la charge, pour n'oser demeurer dans leurs postes; enfin il s'en trouve à qui l'habitude des moindres périls affermit le courage, et les prépare à s'exposer à de plus grands. Outre cela, il y a un rapport général que l'on remarque entre tous les courages des différentes espèces dont nous venons de parler, qui est que, la nuit augmentant la crainte et cachant les bonnes et les mauvaises actions, leur donne la liberté de se ménager. Il y a encore un autre ménage plus général qui, à parler absolument, s'étend sur toute sorte d'hommes : c'est qu'il n'y en a point qui fassent tout ce qu'ils seroient capables de faire dans une occasion, s'ils avoient une certitude d'en revenir : de sorte qu'il est visible que la crainte de la mort ôte quelque chose à leur valeur, et diminue son effet.

Ms. 1663[1]. — La parfaite valeur et la poltronnerie complète sont des extrémités où l'on arrive rarement. L'espace qui est entre les deux est vaste, et contient toutes les autres espèces de courage : il y a plus de différence entre elles qu'il y en a entre les visages et les humeurs; cependant elles conviennent en beaucoup de choses. Il y a des hommes qui s'exposent volontiers au commencement d'une action, et qui se relâchent et se rebutent aisément par sa durée; il y en a qui sont assez contents quand ils ont satisfait à l'honneur du monde, et qui font fort peu de choses au delà. On en voit qui ne sont pas toujours également maîtres de leur peur; d'autres se laissent quelquefois emporter à des épouvantes générales; d'autres vont à la charge, pour n'oser demeurer dans leurs postes; enfin il s'en trouve à qui l'habitude des moindres périls affermit le courage, et les prépare à s'exposer à des plus grands. Outre cela, il y a un rapport général que l'on remarque entre tous les courages des différentes espèces dont nous venons de parler, qui est que, la nuit augmentant la crainte et cachant les bonnes et mauvaises actions, leur donne la liberté de se ménager. Il y a encore un autre ménagement plus général qui, à parler plus absolument, s'étend sur toutes sortes d'hommes : c'est qu'il n'y en a point qui fassent ce qu'ils seroient capables de faire dans une occasion, s'ils avoient une certitude d'en revenir : de sorte qu'il est visible que la crainte de la mort ôte quelque chose à leur valeur, et diminue son effet.

Édit. 1664. — Conforme au manuscrit autographe, sauf ces variantes : « des extrémités où l'on arrive rarement »; « se relâchent et se rebutent aisément pour sa durée. Il y en a qui sont assez constants quand ils ont satisfait à l'honneur du monde, et qui font fort peu de chose au delà. On en voit qui ne sont pas toujours également maîtres de leur peur; d'autres se laissent quelquefois emporter à des épouvantes générales; d'autres vont à la charge, pour n'oser demeurer dans leur poste; enfin », et « de se ménager. Il y a encore un autre ménagement plus général qui, à parler absolument, s'étend sur toutes sortes d'hommes : c'est qu'il n'y en a

---

1. Quoique, pour cette maxime, le texte de la copie de 1663 soit, dans son ensemble, assez conforme à celui du manuscrit autographe, il y a cependant d'assez nombreuses différences de détail, pour que nous la reproduisions en entier.

point qui fassent tout ce qu'ils seroient capables de faire dans une action, s'ils ».

CCXVI

Ms. AUT. — La pure valeur, s'il y en avoit, seroit de faire sans témoins ce qu'on est capable de faire devant le monde.
Ms. 1663. — Conforme au manuscrit autographe.
ÉDIT. 1664. — Conforme au manuscrit autographe.

CCXVII

Ms. AUT. — L'intrépidité est une force extraordinaire de l'âme, par laquelle elle empêche les troubles, les désordres et les émotions que la vue des grands périls a accoutumé d'élever en elle. Par cette force les héros se maintiennent dans un état paisible, et conservent l'usage libre de toutes leurs fonctions dans les accidents les plus terribles et les plus surprenants. Cette intrépidité doit soutenir...[1].
Ms. 1663. — Conforme au manuscrit autographe.
ÉDIT. 1664. — Conforme au manuscrit autographe.

CCXIX

Ms. AUT. — La plupart des hommes s'exposent assez à la guerre....
Ms. 1663. — Conforme au manuscrit autographe.
ÉDIT. 1664. — Conforme au manuscrit autographe.

CCXX

Ms. AUT. — La vanité, et la honte, et surtout le tempérament, fait la valeur des hommes et la chasteté des femmes, dont chacun mène tant de bruit.
Ms. 1663. — La vanité, et la honte, et surtout le tempérament, font la valeur des hommes, dont on fait tant de bruit.
ÉDIT. 1664. — Conforme au manuscrit autographe, sauf cette variante de 1663 : « dont on fait tant de bruit. »

CCXXI

Ms. AUT. — On ne veut point perdre la vie, et on veut acquérir de la gloire ; de là vient que, quelque chicane qu'on remarque dans la justice, elle n'est point égale à la chicane des braves[2].
Ms. 1663. — On ne veut point perdre la vie, et on veut acquérir de la gloire : de là vient que les braves ont plus d'adresse et d'esprit pour éviter la mort, que les gens de chicane pour conserver leurs biens.
ÉDIT. 1664. — Conforme à la copie de 1663.

---

1. Voyez ci-après, p. 49, la maxime DCXIV.
2. Une main étrangère, probablement celle dont nous avons parlé ci-dessus (p. 12, notes 1 et 2), a écrit, au crayon, dans les interlignes du manuscrit, la leçon définitive, avec cette variante a fin : « pour acquérir des biens. »

CCXXIII

Ms. aut. — Il est de la reconnoissance comme de la bonne foi des marchands : elle soutient le commerce, et nous ne payons pas pour la justice de payer, mais pour trouver plus facilement des gens qui nous prêtent.
Ms. 1663. — Conforme au manuscrit autographe, sauf l'omission des deux mots : « de payer ».
Édit. 1664. — Conforme au manuscrit autographe, sauf cette variante : « par la justice de payer ».

CCXXIV

Ms. aut. — Plusieurs personnes s'acquittent des devoirs de la reconnoissance, quoiqu'il soit vrai de dire que personne n'en a effectivement.
Ms. 1663. — Conforme au manuscrit autographe, sauf cette faute : « des devoirs de la récompense ».

CCXXV

Ms. aut. — Ce qui fait tout le mécompte que nous voyons dans la reconnoissance des hommes, c'est que l'orgueil, *etc.*
Ms. 1663. — Ce qui fait tant de mécompte dans la reconnoissance qu'on attend des grâces qu'on a faites[1], c'est que l'orgueil, *etc.*

CCXXVI

Ms. aut. — On est souvent reconnoissant par principe d'ingratitude.

CCXXX

Ms. aut. — Rien n'est si contagieux que l'exemple, et nous ne faisons jamais de grands biens ni de grands maux qui ne produisent infailliblement leurs pareils. L'imitation des biens vient de l'émulation, et celle des maux de l'excès de la malignité naturelle, qui, étant comme tenue en prison par la honte, est mise en liberté par l'exemple.
Ms. 1663. — Conforme au manuscrit autographe, sauf cette variante : « leur pareil. L'imitation d'agir honnêtement vient de....[2], et celle des maux de ».
Édit. 1664. — Conforme au manuscrit autographe, sauf ces variantes : « leurs pareils. L'imitation d'agir honnêtement vient de l'émulation, et l'imitation des maux vient de », et « qui étant comme tenue en prison par la bonté, est mise en liberté par l'exemple. »

CCXXXII

Ms. aut. — Quelque prétexte que nous donnions à nos afflictions, ce n'est que l'intérêt et la vanité qui les causent.

---

1. *Fait* (*faict*), sans accord, dans cette copie.
2. Ces points sont au manuscrit ; à la suite, *en* pour *et*.

Ms. 1663. — Conforme au manuscrit autographe.
Édit. 1664. — Conforme au manuscrit autographe.

CCXXXIII

Ms. aut. — Il y a une espèce d'hypocrisie dans les afflictions; car, sous prétexte de pleurer une personne qui nous est chère, nous pleurons les nôtres, c'est-à-dire la diminution de notre bien, de notre plaisir, ou de notre considération. De cette manière, les morts ont l'honneur des larmes qui coulent pour les vivants. J'ai dit que c'est une espèce d'hypocrisie, parce que, par elle, l'homme se trompe seulement lui-même. Il y en a une autre, qui n'est pas si innocente, et qui impose à tout le monde : c'est l'affliction de certaines personnes qui aspirent à la gloire d'une belle et immortelle douleur. Car le temps, qui consomme tout, l'ayant consommée, elles ne laissent pas d'opiniâtrer leurs pleurs, leurs plaintes et leurs soupirs; elles prennent un personnage lugubre, et travaillent à persuader, par toutes leurs actions, qu'elles égaleront la durée de leur déplaisir à leur propre vie. Cette triste et fatigante vanité se trouve pour l'ordinaire dans les femmes ambitieuses, parce que, leur sexe leur fermant tous les chemins à la gloire, elles se jettent dans celui-ci, et s'efforcent à se rendre célèbres par la montre d'une inconsolable douleur. Outre ce que nous avons dit, il y a encore quelques autres espèces de larmes qui coulent de certaines petites sources, et qui, par conséquent, s'écoulent incontinent : on pleure pour avoir la réputation d'être tendre; on pleure pour être pleuré, et on pleure enfin de honte de ne pas pleurer.

Ms. 1663. — Conforme au manuscrit autographe, sauf ces variantes : « ou de notre considération, en la personne que nous pleurons. De cette manière, les morts ont l'honneur des larmes qui ne coulent que pour ceux qui les pleurent. J'ai dit que c'étoit »; « la durée de leurs pleurs à leur propre vie »; « tous chemins à la gloire »; « et se forcent à se rendre célèbres »; « d'être tendres », et la faute « afin » pour « enfin ».

Édit. 1664. — Il y a une espèce d'hypocrisie dans les afflictions; car, sous prétexte de pleurer une personne qui nous est chère, nous pleurons la diminution de notre bien, de notre plaisir, de notre considération, en la personne que nous avons perdue. De cette manière les morts ont l'honneur des larmes qui ne coulent que pour ceux qui les pleurent. J'ai dit que c'étoit une espèce d'hypocrisie, parce que par elle l'homme se trompe seulement lui-même. Il y en a une autre, qui n'est pas si innocente, et qui impose à tout le monde : c'est l'affliction de certaines personnes qui aspirent à la gloire d'une belle et immortelle douleur. Car le temps, qui consomme tout, ayant consommé ce qu'elles pleurent, elles ne laissent pas d'opiniâtrer leurs pleurs, leurs plaintes, et leurs soupirs : elles prennent un personnage lugubre, et travaillent à persuader, par toutes leurs actions, qu'elles égaleront la durée de leurs pleurs à leur propre vie. Cette triste...[1].

CCXXXV

Ms. aut. — Nous ne sommes pas difficiles à consoler des disgrâces de nos amis, lorsqu'elles servent à nous faire faire quelque belle action.

---

1. Le texte de toute la suite de la maxime est conforme à celui du manuscrit autographe; seulement la dernière phrase : « Outre ce que... », forme une seconde maxime dans l'impression de 1664.

Ms. 1663. — Conforme au manuscrit autographe, sauf ces variantes : « point difficiles »; « lorsqu'elles aident à », et « quelques belles actions. »

CCXXXVI

Ms. aut. — Qui considérera superficiellement tous les effets de la bonté qui nous fait sortir de nous-même, et qui nous immole continuellement à l'avantage de tout le monde, sera tenté de croire que, lorsqu'elle agit, l'amour-propre s'oublie et s'abandonne lui-même, et même qu'il se laisse dépouiller et appauvrir sans s'en apercevoir, en sorte qu'il semble que la bonté soit la niaiserie et l'innocence de l'amour-propre. Cependant la bonté est en effet le plus prompt de tous les moyens dont l'amour-propre se sert pour arriver à ses fins; c'est un chemin dérobé par où il revient à lui-même plus riche et plus abondant ; c'est un désintéressement qu'il met à une furieuse usure ; c'est enfin un ressort délicat avec lequel il remue, il dispose et tourne tous les hommes en sa faveur.

Ms. 1663. — Conforme au manuscrit autographe, sauf ces variantes : « en sorte qu'il semble que l'amour-propre soit la dupe de la bonté. Cependant la bonté est en[1] effet le plus propre de tous les moyens dont », et « avec lequel il réunit, il dispose »[2].

Edit. 1664. — Conforme au manuscrit autographe, sauf ces variantes, dont trois reproduisent le texte de 1663 : « tous les efforts de la bonté qui »; « en sorte qu'il semble que l'amour-propre soit la dupe de la bonté. Cependant »; « le plus propre de tous les moyens dont », et « avec lequel il réunit, et dispose et tourne tous les hommes en sa faveur. »

CCXXXVII

Ms. aut. — Nul ne mérite d'être loué de bonté, s'il n'a la force et la hardiesse de pouvoir être méchant : toute autre bonté n'est en effet qu'une privation de vice, ou plutôt la timidité des vices, et leur endormissement.

Ms. 1663. — Conforme au manuscrit autographe, sauf ces variantes : « Nul ne mérite être loué », et « une privation de vices, et leur endormissement. »

Edit. 1664. — Conforme au manuscrit autographe, sauf cette variante de 1663 : « une privation de vices, et leur endormissement. »

CCXXXIX

Ms. aut. — Rien ne nous plaît tant que la confiance des grands et des personnes considérables par leurs emplois, par leur esprit ou par leur mérite ; elle nous fait sentir un plaisir exquis et élève merveilleusement notre orgueil, parce que nous la regardons comme un effet de notre fidélité ; cependant nous serons remplis de confusion, si nous considérons l'imperfection et la bassesse de sa naissance, car elle vient de la vanité, de l'envie de parler et de l'impuissance de retenir les secrets, de sorte qu'on peut dire que la confiance est comme un relâchement de l'âme causé par le nombre et par le poids des choses dont elle est pleine.

Ms. 1663. — Conforme au manuscrit autographe, sauf cette variante : « nous serions remplis de confusion, si nous considérions ».

---

1. *Un* pour *en*, par mégarde.
2. Voyez ci-après, p. 37, la maxime CCLXIV.

EDIT. 1664. — Conforme au manuscrit autographe, sauf ces variantes, dont la première est de 1663 : « nous serions remplis de confusion, si nous considérions », et « que la confiance est un relâchement de ».

CCXL

Ms. AUT. — Je ne sais si on peut dire de l'agrément, séparé de la beauté, que c'est une symétrie dont on ne sait pas les règles, et un rapport secret des traits ensemble, et des traits avec les couleurs et l'air de la personne.

CCXLI

Ms. AUT. — La coquetterie est le fond de l'humeur de toutes les femmes ; mais toutes n'en ont pas l'exercice, parce que la coquetterie de quelques-unes est arrêtée et enfermée par leur tempérament et par leur raison.
Ms. 1663. — Conforme au manuscrit autographe.
EDIT. 1664. — Conforme au manuscrit autographe.

CCXLII

Ms. AUT. — On incommode toujours les autres, quand on est persuadé de ne les pouvoir jamais incommoder.
Ms. 1663. — Conforme au manuscrit autographe, si ce n'est que des points remplacent le mot : « autres ».

CCXLIV

Ms. AUT. — La souveraine habileté consiste à bien connoître le prix de chaque chose.
Ms. 1663. — Conforme au manuscrit autographe.
EDIT. 1664. — Conforme au manuscrit autographe.

CCXLVI

Ms. AUT. — La générosité, c'est un desir de briller par des actions extraordinaires ; c'est un habile et industrieux emploi du désintéressement, de la fermeté en amitié, et de la magnanimité, pour aller promptement à une grande réputation.
Ms. 1663. — Conforme au manuscrit autographe.
EDIT. 1664. — Conforme au manuscrit autographe, sauf cette variante : « un industrieux emploi de désintéressement, de la fermeté[1] de l'amitié, et de la magnanimité, pour ».

CCXLVII

Ms. AUT. — La fidélité est une invention rare de l'amour-propre, par laquelle l'homme, s'érigeant en dépositaire des choses précieuses, se rend lui-même infiniment précieux. De tous les trafics de l'amour-propre, c'est

---

1. Ce texte de 1664 n'a pas de virgule après « désintéressement », mais il y en a une après « fermeté ».

celui où il fait moins d'avances et de plus grands profits; c'est un raffinement de sa politique, car il engage les hommes, par leurs biens, par leur honneur, par leur liberté, et par leur vie, qu'ils sont forcés de confier, en quelques occasions, à élever l'homme fidèle au-dessus de tout le monde.

Ms. 1663. — Conforme au manuscrit autographe, sauf ces variantes : « car il engage les hommes par leur liberté, et », et « en quelque occasion ».

Édit. 1664. — Conforme au manuscrit autographe, sauf ces variantes, dont la seconde est de 1663 : « où il fait moins d'avance », et « car il engage les hommes par leur liberté, et ».

CCXLIX

Ms. aut. — Il n'y a pas moins d'éloquence dans le ton de la voix que dans le choix des paroles.

Ms. 1663. — Conforme au manuscrit autographe.

Édit. 1664. — Conforme au manuscrit autographe.

CCL

Ms. aut. — La vraie éloquence consiste à dire tout ce qu'il faut, et à ne dire que ce qu'il faut.

Ms. 1663. — Conforme au manuscrit autographe, sauf cette variante : « et ne dire que ce qu'il faut. »

Édit. 1664. — Conforme au manuscrit autographe.

CCLI

Ms. aut. — Il y a des personnes à qui leurs défauts siéent[1] bien, et d'autres qui sont disgraciés de leurs bonnes qualités.

Ms. 1663. — Conforme au manuscrit autographe.

Édit. 1664. — Il y en a même[2] à qui leurs défauts siessent (sic) bien, et d'autres qui sont disgraciés de leurs bonnes qualités.

CCLII

Ms. aut. — Il est aussi ordinaire de voir changer les goûts qu'il est rare de voir changer les inclinations.

CCLIII

Ms. aut. — L'intérêt donne toute sorte de vertus et de vices.

Ms. 1663. — Conforme au manuscrit autographe, sauf le pluriel « toutes sortes ».

CCLIV

Ms. aut. — L'humilité est une feinte soumission, que nous employons pour soumettre effectivement tout le monde; c'est un mouvement de l'orgueil, par lequel il s'abaisse devant les hommes, pour s'élever sur eux; c'est son plus grand déguisement et son premier stratagème. Certes, comme il

---

1. Après « siéent » est biffé « souvent » et « disgraciés » est bien au masculin (disgraciés).
2. Cette maxime vient après une qui commence par « Il y a des gens ».

est sans doute que le Protée des fables n'a jamais été, il est un véritable dans la nature, car il prend toutes les formes, comme il lui plaît ; mais, quoiqu'il soit merveilleux et agréable à voir sur toutes ses figures et dans toutes ses industries, il faut pourtant avouer qu'il n'est jamais si rare ni si plaisant que lorsqu'on le voit sous la forme et sous l'habit de l'humilité ; car alors on le voit les yeux baissés ; sa contenance est modeste et reposée, ses paroles douces et respectueuses, pleines de l'estime des autres et de dédain pour lui-même : il est indigne de tous les honneurs, il est incapable d'aucun emploi, et ne reçoit les charges où on l'élève que comme un effet de la bonté des hommes et de la faveur aveugle de la fortune.

Ms. 1663. — Conforme au manuscrit autographe, sauf ces variantes : « Et comme il est sans doute comme le Protée des fables n'a jamais été, il est certain aussi que l'orgueil en est un véritable dans la nature, car » ; « à voir sous toutes ses figures », et « qu'il n'est jamais si rare ni si extraordinaire que lorsqu'on le voit les yeux baissés ; sa contenance ».

Edit. 1664. — Conforme au manuscrit autographe, sauf ces variantes : « Et comme il est sans doute que le Protée des fables n'a jamais été, il est certain aussi que l'orgueil en est un véritable dans la nature, car » ; « agréable à voir dans toutes les figures » ; « qu'il n'est jamais si rare ni si extraordinaire que lorsqu'on le voit les yeux baissés » ; « sa contenance [est] modeste et », et « des charges où l'on l'élève ».

CCLV

Ms. aut. — Les pensées et les sentiments ont chacun un ton de voix, une action et un air de visage qui leur sont propres ; c'est ce qui fait les bons et les mauvais comédiens, et c'est ce qui fait aussi que les personnes plaisent ou déplaisent.

Ms. 1663. — Conforme au manuscrit autographe, sauf cette leçon autive : « que les personnes plaisants[1] et déplaisants. »

Edit. 1664. — Conforme au manuscrit autographe, sauf cette variante : « une action et un air qui leur sont propres »[2].

CCLVI

Ms. aut. — Dans toutes les professions et dans tous les arts, chacun se fait une mine et un extérieur qu'il met en la place de la chose dont il veut avoir le mérite, de sorte que tout le monde n'est composé que de mines, et c'est inutilement que nous travaillons à y trouver les choses.

Ms. 1663. — Conforme au manuscrit autographe, sauf cette faute : « Dans toutes les perfections et dans ».

Edit. 1664. — Conforme au manuscrit autographe[3].

CCLX

Ms. aut. — La civilité est une envie d'en recevoir ; c'est aussi un desir d'être estimé poli.

Ms. 1663. — Conforme au manuscrit autographe.
Edit. 1664. — Conforme au manuscrit autographe.

1. Faut-il, peut-être, suppléer « sont » ?
2. La maxime en forme deux dans cette édition ; elle est coupée après « propres ».
3. Dans cette édition, les maximes LVI (ci-dessus, p. 9) et CCLVI sont réunies ; LVI est en tête.

CCLXI

Ms. AUT. — L'éducation qu'on donne aux princes est un second amour-propre qu'on leur inspire.
Ms. 1663. — Conforme au manuscrit autographe.
Édit. 1664. — Conforme au manuscrit autographe.

CCLXIII

Ms. AUT. — Il n'y a point de libéralité, et ce n'est que la vanité de donner, que nous aimons mieux que ce que nous donnons.
Ms. 1663. — Conforme au manuscrit autographe.
Édit. 1664. — Conforme au manuscrit autographe.

CCLXIV

Ms. AUT. — La pitié est un sentiment de nos propres maux dans un sujet étranger; c'est une prévoyance habile des malheurs où nous pouvons tomber, qui nous fait donner des secours aux autres, pour les engager à nous les rendre dans de semblables occasions, de sorte que les services que nous rendons à ceux qui sont accueillis de quelque infortune sont, à proprement parler, des biens anticipés que nous nous faisons.
Ms. 1663. — Conforme au manuscrit autographe, sauf cette variante : « dans de semblables actions »[1].
Édit. 1664. — Conforme au manuscrit autographe.

CCLXV

Ms. AUT. — La petitesse de l'esprit fait l'opiniâtreté. On ne croit pas aisément ce qui est au delà de ce que nous voyons.

CCLXVI

Ms. AUT. — On s'est trompé quand on a cru, après tant de grands exemples, que l'ambition et l'amour triomphoient toujours des autres passions; c'est la paresse, toute languissante qu'elle est, qui en est le plus souvent la maîtresse : elle usurpe insensiblement sur tous les desseins et sur toutes les actions de la vie, et enfin elle émousse et éteint toutes les passions et toutes les vertus.
Ms. 1663. — Conforme au manuscrit autographe, sauf ces variantes : « que l'amour et l'ambition triomphent », et « de la vie; elle y détruit et y consomme toutes les passions et toutes les vertus. »
Édit. 1664. — Conforme au manuscrit autographe, sauf ces variantes : « On s'est trompé quand on a cru que l'amour et l'ambition triomphoient toujours des autres passions », et « elle usurpe insensiblement l'empire sur tous les desseins et sur toutes les actions de la vie; elle y détruit et y consomme toutes les passions et toutes les vertus. »

---

1. Cette maxime est suivie, dans ce manuscrit, de la maxime CCXXXVI (voyez ci-dessus, p. 33) et n'en forme qu'une avec elle.

CCLXVII

Ms. AUT. — La promptitude avec laquelle nous croyons le mal, sans l'avoir assez examiné, est aussi bien un effet de paresse que d'orgueil : on veut trouver des coupables, mais on ne veut pas se donner la peine d'examiner les crimes.

CCLXVIII

Ms. AUT. — Nous récusons tous les jours des juges pour les plus petits intérêts, et nous commettons notre gloire et notre réputation, qui est la plus importante affaire de notre vie, aux hommes, qui nous sont tous contraires, ou par leur jalousie, ou par leur malignité, ou par leur préoccupation, ou par leur sottise, ou par leur injustice ; et c'est pour obtenir d'eux un arrêt en notre faveur que nous exposons notre vie, et que nous la condamnons à une infinité de soucis, de peines et de travaux.

Ms. 1663. — Conforme au manuscrit autographe, sauf cette variante : « pour le plus petit intérêt ».

CCLXXI

Ms. AUT. — La jeunesse est une ivresse continuelle : c'est la fièvre de la santé, c'est la folie de la raison.

CCLXXIII

Ms. AUT. — Il y a des hommes que l'on estime, qui n'ont pour toutes vertus que des vices qui sont propres à la société et au commerce de la vie.

CCLXXV

Ms. AUT. — La nature, qui se vante d'être toujours sensible, est, dans la moindre occasion, étouffée par l'intérêt.

Ms. 1663. — Conforme au manuscrit autographe, sauf cette variante : « étouffée par un intérêt. »

EDIT. 1664. — Conforme au manuscrit autographe.

CCLXXXV

Ms. AUT. — La magnanimité est assez définie par son nom ; on pourroit dire toutefois que c'est le bon sens de l'orgueil, et la voie la plus noble qu'il[1] ait pour recevoir des louanges.

CCXCIII

Ms. AUT. — Qui ne riroit de la modération, et de l'opinion qu'on a conçue d'elle ? Elle n'a garde, ainsi qu'on croit, de combattre et de soumettre l'ambition, puisque jamais elles ne se peuvent trouver ensemble, la modération n'étant véritablement qu'une paresse, une langueur et un manque de courage : de manière qu'on peut justement dire que la modération est la bassesse de l'âme, comme l'ambition en est l'élévation.

1. « Qu'il » corrige « qu'elle ».

Ms. 1663. — Conforme au manuscrit autographe, sauf cette faute : « une langueur et *une marque* de courage ».

Édit. 1664. — Conforme au manuscrit autographe, sauf ces variantes : « Qui ne riroit de cette vertu[1], et de l'opinion qu'on a conçue d'elle ? Elle n'a garde, ainsi qu'on le croit de ».

CCXCVII

Ms. aut. — Nous ne nous apercevons que des emportements et des mouvements extraordinaires de nos humeurs, comme de la violence de la colère, etc.[2] ; mais personne quasi ne s'aperçoit que ces humeurs ont un cours ordinaire et réglé, qui meut et tourne doucement et imperceptiblement notre volonté à des actions différentes ; elles roulent ensemble, s'il faut ainsi dire, et exercent successivement leur empire, de sorte qu'elles ont une part considérable à toutes nos actions, dont nous croyons être les seuls auteurs.

Ms. 1663. — Conforme au manuscrit autographe, sauf ces variantes : « de nos humeurs et de notre tempérament, comme », et « elles veulent (*sic*) ensemble ».

Édit. 1664. — Conforme au manuscrit autographe, sauf ces variantes : « Nous nous apercevons des emportements et des mouvements extraordinaires de nos humeurs et de notre tempérament, comme de la violence de la colère ; mais », et « de sorte qu'elles ont une part considérable à toutes nos actions, dont nous croyons être les seuls auteurs ; et le caprice de l'humeur est encore plus bizarre que celui de la fortune[3].

CCCXCIV

Ms. aut. — Chacun pense être plus fin que les autres[4].
Ms. 1663. — Conforme au manuscrit autographe.
Édit. 1664. — Conforme au manuscrit autographe.

DIV

Ms. aut. — On peut rapprocher d'une partie de cette maxime les deux suivantes du manuscrit :

Rien ne prouve davantage combien la mort est redoutable, que la peine que les philosophes se donnent pour persuader qu'on la doit mépriser.

Rien ne prouve tant que les philosophes ne sont pas si bien persuadés qu'ils disent, que la mort n'est pas un mal, que le tourment qu'ils se donnent pour éterniser leur réputation.

---

1. La maxime, dans cette édition, vient immédiatement après celle qui commence par : « La modération dans la bonne fortune » : voyez ci-dessus, p. 3-4, les variantes des maximes xvii et xviii, réunies en une seule dans les trois textes.

2. Cet « etc. » est dans ce manuscrit et dans la copie de 1663.

3. C'est, depuis « le caprice », avec une légère variante : « de l'humeur », et l'orthographe, que nous avons déjà notée : « bigearre », la maxime XLV : voyez ci-dessus, p. 7.

4. Entre ce texte et celui de la maxime définitive CCCXCIV, c'est à peine s'il y a assez de rapport de sens pour justifier le rapprochement. Dans l'édition de 1664, cette phrase précède, jointe par *et*, la variante de la maxime CXXVI (ci-dessus, p. 19).

2° *Variantes se rapportant aux* Maximes posthumes.

(Voyez tome I, p. 223-235.)

DV

Ms. aut. — Dieu a mis des talents différents dans l'homme, comme il a planté de différents arbres dans la nature, en sorte que chaque talent, de même que chaque arbre, a ses propriétés et ses effets qui lui sont tous particuliers. De là vient que le poirier le meilleur du monde ne sauroit porter les pommes les plus communes, et que le talent le plus excellent ne sauroit produire les mêmes effets des talents les plus communs; de là vient encore qu'il est aussi ridicule de vouloir faire des sentences, sans en avoir la graine en soi, que de vouloir qu'un parterre produise des tulipes, quoiqu'on n'y ait point semé les oignons.

Ms. 1663. — Conforme au manuscrit autographe, sauf ces variantes : « planté des différents arbres »; « chaque talent est (*sic*), de même que chaque arbre a »; « que le poirier le meilleur du monde ne sauroit porter des pommes les plus communes, et que le talent le plus excellent ne sauroit porter les effets des talents les plus communs; de là vient qu'il est aussi ridicule de vouloir faire des semences, sans avoir de la graine, que de vouloir qu'un parterre produise des tulipes, quoiqu'on [n'] y ait pas semé de ses oignons. »

Édit. 1664. — Conforme au manuscrit autographe, sauf ces variantes : « de différents arbres dans [la] nature »; « des pommes les plus communes », et « de là vient encore qu'il est ridicule[1] de vouloir faire des semences, sans avoir la graine en soi, que de vouloir qu'un parterre produise des tulipes, quand on n'y a pas planté des oignons. »

DVI

Ms. 1663. — On ne sauroit exempter (*sic*, pour *compter*) tous les excès de vanité[2].

DVII

Ms. aut. — Tout le monde est plein de pelles qui se moquent des fourgons.

DVIII

Ms. aut. — Ceux qui prisent trop leur noblesse ne prisent d'ordinaire pas assez ce qui en est l'origine.

---

1. Tel est le texte, sans « aussi ».
2. Dans la copie de 1663 et dans l'édition de 1664, cette maxime n'en fait qu'une avec notre cvi⁵, qui la suit, jointe par *et* : voyez ci-dessus, p. 16 et 17.

DX

Ms. aut. — Conforme à notre texte, sauf cette variante : « de là vien le soudain assoupissement ».

DXI

Edit. 1664. — Nous craignons toutes choses comme mortels, et nous les desirons toutes comme si nous étions immortels.

DXIII

Ms. aut. — Ce qui nous fait croire si facilement que les autres ont des défauts, c'est la facilité que l'on a de croire ce qu'on souhaite.

DXIV

Ms. aut. — Le remède de la jalousie est la certitude de ce qu'on craint...; c'est un cruel remède, mais il est plus doux que les doutes et les soupçons.

DXVI

Ms. aut. — Il ne faut pas s'offenser que les autres nous cachent la vérité, puisque nous nous la cachons si souvent nous-mêmes.

DXVII

Ms. 1663. — Ce qui nous empêche souvent de bien juger des sentences qui prononce[nt] la fausseté des vertus, e[s]t que nous voyons qu'elles sont véritables en nous.

DXIX

Ms. aut. — La fin du bien est un mal, la fin du mal est un bien.

DXX

Ms. aut. — Les philosophes ne condamnent les richesses que par le mauvais usage que nous en faisons; il dépend de nous de les acquérir et de nous en servir sans crime; et au lieu qu'elles nourrissent et accroissent les vices, comme le bois entretient et augmente le feu, nous pouvons les consacrer à toutes les vertus, et les rendre même par là plus agréables et plus éclatantes.
Ms. 1663. — Conforme au manuscrit autographe, sauf cette variante : « par les mauvais usages ».
Edit. 1664. — Conforme au manuscrit autographe, sauf cette variante : « sans crime; au lieu qu'elles ».

DXXII

Ms. aut. — Comme la plus heureuse personne du monde est celle à qui peu de choses suffit, les grands et les ambitieux sont en ce point les plus misérables, [puis]qu'il leur faut l'assemblage d'une infinité de biens pour les rendre heureux.
Ms. 1663. — Les grands et les ambitieux sont plus misérables que les médiocres : il faut moins pour contenter ceux-ci que ceux-là.
Édit. 1664. — Conforme à la copie de 1663.

DXXIII

Ms. aut. — Une preuve convaincante que l'homme n'a pas été créé comme il est, c'est que, plus il devient raisonnable, et plus il rougit en soi-même de l'extravagance, de la bassesse et de la corruption de ses sentiments et de ses inclinations.
Ms. 1663. — Conforme au manuscrit autographe, sauf cette variante : « c'est que, plus il est raisonnable ».
Édit. 1664. — Conforme au manuscrit autographe.

DXXVII

Ms. aut. — L'homme est si misérable, que tournant toutes ses conduites à satisfaire ses passions, il gémit incessamment sous leur tyrannie : il ne peut supporter ni leur violence, ni celle qu'il faut qu'il se fasse pour s'affranchir de leur joug ; il trouve du dégoût non-seulement dans ses vices, mais encore dans leurs remèdes, et ne peut s'accommoder ni des chagrins de ses maladies, ni du travail de sa guérison.

3° *Variantes se rapportant aux* Maximes supprimées.

(Voyez tome I, p. 243-267.)

DLXIII

Ms. AUT. — Conforme au texte définitif sauf ces variantes : « L'amour-propre est l'amour de soi-même et de toutes choses pour soi; il rend les hommes idolâtres d'eux-mêmes, et les rendroit les tyrans des autres, si la fortune leur en ouvroit les moyens »; « de la métamorphose »; « et il y conçoit »; « il en forme même quelquefois de si monstrueuses »; « n'avoir plus d'envie de courir quand il se repose »; « a une magie qui lui est propre »; « timide et audacieux, etc.[1] »; « qui le[2] tournent et le dévouent pour l'ordinaire à la gloire, ou aux richesses, ou aux plaisirs; il en change »; « et outre les changements qui lui viennent des causes étrangères »; « de son propre fonds, car il est naturellement inconstant de toutes manières : il est inconstant d'inconstance »; « et on le voit quelquefois travailler avec la dernière application, et avec des travaux incroyables, à »; « nuisibles, et qu'il poursuit seulement parce qu'il les veut. Il est bizarre »; « il vit partout, il vit de tout, et il vit de rien »; « il passe même dans le parti des gens de piété qui lui font la guerre »; « il se hait lui-même, avec eux[3] il conjure sa perte, il travaille même à sa ruine »; « Il ne faut donc pas s'étonner s'il se joint à la plus sévère piété, et s'il »; « quand on pense qu'il quitte son plaisir, il le change seulement en satisfaction, et lors même qu'il »; « on le retrouve dans le triomphe de sa défaite », et « trouve dans la violence de ses vagues continuelles une ».

Ms. 1663. — Conforme au texte définitif, sauf ces variantes (dont la plupart sont, sans les fautes, dans le manuscrit autographe) : « Il ne repose jamais hors de soi »; « On ne peut en sonder la profondeur »; « il en forme quelquefois de si monstrueuses »; « n'avoir plus d'envie de courir quand il se repose »; « a une magie qui lui est propre »; « un (*sic*) peu de temps et sans effort »; « plutôt que par les beautés et par le mérite »; « que c'est après lui-même qu'il court, lorsqu'il suit les choses qui sont à son gré. Il est tout le contraire »; « timide et audacieux, etc. »; « qui le tournent et le dénouent (*sic*) pour l'ordinaire à la gloire, et aux richesses ou aux plaisirs »; « et outre les changements qui lui viennent des causes étrangères »; « de légèreté d'amour, de nouveautés »; « travailler avec la dernière application, et avec des travaux incroyables, à »; « et conserve sa fierté »; « il vit partout, il vit de tout, et il vit de rien, et il s'accommode »; « il passe même dans le parti des gens de piété qui lui font la guerre »; « et, pourvu qu'il soit, veut bien être son ennemi »; « Il ne faut donc pas s'étonner s'il se joint à la plus sévère piété, et s'il »;

---

1. L' « etc. » est dans ce manuscrit, ainsi que dans la copie de 1663.
2. « Les », par mégarde, dans le manuscrit.
3. Le manuscrit a bien ainsi une virgule après « lui-même », et il n'y en a pas après « avec eux ».

« dans le même temps qu'il [se] ruine en un endroit, il se rétablit » ; « quand on pense qu'il quitte son plaisir, il se change seulement en satisfaction » ; « on le retrouve dans les triomphes de sa défaite », et « trouve dans la violence de ses vagues continuelles une ».

Édit. 1664. — Conforme au texte définitif, sauf ces variantes : « L'amour-propre est l'amour de soi-même et de toutes choses pour soi. Il est plus habile que le plus habile homme du monde[1]. Il rend les hommes idolâtres d'eux-mêmes, et les rendroit » ; « Il ne repose jamais hors de soi » ; « On ne peut sonder la profondeur de ses projets, ni en percer les ténèbres » ; « il en forme quelquefois de si monstrueuses » ; « qui les couvre » ; « n'avoir plus envie de courir quand il se repose, et pense avoir perdu » ; « en quoi il est raisonnable[2] à nos yeux » ; « dans ses plus grands intérêts et ses plus importantes affaires » ; « a une magie qui lui est propre » ; « que c'est après lui-même qu'il court et qu'il suit son gré. Il est tous les contraires » ; « et le dévouent pour l'ordinaire à la gloire, ou aux richesses, ou aux plaisirs » ; « qui lui viennent des causes étrangères » ; « il est inconstant d'inconstance, de légèreté d'amour de nouveauté[3], de lassitude » ; « travailler avec la dernière application, et avec des travaux incroyables, à » ; « Il est bigearre[4] » ; « il vit partout, il vit de tout, et il ne vit de rien, et il s'accommode » ; « il passe même par pitié[5] dans le parti des gens qui lui font la guerre » ; « enfin il ne se soucie que d'être, pourvu qu'il soit : il veut bien[6] » ; « s'il se joint à la plus sévère pitié, et s'il » ; « quand on pense qu'il quitte son plaisir, il le change seulement en satisfaction » ; « on le retrouve dans les triomphes de sa défaite », et « trouve dans la violence de ses vagues continuelles une ».

DLXV

Ms. aut. — La modération dans la bonne fortune n'est que la crainte de la honte qui suit l'emportement, ou la peur de perdre ce que l'on a.
Ms. 1663. — Conforme au manuscrit autographe.
Édit. 1664. — Conforme au manuscrit autographe[7].

DLXVII

Ms. 1663. — Tout le monde trouve à redire en autrui ce qu'il trouve à redire en lui.

DLXVIII

Ms. aut. — Enfin l'orgueil, comme lassé de ses artifices et de ses métamorphoses, après avoir joué tout seul les personnages de la comédie humaine, se montre avec son visage naturel, et se découvre....

---

1. Cette phrase est notre maxime iv.
2. Ainsi, pour « semblable ».
3. Ponctué ainsi dans cette édition.
4. Voyez ci-dessus, p. 39 et note 3.
5. Ainsi, là et deux lignes après, pour « piété ».
6. Ainsi ponctué.
7. Voyez ci-dessus, p. 3-4, les maximes xvii et xviii.

DLXIX

Ms. aut. — Rapprochez de cette maxime la variante donnée ci-dessus, p. 7, de la maxime xli.

DLXXI

Ms. aut. — Quand on ne trouve point son repos en soi-même, il est inutile de le chercher ailleurs.
Edit. 1664. — Conforme au manuscrit autographe.

DLXXII

Ms. aut. — On n'est jamais si malheureux qu'on craint, ni si heureux qu'on espère.
Ms. 1663. — On n'est jamais si malheureux qu'on croit, ni si heureux qu'on espère.
Edit. 1664. — On n'est jamais ni si malheureux qu'on pense, ni si heureux qu'on espère.

DLXXIII

Ms. aut. — On se console souvent d'être malheureux en effet par un certain plaisir qu'on trouve à le paroître.
Ms. 1663. — Conforme au manuscrit autographe, sauf cette variante : « pour certain plaisir ».

DLXXIV

Ms. aut. — Comment peut-on se répondre si hardiment de soi-même, puisqu'il faut auparavant se pouvoir répondre de sa fortune ?

DLXXVI

Edit. 1664. — L'amour est en l'âme de celui qui aime ce que l'âme est au corps qui l'anime (*sic*).

DLXXVII

Ms. aut. — Comme on n'est jamais libre d'aimer ou de cesser d'aimer, on ne peut se plaindre avec justice de la cruauté de sa maîtresse, ni elle de la légèreté de son amant.
Ms. 1663. — Conforme au manuscrit autographe, sauf cette omission fautive : « de sa maîtresse, ni de la légèreté ».
Edit. 1664. — Conforme au manuscrit autographe, sauf ces variantes : « Comme on n'est jamais libre d'aimer ou de n'aimer pas », et « de la cruauté d'une maîtresse ».

DLXXVIII

Ms. AUT. — La justice n'est qu'une vive appréhension qu'on nous ôte ce qui nous appartient ; de là vient cette considération et ce respect pour tous les intérêts du prochain, et cette scrupuleuse application à ne lui faire aucun préjudice. Sans cette crainte qui retient l'homme dans les bornes des biens que la naissance ou la fortune lui a donnés[1], pressé par la violente passion de se conserver, comme par une faim enragée, il feroit des courses continuellement sur les autres.

Ms. 1663. — Conforme au manuscrit autographe, sauf ces variantes : « qu'on ne nous ôte » ; « de[2] cette scrupuleuse application », et « des biens que la naissance ou la fortune lui ont donné[s] ».

Edit. 1664. — Voyez ci-dessus, p. 12, comment, dans cette édition, cette maxime et la suivante se combinent avec la LXXVIIIe.

DLXXIX

Ms. AUT. — La justice dans les bons juges qui sont modérés n'est que l'amour de l'approbation ; dans les ambitieux, c'est l'amour de leur élévation.

Ms. 1663. — La justice dans les bons juges qui sont modérés n'est que l'amour dans (sic) leur élévation.

Edit. 1664. — L'amour de la justice dans les bons juges qui sont modérés n'est que l'amour de leur élévation. (Voyez ci-dessus, p. 12, la variante de la maxime LXXVIII.)

DLXXX

Ms. AUT. — On blâme l'injustice, non pas par la haine qu'on a pour elle, mais par le préjudice qu'on en reçoit.

Ms. 1663. — Conforme au manuscrit autographe, sauf cette variante : « mais pour le préjudice ».

DLXXXIV

Ms. AUT. — Comment prétendons-nous qu'un autre garde notre secret, si nous n'avons pu le garder nous-mêmes ?

Ms. 1663. — Conforme au manuscrit autographe.

DLXXXV

Ms. AUT. — L'aveuglement des hommes est le plus dangereux effet de leur orgueil : il sert encore à le nourrir et à l'augmenter, et c'est pour manquer de lumières que nous ignorons toutes nos misères et tous nos défauts.

Ms. 1663. — Conforme au manuscrit autographe.

Edit. 1664. — Conforme au manuscrit autographe, sauf ces variantes : « il sert à le nourrir et à l'augmenter, et c'est bien pour manquer de lumière que ».

---

1. « Données », par mégarde, dans le manuscrit.
2. Ainsi, pour « et » ; à la ligne suivante, « donné », sans accord.

DLXXXVI

Ms. 1663. — On a plus de raison quand on espère plus d'en trouver aux autres[1].

DLXXXIX

Édit. 1664. — Conforme au texte définitif, sauf cette variante : « aux bâtiments de l'orgueil. »

DXCV

Ms. aut. — On n'oublie jamais si bien les choses que quand on s'est lassé d'en parler.

DXCVI

Édit. 1664. — La modestie qui semble les refuser[2], n'est en effet qu'un desir d'en avoir de plus délicates.

DXCIX

Ms. aut. — L'approbation que l'on donne à l'esprit, à la beauté et à la valeur, les augmente, et les perfectionne, et leur fait faire de plus grands effets qu'ils n'auroient été capables de faire d'eux-mêmes.

DCI

Ms. aut. — On ne fait point de distinction dans la colère, bien qu'il y en ait une légère et quasi innocente, qui vient de l'ardeur de la complexion, et une autre très-criminelle, qui est, à proprement parler, la fureur de l'orgueil et de l'amour-propre.
Ms. 1663. — Conforme au manuscrit autographe, sauf cette variante : « dans les espèces de colère ».
Édit. 1664. — Conforme au manuscrit autographe, sauf cette variante : « dans les espèces de colères », et « qui est, proprement parler, la ».

DCII

Ms. aut. — Les grandes âmes ne sont pas celles qui ont moins de passions et plus de vertu, mais celles qui ont seulement de plus grandes vues.
Ms. 1663. — Conforme au manuscrit autographe, sauf ces variantes : « de vertus », et « celles qui seulement ont ».
Édit. 1664. — Conforme au manuscrit autographe, sauf la variante « de vertus ».

---

1. Ainsi, sans les deux négations.
2. Qui semble refuser les louanges. — La maxime est, dans cette édition, réunie à la maxime CXLIII : voyez ci-dessus, p. 21.

DCIII

Ms. AUT. — Les rois font des hommes comme des pièces de monnoie : ils les font valoir ce qu'ils veulent, et on est forcé de les recevoir selon leur cours et non pas selon leur véritable prix.
Ms. 1663. — Conforme au manuscrit autographe.
ÉDIT. 1664. — Conforme au manuscrit autographe, sauf ces variantes : « leurs cours », et « leurs véritables prix. »

DCIV

Ms. AUT. — Peu de gens sont cruels de cruauté, mais tous les hommes sont cruels et inhumains d'amour-propre.
Ms. 1663. — Conforme au manuscrit autographe, sauf cette variante : « de cruauté, mais les hommes sont ».
ÉDIT. 1664. — Conforme au manuscrit autographe, sauf cette variante : « de cruauté, mais l'on peut dire que la plupart des hommes sont ».

DCV

Ms. AUT. — Dieu seul fait les gens de bien, et on peut dire de toutes nos vertus ce qu'un poëte a dit de l'honnêteté des femmes :

> .... *L'essere honesta*
> *Non è, se non un'arte di parer honesta.*

Ms. 1663. — Cette copie est conforme, pour la partie française, au manuscrit autographe, mais elle omet la citation italienne.

DCVI

Ms. AUT. — La vertu est un fantôme formé par nos passions, à qui on donne un nom honnête, pour faire impunément ce qu'on veut.
Ms. 1663. — Conforme au manuscrit autographe.
ÉDIT. 1664. — Conforme au manuscrit autographe, sauf ces variantes : « La vertu des gens du monde est un fantôme », et « pour faire impunément ce qu'on peut. »

DCVII

Ms. AUT. — Nous sommes préoccupés de telle sorte en notre faveur, que ce que nous prenons le plus souvent pour des vertus ne sont en effet que des vices qui leur ressemblent, et que l'orgueil et l'amour-propre nous ont déguisés.
Ms. 1663. — Conforme au manuscrit autographe, sauf ces variantes : « que ce que nous prenons souvent pour des vertus n'est en effet qu'un nombre de vices qui ».
ÉDIT. 1664. — Conforme à la copie de 1663, sauf cette variante : « ce que nous prisons souvent pour des vertus ».

DCVIII

Ms. AUT. — Les crimes deviennent innocents, et même glorieux, par leur nombre et par leurs[1] excès ; de là vient que les voleries publiques sont des habiletés, et que les massacres des provinces entières sont des conquêtes.

Ms. 1663. — Conforme au manuscrit autographe, sauf cette variante : « des habiletés, et que prendre des provinces injustement s'appelle faire des conquêtes. Le crime a ses héros ainsi que la vertu[2]. »

Édit. 1664. — Conforme au manuscrit autographe, sauf ces variantes, dont la seconde, ainsi que l'addition finale, sont dans la copie de 1663 : « innocents, même glorieux par leur nombre et par leurs qualités » ; « des habiletés, et que prendre des provinces injustement s'appelle faire des conquêtes, » et : « Le crime a ses héros, etc. »

DCXIV

Ms. aut. — Cette intrépidité doit soutenir le cœur dans les conjurations, au lieu que la seule valeur lui fournit toute la fermeté qui lui est nécessaire dans les périls de la guerre.

Ms. 1663. — Conforme au manuscrit autographe.
Édit. 1664. — Conforme au manuscrit autographe[3].

DCXV

Édit. 1664. — Conforme au texte définitif, sauf cette variante : « une infinité d'actions qui, au lieu de l'avoir pour but, regarde seulement. »

DCXVIII

Ms. 1663. — L'imitation est toujours malheureuse, et tout ce qui est contrefait déplaît, et les seules choses charment qui sont naturelles.

DCXIX

Ms. aut. — Nous ne regrettons pas la perte de nos amis selon leur mérite, mais selon nos besoins et l'opinion que nous croyons leur avoir donnée de ce que nous valons.

Ms. 1663. — Conforme au manuscrit autographe, sauf cette variante : « suivant leurs mérites », et l'omission, par inadvertance, de *nous* devant *valons*.

DCXX

Ms. aut. — Il est bien malaisé de distinguer la bonté répandue et générale pour tout le monde, de la grande habileté.

Ms. 1663. — Conforme au manuscrit autographe.
Édit. 1664. — Conforme au manuscrit autographe.

DCXXII

Ms. aut. — La confiance de plaire est souvent le moyen de plaire infailliblement.

---

1. Dans le manuscrit *leux*, calque à remarquer d'une prononciation du pluriel *eurs* (leçon de l'édition Suard : voyez au tome I, note 1 de la page 258).
2. Voyez ci-dessus, p. 25, la note 1.
3. Cette maxime, dans les trois textes, suit la maxime CCXVII et n'en fait qu'une avec elle.

Ms. 1663. — Conforme au manuscrit autographe, sauf cette variante : « est souvent un moyen. »

Édit. 1664. — Conforme à la copie de 1663.

DCXXIII

Ms. aut. — Voyez ci-dessus, p. 37, la variante de la maxime cclxv dont la dcxxiii^e est la seconde phrase, jointe par *et* dans le texte définitif.

DCXXVI

Ms. aut. — La vérité est le fondement et la raison de la perfection et de la beauté[1] ; car il est certain qu'une chose, de quelque nature qu'elle soit, est belle et parfaite, si elle est tout ce qu'elle doit être, et si elle a tout ce qu'elle doit avoir.

Ms. 1663. — Conforme au manuscrit autographe.

Édit. 1664. — La vérité est le fondement et la justification de la raison, de la perfection et de la beauté ; car il est certain qu'une chose, de quelque nature qu'elle soit, est belle et parfaite, si elle est tout ce qu'elle doit être, et si elle a tout ce qu'elle doit avoir.

DCXXIX

Ms. aut. — La politesse des États est le commencement de leur décadence, parce qu'elle applique tous les particuliers à leurs intérêts propres, et les détourne du bien public.

Ms. 1663. — Conforme au manuscrit autographe.

Édit. 1664. — Conforme au manuscrit autographe.

DCXXX

Ms. aut. — De toutes les passions, celle qui est la plus inconnue, c'est la paresse ; elle est la plus violente et la plus maligne... ; c'est le petit poisson qui a la force d'arrêter les plus grands navires ; c'est une bonace,... et les plus grandes tempêtes. Le repos de la paresse est un charme secret de l'âme.... ses plus ardentes poursuites et ses[2] plus opiniâtres résolutions, et enfin, pour donner la véritable idée de cette passion, il faut dire que la paresse est une béatitude de l'âme, qui la console de toutes ses pertes, et la fait renoncer à toutes ses prétentions.

DCXXXI

Ms. aut. — De plusieurs actions diverses que la fortune arrange comme il lui plait, il s'en fait plusieurs vertus.

---

1. Dans le manuscrit autographe et dans la copie de 1663, ce commencement est déjà plus haut, comme maxime distincte, sous cette forme : « La vérité est le fondement et la justification de la (*sa*, 1663) beauté. »

2. « Ses » est écrit en interligne, au-dessus de « les » biffé.

II

MAXIMES INÉDITES,

FOURNIES PAR LES TROIS TEXTES ANTÉRIEURS A L'ÉDITION DE 1665, LA 1re DONNÉE PAR L'AUTEUR.

Le manuscrit autographe (de Liancourt) contient une maxime inédite (c'est son n° 237); la copie de 1663, une aussi, qui se retrouve dans l'édition hollandaise de 1664 (ce sont les n°s 2 de celle-là et 6 de celle-ci); sept autres sont propres à l'édition de 1664 (ce sont ses n°s 108, 109, 110, 153, 154, 155 et 156).

Manuscrit autographe (de Liancourt).

Il est difficile de comprendre combien est grande la ressemblance et la différence qu'il y a entre tous les hommes.

Copie de 1663 et édition de 1664.

Si on avoit ôté à ce qu'on appelle force, le desir de conserver et la crainte de perdre, il ne lui resteroit pas grand'chose.

Édition de 1664.

La familiarité est un relâchement presque de toutes les règles de la vie civile, que le libertinage a introduit dans la société, pour nous faire parvenir à celle qu'on appelle commode.

C'est un effet de l'amour-propre, qui, voulant tout accommoder à notre foiblesse, nous soustrait à l'honnête sujétion que nous imposent les bonnes mœurs, et, pour chercher trop les moyens de nous les rendre commodes, les fait dégénérer en vices.

Les femmes ayant naturellement plus de mollesse que les hommes, tombent plus tôt dans ce relâchement, et y perdent davantage; l'autorité du sexe ne se maintient pas; le respect qu'on lui doit diminue, et l'on peut dire que l'honnête y perd la plus grande partie de ses droits.

La raillerie est une gaieté agréable de l'esprit, qui enjoue la conversation, et qui lie la société, si elle est obligeante, ou qui la trouble si elle ne l'est pas.

Elle est plus[1] pour celui qui la fait, que pour celui qui la souffre.

C'est toujours un combat de bel esprit, que produit la vanité : d'où vient que ceux qui en manquent pour la soutenir, et ceux qu'un défaut reproché fait rougir, s'en offensent également, comme d'une défaite injurieuse qu'ils ne sauroient pardonner.

C'est un poison qui, tout pur, éteint l'amitié et excite la haine, mais qui, corrigé par l'agrément de l'esprit et la flatterie de la louange, l'acquiert ou la conserve; et il en faut user sobrement avec ses amis et avec les foibles.

1. Ainsi : voyez ci-après, p. 56, note 1.

III

ÉTUDE DE M. WILLEMS

sur la 1re édition des Maximes *de la Rochefoucauld, imprimée par les Elzevier, en 1664.*

(Voyez ci-dessus, l'*Avant-propos*, p. vii; et ci-après, la *Notice bibliographique*, au commencement des Imprimés, B, *Maximes*.)

Nous n'avons pas besoin d'avertir que, dans cette étude publiée en 1879, les mots manuscrit (autographe) *désignent la source ainsi nommée par M. Gilbert. M. Willems n'a pu connaître que par ce que nous lui en avons récemment appris le manuscrit d'incontestable authenticité dont nous donnons plus haut la très-complète collation, et que, dans les notes ajoutées par nous entre crochets, nous nommons, comme partout dans cet* Appendice, *le « Manuscrit de Liancourt ».*

On sait que la Rochefoucauld fit imprimer pour la première fois ses *Maximes* en 1665. Dans un *Avis au lecteur*, en tête du volume, l'auteur, ou le Sosie qui parle en son nom, rend compte en ces termes du motif qui l'a déterminé à publier son livre : « Il y a apparence que l'intention du peintre n'a jamais été de faire paroître cet ouvrage, et qu'il seroit encore renfermé dans son cabinet, si une méchante copie qui en a couru, et qui a passé même, depuis quelque temps, en Hollande, n'avoit obligé un de ses amis de m'en donner une autre, qu'il dit être tout à fait conforme à l'original. » L'histoire de cette copie n'avait jamais été éclaircie, et le dernier éditeur de la Rochefoucauld supposait que c'était un simple prétexte dont l'auteur s'était servi pour donner son livre au public. « Car, fait-il observer judicieusement, si une copie avait *couru* jusqu'*en Hollande*, on n'eût pas manqué de l'y imprimer immédiatement, comme on s'était hâté de faire, en 1662, pour les *Mémoires* de notre auteur; or il ne reste pas trace d'une édition hollandaise antérieure à la première édition française[1]. »

La Rochefoucauld n'en a pas fait accroire à ses lecteurs : cette édition hollandaise, vainement cherchée jusqu'ici, existe, et nous avons réussi à en retrouver un exemplaire. C'est un mince volume de 79 pages, imprimé en gros caractères et dans le format petit in-8°. Le titre porte : Sentences et maximes de morale. *A la Haye, chez Jean et Daniel Steucker,* cIɔ Iɔc lxiv. L'édition est donc antérieure d'un an à la première édition française. Une circonstance la rend doublement précieuse : elle sort des presses elzeviriennes de Leyde. Sur le frontispice se voit la marque typographique des Elzevier : un orme embrassé par un cep chargé de raisins, avec le Solitaire et la devise *Non Solus;* en tête de la page 3, le fleuron connu sous le nom de la Sirène; p. 79, un cul-de-lampe qui se vérifie sur une foule d'elzeviers signés, entre autres sur le *Nouveau Testament* hollandais de 1659. Depuis la mort de Jean Elzevier, en 1661, la maison de Leyde avait renoncé à imprimer pour son compte particulier, et ne travaillait plus que pour

---

1. Page 26 de l'édition de M. Gilbert dans la Collection des *Grands écrivains.* [Sur une mention, découverte dans un manuscrit du commencement de ce siècle, de cette impression de 1664, voyez ci-après, à l'endroit cité de la *Notice bibliographique.*]

les libraires. En cette même année 1664, la veuve et les héritiers de Jean imprimaient pour les mêmes Steucker une jolie édition du *Nouveau Testament* d'Olivetan, suivi des *Psaumes* de Marot et de Bèze[1].

Les frères Steucker, qui allaient bientôt se montrer les émules des Elzevier dans l'art typographique, n'étaient alors que de simples libraires, tenant boutique dans la grand'salle du Palais des États à la Haye. C'étaient des hommes ingénieux et avisés, qui, à peine établis, avaient su se mettre hors de pair. Ils avaient à Paris des agents ou correspondants très-bien au fait des choses littéraires, qui leur faisaient passer sous main des pièces historiques ou autres dont la publication n'eût pas été autorisée par la censure. Ainsi les Steucker avaient trouvé moyen de se procurer le texte inédit des *Mémoires* de Bassompierre, dont ils confiaient l'exécution aux Elzevier de Leyde (1665). Presque en même temps, ils donnaient, par parties détachées, mais dans un format uniforme, l'édition originale de Brantôme, qu'ils faisaient imprimer par les plus habiles typographes du temps, les Elzevier d'Amsterdam, les Hackius et les Foppens (1665-66).

S'il est à peine question d'eux dans les livres de bibliographie, c'est que le plus souvent ils ont gardé l'anonyme, et qu'on a confondu leurs productions avec celles de leurs rivaux. Pour établir la part qui leur revient dans ce qu'on est convenu d'appeler la collection elzevirienne, il faut procéder à un minutieux travail d'enquête et de comparaison. Ce travail, nous l'avons fait, et nous en publierons sous peu le résultat. On pourra se convaincre que la part des Steucker est très-considérable, et suffit à leur assurer un des premiers rangs parmi les imprimeurs et libraires de leur pays, à côté ou non loin des Blaeu, des Hackius et des Elzevier.

Les *Maximes* de la Rochefoucauld furent peut-être leur début dans la carrière d'éditeur; car nous ne connaissons d'eux aucun livre antérieur à celui-là. Pour n'avoir pas à revenir sur la question bibliographique, nous ajouterons ici un mot sur une particularité qui nous avait beaucoup intrigué, et dont la découverte que nous venons de faire nous fournit l'explication. Il existe deux réimpressions hollandaises des *Maximes*, parues en 1676 et 1679 dans le format petit in-12, et attribuées erronément aux Elzevier par tous les bibliographes[2]. La première fois qu'elles nous passèrent sous les yeux, ce fut avec une vive surprise que nous constatâmes qu'elles sortaient des presses des Steucker. Nous savions par expérience que les publications de ces imprimeurs rentrent presque toutes dans la classe des livres historiques. Il ne fallut rien moins que le témoignage irrécusable de la sphère, des fleurons et du matériel typographique, pour nous décider à accoler le nom des Steucker au titre d'un écrit qui s'écarte si complétement de leur genre habituel. Aujourd'hui tout s'explique. Si les Steucker n'ont point laissé à tel de leurs collègues dont c'était la spécialité, par exemple Wolfgang ou Daniel Elzevier, le soin de réimprimer cet ouvrage, c'est qu'ils avaient ou croyaient avoir une sorte de droit de priorité. On conçoit également qu'ils aient tardé onze ans à reproduire les *Maximes* malgré la vogue qu'elles avaient eue en France : sans doute ils attendaient que leur propre édition fût entièrement écoulée. Notons enfin un détail bizarre, mais qui s'explique par ce qui précède. Lorsque, en 1676, les Steucker se décidèrent à réimprimer le volume, quatre éditions s'étaient succédé en France, et le texte avait subi de notables modifications. Au lieu de s'attacher à reproduire la quatrième et dernière édition, comme l'eût fait à leur place tout autre libraire, les Steucker préférèrent s'en tenir au texte primitif, c'est-à-dire à leur propre texte revisé une première fois par l'auteur,

---

1. Le Nouveau Testament, c'est-à-dire la nouvelle alliance de nostre Seigneur Jésus-Christ (le *Non Solus*). *A la Haye, chez Jean et Daniel Steucker*, 1664, 2 parties en 1 vol. in-12.

2. Réflexions ou sentences et maximes morales (la Sphère). *Suivant la copie imprimée à Paris*, cIɔ Iɔc LXXVI, petit in-12, de 20 ff. limin. y compris le frontispice gravé et le titre imprimé, 104 pp. de texte et 4 ff. de table. Les bibliographes ne citent que l'édition de 1679, qui est une réimpression textuelle de celle de 1676.

ÉTUDE SUR L'ÉDITION DE 1664.

et qui depuis lors sans doute était demeuré à leurs yeux le seul texte officiel et consacré. Les deux éditions de 1676 et de 1679 sont une copie pure et simple de celle de 1665.

Revenons à notre volume, et commençons par donner une idée exacte de ce qu'il contient. Les maximes y sont au nombre de cent quatre-vingt-neuf; elles forment chacune un alinéa spécial, sans autres marques ni signes distinctifs. L'ordre dans lequel elles se suivent diffère essentiellement de celui qui a été adopté plus tard. Nous indiquons par un numéro la place qu'elles occupent dans l'excellente édition publiée par M. Gilbert pour la Collection des *Grands écrivains de la France*. Le soin qu'a pris M. Gilbert de recueillir en note toutes les variantes fournies soit par le manuscrit autographe conservé au château de la Roche-Guyon, soit par les diverses éditions données par l'auteur, nous a mis à même d'indiquer pour chaque maxime celle des versions dont elle se rapproche le plus[1]....

Dix de nos maximes ont été dédoublées plus tard, et ont fourni la matière de onze maximes nouvelles. Par contre, il en est six autres qui n'en forment que trois dans l'édition définitive : en sorte que le volume de 1664 renferme en réalité 197 maximes, au lieu de 317 que contient l'édition originale de 1665.

Sur ces 197 maximes, il y en a sept données comme posthumes dans l'édition de M. Gilbert, où elles figurent sous les n°s 505, 511, 517, 520, 522, 523 et 529. Elles sont, en général, conformes à la rédaction du manuscrit autographe, à l'exception du n° 522, qui offre un texte tout différent[2]. Dorénavant ces pensées devront être reléguées, non plus parmi les posthumes, mais dans la catégorie de celles que l'auteur a retranchées[3].

Huit sont complétement inédites, et, à ce titre, nous croyons devoir les reproduire :

(P. 5.) Si on avoit ôté à ce qu'on appelle force, le desir de conserver et la crainte de perdre, il ne lui resteroit pas grand'chose[4].

(P. 49.) La familiarité est un relâchement presque de toutes les règles de la vie civile, que le libertinage a introduit dans la société, pour nous faire parvenir à celle qu'on appelle commode.

C'est un effet de l'amour-propre, qui voulant tout accommoder à notre foiblesse, nous soustrait à l'honnête sujection que nous imposent les bonnes mœurs, et pour chercher trop les moyens de nous les rendre commodes, les fait dégénérer en vices.

Les femmes ayant naturellement plus de mollesse que les hommes, tombent plutôt dans ce relâchement, et y perdent davantage ; l'autorité du sexe ne se maintient pas ; le respect qu'on lui doit diminue, et l'on peut dire que l'honnête y perd la plus grande partie de ses droits.

(P. 67.) La raillerie est une gaieté agréable de l'esprit, qui enjoue la conversation et qui lie la société, si elle est obligeante, ou qui la trouble, si elle ne l'est pas.

[1. Nous omettons le tableau comparatif dressé par M. Willems et placé par lui à la suite de ces mots. Il ferait, en ce qui touche l'édition de 1664, double emploi avec nos tableaux de concordance (ci-après, p. 66-82) ; et d'ailleurs, comme on peut le voir dans notre *Avant-propos*, ce qui se rapporte à la source inconnue, non retrouvée, de M. Gilbert, a perdu beaucoup de son importance et de sa valeur.]

[2. Si, au lieu de rapprocher le texte de 1664 du manuscrit de M. Gilbert, nous le comparons avec celui de Liancourt, cette phrase est à modifier ainsi : « Trois (517, 523 et 529) sont conformes à la rédaction du manuscrit autographe, les quatre autres (505, 511, 520 et 522) offrent des variantes assez considérables. »]

[3. Les chiffres de M. Willems dans ces deux derniers paragraphes ne sont pas tout à fait conformes à ceux que donne le résumé dont nous avons fait suivre nos tableaux de concordance. Ce sont là des différences qu'on s'explique aisément dans un travail qui demande une si minutieuse attention.]

[4. Cette première maxime inédite est la seule des huit qui se trouve ailleurs que dans l'édition de 1664 ; c'est la seconde de la copie de 1663 (voyez ci-dessus, p. 51).]

APPENDICE DU TOME I.

Elle est plus pour celui qui la fait que pour celui qui la souffre[1].

C'est toujours un combat de bel esprit, que produit la vanité ; d'où vient que ceux qui en manquent pour la soutenir, et ceux qu'un défaut reproché fait rougir, s'en offensent également, comme d'une défaite injurieuse qu'ils ne sauroient pardonner.

C'est un poison qui, tout pur, éteint l'amitié et excite la haine, mais qui, corrigé par l'agrément de l'esprit et la flatterie de la louange, l'acquiert ou la conserve ; et il en faut user sobrement avec ses amis et avec les foibles[2].

Quelques-unes de ces pensées méritaient peut-être de rester en oubli, et l'auteur a bien fait de les répudier. Mais de ce qu'elles sont inférieures aux autres et accusent une certaine négligence de style, ne nous hâtons pas de conclure qu'elles soient moins authentiques. Bon nombre de celles qui se lisent dans le manuscrit autographe et dans la première édition sont pareillement dans ce cas. Si profond penseur, si parfait écrivain qu'il soit, la Rochefoucauld n'a pas été toujours également heureux dans le choix de ses pensées et de ses expressions. Et ici nous nous retranchons derrière l'auteur lui-même, qui, durant quinze ans, n'a pas cessé de manier et de remanier son œuvre, modifiant sans cesse et élaguant tout ce qui lui paraissait manquer de justesse quant au fond ou de précision dans la forme. Par combien de retouches successives ce petit livre des *Maximes* n'a-t-il point passé avant d'atteindre au point de perfection où il s'offre dans la rédaction définitive ? Ceux-là le savent bien qui ont pris la peine de comparer entre elles les diverses éditions.

Toujours est-il que ce n'est pas peu de chose que de nous avoir conservé quelques lignes de plus d'un maître en l'art d'écrire. Mais là n'est pas le seul, ni même, à nos yeux, le principal mérite de notre livret. Ce qui lui donne un intérêt exceptionnel, ce sont les variantes très-nombreuses et souvent très-précieuses qu'il renferme. Dans la liste qui précède, nous avons dû nous borner, pour chaque maxime, à indiquer sommairement le texte offrant le plus d'analogie avec le nôtre. Mais il est rare qu'il y ait conformité entière, et, à notre avis, l'avantage n'est pas toujours du côté de la version reçue.

Quelques-unes de ces variantes sont purement littéraires :

Max. 83 : *L'amitié la plus sainte et la plus* sincère (le manuscrit[3] porte *la plus sainte et la plus sacrée*)....

Max. 255 : *Les* pensées *et les sentiments* (dans le ms. : *les peines*[4] *et les sentiments*) *ont chacun un ton de voix, une action et un air de visage qui leur sont propres*....

Max. 21 : *Ceux qu'on condamne au supplice affectent quelquefois une constance et un mépris de la mort qui n'est en effet que la crainte de l'envisager : de sorte qu'on peut dire que cette constance et ce mépris sont à leur esprit ce que le* mouchoir *est à leurs yeux*[5]. Toutes les éditions portent : ce que le *bandeau* est à leurs yeux. *Mouchoir* n'était pas du style noble. Alfred de Vigny fait remarquer quelque part que la muse tragique française a été quatre-vingt-dix-huit ans avant de se décider à dire tout haut *un mouchoir*, elle qui disait *chien* et *éponge*, très-franchement. Et M. de Vigny avait ses raisons pour parler de la sorte, car c'est ce même

---

1. Il est évident que le typographe a omis un mot. L'auteur doit avoir écrit : *Elle est plus malaisée pour celui qui la fait...*, ou quelque chose d'analogue.

2. Le fond de ces pensées sur la raillerie se retrouve dans la 16ᵉ des *Réflexions diverses*, intitulée *De la différence des esprits* (p. 328 de l'édition de M. Gilbert).

[3. Non pas seulement le manuscrit de M. Gilbert, mais aussi celui de Liancourt et la copie de 1663 : voyez ci-dessus, p. 13.]

[4. Cette mauvaise leçon du manuscrit de M. Gilbert, et du texte de M. de Barthélemy, n'est pas dans le manuscrit de Liancourt : voyez ci-dessus, p. 36.]

[5. M. Willems a cité des deux maximes précédentes le texte de 1664 ; pour cette troisième, il donne le texte définitif de 1678, en n'y changeant que *bandeau* en *mouchoir*. Le manuscrit de Liancourt et ceux de MM. Gilbert et de Barthélemy portent aussi *mouchoir*, et de même la copie de 1663, qui substitue seulement *ce qu'un* à *ce que le*. Pour la variante totale de la maxime, voyez ci-dessus, p. 4.]

mot, employé dans un cas où il était indispensable et ne comportait pas d'équivalent, qui fut la principale cause de l'insuccès de sa tragédie d'*Othello*[1]. Ici la variante est de peu de conséquence, mais il est bon de la recueillir, ne fût-ce que pour faire voir à quels scrupules de style l'auteur s'est cru tenu d'obéir.

En voici une autre plus importante. L'édition de 1665 contient la maxime suivante : *La confiance de plaire est souvent un moyen de déplaire infailliblement* (max. 622). Je ne sais si je m'abuse, mais, exprimée de la sorte, cette pensée me fait l'effet d'un axiome banal, assez peu digne d'être enchâssé dans le recueil des *Maximes*. Notre édition porte : *La confiance de plaire est souvent un moyen de plaire infailliblement*. C'est précisément le contre-pied de la leçon reçue, mais ce n'est pas moins vrai, et surtout c'est plus original, plus piquant, plus dans le tour d'esprit habituel de ce raffiné et de ce railleur. Et, de fait, la substitution était tellement indiquée, que deux des éditeurs, Brotier et M. de Barthélemy, ont pris sur eux de la faire, en dépit du texte qu'ils avaient sous les yeux[2].

Tout le monde connaît cette désolante pensée, une de celles qui résument toute la doctrine du livre : *La vanité, la honte, et surtout le tempérament, font souvent la valeur des hommes et la vertu des femmes* (max. 220). Dans la première édition cette réflexion n'avait trait qu'à la valeur des hommes, et ne s'étendait pas à la vertu des femmes. On en a conclu que le dernier bout de phrase avait été ajouté postérieurement. C'est une erreur. De tout temps l'auteur a cru que la vertu chez les femmes et la valeur chez les hommes se comportent de même façon, et obéissent aux mêmes mobiles. Il n'a jamais varié sur ce point, car notre texte dit bel et bien : *La vanité et la honte, et surtout le tempérament, fait la valeur des hommes et la chasteté des femmes, dont on fait tant de bruit*[3]. On voit que s'il s'est corrigé plus tard, c'est uniquement pour atténuer sa pensée et lui ôter ce qu'elle avait de trop général et de trop absolu.

Passons à une autre maxime, où l'altération est plus manifeste. Nous lisons dans notre texte : *L'éducation qu'on donne aux princes est un second amour-propre qu'on leur inspire*. Veut-on savoir ce que cette pensée est devenue dans les éditions postérieures? *L'éducation que l'on donne d'ordinaire aux jeunes gens est un second amour-propre qu'on leur inspire* (max. 261)[4]. On conviendra qu'il ne

[1. M. Gustave Frédérix, dans un article remarquable, tout à l'éloge de M. Willems, publié dans *l'Indépendance belge* du 25 février 1879, rectifie en ces termes ce passage : « Ce mot audacieux, *mouchoir*, n'a pas été « la principale cause de l'insuccès « de l'Othello de M. de Vigny. » Voici comment M. de Vigny raconte lui-même le succès de son audace [dans sa *Préface*, édition de 1839, p. 32] : « En 1829, grâce à « Shakespeare, elle (la tragédie française) a dit le grand mot, à l'épouvante et éva-« nouissement des faibles, qui jetaient ce jour-là des cris longs et douloureux, mais *à* « *la satisfaction du public qui, en grande majorité, a coutume de nommer un mou-*« *choir : mouchoir*. Le mot a fait son entrée ; ridicule triomphe! » Triomphe, dit M. de Vigny. Ce n'est donc pas ce mot hardi, de style trop peu noble, qui a précipité la chute de la pièce. » — L'observation de M. Frédérix s'applique également à ce qui est dit, d'après M. Willems, dans la *Préface* du tome III, 2ᵈᵉ partie, p. XXVII.]

[2. *Plaire* est la leçon du manuscrit de Liancourt, dont la seule variante dans cette maxime est *un moyen* pour *le moyen*; c'est aussi celle de la copie de 1663 (voyez ci-dessus, p. 49-50); M. de Barthélemy ne nous avertissant point qu'il ait fait un changement, nous devons croire que son texte le lui donne également; et, en ce cas, les mots « ont pris sur eux » ne seraient justes qu'en ce qui touche Brotier, qui, lui, paraît bien, d'après tout ce qu'il nous dit, n'avoir pas connu d'impression antérieure à celle de 1665.]

[3. Même texte dans le manuscrit de Liancourt (voyez ci-dessus, p. 30), avec, à la fin, cette seule différence qui n'importe pas à ce que dit ici M. Willems : « dont chacun mène tant de bruit. »]

[4. Là aussi il y a identité entre le manuscrit de Liancourt, la copie de 1663 et l'édition de 1664[a]; et de même pour la maxime 186 dont il est parlé un peu plus

[a Nous aurons à noter un peu plus loin (p. 63) la même conformité de texte de la maxime 261 avec l'impression de 1664, dans une variante de 1ᵉʳ état de l'édition de 1665.]

s'agit plus ici d'une nuance de pensée, ou d'un changement de rédaction. La Rochefoucauld a craint évidemment qu'on ne prît sa maxime pour une épigramme et qu'on n'en fît l'application. Il eût mieux fait peut-être de la supprimer, il a préféré la tourner contre l'éducation en général. C'était le moyen de ne mécontenter personne en censurant tout le monde. Qui sait si cette malencontreuse maxime sur l'éducation des princes n'est pas la cause de l'extrême rareté du volume? La conjecture paraîtra moins téméraire, si l'on considère que deux ans plus tard, en 1666, l'auteur demandait la place de gouverneur du Dauphin. N'avait-il pas un intérêt capital à supprimer l'édition, pour éviter qu'on ne lui mît sous les yeux une sentence qui cadrait si mal avec l'emploi qu'il sollicitait[1]?

Continuons notre examen, et comparons encore, au hasard, quelques maximes, celle-ci par exemple : *On ne méprise pas tous ceux qui ont des vices, mais on méprise tous ceux qui n'ont aucune vertu* (max. 186 de l'édition définitive), avec celle de notre texte : *On hait souvent les vices, mais on méprise toujours le manque de vertu.*

Ou bien cette autre : *Nous avons plus de force que de volonté; et c'est souvent pour nous excuser à nous-mêmes que nous nous imaginons que les choses sont impossibles* (max. 30); dans la rédaction primitive : *Rien n'est impossible : il y a des voies qui conduisent à toutes choses; et si nous avions assez de volonté, nous aurions toujours assez de moyens*[2].

Ou bien encore la maxime 185 : *Il y a des héros en mal comme en bien*[3], avec celle-ci que l'auteur a condamnée, peut-être parce qu'elle affecte la forme d'un vers alexandrin[4] : *Le crime a ses héros, ainsi que la vertu.*

Notez que, dans notre texte, cette dernière pensée vient à la suite de la maxime 608[5], dont elle forme la conclusion logique. Tel est assez souvent le cas dans notre édition, et c'est encore un mérite sur lequel on nous permettra d'insister. Bon nombre de pensées que l'auteur a disséminées plus tard dans son livre se suivent ici dans leur liaison naturelle. En veut-on un exemple frappant? La Rochefoucauld a dit quelque part : *La folie nous suit dans tous les temps de la vie. Si quelqu'un paroît sage, c'est seulement parce que ses folies sont proportionnées à son âge et à sa fortune* (max. 207). Laharpe qualifie cette maxime d'exagération qui ne peut passer que dans une satire. « Il serait assez difficile de nous dire, ajoute-t-il, quelles étaient les folies de Sully[6] ou du chancelier de l'Hôpital;

loin. Pour la maxime 261, sur l'éducation, il y a un curieux rapprochement à faire entre elle et la maxime posthume 518, qui n'est donnée que par MM. de Barthélemy et Gilbert : « La dévotion qu'on donne aux princes est un second amour-propre » : voyez ci-dessus, p. 37 et 41.]

[1. On verra, dans la section IV de cet *Appendice* (p. 63), que les exemplaires de premier état, non cartonnés, de l'édition de 1665, ont aussi le mot *princes*, où cette leçon a été remplacée au moyen d'un carton par la prudente leçon définitive.]

[2. Dans le manuscrit de Liancourt et dans la copie de 1663 : « Rien n'est impossible de soi; » du reste, même texte que dans l'édition de 1664 : voyez ci-dessus, p. 5.]

[3. Le manuscrit de Liancourt a ici déjà le texte définitif de 1678, et de même la copie de 1663, qui, en outre, donne, à la fin de la maxime supprimée 608, comme aussi dans l'édition de 1664, la version première : « Le crime a ses héros, ainsi que la vertu » : voyez ci-dessus, p. 25 et note 1.]

4. Il n'y a qu'un mot à changer, et l'on aura le vers bien connu :

Ainsi que la vertu, le crime a ses degrés.

Mais le texte de la Rochefoucauld est antérieur; car ce vers est tiré de la *Phèdre* de Racine, qui ne parut qu'en 1677.

[5. Voyez ci-dessus, la note 3.]

[6. Voici ce que M. Frédérix, dans son article déjà mentionné (p. 59, note 1), oppose à cette critique de Laharpe appuyée de l'exemple de Sully : « Ouvrons Tallemant des Réaux [tome I, p. 417]; voici ce que nous y lisons sur M. de Sully : « Ce « bon homme, plus de vingt-cinq ans après que tout le monde avoit cessé de porter « des chaînes et des enseignes de diamants, en mettoit tous les jours pour se parer, « et se promenoit en cet équipage sous les porches de la Place Royale, qui est près et comment accorder cette maxime avec celle-ci : *Qui vit sans folie n'est pas si sage qu'il croit* (209°)? Il y a donc des gens qui n'ont point de folie, et de plus on n'est pas très-sage pour n'en pas avoir. Tout cela est-il bien clair et bien conçu, et au lieu de chercher à se faire deviner, ne vaudrait-il pas mieux s'assurer de ce qu'on veut dire? »

Laharpe a mille fois raison : il y a contradiction évidente entre les deux maximes 207 et 209. Mais la contradiction cesse si l'on consulte la rédaction primitive, parce qu'ici les deux pensées sont fondues en une seule, au moyen d'une phrase intermédiaire, qui sert à la fois de transition et de correctif :

La folie nous suit dans tous les temps de la vie ; et si quelqu'un paroît sage, c'est seulement parce que ses folies sont proportionnées à son âge et à sa fortune.

Les plus sages le sont dans les choses indifférentes, mais ils ne le sont presque jamais dans leurs plus sérieuses affaires[1] : et qui vit sans folie n'est pas si sage qu'il croit.

A mesure que les éditions de son livre se succédaient, la Rochefoucauld s'ingéniait de plus en plus à condenser ses réflexions sous la forme d'aphorismes : il ne visait plus qu'à frapper des médailles. Toutes les pensées qui ne se prêtaient pas à être resserrées en quelques lignes, étaient impitoyablement sacrifiées. Le plus beau morceau du recueil, la description de l'amour-propre, a été éliminé parce qu'il était trop long et avait cessé d'être en proportion avec le reste : si bien qu'on a pu dire des *Maximes* qu'elles ne sont qu'une suite d'épigrammes qui frappent l'esprit comme un trait et qui tombent aussitôt[2]. Ce défaut, si c'en est un, est moins sensible dans la première version. Ici la pensée est plus ample, l'expression plus abondante, ou, ce qui revient souvent au même, les maximes se succèdent dans leur relation immédiate. Bornons-nous à un dernier exemple, car nous risquerions de tout citer :

TEXTE DE 1664.	RÉDACTION DÉFINITIVE.
Ceux qui se sentent du mérite se piquent toujours d'être malheureux, pour persuader aux autres et à eux-mêmes qu'ils sont de véritables héros, puisque la mauvaise fortune ne s'opiniâtre jamais à persécuter que les personnes qui ont des qualités extraordinaires : de là vient qu'on se console souvent d'être malheureux, par un certain plaisir qu'on trouve à le paroître[3].	*Maxime 50.* Ceux qui croient avoir du mérite se font un honneur d'être malheureux, pour persuader aux autres et à eux-mêmes qu'ils sont dignes d'être en butte à la fortune. *Maxime 573.* On se console souvent d'être malheureux par un certain plaisir qu'on trouve à le paroître.

« de son hôtel. Tous les passants s'amusoient à le regarder. A Sully, où il s'étoit re-
« tiré sur la fin de ses jours, il avoit quinze ou vingt vieux paons, et sept ou huit
« vieux reîtres de gentilshommes qui, au son de la cloche, se mettoient en haie pour
« lui faire honneur, quand il alloit à la promenade, et puis le suivoient ; je pense que
« les paons suivoient aussi. » La peinture est excellente, et l'on voit les ridicules pompeux du grand ministre. Ce sont là d'assez naïves folies du sage Sully. Et cela prouve qu'il est imprudent de vouloir prendre en défaut la sagacité de la Rochefoucauld. Ce sont les noms qu'on invoque pour contester l'absolue vérité de son observation, que nous pouvons reprendre pour montrer que cette observation a touché le fond commun de la nature humaine. »]

[1. Ces deux maximes, y compris la phrase intermédiaire de l'édition de 1664 :
« Les plus sages.... leurs plus sérieuses affaires », en forment, dans le manuscrit de Liancourt, comme dans notre édition, trois absolument distinctes, ses nos 1, 96, 194, nos maximes 207, 581 et 209 (voyez ci-après les tableaux de concordance, p. 72 et 79). Dans le manuscrit, au commencement de la première (207), au lieu de : « La folie nous suit », on lit, différence importante : « L'enfance nous suit ».]
2. M. Sylvestre de Sacy, *Variétés littéraires*, tome I, p. 323.
[3. On peut voir aux tableaux de concordance, ci-après, p. 67 et 78, que les deux maximes ne sont ainsi réunies dans aucun autre texte que celui de 1664.]

APPENDICE DU TOME I.

Nous pourrions nous étendre longuement encore au sujet de cette *méchant copie* hollandaise qui scandalisait tant la Rochefoucauld. Pas si méchante[1] en somme, puisqu'elle ne contient pas un mot qui ne soit sorti de sa plume. Nous croyons en avoir dit assez pour la recommander aux futurs éditeurs des *Maximes*. Mais au fait, est-il si nécessaire de tant la recommander? Ne contint-il ni une ligne inédite, ni une variante nouvelle, n'est-ce pas un titre suffisant pour ce petit livre, que d'avoir décidé la Rochefoucauld à donner ses pensées au public, et d'avoir contribué de la sorte à doter les lettres françaises d'un écrit qui durera autant que la langue?

1. Il faut tout dire. Elle est méchante en ce sens qu'elle est passablement incorrecte. Par exemple on lit :

Maxime	14ᵉ	*déclin*	pour	*destin.*
		commune	—	*inconnu.*
—	19ᵉ	*indifférence*	—	*déférence.*
—	46ᵉ	*bonté*	—	*honte.*
—	60ᵉ	*semences*	—	*sentences.*
—	19ᵉ	*qui l'anime*	—	*qu'elle anime.*
—	146ᵉ	*superflues*	—	*superficielles.*

Ce sont toutes fautes de transcription, ce qui prouve que la copie de l'imprimeur était assez peu lisible.

La faute *semences* pour *sentences* se retrouve également dans le texte d'Amelot. M. Gilbert se demande où cet éditeur a trouvé la pensée 505, qui ne figure dans aucune autre impression. On le sait maintenant. Évidemment Amelot a eu notre volume sous les yeux. [La comparaison des notes de M. Gilbert sur nos maximes DXI et DCXX avec les variantes de l'édition de 1664 fortifie de deux autres preuves cette conjecture affirmative.]

IV

VARIANTES FOURNIES, POUR LE TEXTE DES *MAXIMES*,

PAR LA COMPARAISON D'EXEMPLAIRES

qui sont totalement ou partiellement de premier état, avec les exemplaires de second état[1].

1. *Première impression originale, de 1665.*

On verra à la *Notice bibliographique* (IMPRIMÉS, n° 1 des *Maximes*) que les impressions de 1665 se divisent en deux classes : l'une originale, à pages de 23 lignes; l'autre, de contrefaçons, à pages de 22. Nous n'appliquons les mots « de 1er et de 2^d état » qu'à la classe de 23 lignes. Pour elle, nous nommons « de 1er état » les exemplaires d'un premier tirage de 1665, partout où ils n'ont pas été modifiés au moyen de cartons; et « de 2^d état », d'une part, les exemplaires de ce premier tirage, là où ils ont des cartons, et, d'autre part, les exemplaires d'un second tirage de la même année où l'on a introduit les changements que portent les cartons. Voyez les n°s 445 à 450 du *Catalogue Claudin*. Le n° 445 n'a absolument aucun carton, ainsi que nous avons pu le vérifier nous-mêmes, grâce à l'obligeance du possesseur actuel, M. le baron de Ruble. M. Daguin a dans sa précieuse bibliothèque trois exemplaires de l'édition originale de 1665, qu'il a bien voulu nous communiquer aussi très-gracieusement. L'un d'eux ne diffère de l'exemplaire non cartonné de M. de Ruble que par deux dissemblances que nous signalons ci-dessous aux pages 64-65, à la fin du relevé, qui suit, des variantes fournies par la comparaison des deux états de 1665. On verra dans ce relevé même que, parmi les onze autres exemplaires à 23 lignes dont nous avons eu connaissance, et que nous avons tous eus à notre disposition sauf les n°s 446 à 450 du *Catalogue Claudin*, il s'en trouve de mixtes, c'est-à-dire qui sont en partie de 1er état et en partie de 2^d.

Pour les impressions à 22 lignes de 1665, qui, comme l'a prouvé le premier M. Claudin, sont des contrefaçons, voyez les n°s 451 et 452 de son *Catalogue*, et l'endroit où nous venons de renvoyer de notre *Notice bibliographique*.

a) CXLV et CXCVIII (149) [2].

1er ÉTAT : que nous n'osons decouvrir autrement. (N°s 445, 450.)

---

1. Ce relevé est dressé, presque tout entier, d'après l'excellent Catalogue de la vente Rochebilière, rédigé par M. Claudin (Paris, 1882, in-18).
2. Les chiffres romains sont ceux qu'ont les maximes dans notre tome I, et les chiffres arabes entre parenthèses ceux des éditions de 1665 ou 1675. — A la suite du 1er état nous indiquons les n^{os} du *Catalogue Claudin* qui nous le donnent. Nous étendons la comparaison jusqu'aux changements d'orthographe; il nous a semblé que plus d'un pouvait avoir aussi son intérêt. — Une remarque finale collective dira ci-

2ᵈ ÉTAT : que nous n'osons découvrir autrement; nous élevons la gloire des uns pour abaisser par là celle des autres, et on loüeroit moins Monsieur le Prince et Monsieur de Turenne, si on ne les vouloit point blâmer tous deux.

Dans le 1ᵉʳ état la maxime 149 est conforme à la définitive CXLV; le 2ᵈ état ajoute à celle-ci toute la CXCVIIIᵉ. On a fait place à l'addition en serrant la composition typographique.

b) CLV (162).

1ᵉʳ ÉTAT : qualitez bonnes et inestimables. (Nᵒˢ 445, 450.)
2ᵈ ÉTAT : qualitez bonnes et estimables.

c) CCXV (228).

1ᵉʳ ÉTAT : sont des extremitez.... L'espace qui est entre les deux.... Il n'y a pas moins de difference entr'-eux qu'il y a entre les visages et les humeurs, cependant ils conviennent.... relachent.... ne sont pas également (sic) maistres.... épouvantes (sic). (Nᵒ 445.)

2ᵈ ÉTAT : sont deux extremitez.... l'espace qui est entre deux.... il n'y a pas moins de difference entr'elles qu'il y en a entre les visages et les humeurs, cepēdant elles conviennent.... relaschent.... ne sont pas toujours également maistres.... espouvantes.

1ᵉʳ ÉTAT : s'exposer à de plus grands; outre cela, il y a un raport general que l'on remarque entre tous les courages de differentes especes, dont nous venons de parler, qui est que la nuit augmentant.... (Nᵒ 445.)

2ᵈ ÉTAT : s'exposer à de plus grands; il y en a encore qui sont braves à coups d'espée, qui ne peuvent souffrir les coups de mousquet, et d'autres y sont asseurez, qui craignent de se battre à coups d'espée. Outre cela, il y a un raport general (*la suite comme dans le 1ᵉʳ état*).

1ᵉʳ ÉTAT : tout ce qu'ils seroient capables de faire dans une occasion. (Nᵒ 445.)

2ᵈ ÉTAT : tout ce qu'ils seroient capables de faire dans une action.

1ᵉʳ ÉTAT : de sorte que la crainte. (Nᵒ 445.)

2ᵈ ÉTAT : de sorte qu'il est visible que la crainte.

d) CCXLI (263).

1ᵉʳ ÉTAT : La cocquetterie est le fonds de l'humeur de toutes les femmes; mais toutes ne coquettent pas parce que la coquetterie de quelques-unes...¹. (Nᵒ 445.)

2ᵈ ÉTAT : La cocqueterie est le fonds et l'humeur de toutes les femmes; mais toutes ne la mettent pas en pratique, parce que la cocqueterie de quelques-unes....

e) CCXLIII (265 et 272).

1ᵉʳ ÉTAT, 265 : Il y a peu de choses impossibles d'elles-mesmes, et l'application pour les faire reüssir nous manque bien plus que les moyens. (Nᵒˢ 445, 446, 449.)

— 272 : Il y a peu de choses impossibles d'elles-mesmes, et l'on trouve plus de voyes que l'on ne pense pour y arriver. Et si nous avions assez

---

après, p. 64-65, les ressemblances et différences qui ont été trouvées dans les exemplaires de texte mixte, de 1665, comparés à ceux de MM. de Ruble et Daguin.

1. Les variantes de 1ᵉʳ état de cette *maxime* CCXLI et de la CCLXIᵉ (ci-après, p. 63) avaient été déjà signalées, comme le dit M. le marquis de Granges de Surgères (*Revue de Bretagne et de Vendée*, août 1882, p. 160), par M. J. le Petit dans les *Miscellanées bibliographiques*, Paris, Rouveyre, 1879, p. 49.

d'aplication et de volonté, nous aurions tousjours assez de moyens. (Nos 445, 446, 449.)

2ᵈ ÉTAT, 265 : Il y a peu de choses impossibles d'elles-mesmes, et l'aplication pour (*la suite comme dans le* 1ᵉʳ *état*).

On voit qu'à notre maxime CCXLIII il en correspond deux (265 et 272) dans le 1ᵉʳ état, et une seule (265) dans le 2ᵈ. — Comparez ci-après *f* CCXLIX.

f) CCXLIX (272 et 274).

1ᵉʳ ÉTAT, 274 : Il y a une éloquence dans les yeux et dans l'air de la personne, qui ne persuade pas moins que celle de la parole. (Nos 445, 446, 449.)

2ᵈ ÉTAT, 272 : Il n'y a pas moins déloquence (*sic*) dans le ton de la voix, que dans le choix des paroles.
— 274 : Il y a une éloquence dans les yeux (*la suite comme dans le* 1ᵉʳ *état*).

Donc à notre maxime CCXLIX il n'en correspond qu'une (274) dans le 1ᵉʳ état, et deux (272 et 274) dans le 2ᵈ. — Rappelons ici, une fois pour toutes, que nos tableaux de concordance ont été dressés d'après le 2ᵈ état.

g) CCLXI (284).

1ᵉʳ ÉTAT : L'education que l'on donne aux Princes, est un second amour propre qu'on leur inspire. (Nos 445, 446, 449.)

2ᵈ ÉTAT : L'education que l'on donne dordinaire (*sic*) aux jeunes gens[1], est un second orgueil qu'on leur inspire.

h) CCLXII (285 2ᵈ état).

1ᵉʳ ÉTAT : *N'a pas cette maxime.* (Nos 445, 446, 449.)

2ᵈ ÉTAT : Il n'y a point de passion ou (*sic*) l'amour de soy-mesme regne si puissamment que dans l'amour, et on est tous-jours plus disposé de sacrifier tout le repos de ce qu'on aime que de perdre la moindre partie du sien.

A cette maxime (285) du 2ᵈ état correspond, dans le 1ᵉʳ, comme l'on va voir à *m*) DIV, une variante de l'une des phrases de la réflexion sur la mort.

i, j, k, l) CCLXXXV à CCLXXXVIII.
(313 à 316 2ᵈ état).

1ᵉʳ ÉTAT : *N'a pas ces quatre maximes.* (Nos 445, 446.)

2ᵈ ÉTAT : *On les a ajoutées telles qu'elles se lisent dans notre tome* I (p. 148 et note 5, p. 149 et notes 2 et 3).

Notons, au sujet de ces maximes additionnelles 313 à 316, que la Table des exemplaires de 2ᵈ état n'a pas été modifiée et par conséquent n'y renvoie pas.

m) DIV (285 1ᵉʳ état).

1ᵉʳ ÉTAT : Rien ne prouve tant que les Philosophes ne sont pas si persuadez qu'ils disent que la mort n'est pas un mal, que le tourment qu'ils se donnent pour establir l'immortalité de leur nom par la perte de la vie. (Nos 445, 446, 449.)

2ᵈ ÉTAT : *N'a pas cette maxime, qui est, nous venons de le dire à h*) CCLXII, *une variante de l'une des phrases de la réflexion sur la mort, non numérotée dans l'édition de* 1665.

1. Au sujet de ce changement très-significatif, voyez ci-dessus (p. 58 et note 1), l'*Étude de M. Willems sur l'édition hollandaise* de 1664.

n) DXCIII (135 et 259).

1ᵉʳ ÉTAT, 135 et 259 : La sobriété est l'amour de la santé, ou l'impuissance de manger beaucoup.

2ᵈ ÉTAT, 135 : *Conforme au 1ᵉʳ état.*

Dans le 1ᵉʳ état, cette maxime est répétée, comme on le voit, sous deux nᵒˢ différents (135 et 259), tandis qu'elle n'existe plus qu'une fois (135) dans le 2ᵈ; pour la maxime substituée, dans celui-ci, à la 259ᵉ du 1ᵉʳ état, voyez ci-après, *o*) DCXXV.

o) DCXXV (259 2ᵈ état).

1ᵉʳ ÉTAT : *N'a pas cette maxime; voyez ci-dessus n*) DXCIII.

2ᵈ ÉTAT : Il y a une revolution generale qui change le goust des Esprits, aussi bien que les fortunes du monde.

Il est à remarquer que, tout en corrigeant par un carton, dans le 2ᵈ état, le double emploi que faisaient, dans le 1ᵉʳ, les nᵒˢ 135 et 259, on n'a, pas plus que pour *i, j, k, l,* modifié la Table, qui, dans l'un et l'autre, renvoie aux deux dits nᵒˢ pour le mot SOBRIÉTÉ.

p) DCXXXIV (300).

1ᵉʳ ÉTAT : Il est moins impossible de prendre de l'amour quand on n'en a pas que de s'en d'éfaire (*sic*) quand on en a. (Nᵒˢ 445, 449.)

2ᵈ ÉTAT : Il est plus facile de prendre de l'amour quand on n'en a pas, que de s'en deffaire quand on en a.

q) DCXXXV (301).

1ᵉʳ ÉTAT : les femmes entreprenantes.... quoy qu'elles. (Nᵒˢ 445, 449.)

2ᵈ ÉTAT : les hommes entreprenants.... quoy qu'ils.

Ainsi qu'on le voit, les différences qui existent entre les deux états de l'édition originale, à pages de 23 lignes, de 1665, consistent : ou en variantes proprement dites (maximes marquées *b, c, d, g, p* et *q*); ou en additions, soit de maximes (*f, h, i, j, k, l, o*), soit à des maximes (*a, c*); ou en retranchements (*e, m*). Nous ne parlons pas de la maxime *n*) DXCIII, répétée, sous deux chiffres, dans le 1ᵉʳ état.

Les autres différences sont purement d'orthographe, ou corrections et modifications typographiques. Ainsi :

CXLIV (148), 1ᵉʳ état : *delicatte.... differemment;* 2ᵈ état : *delicate.... differement.* — CXLVIII (153), 1ᵉʳ état : *loüant;* 2ᵈ état : *loüet.* — CLVI (163), 1ᵉʳ état : *sottises.... gasteroient;* 2ᵈ état : *sotises.... gâteroient.* — CCXL (261), 1ᵉʳ état : *simetrie;* 2ᵈ état : *symetrie.* — CCLXXV (299), 1ᵉʳ état : *toüjours;* 2ᵈ état : *tousiours.* — DCXXXVI (302), 1ᵉʳ état : *N'aymer guere.... aymé;* 2ᵈ état : *N'aimer gueres.... aimé.*

Il a fallu aussi, dans les impressions de 2ᵈ état, serrer parfois le texte, pour faire place aux additions (nous en avons relevé un exemple à *a*) CXLV et CXCVIII), et, dans ces sortes de changements, il s'est glissé quelques fautes, pour lesquelles, ainsi que pour les dissemblances de numérotage, nous renvoyons à ce qu'en dit le *Catalogue Claudin* les bibliophiles curieux de ces petits faits.

Sont conformes au nᵒ de 1ᵉʳ état (445 de ce catalogue) qui appartient à M. de Ruble :

1ᵒ A deux différences près que nous allons dire, le plus précieux des exemplaires de M. Daguin : ces différences sont, d'une part, que dans les pages 141-143 sont

ÉDITIONS ORIGINALES DE 1ᵉʳ ET DE 2ᵈ ÉTAT. 65

ajoutées les quatre maximes i, j, k, l, qui, dans le 2ᵈ état, précèdent la réflexion sur la mort et manquent dans le 1ᵉʳ; d'autre part, que, pour donner place à ces maximes, il a fallu augmenter le nombre des pages; il y en a deux de plus, ce que dissimule l'absence de deux chiffres (145 et 146) qui ont été, sans lacune de texte, sautés dans le numérotage de la pagination du 1ᵉʳ état, laquelle passe de 144 à 147, et, tout en finissant, comme le 2ᵈ état, par la page 150, n'en a en réalité que 148;

2° Sauf pour nos maximes b, c, qui y sont de 2ᵈ état, l'exemplaire de la Bibliothèque nationale coté Z ☩ 1784, lequel offre d'ailleurs cette particularité que, pour le compléter par l'addition des maximes i, j, k, l, on y a intercalé, après la page 144 (de 1ᵉʳ état), les pages 141, 142, 143 et 144 (de 2ᵈ), de sorte qu'il a dans cette partie les deux états ensemble.

Un second exemplaire de la bibliothèque de M. Daguin est de 1ᵉʳ état, pour la fin du volume seulement, à partir de la page 141; les autres nᵒˢ du *Catalogue Claudin* et tous les exemplaires que nous avons pu voir de 1665, à 23 lignes la page (Bibl. nat. Z ☩ 1784 A; bibl. Cousin 10 817; Arsenal 1779, et un troisième de M. Daguin), sont partout de 2ᵈ état, c'est-à-dire ont les neuf cartons jusqu'ici découverts.

2. *Quatrième impression originale, édition de* 1675.

CLXXXVI (186).

M. Claudin nous apprend que les nᵒˢ 463 et 464 de son catalogue ont chacun, aux pages 67 et 68, un même carton, qui, pour cette maxime, donne le texte définitif de 1678. Le 1ᵉʳ état donnait, pour elle, très-probablement celui des 2ᵈᵉ et 3ᵉ éditions (1666 et 1671); pour toutes les autres maximes de ces deux pages, 1671 et 1675 sont identiques. Il ressort de la note de M. Gilbert au tome I (p. 105, note 2) que l'exemplaire dont il s'est servi devait avoir aussi ce carton. Ceux de la Bibliothèque nationale Z 1784 et de la bibliothèque Cousin 10 821 ont également le texte définitif, donc le carton.

Ne nous occupant que des éditions originales, nous nous bornons à renvoyer pour les remarques auxquelles donne lieu le texte de quelques autres, au *Catalogue Claudin*, particulièrement aux nᵒˢ 453 et 459, dont le premier se rapporte à une contrefaçon, de texte mixte, datée de Paris 1665, mais faite probablement en province; et le second à un exemplaire d'une impression datée de Rouen 1672, dans lequel le texte de cinq maximes a été modifié au moyen de cartons.

V

TABLEAUX DE CONCORDANCE.

A. — Tableau comparant a l'édition définitive des *Maximes*, de 1678,

1° LES QUATRE AUTRES ÉDITIONS DONNÉES PAR L'AUTEUR,

2° TROIS TEXTES ANTÉRIEURS,

et indiquant l'ordre où les maximes sont rangées, les additions successives et, par des astérisques, les maximes qui ont des variantes.

Il va sans dire que l'absence de chiffre marque absence de la maxime dans le texte dont la colonne où il manque donne le numérotage.

TEXTES ANTÉRIEURS aux édit. données par l'auteur.			ÉDITIONS DONNÉES PAR L'AUTEUR.				
Ms. aut. (de Liancourt).	Copie de 1663.	Édition de 1664.	1665.	1666.	1671.	1675.	1678.
				1*	1*	1	1
			2	2	2	2	2
			3*	3*	3	3	3
12	18	105	4	4	4	4	4
217	5	86	5	5	5	5	5
113*	125*	69*	6*	6	6	6	6
120*	132*	102*	7*	7	7	7	7
121*	133*	45*	8*	8	8	8	8
158*	171* / 172*	82*	9*	9	9	9	9
168*	182*	64*	10*	10	10	10	10
169*	183*	65*	11*	11	11	11	11
173*	187*	84*	12*	12	12	12	12
				13	13	13	13
8*	14*	13*	14*	14	14	14	14
78*	91*		15*	15	15	15	15
211*	3*	7*	16*	16	16	16	16
72*	85*	26*	19*	17	17	17	17
			20*	18*	18*	18*	18

TABLEAUX DE CONCORDANCE.

TEXTES ANTÉRIEURS aux édit. données par l'auteur.			ÉDITIONS DONNÉES PAR L'AUTEUR.				
Ms. aut. (de Liancourt).	Copie de 1663.	Édition de 1664.	1665.	1666.	1671.	1675.	1678.
5	11		22	19	19	19	19
16*	22*	8*	23*	20*	20*	20*	20
144*	156*	48*	24*	21	21	21	21
174*	188*	85*	25*	22	22	22	22
182*	196*	49*	26*	23	23	23	23
195*	209*	134*	27*	24	24	24	24
			28*	25	25	25	25
			29	26	26	26	26
268*	32*	87*	30*	27	27	27	27
269*	33*	104*	31*	28	28	28	28
100*	112*		32*	29	29	29	29
14* 245* }	20*	21*		30	30*	30*	30
253*			34*	31*	31	31	31
235*			35*	32*	32	32	32
21*	27*	140*	36*	33	33	33	33
153	166	138*	38	34	34	34	34
205*			39	35	35	35	35
			40*	36	36	36	36
2*	8*	138	41*	37	37	37	37
4	10	16	42	38	38	38	38
15* 171*	21* 185*	157*	43*	39	39	39	39
186*	200*	161*	44*	40	40	40	40
80*	92*		45	41	41	41	41
132	144*	77*	46	42	42*	42*	42
19*	25*		47*	43	43	43	43
68*	81*	20*	49	44	44	44	44
141*	153*	137*	50	45	45	45	45
239*			52*	46*	46	46	46
				47	47	47	47
23*	29*	123*	54*	48*	48	48	48
97*	109*	126*	56*	50*	49*	49*	49
123*	135*	128*	57*	51	50	50	50
131*	142*	76*	58*	52	51	51	51
270*	34*	127*	61*	53*	52*	52*	52
26*	39*	122*	62*	54	53	53	53

TEXTES ANTÉRIEURS aux édit. données par l'auteur.			ÉDITIONS DONNÉES PAR L'AUTEUR.				
(Ms. aut. de Liancourt).	Copie de 1663.	Édition de 1664.	1665.	1666.	1671.	1675.	1678.
84*	96*	165*	63*	55	54	54	54
93*	105*	133*	64*	56	55	55	55
165*	179*	61	65	57	56	56	56
192*	206*	132*	66*	58	57	57	57
258*			67*	59	58	58	58
29*	42*	124*	68	60	59	59	59
			69*	61	60	60	60
				62	61	61	61
39*	52*	159*	71*	63	62	62	62
76*	89*	41*	72*	64*	63	63	63
230*			73*	65	64	64	64
51*	64*	14*	75*	66*	65*	65*	65
140*	152*	160*	76*	67	66	66	66
				68	67	67	67
274*	38*	93*	78*	69	68	68	68
111*	123*	92*	79*	70	69	69	69
220	213	95	80	71	70	70	70
							71
215*	215*	97	82	73	72	72	72
218*	216*	98*	83*	74	73	73	73
259			84	75	74	74	74
260			85	76	75	75	75
261*			86*	77	76	76	76
262*			87*	78	77	77	77
145*	157*	37*	91*	79	78	78	78
			92	80	79	79	79
6*	12*	89*	93*	81*	80	80	80
							81
99*	111*	11*	95*	83	82	82	82
22*	28*	88*	94*	82*	81*	81*	83
				85	84	84	84
7*	13*	90*	98*	86	85	85	85
				87	86	86	86
							87
102*	114*	106* 107*	101*	89	88	88	88
				90	89	89	89
							90

TABLEAUX DE CONCORDANCE.

\multicolumn{3}{c}{TEXTES ANTÉRIEURS aux édit. données par l'auteur.}			ÉDITIONS DONNÉES PAR L'AUTEUR.			
Ms. aut. (de Liancourt).	Copie de 1663.	Édition de 1664.	1665.	1666.	1671.	1675.	1678.
				92	91	91	91
				93*	92	92	92
			106	94	93	93	93
				95	94	94	94
				96	95	95	95
							96
36*	49*	38*	107*	98*	97	97	97
37*	50*	39*	108	99	98	98	98
63*	76*	182*	109*	100	99	99	99
64*	77*	181*	110*	101	100	100	100
127*	139*	183*	111*	102	101	101	101
172	186*	83	112	103	102	102	102
229*			113*	104	103	103	103
55*	68*	103*	114*	105	104	104	104
58*	71*	23*	115	106	105	105	105
117*	129*	146*	116	107	106	106	106
				108	107	107	107
				109	108	108	108
				110	109	109	109
			117*	111	110	110	110
				112	111	111	111
				113	112	112	112
				114	113	113	113
10*	16*	17*	119*	115	114	114	114
13*	19*	18*	120*	116	115	115	115
52*	65*	19*	118*	117*	116	116	116
59*	72*	169*	121*	118	117	117	117
90	102		122	119	118	118	118
96*	108*		123*	120	119	119	119
129*	143*	173*	124	121	120	120	120
227*			125*	122	121	121	121
				123	122	122	122
				124	123	123	123
43*	56*	167*	126*	125	124	124	124
44*	57*	168*	127*	126	125	125	125
	163*	170*	128*	127	126	126	126
			129*	128	127	127	127

TEXTES ANTÉRIEURS aux édit. données par l'auteur.			ÉDITIONS DONNÉES PAR L'AUTEUR.				
Ms. aut. (de Liancourt).	Copie de 1663.	Édition de 1664.	1665.	1666.	1671.	1675.	1678.
156*	169*	51*	130*	129	128	128	128
			131*	130	129	129	129
			131	130	130	130	
			132	131	131	131	
243*			133*	133	132	132	132
			134*	133	133	133	
216	4	15	136	135	134	134	134
94*	106*	70*	137*	136	135	135	135
			137	136	136	136	
38*	51*	145*	139*	138	137	137	137
91*	103*		140*	139	138	138	138
101*	113*	179*	141*	140*	139	139	139
125*	137	72*	142	141	140	140	140
136*	148*	80*	143	142	141	141	141
248*			145*	143	142	142	142
18*	24*	147*	146*	144	143	143	143
271*	35*	148	148	145	144	144	144
272*	36*	149*	149*	146	145	145	145
148*	160*		150*	147	146	146	146
155*	168*	151*	152*	148	147	147	147
187	201	152	153	149	148	148	148
228			154	150	149	149	149
				151	150	150	150
				152	151	151	151
			158*	153	152	152	152
74	87	125	160	154	153	153	153
					154	154	154
160*	174*	53*	162*	155	155	155	155
177*	191	57*	163*	156	156	156	156
			169*	157	157	157	157
							158
188	202*	56	166	159	159	159	159
190*	204*	67*	167*	160	160	160	160
191*	205*	68*	168*	161	161	161	161
179*	193*	54*	164*	162	162	162	162
255*			170*	163	163	163	163
			171*	164	164	164	164
			172	165	165	165	165

TABLEAUX DE CONCORDANCE.

TEXTES ANTÉRIEURS aux édit. données par l'auteur.			ÉDITIONS DONNÉES PAR L'AUTEUR.				
Ms. aut. (de Liancourt).	Copie de 1663.	Édition de 1664.	1665.	1666.	1671.	1675.	1678.
159*	173*	52*	173	166	166	166	166
				167	167	167	167
209*			175	168	168	168	168
142*	154*	5*	177*	169	169	169	169
149*	161*	158*	178*	170	170	170	170
198*	212*	3*	180*	171	171	171	171
							172
225*			182*	173	173	173	173
			183*	174	174	174	174
109*	121*	100*	184	175	175	175	175
222*	217*	99*	185*	176*	176*	176*	176
73*	86*	40*	186	177	177	177	177
133*	145*	78*	187*	178	178	178	178
			188	179	179	179	179
87*	99*	33*	189*	180	180	180	180
81*	93*	101*	190*	181	181	181	181
223*	1*	1*	191*	182	182	182	182
							183
77*	90*	24*	193*	184	184	184	184
88	100 45*	4*	194	185	185	185	185
112*	124*	187*	195*	186*	186*	186	186
			196	187	187	187	187
138*	150*	81*	197*	188	188	188	188
			199*	189	189	189	189
197	211.	131	198	190	190	190	190
214*			202*	191	191	191	191
213*			203*	192	192	192	192
212*			204	193	193	193	193
267*			205	194	194	194	194
			206	195	195	195	195
162*	176*		207*	196*	196*	196*	196
			209*	197	197	197	197
273*	37*	150*	149*	198	198	198	198
234*			210	199	199	199	199
			211*	200	200	200	200
			212	201	201	201	201
9*	15*	177*	214*	202	202	202	202

TEXTES ANTÉRIEURS aux édit. données par l'auteur.			ÉDITIONS DONNÉES PAR L'AUTEUR.				
Ms. aut. (de Liancourt).	Copie de 1663.	Édition de 1664.	1665.	1666.	1671.	1675.	1678.
34*	47	178*	215	203	203	203	203
70*	83*	10*	216*	204	204	204	204
83*	95*	28*	217*	205	205	205	205
238*			218	206	206	206	206
1*	7	171*	219	207	207	207	207
114*	126*	59*	220	208	208	208	208
194	208	172	221	209	209	209	209
256			222	210	210	210	210
167*	181*	62*	223*	211*	211*	211*	211
196*	210*	130*	224*	212	212	212	212
28*	41*	112*	226*	213	213	213	213
31*	44*	118*	227*	214	214	214	214
50*	63*	114*	228*	215	215	215	215
60*	73*	115*	229*	216	216	216	216
61*	74*	116*	230*	217	217	217	217
				218	218	218	218
147*	159*	119*	233	219	219	219	219
176*	190*	113*	234*	220*	220*	220*	220
30*	43*	117*	235*	221	221	221	221
				222	222	222	222
95*	107*	12*	237*	223	223	223	223
164*	178*		238	224	224	224	224
175*	189*		239*	225	225	225	225
226*			240	226	226	226	226
							227
			242	228	228	228	228
			243*	229*	229*	229*	229
105*	117*	46*	244*	230	230	230	230
				231	231	231	231
17*	23*	174*	246*	232	232	232	232
53*	66*	175* 176*	247*	233*	233*	233*	233
							234
161*	175*		249*	235	235	235	235
48*	61*	35*	250*	236	236	236	236
106*	118*	36*	251*	237	237	237	237
240			253	238	238	238	238
45*	59*	142*	255*	239*	239*	239*	239

TABLEAUX DE CONCORDANCE.

TEXTES ANTÉRIEURS aux édit. données par l'auteur.			ÉDITIONS DONNÉES PAR L'AUTEUR.				
Ms. aut. (de Liancourt).	Copie de 1663.	Édition de 1664.	1665.	1666.	1671.	1675.	1678.
254*			261	240	240	240	240
124*	136*	180*	263*	241*	241*	241*	241
119*	131*		264*	242	242	242	242
			265*	243	243	243	243
150*	162*	186*	266*	244	244	244	244
			267*	245	245	245	245
35*	48*	121*	268*	246	246	246	246
85*	97*	31*	269*	247	247	247	247
250			270	248	248	248	248
146*	158*	44*	272* 274*	249* 258*	249* 258*	249* 258*	249
122*	134*	43*	273	250	250	250	250
98*	110*	58*	281	251	251	251	251
275*			275*	252	252	252	252
163*	177*		276*	253	253	253	253
49*	62*	25*	277*	254	254	254	254
126*	138*	73* 74*	278*	255	255	255	255
166*	180*	61*	279*	256	256	256	256
69	82	9	280	257	257	257	257
							258
				259	259	259	259
75*	88*	185*	283*	260	260	260	260
86*	98*	32*	284*	261	261	261	261
			285*	262*	262*	262*	262
27*	40*	29*	286*	263	263	263	263
47*	61*	22*	287*	264	264	264	264
231*			288*	265	265	265	265
79*	58*	94*	289*	266	266	266	266
264*			291*	267*	267*	267*	267
42*	55*		292*	268	268	268	268
				269	269	269	269
185	199	63	294	270	270	270	270
246*			295*	271*	271	271	271
							272
199*			297	273	273	273	273
							274
193*	207*	163*	299*	275	275	275	275

TEXTES ANTÉRIEURS aux édit. données par l'auteur.			ÉDITIONS DONNÉES PAR L'AUTEUR.				
Ms. aut. (de Liancourt).	Copie de 1663.	Édition de 1664.	1665.	1666.	1671.	1675.	1678.
				302	276	276	276	276
				304*	277*	277	277	277
				306*	278	278	278	278
				307*	279	279	279	279
				308*	280	280	280	280
					281	281	281	281
				310	282	282	282	282
				311*	283	283	283	283
				312*	284	284	284	284
210*			313*	285	285	285	285
				314	286	286	286	286
				315*	287	287	287	287
				316*	288	288	288	288
					289	289	289	289
					290	290	290	290
					291	291	291	291
					292	292	292	292
65*	78*	27*	17*	293	293	293	293
					294	294	294	294
					295	295	295	295
					296	296	296	296
46*	60*	137*	48*	297	297	297	297
					298	298	298	298
					299	299	299	299
					300	300	300	300
					301	301	301	301
. . .	. . .	. . .	. . .	. . .	. . .	. . .	. . .
107*	119*	170*	. . .	. . .	. . .	394	394
. . .	. . .	. . .	. . .	. . .	. . .	. . .	. . .
201* 202* }				302*	341*	413*	504

TABLEAUX DE CONCORDANCE.

On voit que les textes antérieurs à 1665 ont tous trois une des maximes qui suivent la 297ᵉ, et le manuscrit autographe une seconde, qui y est divisée en deux, la 504ᵉ et dernière de 1678.

Si nous n'avons pas continué le tableau jusqu'à la fin sans interruption, c'est que, pour la partie finale, il suffit de faire remarquer que :

A l'édition de 1665, il manque les maximes 298 à 503 de l'édition de 1678 (la 504ᵉ et dernière de celle-ci y est déjà, mais non numérotée, ce qui fait que nous ne la portons pas à notre tableau);

A celle de 1666, il manque les maximes 302 à 503 de l'édition de 1678;

A celle de 1671, les maximes 341 à 503 de l'édition de 1678;

Et à celle de 1675, les maximes 413 à 503 de l'édition de 1678; de plus, à la place des deux maximes 372 et 375 de celle-ci, l'édition de 1675 a nos deux dernières posthumes 640 et 641.

A partir de 289, il y a identité de chiffres entre les quatre éditions antérieures à l'édition définitive de 1678 : jusqu'à 301 pour l'édition de 1666, jusqu'à 340 pour celle de 1671, et, aux deux exceptions près que nous venons de noter (372 et 375), jusqu'à 413 pour celle de 1675[1].

Il y a aussi presque entière identité de texte; les deux éditions avant-dernières (1671 et 1675) offrent une seule variante dans la maxime 331, et l'avant-dernière (1675) une en outre dans la maxime 399.

---

1. Pour ne rien omettre au sujet de l'édition de 1675, ajoutons qu'à notre maxime 350 correspond sa maxime 450, ainsi numérotée par erreur pour 350; et que, dans la même édition encore, il n'y a pas de maxime 377, mais deux maximes 380 : de sorte que notre 377ᵉ correspond à sa 378ᵉ; notre 378ᵉ à sa 379ᵉ; et nos 379ᵉ et 380ᵉ à ses deux 380ᵉˢ.

APPENDICE DU TOME I.

B. — TABLEAU DE CONCORDANCE DES *MAXIMES POSTHUMES*,

c'est-à-dire de celles qui n'ont point paru du vivant de l'auteur.

Le mot *posthumes* manque maintenant de justesse pour les huit maximes qui se trouvent dans l'édition de 1664 dont l'existence est restée si longtemps ignorée.

Les chiffres marqués d'un astérisque sont, comme au tableau précédent, ceux des maximes dont le texte diffère du nôtre, lequel, pour les posthumes, reproduit celui du tome II des Portefeuilles Vallant, ou du Supplément de l'édition de 1693, ou enfin des additions et variantes tirées par M. Gilbert de la source qu'il nomme « le manuscrit autographe ». Pour les maximes 505, 507, 508, 510, 513, 514, 516, 518, 519, 520, 522, 523 et 527, les seules où il y ait lieu, ce tableau fournit le moyen de substituer à son texte celui que donne (ci-dessus, p. 40, 41, 42) le relevé des variantes du manuscrit autographe de Liancourt collationné par nous.

Manuscrit autographe de Liancourt.	Copie de 1663.	Portefeuilles Vallant (tome II).	Édition de 1664.	Notre édition.
184*	198*		60*	505
116	128*		146	506
115*				507
233*				508
252		fol. 236		509
266*		fol. 159		510
154	167		50*	511
203				512
265*		fol. 169*		513
236*				514
257		fol. 168*		515
200*				516
137	149*		189	517

TABLEAUX DE CONCORDANCE.

Manuscrit autographe de Liancourt.	Copie de 1663.	Portefeuilles Vallant (tome II).	Édition de 1664.	Notre édition.
86*	98*			518
204*				519
57*	70*		164*	520
92	104			521
33*	46*		120*	522
189*	203*		66*	523
241		fol. 236		524
263		fol. 169		525
206				526
251*				527
224				528
40	53		166	529
		fol. 124		530
		fol. 158		531
		fol. 158		532
		fol. 158		533

Vingt-huit des maximes qui viennent après ces vingt-neuf premières, dans notre édition, à savoir 534-561, sont tirées du Supplément de l'édition de 1693. Les dix-huit premières, c'est-à-dire 534 à 551, sont les numéros 1 à 18; la concordance des six suivantes, 552 à 557, est :

Édition de 1693 :	Notre édition :
21	552
28	553
33	554
37	555
39	556
46	557

Les lacunes entre les chiffres de la première de ces deux colonnes sont comblées par des maximes qu'on a données à tort comme inédites, dans l'édition de 1693 (voyez la notice des *Maximes posthumes*, tome I, p. 219). Nos quatre maximes 558 à 561 répondent ensuite, sans interruption, aux numéros 47 à 50 du Supplément de celle-ci. Le n° 562 est tiré, nous l'avons dit (tome I, p. 221, et 235, note 2), de Saint-Évremond.

C. — TABLEAU DE CONCORDANCE DES *MAXIMES SUPPRIMÉES*,

c'est-à-dire de celles qui, imprimées antérieurement, ont été omises par l'auteur dans son édition définitive de 1678.

Pour ces maximes supprimées, notre texte du tome I reproduit toujours le dernier qu'en a publié l'auteur. Les chiffres avec astérisques marquent, comme dans les deux tableaux antérieurs, celles où il y a des variantes dans les textes dont nous comparons le numérotage au nôtre.

TEXTES ANTÉRIEURS aux édit. données par l'auteur.			ÉDITIONS DONNÉES PAR L'AUTEUR.				Notre édition.
Ms. aut. (de Liancourt).	Copie de 1663.	Édition de 1664.	1665.	1666.	1671.	1675.	
89*	101*	105*	1				563
247			13				564
66*	79*	26*	18				565
			21				566
	127*	71	33				567
62*	75	144	37				568
80*			51				569
			53				570
24*	30	188*	55	49			571
135*	147*	129*	59				572
178*	192*	128	60				573
208*			70				574
			74				575
219	6	91*	77				576
221*	214*	96*	81	72	.71	71	577
103*	115*	37*	88				578
104*	116*		89				579

TABLEAUX DE CONCORDANCE.

TEXTES ANTÉRIEURS aux édit. données par l'auteur.			ÉDITIONS DONNÉES PAR L'AUTEUR.				Notre édition.
Ms. aut. (de Liancourt).	Copie de 1663.	Édition de 1664.	1665.	1666.	1671.	1675.	
139*	151*		90				580
			96*	84*	83	83	581
			97				582
			99				583
56*	69*		100*	88	87	87	584
108*	120*	141*	102				585
143	155*		103				586
				91	90	90	587
			104				588
54	67	143*	105				589
				97	96	96	590
11	17	172	132				591
			134				592
82	94	30	135				593
			138				594
207*			144				595
20	26	147*	147				596
151	164	162	151				597
			155				598
130*	141		156				599
			157				600
25*	31*	136*	159				601
134*	146*	79*	161				602
180*	194*	55*	165	158	158	158	603
170*	184*	111*	174				604
41*	54*		176				605
181*	195*	2*	179				606
3*	9*	139*	181*	172	172	172	607
32*	45*	4*	192	183	183	183	608
			200				609
			201				610
			208				611
			213				612
			225				613
61*	74*	116*	231				614
71	84	135*	232				615
			236				616

TEXTES ANTÉRIEURS aux édit. données par l'auteur.			ÉDITIONS DONNÉES PAR L'AUTEUR.				Notre édition.
Ms. aut. (de Liancourt).	Copie de 1663.	Édition de 1664.	1665.	1666.	1671.	1675.	
			241*	227	227	227	617
183	197*	47	245				618
110*	122*		248*	234	234	234	619
118*	130*	34*	252				620
			254				621
128*	140*	75*	256				622
232*			257				623
244			258				624
			259				625
152* 157*	165* 170*	42*	260				626
			262				627
			271				628
67*	80*	184*	282				629
249*			290				630
242*			293				631
			296*	272	272	272	632
			298	274	274	274	633
			300				634
			301				635
			302				636
			303				637
			305				638
			309				639
						372	640
						375	641

TABLEAUX DE CONCORDANCE.

Si nous partageons en totaux divers les chiffres des tableaux qui précèdent, nous trouvons que :

1° Des 504 maximes de l'édition définitive de 1678, il y en a 106 qui n'existent que là, c'est-à-dire ne sont dans aucun des textes antérieurs : 152 sont communes à tous les textes que nous comparons; 40 de plus, c'est-à-dire en tout 192, aux seules cinq éditions données par l'auteur;

2° Au manuscrit autographe, il manque 300 de ces 504 maximes; il en a 204; et 25 des maximes posthumes; 45 des supprimées;

A la copie de 1663, il en manque 335; elle en a 169; et 10 des posthumes; 38 des supprimées;

A l'impression hollandaise de 1664, il en manque 350; elle en a 154; et 8 des posthumes; 31 des supprimées;

A l'édition de 1665, il en manque 262; elle en a 242; et 75 des supprimées;

A l'édition de 1666, il en manque 216; elle en a 288; et 13 des supprimées;

A l'édition de 1671, il en manque 176; elle en a 328; et 12 des supprimées;

A l'édition de 1675, il en manque 106; elle en a 398; et 14 des supprimées;

3° Des 398 maximes antérieures à 1678, il y en a 216 où la comparaison des divers textes offre des variantes, légères, il est vrai, pour la plupart, et 182 où elle n'en offre pas. Des 152 communes à tous les manuscrits et éditions que nous comparons, 11 seulement ont un texte entièrement identique partout.

Des 182 maximes sans variantes, 68 ont paru pour la première fois dans l'édition de 1675;

38 dans celle de 1671;

39 dans celle de 1666;

10 dans celle de 1665.

De ces mêmes 182, nous en avons 16 dans nos textes antérieurs à 1665, c'est-à-dire à la 1re édition donnée par l'auteur.

Ces 16 sont toutes dans le manuscrit autographe,

10 des 16 dans la copie de 1663,

10 dans l'impression hollandaise de 1664.

Voici les totaux des maximes de chacun des sept textes antérieurs au texte définitif de 1678, où il y en a, avons-nous dit, 504 :

(Ces totaux ne sont pas tout à fait d'accord, à chacun nous dirons pourquoi, avec les chiffres donnés ci-dessus, à 2°.)

Manuscrit autographe, 275.

Si l'on additionne les 204 maximes définitives, les 25 posthumes et les 45 supprimées contenues dans le manuscrit autographe, on trouve 274; et 275 en y ajoutant la maxime inédite, ce qui est le total exact. Les doublements et dédoublements de maximes se compensent, en effet, ainsi qu'il suit : à chacune de nos maximes 30, 39, 97 et 504, correspondent deux maximes dans le manuscrit autographe, et une seule, au contraire, à nos maximes 17 et 18, 41 et 569, 217 et 614, 261 et 518.

Copie de 1663, 217.

Si l'on additionne les 169 maximes définitives, les 10 posthumes et les 38 supprimées contenues dans la copie de 1663, on trouve 217 ; et 218 en y ajoutant la maxime inédite. Les doublements et dédoublements de maximes expliquent la différence d'une entre ce total 218 et le total réel, 217, de cette copie : à chacune de nos maximes 9, 39, 97 et 185, correspondent deux maximes dans le manuscrit de 1663, et une seule au contraire à nos maximes 17 et 18, 185 et 608, 217 et 614, 236 et 264, 261 et 518.

Impression hollandaise de 1664, 189 ;

Si l'on additionne les 154 maximes définitives, les 8 posthumes et les 31 supprimées contenues dans l'édition hollandaise de 1664, on trouve 193 ; et 201 en y ajoutant les huit maximes inédites. Les doublements et dédoublements de maximes expliquent la différence de douze entre ce total 201 et le total réel, 189, de cette édition : à chacune de nos maximes 88, 97, 233 et 255, correspondent deux maximes dans l'édition de 1664, et une seule au contraire à nos maximes 4 et 563; 15 et 16; 17, 18 et 565; 34 et 37; 45 et 297; 50 et 573; 56 et 256; 78, 578 et 579; 106 et 506; 126 et 394; 143 et 596; 185 et 608; 209 et 591; 217 et 614.

Édition de 1665, 318 ;

Pour l'édition de 1665, on trouve exactement le total 318 (en tenant compte d'ailleurs de la réflexion sur la mort, que nous n'avons pas portée au tableau de concordance, parce qu'elle n'est pas numérotée dans les exemplaires de cette édition). Il y a un double numéro 302, mais deux maximes en revanche correspondent à notre 249ᵉ.

Édition de 1666, 302 ;
Édition de 1671, 341 ;
Édition de 1675, 413 ;

Pour les éditions de 1666, 1671 et 1675, on trouve 301, 340 et 412 maximes, au lieu de 302, 341 et 413, totaux réels, parce que, dans chacune de ces éditions, deux maximes correspondent à notre 249ᵉ, comme dans l'édition de 1665.

VI

RÉFLEXIONS DIVERSES.

(Tome I, p. 269-348; voyez ci-dessus l'*Avant-propos*, p. vIII, IX, x, et ci-après la *Notice bibliographique*, C, 2, p. III.)

Variantes du manuscrit 325 bis de la bibliothèque du château de la Roche-Guyon.

Ce manuscrit contient, comme nous l'avons dit, dix-sept de nos dix-neuf *Réflexions diverses*. Nous suivons l'ordre où elles y sont rangées; c'est le même que le nôtre, à une exception près : les *Événements du siècle* sont placés tout à la fin, après les réflexions *de l'Inconstance* et *de la Retraite*, qu'ils précèdent (voyez tome I, p. 275 et note 1) dans le manuscrit A (163) de la Roche-Guyon d'où nous avons tiré notre texte du tome I. Les deux réflexions VI et XII, qui manquent dans le manuscrit 325 bis, sont biffées dans le manuscrit A (163), et, en tête de chacune d'elles, sont écrits ces mots : « à retrancher »; les deux phrases omises, comme il est dit ci-après, dans la réflexion III, y sont également effacées : voyez au tome I, p. 276, note 1, et p. 289, note 1.

I. — Du Vrai (fol. 1 du ms.; page 279 de notre tome I).

Page 279, lignes 12-13 : comparables l'un à l'autre, en tant qu'ils son véritablement.
Ibidem, ligne 14 : le législateur et le peintre, etc.
Page 281, ligne 2 : mais le degré de cruauté exercé sur.
Ibidem, ligne 8 : elles ne s'effacent point l'une l'autre.
Ibidem, ligne 9 : Liancourt, bien qu'il y ait infiniment plus.

II. — De la Société (fol. 3 du ms.; page 282 de notre tome I).

Page 282, ligne 21 : faire son plaisir et celui des autres.
Page 283, ligne 14 : ils doivent les faire apercevoir.
Ibidem, ligne 19 : sans sujétion; se divertir ensemble, et.
Page 284, ligne 10 : il faut souvent éviter.
Ibidem, ligne 11 : choqué, et on doit.
Page 285, ligne 4 : ne peuvent plaire longtemps.
Ibidem, ligne 21 : beaucoup de mesures.

III. — De l'Air et des Manières (fol. 6 du ms.; page 286 de notre tome I).

Page 286, ligne dernière : que la nature leur a données.
Page 287, ligne 5 : et d'incertain dans cette imitation.
Page 288, ligne 9 : avec nos propres qualités, qui les étendent.
Ibidem, ligne 12 : et à des dignités au-dessus de nous.

APPENDICE DU TOME I.

Page 289, lignes 9-14. Les deux phrases : « Combien.... à paroître maréchaux de France! » et « Combien.... se donnent l'air de duchesses! » sont omises.

IV. — De la Conversation (fol. 7 v° du ms.; page 290 de notre tome I).

Page 291, ligne 6 : et faire voir que c'est plus par choix.
Ibidem, lignes 8-9 : faire rarement des questions inutiles, ne laisser jamais.
Page 294, ligne 1 : mais s'il y a beaucoup d'art à parler, il n'y en a pas moins à se taire.
Ibidem, lignes 4-5 : il y a des airs, des tours et des manières qui.

V. — De la Confiance (fol. 10 v° du ms.; page 294 de notre tome I).

Page 296, ligne 8 : ni intérêt. Je sais bien qu'il est.
Ibidem, ligne 17 : et on s'acquitte avec ceux-ci.
Ibidem, ligne 18 : et en les payant de légères confiances.
Page 297, ligne 1 : On doit ne leur rien cacher.
Ibidem, ligne 2 : se montrer à eux toujours vrai, dans nos.
Ibidem, ligne 5 : de demies (*sic*) confiances; elles embarrassent.
Ibidem, ligne 8 : de ce qu'on veut cacher; on augmente.
Ibidem, ligne 12 : quand on a commencé de parler.
Ibidem, ligne 20 : le plus souvent que nous-même.
Ibidem, ligne 22 : et le scrupule de le révéler.
Page 298, lignes 6-7 : dans ce qu'on nous a confié. Ils ont peut-être même quelque intérêt de le savoir.
Ibidem, ligne 8 : et on se voit réduit.
Ibidem, ligne 14 : son premier devoir est de conserver indispensablement ce dépôt.

VII. — Des Exemples (fol. 13 du ms.; page 300 de notre tome I).

Page 300, ligne 23 : de philosophes importans (*sic*).

VIII. — De l'Incertitude de la Jalousie (fol. 14 du ms.; page 301 de notre tome I).

Page 301, ligne 20 : et ne la conduit.
Page 302, ligne 1 : de la montagne, et on s'efforce.
Ibidem, ligne 2 : on est (*sic*) pas assez heureux.
Ibidem, ligne 3 : Ce qu'on souhaite.

IX. — De l'Amour et de la Vie (fol. 15 du ms.; page 302 de notre tome I).

Page 303, ligne 6 : une partie de nous-même.
Ibidem, ligne 8 : nous serions cruellement touchés de le perdre, mais nous ne sommes plus sensible (*sic*) au.

X. — Du Goût (fol. 16 v° du ms.; page 304 de notre tome I).

Page 304, ligne 7 (titre) : Des Goûts.
Ibidem, ligne 9 : que d'esprit. Il y a plus de.
Page 305, ligne 15 : par la légèreté.
Page 306, ligne 8 : de bon goût qui fait donner le prix.

RÉFLEXIONS DIVERSES.

Page 306, ligne 15 : la préoccupation la trouble.
Ibidem, ligne 16 : tout ce qui a du rapport à nous nous paroît.

XI. — Du Rapport des hommes avec les animaux (fol. 18 v° du ms.; page 307 de notre tome I).

Page 307, ligne 11 : en gardant quelques apparences de.
Ibidem, ligne 21 : qui n'ont de qualité.
Ibidem, ligne 23 : mordent quelquefois ; et il y a même.
Page 308, ligne 6 : qui ne sont recommandables que par leur ramage, ou par leurs couleurs.
Ibidem, ligne 10 : ne vivent que de rapine.
Page 309, ligne 7 : qui s'épouvantent et rassurent.
Ibidem, ligne 13 : Combien d'oiseaux passagers, qui vont si souvent d'un bout du monde à l'autre, et qui.
Ibidem, ligne 17 : de papillons, qui cherchent le feu qui les brûlent (*sic*).
Page 310, ligne 3 : ceux qui sont touchés de leur plainte.

XIII. — Du Faux (fol. 20 v° du ms.; page 311 de notre tome I).

Page 312, ligne 5 : quelque droiture dans le goût, et il y en a qui.
Ibidem, ligne 18 : notre amour-propre est flattée (*sic*) de.
Ibidem, ligne 20 : plusieurs sortes de biens qui.
Page 313, ligne 13 : et s'y attacheroient par raison.
Ibidem, ligne 20 : se faire valoir par des qualités qui.
Page 314, ligne 4 : et l'entêtement de certaines sciences ne lui conviennent (*sic*) jamais, et est.
Ibidem, ligne 7 : aux choses, et qu'elles déterminent.
Ibidem, ligne 8 : qu'elles méritent et qui nous convient de.
Ibidem, ligne 9 : mais presque tous les hommes se trompent.
Page 315, lignes 1-2 : qui ne voulut disputer du prix.
Ibidem, ligne 15 : dans un si juste dessein. Le desir.

XIV. — Des Modèles de la nature et de la fortune (fol. 23 du ms.; page 315 de notre tome I).

Pages 317, ligne dernière, et 318, ligne 1 : elle le fait naître particulier.
Page 318, ligne 3 : qu'elle eut (*sic*) jamais produit. La fortune choisit parmi eux.
Page 319, ligne dernière : si on l'ose dire.
Page 320, ligne 21 : toujours plus grands par leurs disgrâces.
Page 322, ligne 16 : exerçant des vertus paisibles, soutenu de sa propre gloire ? Et brille-t-il.

XV. — Des Coquettes et des Vieillards (fol. 27 v° du ms.; page 323 de notre tome I).

Page 323, ligne 14 : dans leur misère.
Page 324, ligne 9 : il gagne croyance vers les maris.
Ibidem, ligne 17 : des grâces et des faveurs, et plus il est.
Ibidem, ligne 21 : contre tant d'apparences.
Page 325, ligne 17 : Je ne sais même si cette tromperie

XVI. — DE LA DIFFÉRENCE DES ESPRITS (fol. 29 v° du ms.;
page 325 de notre tome I).

Page 326, ligne 18 : insinuant, fait éviter.
Ibidem, ligne 22 : il avance et établit les siens.
Page 329, ligne 17 : mais comme les tons et les manières ne se peuvent.
Page 330, ligne 9 : n'en marquer aucunes distinctement.
Page 331, ligne 3 : toutes les beautés. Il y en a d'autres qui.
Ibidem, ligne 5 : et tant de grâces.

XVIII. — DE L'INCONSTANCE (fol. 33 v° du ms.; page 343 de notre tome I).

Page 344, ligne 1 : il y a une première fleur d'agréments.
Ibidem, ligne 14 : on suit encore les engagements.
Ibidem, ligne 23 : quelque nouveau plaisir. La constance.
Ibidem, ligne dernière : que les premières faveurs.
Page 345, ligne 8 : plus égale et plus sévère, elle ne pardonne rien.

XIX. — DE LA RETRAITE (fol. 35 du ms.; page 345 de notre tome I).

Page 346, ligne 1 : il ne peut plus être flatté de plusieurs.
Ibidem, ligne 14 : de véritables, mais.
Ibidem, lignes 19-20 : Ils n'ont plus de part au premier bien qui ont (*sic*) d'abord rempli leurs imaginations.
Page 348, ligne 1 : d'incertitudes et de foiblesse.
Ibidem, ligne 2 : tantôt par pitié (*sic*), tantôt par raison.

XVII. — DES ÉVÉNEMENTS DE CE SIÈCLE (fol. 37 du ms.; page 331 de notre tome I).

Page 332, ligne 3 : et son royaume plusieurs années.
Ibidem, ligne 8 : veuve de Henri IV°.
Ibidem, ligne 9 : par le Roi, son fils, et par la haine du cardinal de Richelieu.
Ibidem, ligne 17 : tant d'avantage pour.
Page 333, ligne dernière : Vasconchellos.
Page 334, ligne 15 : St-Mars.
Page 335, ligne 3. Voyez ci-dessous l'*Addition à la Réflexion XVII*.
Ibidem, ligne 5 : jeune, sans bien et.
Page 338, lignes 1-2 : contre leur roi légitime.
Page 339, lignes 2-3 : avec fermeté, depuis six ans.
Ibidem, ligne 8 : maître absolu d'Angleterre.
Ibidem, ligne 11 : mais dans le temps qu'il reçoit.
Ibidem, lignes 20-21 : à l'Alemaigne (*sic*).
Page 341, ligne 1 : dernières campagnes. Et il s'appliquoit.
Ibidem, ligne 4 : prendre d'autres mesures. Et une aventure.
Ibidem, ligne 16 : l'alliance d'Angleterre.
Ibidem, ligne 18 : tant de puissance (*sic*) contre nous.
Page 342, ligne 9 : par la protection d'Angleterre.

En rapprochant ces variantes de celles que M. Gilbert a notées dans son commentaire du tome I, on voit que, des 108 que nous avons relevées dans le manuscrit 325 bis de la Roche-Guyon, il y en a 13 qui se trouvent, parmi d'autres que n'a point ce manuscrit, dans toutes les éditions antérieures à celle de M. de Barthélemy (1863); 20 sont dans cette dernière; 4 ne sont que dans une des impressions plus anciennes, et 1 est donnée par deux. On ne peut supposer que M. de Barthélemy, qui, comme i nous le dit, a suivi, pour son texte, le même manuscrit que nous, A (163), ait connu le manuscrit 325 *bis* : il n'en eût pas tiré, sans avertir le lecteur, 20 leçons, dont plus d'une est caractéristique (voyez par exemple p. 309, 339, 346 de son édition). Il est vrai que son texte diffère de celui de son manuscrit par bien d'autres dissemblances dont il nous laisse également ignorer la source.

Addition à la Réflexion XVII : DES ÉVÉNEMENTS DE CE SIÈCLE.

(Fol. 39 v°-43 v° du manuscrit ; ce morceau y est intercalé entre deux alinéas : « Le cardinal de Richelieu.... » et « Alphonse, roi de Portugal.... », dont l'un finit à la ligne 2 et l'autre commence à la ligne 3 de la page 335, dans notre tome I.)

[PROJET DE MARIAGE DE MADEMOISELLE DE MONTPENSIER AVEC LAUZUN[1].]

On doit sans doute trouver extraordinaire que Anne-Marie-Louise d'Orléans[2], petite-fille de France, la plus riche sujette de l'Europe, destinée pour les plus grands rois, avare, rude et orgueilleuse, ait pu former le dessein, à quarante-cinq ans, d'épouser Puyguilhem[3], cadet de la maison de Lauzun, assez mal fait de sa personne[4], d'un esprit médiocre, et qui n'a, pour

1. Sur ce mariage projeté, presque conclu, entre la petite-fille de Henri IV et un cadet de Gascogne, nous nous bornerons à renvoyer, d'abord et surtout aux *Mémoires de Mademoiselle*, édition de M. Chéruel, tome IV, p. 160-254 ; à l'extrait du *Journal d'Olivier d'Ormesson* et au petit roman des *Amours de Mademoiselle et de Lauzun*, formant l'appendice IX du même tome, p. 562-627 ; aux fameuses *lettres de Mme de Sévigné* des 15, 19, 24 et 31 décembre 1670 (tome II, p. 25-29 et p. 33-36) ; aux *Souvenirs de Mme de Caylus*, édition Michaud, p. 491 ; aux *Mémoires de Saint-Simon*, édition de 1873, tome I, p. 40 et 41, et tome XIX, p. 175.

2. Mademoiselle de Montpensier, dite Mademoiselle et la Grande Mademoiselle, fille du frère de Louis XIII, Gaston, duc d'Orléans, et de sa première femme la duchesse de Montpensier ; née le 29 mai 1627, elle mourut le 5 avril 1693. A la date de son projet de mariage avec Lauzun, décembre 1670, elle avait donc non pas quarante-cinq ans comme il est dit deux lignes plus loin, et comme Segrais le dit de même dans ses *Mémoires-Anecdotes* (OEuvres diverses de *M. de Segrais*, Amsterdam, 1723, p. 121), mais seulement quarante-trois ans et demi. Elle dit au reste elle-même qu'elle avait alors quarante-trois ans (tome IV de ses *Mémoires*, p. 284).

3. Dans le manuscrit *Puiguillin;* Mademoiselle écrit *Péguilin*. — Antonin-Nompar de Caumont, marquis de Puyguilhem, comte, puis (1692) duc de Lauzun, était, depuis 1669, capitaine d'une compagnie des gardes du corps. Il était né en mai 1633 et mourut, en novembre 1723, à l'âge de quatre-vingt-dix ans et six mois. Il avait donc, en décembre 1670, trente-sept ans et sept mois.

4. Ce n'est pas l'avis de Mademoiselle. « C'étoit, dit-elle (tome III, p. 542), le plus joli garçon de la cour, le plus beau, le mieux fait et du meilleur air. » Voyez en outre l'autre portrait, fort détaillé, qu'elle fait de lui, au tome IV, p. 249. Saint-Simon (tome XIX, p. 169) n'admire pas comme Mademoiselle, mais toutefois contredit le *mal fait de sa personne* : « Un petit homme blondasse, bien fait dans sa taille, de

toute bonne qualité, que d'être hardi et insinuant. Mais on doit être encore plus surpris que Mademoiselle ait pris cette chimérique résolution par un esprit de servitude et parce que Puyguilhem étoit bien auprès du Roi ; l'envie d'être femme d'un favori lui tint lieu de passion, elle oublia son âge et sa naissance, et, sans avoir d'amour[1], elle fit des avances à Puyguilhem qu'un amour véritable feroit à peine excuser dans une jeune personne et d'une moindre condition. Elle lui dit un jour qu'il n'y avoit qu'un seul homme qu'elle pût choisir pour épouser. Il la pressa de lui apprendre son choix ; mais n'ayant pas la force de prononcer son nom, elle voulut l'écrire avec un diamant sur les vitres d'une fenêtre. Puyguilhem jugea sans doute ce qu'elle alloit faire, et espérant peut-être qu'elle lui donneroit cette déclaration par écrit, dont il pourroit faire quelque usage, il feignit une délicatesse de passion qui pût plaire à Mademoiselle, et il lui fit un scrupule d'écrire sur du verre un sentiment qui devoit durer éternellement. Son dessein réussit comme il desiroit, et Mademoiselle écrivit le soir dans du papier : « C'est vous. » Elle le cacheta elle-même ; mais, comme cette aventure se passoit un jeudi et que minuit sonna avant que Mademoiselle pût donner son billet à Puyguilhem, elle ne voulut pas paroître moins scrupuleuse que lui, et craignant que le vendredi ne fût un jour malheureux, elle lui fit promettre d'attendre au samedi à ouvrir le billet qui lui devoit apprendre cette grande nouvelle[2]. L'excessive fortune que cette déclaration faisoit

---

physionomie haute, pleine d'esprit, qui imposoit, mais sans agrément dans le visage. » Pour l'esprit, malgré ce qu'il vient de dire de la physionomie, il ajoute : « sans aucun ornement ni agrément dans l'esprit, » ce qui n'est pas, il est vrai, la même chose que *d'un esprit médiocre*. « C'est un des plus petits hommes, pour l'esprit aussi bien que pour le corps, que Dieu ait jamais fait, » dit Mme de Sévigné en 1689, tome VIII, p. 451.

1. Segrais dit encore plus (p. 34) : « C'est par foiblesse qu'elle s'attacha à M. de Lauzun. Elle n'avoit pas la moindre inclination pour lui. Elle le regardoit seulement par le grand crédit qu'il avoit à la cour. » Le marquis de la Fare s'exprime ainsi « Mademoiselle devint passionnée de Lauzun, autant, je crois, parce qu'il étoit favori du Roi que par les qualités aimables qui étoient médiocres en lui et en petit nombre. » (*Mémoires*, édition Michaud, p. 271.) Cette dernière opinion, avec les mots : « devint passionnée, » se concilie mieux, ce semble, avec ces pages, qui paraissent sincères, où Mademoiselle raconte que, l'envie de se marier l'ayant prise, elle s'aperçut que « c'étoit M. de Lauzun qu'*elle aimoit*, qui s'étoit glissé dans son cœur, etc. » (Tome IV, p. 92 et suivantes).

2. Toute cette histoire du billet est aux pages 172-174 du même tome IV, avec ces deux différences : Mademoiselle ne veut pas écrire le nom avec un diamant « sur es vitres d'une fenêtre, » mais, ce qui est plus vraisemblable, elle dit à Lauzun : « Je m'en vais souffler contre le miroir et je l'écrirai. » D'autre part, elle n'écrit pas le jeudi (20 novembre), mais le vendredi (21) : les dates se déduisent de la suite des

envisager à Puyguilhem ne lui parut point au-dessus de son ambition. Il songea à profiter du caprice de Mademoiselle, et il eut la hardiesse d'en rendre compte au Roi[1]. Personne n'ignore qu'avec si grandes et éclatantes qualités nul prince au monde n'a jamais eu plus de hauteur, ni plus de fierté. Cependant, au lieu de perdre Puyguilhem d'avoir osé lui découvrir ses espérances, il lui permit non-seulement de les conserver, mais il consentit que quatre officiers de la couronne[2] lui vinssent demander son approbation pour un mariage si surprenant, et sans que Monsieur, ni Monsieur le Prince en eussent entendu parler. Cette nouvelle se répandit dans le monde, et le remplit d'étonnement et d'indignation. Le Roi ne sentit pas alors ce qu'il venoit de faire contre sa gloire et contre sa dignité. Il trouva seulement qu'il étoit de sa grandeur d'élever en un jour Puyguilhem au-dessus des plus grands du Royaume, et, malgré tant de disproportion, il le jugea digne d'être son cousin germain, le premier pair de France, et maître de cinq cent mille livres de rente ; mais ce qui le flatta le plus encore, dans un si extraordinaire dessein, ce fut le plaisir secret de surprendre le monde, et de faire, pour un homme qu'il aimoit, ce que personne n'avoit encore imaginé. Il fut au pouvoir de Puyguilhem de profiter, durant trois jours, de tant de prodiges que la fortune avoit faits en sa faveur, et d'épouser Mademoiselle ; mais, par un prodige plus grand encore, sa vanité ne put être satisfaite s'il ne l'épousoit avec les mêmes cérémonies que s'il eût été de sa qualité : il voulut que le Roi et la Reine fussent témoins de ses noces, et qu'elles eussent tout l'éclat que leur présence y pouvoit donner[3]. Cette présomption sans exemple lui fit employer à de

Mémoires, qui montre que ce jeudi était le second avant le premier dimanche de l'avent, lequel tombait, en 1670, au 30 novembre.

1. Mademoiselle ne rapporte point que Lauzun ait rendu compte au Roi, mais elle a un mot (*ibidem*, p. 182) qui laisse entendre qu'elle le soupçonne de l'avoir fait : « Il me disoit fort qu'il ne lui en avoit point parlé. »

2. « Il (Lauzun) me dit que le lundi (15 décembre), MM. les ducs de Créquy, de Montausier, le maréchal d'Albret et Guitry iroient trouver le Roi de ma part pour le supplier de trouver bon que l'affaire s'achevât. » (*Ibidem*, p. 193.) — Ils étaient officiers de la couronne, en qualité, le duc de Créquy, de premier gentilhomme de la chambre du Roi ; le duc de Montausier, de gouverneur du Dauphin ; d'Albret, comte de Miossens, de maréchal de France ; et le marquis de Guitry, de grand maître de la garde-robe du Roi.

3. « M. de Montausier dit (à Mademoiselle) : « Avez-vous cru vous marier en « cérémonie, comme si c'étoit un roi, et a-t-il cru que l'affaire se traiteroit de « couronne à couronne ? » (*Ibidem*, p. 221.) — Mme de Caylus (p. 410) emploie la même expression : « M. de Lauzun.... voulut que le mariage se fît de couronne à couronne. » — Voyez, en outre, un passage de la page 175 du tome XIX de Saint-Simon, à laquelle nous avons renvoyé plus haut.

vains préparatifs et à passer son contrat tout le temps qui pouvoit assurer son bonheur. Mme de Montespan, qui le haïssoit, avoit suivi néanmoins le penchant du Roi et ne s'étoit point opposée à ce mariage. Mais le bruit du monde la réveilla; elle fit voir au Roi ce que lui seul ne voyoit pas encore; elle lui fit écouter la voix publique; il connut l'étonnement des ambassadeurs, il reçut les plaintes et les remontrances respectueuses de Madame douairière[1] et de toute la maison royale. Tant de raisons firent longtemps balancer le Roi, et ce fut avec un[e] extrême peine qu'il déclara à Puyguilhem qu'il ne pouvoit consentir ouvertement à son mariage. Il l'assura néanmoins que ce changement en apparence ne changeroit rien en effet; qu'il étoit forcé, malgré lui, de céder à l'opinion générale, et de lui défendre d'épouser Mademoiselle, mais qu'il ne prétendoit pas que cette défense empêchât son bonheur. Il le pressa de se marier en secret, et il lui promit que la disgrâce qui devoit suivre une telle faute ne dureroit que huit jours. Quelque sentiment que ce discours pût donner à Puyguilhem, il dit au Roi qu'il renonçoit avec joie à tout ce qui lui avoit[2] permis d'espérer, puisque sa gloire en pouvoit être blessée, et qu'il n'y avoit point de fortune qui le pût consoler d'être huit jours séparé de lui. Le Roi fut véritablement touché de cette soumission; il n'oublia rien pour obliger Puyguilhem à profiter de la foiblesse de Mademoiselle, et Puyguilhem n'oublia rien aussi, de son côté, pour faire voir au Roi qu'il lui sacrifioit toutes choses. Le désintéressement seul ne fit pas prendre néanmoins cette conduite à Puyguilhem : il crut qu'elle l'assuroit pour toujours de l'esprit du Roi, et que rien ne pourroit à l'avenir diminuer sa faveur. Son caprice et sa vanité le portèrent même si loin, que ce mariage si grand et si disproportionné lui parut insupportable, parce qu'il ne lui étoit plus permis de le faire avec tout le faste et tout l'éclat qu'il s'étoit proposé. Mais ce qui le détermina le plus puissamment à le rompre, ce fut l'aversion insurmontable qu'il avoit pour la personne de Mademoiselle, et le dégoût d'être son mari. Il espéra même de tirer des avantages solides de l'emportement de Mademoiselle, et que, sans l'épouser, elle lui donneroit la souveraineté de Dombes et le duché de Montpensier[3]. Ce fut dans cette vue qu'il refusa d'abord

1. Marguerite de Lorraine, morte en 1672, veuve, depuis 1660, de Gaston, duc d'Orléans, et belle-mère de Mademoiselle.
2. Tel est le texte. Faut-il lire : « ce qu'il lui avoit » ?
3. La principauté de Dombes (Ain) et le duché de Montpensier (Puy-de-Dôme) étaient revenus en 1538 et 1560 à la maison de Bourbon, et, à la mort de Mademoi-

toutes les grâces dont le Roi voulut le combler; mais l'humeur avare et inégale de Mademoiselle, et les difficultés qui se rencontrèrent à assurer de si grands biens à Puyguilhem, rendirent ce dessein inutile, et l'obligèrent à recevoir les bienfaits du Roi. Il lui donna le gouvernement de Berry et cinq cent mille livres. Des avantages si considérables ne répondirent pas toutefois aux espérances que Puyguilhem avoit formées[1]. Son chagrin fournit bientôt à ses ennemis, et particulièrement à Mme de Montespan, tous les prétextes qu'ils souhaitoient pour le ruiner. Il connut son état et sa décadence, et, au lieu de se ménager auprès du Roi avec de la douceur, de la patience et de l'habileté, rien ne fut plus capable de retenir son esprit âpre et fier. Il fit enfin des reproches au Roi; il lui dit même des choses rudes et piquantes, jusqu'à casser son épée en sa présence, en disant qu'il ne la tireroit plus pour son service; il lui parla avec mépris de Mme de Montespan, et s'emporta contre elle avec tant de violence[2] qu'elle douta de sa sûreté, et n'en trouva plus qu'à le perdre. Il fut arrêté bientôt après[3], et on le mena à Pignerol[4], où il éprouva par une longue et dure prison la douleur d'avoir perdu les bonnes grâces du Roi, et d'avoir laissé échapper par une fausse vanité tant de grandeurs et tant d'avantages que la condescendance de son maître et la bassesse de Mademoiselle lui avoient présentés.

selle, le duc d'Orléans, frère de Louis XIV, hérita du duché de Montpensier; elle avait fait don de la principauté de Dombes, dès 1681, au duc du Maine.

1. « Avec des enfants de ce mariage, dit Saint-Simon (tome XIX, p. 185), quel vol n'eût pas pris Lauzun, et qui peut dire jusqu'où il seroit arrivé? »

2. Sur l'intervention de Mme de Montespan, l'emportement de Lauzun contre elle, l'épée brisée, voyez Saint-Simon, *ibidem*, p. 172-174, et les *Mémoires-Anecdotes de Segrais* (p. 138 et 139). Saint-Simon raconte le fait de l'épée brisée à l'occasion du refus fait à Lauzun par le Roi de la charge de grand maître de l'artillerie.

3. Le 25 novembre 1671 : voyez les *Mémoires de Mademoiselle*, tome IV, p. 309.

4. Ville forte du Piémont, à cinquante-cinq kilomètres S. O. de Turin, que la France posséda par échange de 1631 à 1696. La citadelle était une prison d'État, où le surintendant Foucquet avait été conduit en 1664 et où il mourut en mars 1680. Voyez la lettre de Mme de Sévigné du 23 décembre 1671 (tome II, p. 437 et 438). Lauzun y demeura jusqu'en 1681 (*Mémoires de Mademoiselle*, tome IV, p. 445). La Rochefoucauld étant mort en mars 1680, peu de jours avant Foucquet à Pignerol, la suite : « où il éprouva par une longue et dure prison, etc. » s'applique, si le morceau est vraiment de notre auteur, à un emprisonnement qui durait encore, et, à y bien regarder, rien dans les mots n'empêche qu'il en soit ainsi.

VII

1° MORCEAUX, QUE NOUS CROYONS INÉDITS, CONTENUS DANS LE MANUSCRIT 325bis DE LA ROCHE-GUYON.

2° ADDITION A LA CORRESPONDANCE.

(Voyez ci-dessus l'*Avant-propos*, p. I, II, VIII et IX.)

PORTRAIT DE Mme DE MONTESPAN[1].
(Fol. 49 v°-50 r° du ms.)

Diane[2] de Rochechouart est fille du duc de Mortemart et femme du marquis de Montespan. Sa beauté est surprenante; son esprit et sa conversation ont encore plus de charme que sa beauté[3]. Elle fit dessein de plaire au Roi et de l'ôter à la Vallière[4] dont il étoit amoureux. Il négligea longtemps cette conquête, et il en fit même des railleries[5]. Deux ou trois années se passèrent sans qu'elle fit d'autres progrès que d'être dame du palais attachée particulièrement à la Reine[6], et dans une étroite familiarité avec le Roi et la Vallière. Elle ne se rebuta pas néanmoins, et se confiant à sa beauté, à son esprit, et aux offices de Mme de Montausier[7], dame d'honneur

---

1. Voyez au tome III, 1re partie, p. 202, la note 3 de la lettre 99 de la Rochefoucauld, le seul endroit des *OEuvres* où se trouve le nom de Mme de Montespan.

2. L'auteur confond pour le prénom la fille avec la mère. Celle-ci s'appelait *Diane*; mais la marquise de Montespan, *Françoise-Athénaïs*.

3. Spanheim, dans sa *Relation de la cour de France* (p. 13), dit « qu'elle contribua (à la durée de l'amour du Roi) autant par les charmes de son esprit, de son entretien, que par ceux de sa beauté. »

4. Louise-Françoise de la Baume-le-Blanc de la Vallière, née en 1644, titrée en 1667 duchesse de Vaujours et de la Vallière, était devenue maîtresse du Roi en 1661. Elle mourut en 1710.

5. Saint-Simon (tome XII, p. 85) ne prête pas à Mme de Montespan ce dessein préconçu de plaire. Lorsqu'elle s'aperçut que le Roi était touché de sa beauté, « elle pressa, dit-il, vainement son mari de l'emmener en Guyenne; une folle confiance ne voulut pas l'écouter. Elle lui parloit alors de bonne foi. » Mademoiselle (tome IV, p. 49) rapporte d'elle ce discours : « Dieu me garde d'être la maîtresse du Roi ! Mais si je l'étois, je serois bien honteuse devant la Reine. »

6. Lorsqu'une fois elle « disposa seule, comme dit Saint-Simon (tome cité, p. 86), du maître et de sa cour, » elle eut la charge de chef du conseil et surintendante de la maison de la reine Marie-Thérèse.

7. La célèbre Julie-Lucine d'Angennes, marquise de Rambouillet, née en 1607, mariée en 1645 à Charles de Sainte-Maure, duc de Montausier. Elle fut nommée en 1664 dame d'honneur de la Reine, et mourut en 1671. Spanheim dit (p. 40) que

de la Reine, elle suivit son projet sans douter de l'événement. Elle ne s'y est pas trompée : ses charmes et le temps détachèrent le Roi de la Vallière, et elle se vit maîtresse déclarée. Le marquis de Montespan sentit son malheur avec toute la violence d'un homme jaloux. Il s'emporta contre sa femme; il reprocha publiquement à Mme de Montausier qu'elle l'avoit entraînée dans la honte où elle étoit plongée[1]. Sa douleur et son désespoir firent tant d'éclat qu'il fut contraint de sortir du Royaume pour conserver sa liberté[2]. Mme de Montespan eut alors toute la facilité qu'elle desiroit, et son crédit n'eut plus de bornes. Elle eut un logement particulier dans toutes les maisons du Roi; les conseils secrets se tenoient chez elle. La Reine céda à sa faveur comme tout le reste de la cour, et non-seulement il ne lui fut plus permis d'ignorer un amour si public, mais elle fut obligée d'en voir toutes les suites sans oser se plaindre, et elle dut à Mme de Montespan les marques d'amitié et de douceur qu'elle recevoit du Roi[3]. Mme de Montespan voulut encore que la Vallière fût témoin de son triomphe[4], qu'elle fût présente et auprès d'elle à tous les divertissements publics et particuliers; elle la fit entrer dans le secret de la naissance de ses enfants dans les temps où elle cachoit son état à ses propres domestiques. Elle se lassa enfin de la présence de la Vallière, malgré ses soumissions et ses souffrances, et cette fille simple et crédule fut réduite à prendre l'habit de carmélite[5], moins par dévotion que par

M. de Montausier « fut préféré à d'autres compétiteurs (pour la place de gouverneur du Dauphin, 1668), tant par la faveur de la duchesse sa femme..., alors la confidente des amours du Roi pour Mme de Montespan, que par, etc. »

1. Voyez les *Mémoires de Mademoiselle*, tome IV, p. 153 et 154. Elle rapporte le récit même que lui a fait Mme de Montausier : « Elle me dit : « M. de Mon-« tespan est entré ici comme une furie, et m'a dit rage de Madame sa femme, et à « moi toutes les insolences imaginables. »

2. « Il fut mis à la Bastille, dit Saint-Simon (au tome cité, p. 86), puis relégué en Guyenne. »

3. On peut voir, dans la *lettre de Mme de Sévigné* du 10 novembre 1673 (tome III, p. 268), une de « ces marques de douceur » reçues du Roi grâce à Mme de Montespan, et l'humble protestation de reconnaissance de la Reine.

4. Saint-Simon rappelle, à l'occasion de la mort de la Vallière (tome VIII, p. 43), « ce qu'elle souffrit du Roi et de Mme de Montespan. » — « Elle disoit souvent à Mme de Maintenon, avant de quitter la cour : « Quand j'aurai de la peine aux Car-« mélites, je me souviendrai de ce que ces gens-là m'ont fait souffrir, » en parlant du Roi et de Mme de Montespan. » (*Souvenirs de Mme de Caylus*, p. 491.)

5. Elle fit profession aux Carmélites de la rue Saint-Jacques le 3 juin 1675, sous le nom de sœur Marie de la Miséricorde; elle s'y était retirée depuis le 20 avril de l'année précédente. En février 1671, elle s'était déjà réfugiée aux filles de Sainte-Marie de Chaillot, où le Roi envoya Lauzun la chercher, et antérieurement aux Bénédictines de Saint-Cloud, où le Roi alla en personne se la faire rendre (voyez *Saint-Simon, ibidem*). De la prise d'habit de la Vallière il suit que ce morceau sur Mme de

foiblesse, et on peut dire qu'elle ne quitta le monde que pour faire sa cour[1].

REMARQUES SUR LES COMMENCEMENTS DE LA VIE DU CARDINAL DE RICHELIEU[2].

(Fol. 52 v°-54 v° du ms.)

Monsieur de Luçon[3], qui depuis a été cardinal de Richelieu, s'étant attaché entièrement aux intérêts du maréchal d'Ancre[4], lui conseilla de faire la guerre[5]; mais après lui avoir donné cette pensée et que la proposition en fut faite au Conseil[6], Monsieur de Luçon témoigna de la désapprouver et s'y opposa pour ce que M. de Nevers, qui croyoit que la paix fût avantageuse pour ses desseins, lui avoit fait offrir le prieuré de la Charité[7] par le P. Joseph[8], pourvu qu'il la fît résoudre au Conseil. Ce changement d'opinion de Monsieur de Luçon surprit le maréchal d'Ancre, et l'obligea de lui dire

Montespan est au plus tôt de 1675. On peut voir, dans notre tome I, p. 274, note 4, que les *Réflexions diverses* mentionnent un autre fait de la même année et même un de 1678.

1. Comparez à la dureté et à la sécheresse de cette fin l'indulgente émotion avec laquelle Saint-Simon, dans l'endroit deux fois cité (tome VIII, p. 43), parle de la Vallière à la date de sa mort, en 1710.

2. Armand-Jean du Plessis de Richelieu, né à Paris en septembre 1585 et mort dans la même ville en décembre 1642, entra au conseil du Roi en novembre 1616, comme secrétaire d'État de la guerre et des affaires étrangères, en sortit à l'assassinat du maréchal d'Ancre, en 1617, fut nommé cardinal en 1622, devint chef du Conseil en avril 1624, et duc en 1631.

3. Dans le manuscrit, *Lusson*. — Richelieu fut évêque de Luçon de 1607 à 1624. Il avait succédé dans ce siége à son frère aîné Alphonse-Louis, qui s'était démis en 1605 et fait chartreux en 1606.

4. Concino Concini, né à Florence, venu en France, en 1600, à la suite de Marie de Médicis, femme de Henri IV, épousa la favorite de la Reine, Leonora Dori, dite *Galigaï*. En 1610, il acheta le marquisat d'Ancre et devint maréchal de France en 1614. Il fut assassiné, le 24 avril 1617, sur le pont-levis du Louvre.

5. Il s'agit de la guerre contre les princes et les seigneurs révoltés qui, avec ses vicissitudes de prises d'armes et de négociations, agita la régence de Marie de Médicis, et à laquelle eut grande part Charles de Gonzague-Clèves, duc de Nevers, qui fut investi du duché de Mantoue en 1630 et mourut en 1637.

6. Ce tour, où *après* est suivi d'abord d'un infinitif, puis de *que*, est un exemple à joindre à ceux des variétés de dépendances d'un même mot qui sont cités dans l'*Introduction grammaticale* du *Lexique*, XI, 1° (tome III, seconde partie, p. LXXXVI et suivantes).

7. Le prieuré de la Charité-sur-Loire (Nièvre), de l'ordre de Cluny, dans le duché de M. de Nevers.

8. François le Clerc du Tremblay, dit le P. Joseph, né en 1577, mort en 1638, qui, après avoir fait la guerre, se fit capucin en 1599 et devint le confident et l'actif et sûr agent du cardinal de Richelieu.

avec quelque aigreur qu'il s'étonnoit de le voir passer si promptement d'un sentiment à un autre tout contraire : à quoi Monsieur de Luçon répondit ces propres paroles, que les nouvelles rencontres[1] demandent de nouveaux conseils. Mais jugeant bien par là qu'il avoit déplu au maréchal, il résolut de chercher les moyens de le perdre ; et un jour que Déageant[2] l'étoit allé trouver pour lui faire signer quelques expéditions, il lui dit qu'il avoit une affaire importante à communiquer à M. de Luynes[3], et qu'il souhaitoit de l'entretenir. Le lendemain, M. de Luynes et lui se virent, où[4] Monsieur de Luçon lui dit que le maréchal d'Ancre étoit résolu de le perdre, et que le seul moyen de se garantir d'être opprimé par un si puissant ennemi étoit de le prévenir. Ce discours surprit beaucoup M. de Luynes, qui avoit déjà pris cette résolution, ne sachant si ce conseil qui lui étoit donné par une créature du maréchal[5] n'étoit point un piège pour le surprendre et pour lui faire découvrir ses sentiments. Néanmoins Monsieur de Luçon lui fit paroître tant de zèle pour le service du Roi et un si grand attachement[6] à la ruine du maréchal, qu'il disoit être le plus grand ennemi de l'État, que M. de Luynes, persuadé de sa sincérité, fut sur le point de lui découvrir son dessein, et de lui communiquer le projet qu'il avoit fait de tuer le maréchal ; mais, s'étant retenu alors de lui en parler, il dit à Déageant la conversation qu'ils avoient eue ensemble et l'envie qu'il avoit de lui faire part de son secret : ce que Déageant désapprouva entièrement, et lui fit voir que ce seroit donner un moyen infaillible à Monsieur de Luçon de se réconcilier, à ses dépens, avec le maréchal, et de se joindre plus étroitement que jamais avec lui, en lui découvrant une affaire de cette conséquence : de sorte que la chose s'exécuta, et le maréchal d'Ancre fut tué,

---

1. *Rencontres* au sens de « circonstances ».
2. Dans le manuscrit : *du Agent*. — Guichard Déageant de Saint-Marcellin, mort en 1639 (selon Moréri), commis du contrôleur général, « homme d'esprit habile et de facile conscience…. que le sieur de Luynes avait débauché, » dit Bazin dans son *Histoire de France sous Louis XIII*, tome I, p. 382 et 303. Il eut une part active aux intrigues de la cour dans les premières années du règne.
3. Le célèbre favori de Louis XIII, Charles d'Albert, duc de Luynes (1619), connétable de France (avril 1621), né en 1578, mort en décembre 1621.
4. C'est-à-dire, « dans laquelle entrevue, et dans cette entrevue », tournure fort claire, mais à remarquer et à mettre au *Lexique* dans l'article de l'adverbe conjonctif Où.
5. « La maréchale d'Ancre, dit Bazin (au tome cité, p. 276), goûtait fort Richelieu, et le maréchal l'avait, dit-on, plusieurs fois désigné comme un habile homme qu'on savait plus déjà que « tous les barbons » du vieux ministère. »
6. Emploi à noter du mot *attachement* et à joindre au *Lexique*.

sans que Monsieur de Luçon en eût connoissance[1]. Mais les conseils qu'il avoit donnés à M. de Luynes, et l'animosité qu'il lui avoit témoigné d'avoir contre le maréchal le conservèrent, et firent que le Roi lui commanda de continuer d'assister au Conseil[2], et d'exercer sa charge de secrétaire d'État, comme il avoit accoutumé : si bien qu'il demeura encore quelque temps à la cour, sans que la chute du maréchal qui l'avoit avancé nuisît à sa fortune. Mais, comme il n'avoit pas pris les mêmes précautions envers les vieux ministres qu'il avoit fait auprès de M. de Luynes, M. de Villeroy[3] et M. le président Jeannin[4], qui virent par quel biais il entroit dans les affaires, firent connoître à M. de Luynes qu'il ne devoit pas attendre plus de fidélité de lui qu'il en avoit témoigné pour le maréchal d'Ancre, et qu'il étoit nécessaire de l'éloigner, comme une personne dangereuse et qui vouloit s'établir par quelques voies que ce pût être : ce qui fit résoudre M. de Luynes à lui commander de se retirer à Avignon[5]. Cependant la Reine, mère du Roi, alla à Blois, et Monsieur de Luçon, qui ne pouvoit souffrir de se voir privé de toutes ses espérances, essaya de renouer avec M. de Luynes, et lui fit offrir que, s'il lui permettoit de retourner auprès de la Reine, qu'il se serviroit du pouvoir qu'il avoit sur son esprit pour lui faire chasser tous ceux qui lui étoient désagréables, et pour lui faire faire toutes les choses que M. de Luynes lui prescriroit. Cette proposition fut reçue, et Monsieur de Luçon, retournant, pro-

1. C'est ce que Bazin confirme dans son *Histoire* (tome I, p. 299), de manière à écarter absolument tout le soupçon de cette espèce de complicité qu'on avait voulu donner à Richelieu « dans la mort du maréchal d'Ancre, sur la foi de quelques mémoires. »

2. Richelieu « ne réitéra pas, dit Bazin (*ibidem*, p. 205), la tentative de reparaître au Conseil. Après y avoir fait une fois acte de présence, il s'effaça prudemment devant les gens du nouveau pouvoir, laissant en doute s'il était maintenu ou renvoyé. » Voyez encore au même tome, p. 298-299.

3. Nicolas de Neufville, seigneur de Villeroy, d'Alincourt, etc., né en 1542, mort en 1617, était alors secrétaire d'État. Il l'avait été sous Henri IV, Henri III, et, dès l'âge de vingt-quatre ans, sous Charles IX. L'évêque de Luçon lui avait été donné pour adjoint dans sa charge en novembre 1616 : voyez *Bazin*, tome I, p. 277.

4. Pierre Jeannin, né en 1540, mort en 1622, président au parlement de Dijon, ancien ministre de Henri IV. La Reine mère lui avait ôté, en mai 1616, le contrôle général des finances.

5. L'ordre d'exil à Avignon est du 7 avril 1618, et postérieur de près d'un an à la retraite de la Reine mère à Blois (3 mai 1617), où Richelieu, comme il nous l'apprend lui-même (*Mémoires*, tome I, livre VIII, p. 171), l'accompagna. « J'en voulus avoir, dit-il, une permission expresse du Roi par écrit. » Le prélat fut rappelé et chargé d'une négociation auprès de Marie de Médicis, un an après, en avril 1619. Pour toute sa conduite après le meurtre du maréchal d'Ancre et les événements de sa vie durant la période dont il s'agit ici, voyez ses *Mémoires* à l'endroit cité, et l'*Histoire* de Bazin, au tome I, p. 306, 328 et 329, 341 et 342, 351.

duisit l'affaire du Pont-de-Cé[1], en suite de quoi il fut fait cardinal, et commença d'établir les fondements de la grandeur où il est parvenu[2].

[LE COMTE D'HARCOURT[3].]
(Fol. 55 r° et v° du ms.)

Le soin que la fortune a pris d'élever et d'abattre le mérite des hommes, est connu dans tous les temps, et il y a mille exemples du droit qu'elle s'est donné de mettre le prix à leurs qualités, comme les souverains mettent le prix à la monnoie, pour faire voir que sa marque leur donne le cours qu'il lui plaît[4]. Si elle s'est servie des talents extraordinaires de Monsieur le Prince et de M. de Turenne pour les faire admirer, il paroît qu'elle a respecté leur vertu, et que, toute injuste qu'elle est, elle n'a pu se dispenser de leur faire justice. Mais on peut dire qu'elle veut montrer toute l'étendue de son pouvoir, lorsqu'elle choisit des sujets médiocres pour les égaler aux plus grands hommes. Ceux qui ont connu le comte d'Harcourt conviendront de ce que je dis, et ils le regarderont comme un chef-d'œuvre de la fortune[5], qui a voulu que la

---

1. Le Pont ou les Ponts-de-Cé, ville d'Anjou (Maine-et-Loire), à sept kilomètres S. E. d'Angers, sur trois îles de la Loire, que relie une série de ponts. — L'armée du Roi enleva la ville, le 7 août 1620, aux troupes de la Reine mère et des mécontents; la paix y fut signée le 13. — Les mots : « Monsieur de Luçon.... produisit l'affaire du Pont-de-Cé, » manquent de justice et de justesse. Voyez encore, sur toute cette affaire, Bazin, tome cité, p. 363-369.
2. Tout ce morceau sur les commencements de Richelieu est loin d'être bienveillant et même impartialement exact. Ce n'est pas là une raison qui rende invraisemblable l'attribution que nous en croyons pouvoir faire à l'auteur des *Maximes*. Sans parler de son peu de penchant à croire au bien, nous voyons dans ses *Mémoires* qu'il avait eu fort à se plaindre du Cardinal. La vérité le force à lui rendre justice, avec admiration, dans le jugement qui en termine la première partie (tome II, p. 47 et 48); mais, dans le cours du récit, il applique à sa domination des mots tels qu'*odieux* et *affreux* (p. 20 et 38), et nous parle de la *haine* que Richelieu avait pour lui (p. 41), et lui pour l'administration de Richelieu (p. 39).
3. Nous ajoutons ce titre. Le morceau n'en a pas dans le manuscrit. — Henri de Lorraine, comte d'Harcourt, né en 1601, mort en 1666, second fils de Charles de Lorraine, duc d'Elbeuf. Pendant la plus grande partie de la Fronde, il resta fidèle à la Reine mère. Voyez au tome II, p. 176, note 3.
4. La Rochefoucauld se sert de la même comparaison dans sa maxime DCIII (tome I, p. 256), qu'il a supprimée dans sa dernière édition seulement (1678) : « Les rois font des hommes comme des pièces de monnoie : ils les font valoir ce qu'ils veulent, et l'on est forcé de les recevoir selon leur cours, et non pas selon leur véritable prix. »
5. Lorsque, dans ses *Mémoires*, notre auteur parle du comte d'Harcourt, le nom de *fortune* vient aussitôt sous sa plume : voyez tome II, p. 340 et 348. Mademoiselle dit

postérité le jugeât digne d'être comparé dans la gloire des armes aux plus célèbres capitaines. Ils lui verront exécuter heureusement les plus difficiles et les plus glorieuses entreprises. Les succès des îles Sainte-Marguerite, de Casal, le combat de la Route, le siége de Turin, les batailles gagnées en Catalogne[1], une si longue suite de victoires étonneront les siècles à venir. La gloire du comte d'Harcourt sera en balance avec celle de Monsieur le Prince et de M. de Turenne[2], malgré les distances que la nature a mises entre eux; elle aura un même rang dans l'histoire, et on n'osera refuser à son mérite ce que l'on sait présentement qui n'est dû qu'à sa seule fortune.

A ces morceaux nous joignons, comme appendice à notre tome III, 1re partie, une lettre intéressante de la Rochefoucauld à Mlle de Scudéry. Cette lettre, dont l'original autographe appartenait à Rochebilière, a été publiée tout récemment par M. Pauly, à la suite de la réimpression de l'édition hollandaise des *Maximes* de 1664 (Paris, Damascène Morgand, 1883). M. Pauly a bien voulu nous permettre, et nous l'en remercions ici, de la reproduire d'après son texte.

Pour dater cette lettre, il y aurait à résoudre deux ou trois problèmes pour lesquels nous ne pouvons offrir que des conjectures fort douteuses. Quels sont et de quel temps ces bienfaits du Roi au sujet desquels Mlle de Scudéry a écrit la lettre de remercîment dont elle parle? L'éloge que la Rochefoucauld fait de cette lettre et pour l'intelligence duquel il faudrait avoir la pièce même sous les yeux et savoir en quelles circonstances elle fut écrite, ne paraît point aisément applicable à celle que Rathery a insérée dans son recueil des *Lettres de Mlle de Scudéry* (p. 287-289), et qu'il date avec vraisemblance d'octobre 1663. D'autre part, nous ne trouvons nulle

---

de lui (*Mémoires*, tome I, p. 318) : « Le comte d'Harcourt.... est le plus heureux et le plus brave homme du monde. »

1. Sur la victoire des îles Sainte-Marguerite (24 mars-16 mai 1637), celle de Casal (29 avril 1640), la prise de Turin (10 mai à 22 septembre 1640), les victoires en Catalogne (juin à octobre 1645), voyez l'*Histoire de Bazin*, tomes II, p. 431, et III, p. 48-52, 307 et 308; et les *Mémoires de Montglat*, p. 58-59, 96-100, et 173-174. Dans ces mêmes *Mémoires de Montglat* (p. 85 et 86) est le récit du combat de la Route (22 novembre 1639), qui tire son nom du passage ainsi appelé, « où le comte d'Harcourt, contre toute apparence, battit les Espagnols, » dans sa retraite de Quiers ou Chieri, ville de Piémont, à dix kilomètres S. E. de Turin.

2. Il y a un rapprochement semblable du comte d'Harcourt avec Turenne dans une lettre, de 1675, de Mme de Sévigné à Bussy Rabutin et dans la réponse de celui-ci (tome IV des *Lettres de Mme de Sévigné*, p. 11 et 41-42); mais ils sont loin, de même que « la postérité, » de les mettre « en balance ».

trace d'une publication de la célèbre Sapho interrompue par ordre. Avait-elle entrepris, de 1661 à 1666, quelque défense ou quelque supplique en faveur de son ami Pellisson, alors à la Bastille, ou même de Foucquet? En avait-elle envoyé le début à la Rochefoucauld, en lui disant qu'elle ne continuerait pas, qu'elle ne pourrait ou n'oserait? C'est une supposition sur laquelle nous nous garderons d'insister, ne sachant et n'ayant découvert absolument rien sur quoi elle puisse se fonder et qui vraiment la confirme. En remontant plus haut et voyant une partie d'*Artamène* ou le *Grand Cyrus* se publier en pleine Fronde (l'ouvrage entier parut de 1649 à 1653), on pourrait être tenté de se demander si, après avoir fait arrêter Condé, qui demeura emprisonné du 6 janvier 1650 à février 1651, Mazarin n'avait pas, un moment, défendu de continuer l'impression du roman écrit à la gloire du prince. Mais l'envoi d'un volume de cet ouvrage à la Rochefoucauld est fort improbable à cette époque. A lui supposer dès lors avec l'auteur des relations par lesquelles cet envoi s'expliquerait, il était, dans le temps même où l'interdiction de publier eût été le plus vraisemblable, soit dans son gouvernement du Poitou, soit à Bordeaux, fort étranger aux choses littéraires, tout entier aux intrigues politiques, à la guerre civile.

LETTRE DE LA ROCHEFOUCAULD
à Mlle de Scudéry.

Je suis encore trop ébloui de tout ce que je viens de recevoir de votre part pour entreprendre de vous en rendre les très-humbles remerciements que je vous dois. On n'a jamais fait un si beau présent de si bonne grâce, et la lettre que vous m'avez fait l'honneur de m'écrire passe encore tout ce que vous m'avez envoyé. Je suis très-affligé, par l'intérêt public et par le mien particulier, de ne pouvoir plus espérer de voir la suite de ce qui étoit si bien commencé : je ne sais néanmoins si on voudra soutenir jusqu'au bout ce qu'on vient de faire là-dessus ; si la liberté est rétablie, j'oserai vous demander la continuation de vos bienfaits. Je crois, Mademoiselle, que M. de Corbinelli vous a témoigné combien j'ai pris de part à ceux que vous avez reçus du Roi : le remerciement que vous lui avez fait est bien digne de lui et de vous ; il me semble qu'il sied toujours bien d'écrire ainsi quand on le peut faire et qu'il ne sied pas toujours bien d'écrire de belles lettres : c'est un grand art que de le savoir si bien déguiser. Au reste, Mademoiselle, vous avez tellement embelli quelques-unes de mes dernières maximes qu'elles vous appartiennent bien plus qu'à moi. Je souhaiterois passionnément que vous voulussiez bien faire la même grâce aux autres. Faites-moi, s'il vous plaît, celle de croire, Mademoiselle, que rien ne me sera jamais si cher que la part que vous m'avez fait l'honneur de me promettre dans votre amitié et que personne ne l'estime ni ne la desire si véritablement que votre très-humble et très-obéissant serviteur

La Rochefoucauld.

Le 3 de décembre.

A Mademoiselle
Mademoiselle de Scudéry.

VIII

PORTRAIT DU CARDINAL DE RETZ.

(Tome I, p. 19-21 ; voyez ci-dessus l'*Avant-propos,* p. i, ii et viii.)

1°

Copie d'une redaction inedite, évidemment antérieure à celle qui est donnée au tome I.

Cette copie nous a été indiquée par M. de Boislisle, qui l'a trouvée à la Bibliothèque nationale dans le manuscrit Clairambault 1136 (*Ordre du Saint-Esprit,* 26, fol. 170). Comparée au texte inséré par le chevalier de Perrin dans la *Lettre de Mme de Sévigné* du 19 juin 1675 (tome III, p. 486-488), elle présente de nombreuses et très-notables différences ; c'est une peinture beaucoup moins sévère et malveillante, et qui pourrait bien être celle-là même que Mme de Sévigné avait envoyée à sa fille. Elle rend plus croyable, ce que dit la Marquise, que le Cardinal « trouva le même plaisir qu'*elle* à voir que c'étoit ainsi que la vérité forçoit à parler de lui, quand on ne l'aimoit guère. »

Paul de Gondy, cardinal de Retz, naquit avec beaucoup d'élévation et d'étendue d'esprit, et de grandeur de courage. Il eut une mémoire extraordinaire, plus de force que de politesse dans ses paroles, l'humeur facile, une docilité admirable à souffrir les plaintes et les reproches de ses amis, peu de piété, beaucoup de religion. Il parut plus ambitieux qu'il ne l'étoit en effet ; la vanité seule lui a fait entreprendre de grandes choses, presque toutes opposées à sa profession ; il a suscité les plus grands désordres de l'État, mais il songeoit moins à occuper la place du cardinal Mazarin, qu'à lui paroître redoutable et à le faire repentir du mépris qu'il avoit fait de son entremise dans le temps des barricades. Il se servit ensuite, avec beaucoup d'habileté, des malheurs publics pour se faire cardinal ; il a souffert la prison avec fermeté et n'a dû sa liberté qu'à sa hardiesse. Sa paresse autant que sa force 'ont soutenu avec gloire dans l'obscurité d'une vie errante pendant six années. Il ne s'est jamais démis de l'archevêché de Paris qu'après la mort du cardinal Mazarin, et n'a point fait de conditions avec le Roi. Il est entré dans divers conclaves et sa conduite a toujours augmenté sa réputation. Sa pente naturelle étoit l'oisiveté ; il travailloit néanmoins dans les grandes affaires comme s'il ne pouvoit souffrir de repos, et il se reposoit quand elles étoient¹ finies, comme s'il ne pouvoit souffrir le travail. Il avoit une grande présence d'esprit, et il savoit tellement tourner à son avantage les occasions que la fortune lui offroit, qu'il sembloit qu'il les eût prévues et desirées. Il étoit incapable d'envie et d'avarice; il a plus emprunté de ses amis qu'un particulier ne devoit espérer de leur pouvoir rendre, néanmoins il s'est acquitté envers eux avec toute la justice et la fidélité qu'il leur devoit. Sa retraite est la plus éclatante action de sa vie, elle prouva sa foi et sa religion. Il se démit de sa dignité de cardinal ; il partagea ce qui lui restoit de bien avec ses amis, ses domestiques et les pauvres ; mais, en renonçant à tout, il demeura encore exposé à la malignité des jugements du monde, et il laissa en doute si la piété seule ou la foiblesse humaine lui a fait entreprendre un si grand dessein.

2°

Variantes du manuscrit 325 *bis de la Roche-Guyon, fol.* 50 v°.

Page 20, ligne 3 : Il a su profiter néanmoins avec habileté.
Ibidem, ligne 5 : il a souffert la prison.
Ibidem, ligne 17 : il a une présence d'esprit.
Page 21, ligne 1 : à sa réputation, c'est de savoir.
Ibidem, ligne 3 : quelque soin qu'il ait pris.
Ibidem, ligne 4 : d'envie ni d'avarice.
Ibidem, ligne 5 : soit par vertu, ou par inapplication.
Ibidem, ligne 6 : qu'un particulier ne devoit espérer.

1. Après *étoient*, il y a dans la copie *faites*, biffé.

IX

NOTICE BIBLIOGRAPHIQUE.

C'est pour nous un devoir, et un devoir dont nous nous acquittons on ne peut plus sincèrement au début de cette notice, d'exprimer notre vive gratitude des facilités que les possesseurs des manuscrits de la Rochefoucauld ont bien voulu nous donner pour leur étude. Feu M. le duc de la Rochefoucauld et feu Mme la duchesse nous avaient très-obligeamment communiqué ceux des *Mémoires* et des *Réflexions diverses* dans la bibliothèque du château de la Roche-Guyon ; et à Liancourt celui qui contient une première rédaction autographe des *Maximes*. Depuis, non moins libéralement, M. le duc de la Roche-Guyon, leur fils puîné, nous a permis, par trois fois, de revoir les deux premiers de ces manuscrits pour des vérifications, et leur petit-fils (par feu leur aîné), M. le duc actuel de la Rochefoucauld, nous a donné communication nouvelle et réitérée de celui des *Maximes*. Voyez ci-dessus l'*Avant-propos*, p. IV et V. — C'est ici le lieu de nommer aussi Mme veuve Coppinger, à qui nous offrons nos remercîments dans l'avertissement du tome II, pour nous avoir envoyé de Dinard ses deux précieux manuscrits des *Mémoires*.

Nous avons dit plus haut, p. IX, ce que nous devons à M. Pauly pour la partie relative aux imprimés.

I. — Manuscrits.

A. — Mémoires[1].

En tête du tome II, aux pages de la *Notice sur les Mémoires* auxquelles nous allons renvoyer pour ceux des manuscrits qui nous ont servi à constituer notre texte, on trouvera ce qu'il importait le plus, quant à cette constitution, de dire de chacun d'eux, particulièrement au sujet de leur valeur et autorité, et de leur contenu.

1. — Manuscrit D (165) de la bibliothèque du château de la Roche-Guyon, contenant les *Mémoires* complets et définitifs, tels que nous les publions de la page 1 à la page 431 du tome II. — Voyez, à ce même tome II, les pages XLIII-XLIX de la *Notice*[2].

Petit in-folio, sur papier du dix-septième siècle, et d'une fort belle écriture du temps, relié en maroquin rouge, 2 pages écrites, 1 blanche,

---

[1]. C'est à cause des dates respectives de publication que les *Mémoires* de la Rochefoucauld précèdent, dans cette notice bibliographique, son ouvrage plus célèbre des *Maximes*.

[2]. Un examen de révision de ce manuscrit nous a donné, pour la page XLIV de la *Notice sur les Mémoires*, les petites rectifications suivantes : Ligne 10, *de la même*

415 numérotées, puis 2 blanches. — Il y a, en marge, des titres de subdivisions que nous donnons en note aux pages 1, 49, 130, 237, 291 et 341 du tome II, et d'après lesquels nous avons coupé les *Mémoires* en VI sections.

2. — Premier manuscrit Coppinger, qui contient les *Mémoires* complets, et dont Petitot s'est servi pour son édition de 1826. — Voyez, au tome II, p. xxxii et xxxiii de la *Notice*; p. 552 de l'*Appendice*.

In-4°, relié en veau fauve, 396 pages. — La 1re partie (nos sections I et II des *Mémoires*) est d'une autre écriture que la 2de (III-VI), qui a grande ressemblance avec la première rédaction du manuscrit Harlay, dont la notice suit immédiatement celle-ci (sous le n° 3). On a collé sur la garde un extrait du *Catalogue Bourdillon* (de 1830), ainsi conçu : « *Mémoires de M. le duc de la Rochefoucault*, divisés en 2 parties. In-4, v. f. — Ms. sur papier, d'une écriture du dix-septième siècle. Le feuillet après le titre est occupé par la note suivante, de la même écriture que le volume : « Ces *Mémoires* sont les « véritables de M. D. L. R. F., et différents de ceux qui ont été im- « primés en Hollande, soit pour la beauté du style, soit pour l'ordre « des choses et la vérité de l'histoire. Les imprimés ont été com- « pilés par Cerizay pendant qu'il étoit son domestique, et partie « de ces pièces, qui sont assez mal cousues ensemble, sont de M. de « Vineuil, partie de M. de Saint-Évremond ; le reste a été pris dans « les manuscrits de M. D. L. R. F., mais ceux-ci sont entièrement de « lui. » — Un cartouche gravé en taille-douce et imprimé sur le premier feuillet de ce volume prouve qu'il a appartenu à M. Louis le Bouthillier de Pont-Chavigny, dont il représente les armes, le même Chavigny souvent cité dans ces *Mémoires*[1]. — M. Petitot, éditeur de la collection des Mémoires sur l'histoire de France, s'est servi de ce manuscrit pour la réimpression des *Mémoires* de la Rochefoucault [1826] dans cette collection, et l'a fait précéder d'une dissertation qui en révèle l'importance. »

Voyez, à la page xxxii du tome II, ce que Renouard dit d'un autre manuscrit, de 657 pages, contenant aussi nos VI sections et qui lui a fourni, en 1817, sa publication complémentaire des sections I et II.

3. — Manuscrit Harlay de la Bibliothèque nationale (fonds français 15 256, ancien fonds Harlay, n° 352), qui contient de nos sections III à VI des *Mémoires* (il n'a pas I et II) une double rédaction, dont l'une est, en général, conforme au texte des imprimés de la seconde série, et dont l'autre, sous forme de corrections interlinéaires, est une version non encore définitive, mais tenant le milieu entre la première de l'auteur et sa dernière, celle du manuscrit D de la Roche-Guyon. — Voyez, au tome II, les pages xxxvi, xli, xlii, xlix, l.

In-folio, relié en maroquin rouge, 194 feuillets numérotés et un

main, lisez *d'une autre main*; ligne 22, *pour le nombre*, lisez *par le nombre*; de même, à la note 5, *pour l'exactitude*, lisez *par l'exactitude*; enfin, ligne 24, au lieu de *page* 112, lisez *page* 113.

1. C'est une grosse erreur du *Catalogue Bourdillon*. Ce Louis le Bouthillier de Pont-Chavigny était non pas le ministre même, Léon de Chavigny, dont parlent souvent les *Mémoires*, mais un de ses petits-fils : voyez au tome II, p. xxxii, note 4.

NOTICE BIBLIOGRAPHIQUE. 105

feuillet supplémentaire où est écrite, de la main du correcteur, une addition d'une demi-page (voyez la note 1 de notre page 361 des *Mémoires*). En tête du manuscrit le même correcteur a mis cette note : « *Mémoires de Monsieur de la Rochefoucaut*, tels qu'il les advoue. Il y a quelques fautes dans l'escriture faciles à cognoistre. »

4. — Second manuscrit Coppinger, duquel Renouard, dont il porte l'*ex libris*, s'est servi pour son édition de 1804. Il ne contient, comme notre n° 3 (Harlay), dont il nous offre, en général, la seconde version. c'est-à-dire la rédaction corrigée, que nos sections III à VI. — Voyez, au tome II, p. xxvii et note 2, xxviii, xli, xlii, lv; et, à l'*Appendice* du même tome, p. 553-557, le relevé de soixante-dix-huit corrections, qu'on peut croire, avec assez de vraisemblance, de la main de la Rochefoucauld.

Petit in-folio, relié en maroquin rouge, 204 pages de texte des *Mémoires*, et 10 feuillets numérotés 118 à 127, contenant un fragment qu'une note, en marge du premier de ces feuillets, attribue à Bassompierre. — On lit sur un feuillet blanc du commencement du volume : « Ces *Mémoires* ont été donnés à M. d'Andilly[1] par M. de la Rochefoucauld lui-même, manuscrit infiniment curieux, étant original et le seul. » Un peu plus bas est écrit : « Cette note est de M. de la Rochefoucauld, marquis de Surgères[2]. » En tête du manuscrit et reliés avec lui sont deux portraits de la Rochefoucauld, dont l'un est une gravure de Choffard, de 1779, d'après un émail de Petitot, l'autre une gravure de Saint-Aubin, d'après un dessin de Monsiau.

5. — Manuscrit C (164) de la Roche-Guyon, ne renfermant, comme les deux précédents, que la seconde partie des *Mémoires* (sections III-VI). Son texte est presque toujours celui du manuscrit Harlay, non corrigé. — Voyez au tome II, p. xli, xliii, xlix, l.

Petit in-folio, relié en maroquin rouge, 180 feuillets numérotés, le dernier blanc. Une note, que nous avons reproduite à la page citée l, dit que « ce manuscrit n'a rien de précieux ni de recommandable. »

6. — Au manuscrit autographe des *Maximes* est jointe, dans l'ancien volume A de la Roche-Guyon, une copie de la première rédaction du commencement de la section II des *Mémoires* (voyez ci-après, p. 107, n° 1). C'est la pièce 1 de notre *Appendice* du tome II, p. 471-481.

7. — Manuscrit 162 (sans cote ancienne par lettre) de la Roche-Guyon, contenant la pièce iii, *Mémoires de Vineuil*, de notre *Appendice* du tome II, p. 500-551.

Petit in-folio, relié en parchemin, 80 pages, 2 blanches en tête, autant à la fin; belle mise au net, revue; corrections soigneusement faites, avec grattage et sandaraque.

Il existe dans les bibliothèques, soit publiques, soit privées, de

---

1. Voyez au tome II, p. viii et note 3, et à la page xxvii déjà citée.
2. *Ibidem*, p. xxvii et notes 3 et 4.

nombreuses copies des *Mémoires*, à qui toutes manque, comme aux n°s 3, 4, 5 et 6, le commencement de l'ouvrage, et qui contiennent, ou complétement ou partiellement, les sections III à VI, diversement intitulées, diversement rangées, et précédées, dans quelques-uns de ces manuscrits, comme dans notre n° 6, d'une première rédaction du commencement de la section II. La plupart ont, en outre, plus ou moins d'annexes qui ne sont point de la Rochefoucauld et qui se trouvent également dans la plupart des anciennes éditions.

La Bibliothèque nationale possède, sans compter le manuscrit Harlay (notre n° 3), quatorze[1] de ces copies, la plupart du dix-huitième siècle. Ce sont les n°s du fonds français 5822, 6701, 10 323, 13 724, 13 725, 13 726, 17 470, 17 492, 20 867, 23 250, 23 316, 23 317; et les n°s 436 et 505 du fonds Clairambault.

Le n° 17 470 (ancien fonds Saint-Germain, n° 1032), le plus pauvre de ces manuscrits par le contenu, porte, collées sur un feuillet liminaire, les lignes suivantes, imprimées : *Ex bibliotheca Mss. Coisliniana, olim Segueriana, quam Illustr. Henricus du Cambout, Dux de Coislin, par Franciæ, episcopus Metensis, etc. Monasterio S. Germani a Pratis legavit, anno* MDCCXXXII. Le volume a, au dos, ce titre fautif : « Mémoires des règnes d'Henry 3 (*pour Louis* 13) et Louis 14. » — Au n° 6701 est écrit, sur le plat de la couverture : « L'abbé de Noailles. » — Le n° 17 492 (ancien fonds Saint-Germain, n° 1032) porte sur le plat de cette note : *Ex Dono D. Vallant. Ex bibliotheca S. Germani a Pratis*, 1686; et le n° 13 724, sur le folio 1 : *Bibliotheca Recollectorum Parisiensium*. — Le n° 5822 est l'ancien 58 du fonds Lancelot. — Les n°s 13 725, 13 726, 23 250, 23 317, 13 724 et Cl. 436 ont des titres nommant l'auteur; les deux derniers, dans des notes d'écriture ancienne, mais d'une date postérieure à celle des manuscrits, mentionnent, le premier plusieurs impressions du recueil, le second la seule édition de Cologne 1669. — Le n° 20 867 porte, à la table des matières : « Tout ce qui suit jusqu'à la fin du volume est imprimé dans les *Mémoires du duc de la Rochefoucauld*, à Cologne, chez Dyck, 1667, suivant l'imprimé de 1662. Fol. 436. » La même note est reproduite en tête de ce folio 436 (actuellement 416). Le texte (y compris les *Mémoires de Vineuil*) va jusqu'au folio 521 (actuel) et dernier. Des pièces de sujets tout différents occupent les 435 feuillets (anciens) qui précèdent. — Les n°s 23 317 et Cl. 436, outre ce qu'ils ont des *Mémoires* de la Rochefoucauld, contiennent, comme divers imprimés, l'opuscule intitulé : *Discours* ou *Mémoires du marquis de la Châtre* (sur sa destitution de la charge de colonel général des Suisses). Dans le premier (23 317), sur un feuillet liminaire, on lit après le titre : « Ms. de la bibliothèque de M. le P[résident] Bouhier. B. 71. MDCCXXI, » et à la suite est une table des « Morceaux de la Rochefoucauld ».

A la bibliothèque de l'Institut nous avons vu cinq copies, cotées 356, 357, 358^A, 358^B, 358^C. La seconde et la troisième (357 et 358^A) donnent, celle-ci en tête, celle-là au folio 68, le nom de la Rochefoucauld; elles renferment toutes deux les *Mémoires de la Châtre;* le n° 358^A attribue au « Sr de Saint-Evremont » (fol. 208) la pièce annexe qui se trouve dans mainte copie et maint imprimé sous le titre d'*Apologie de M. de Beaufort*.

Deux copies sont à la bibliothèque de l'Arsenal, cotées 3881 et

---

[1]. Nous avons dit « douze » dans la *Notice sur les Mémoires*, au tome II, p. XXXIX. Depuis nous en avons vu deux de plus.

NOTICE BIBLIOGRAPHIQUE.

3885, ayant, l'une et l'autre, au titre, le nom de la Rochefoucauld, et contenant, toutes deux aussi, les *Mémoires de la Châtre;* la première sans autres pièces annexes, la seconde (voyez notre tome II, p. XL) avec toutes celles qui se trouvent dans les textes imprimés les plus riches en appendices.

Une copie est à la bibliothèque Mazarine, cotée 2789, intitulée : « Guerre de Guyenne, avec la dernière de Paris, en 1652, par le duc de la Rochefoucauld. » Elle contient, sans aucune division, la partie des *Mémoires* qui va de la page 341 à la page 431 de notre tome II.

Feu M. Gilbert avait vu en outre une copie faisant partie de la bibliothèque du Prytanée militaire de la Flèche.

Des copies qui se trouvent dans les bibliothèques privées, trois nous ont été communiquées, que nous avons mentionnées au tome II, page XL.

B. — Maximes.

1. — Manuscrit autographe de 275[1] des *Maximes* (dont une inédite[2]), faisant jadis partie de la bibliothèque de la Roche-Guyon, et maintenant de celle de Liancourt. Les *Maximes*, écrites, presque toutes, de la main de l'auteur, sont précédées (voyez ci-dessus, p. 105, n° 6) de la première rédaction, copiée d'une autre main, du commencement de la section II des *Mémoires*, que nous avons donnée à l'*Appendice* du tome II (p. 471-481). Avant ce morceau, il y avait autrefois, sur des feuillets (au nombre de 19, croyons-nous) qui ont été arrachés, une copie de l'*Apologie de M. le prince de Marcillac*, imprimée à la fin du même tome II (p. 439-468).

Petit in-folio, de papier doré sur tranche, relié en parchemin ; 2 feuillets blancs (dont 1 détaché); puis extrémités longitudinales, prises dans la reliure, des 19 feuillets arrachés de l'*Apologie*; 14 autres feuillets, blancs, sauf le 1er (lequel porte un long avertissement que nous reproduisons quelques lignes plus bas); à la suite, le morceau des *Mémoires*, sur 21 pages numérotées, la dernière de 14 lignes seulement avec un verso blanc ; enfin sur 91 pages, également chiffrées, dont la dernière n'a que 2 lignes et demie avec un verso blanc, sont les *Maximes*, suivies encore de 14 feuillets blancs. — Le dos du manuscrit porte : Apologie. Maximes, plus la trace de deux chiffres ou deux lettres à peu près indéchiffrables. — Sur la couverture de parchemin, au recto extérieur, est ce titre développé : « Manuscrit des *Maximes du duc de la Rochefoucauld* légué à M. le duc de Liancourt[3] par M^{de} la marq^{se} de Castellane, sa tante.

« Paris, 26 décembre 1840. »

---

1. De la façon qu'elles sont divisées dans le manuscrit, on en compterait davantage, car une est coupée en deux et deux autres en de nombreux paragraphes.
2. Voyez la section II de l'*Appendice*, ci-dessus, p. 51.
3. Ce titre est écrit de la main dudit duc de Liancourt, depuis duc de la Rochefoucauld, grand-père du possesseur actuel. Mme de Castellane, en premières noces duchesse de la Rochefoucauld, possédait ce manuscrit par suite de l'abolition des substitutions. Jusqu'à elle, il avait toujours appartenu, comme faisant partie de la substitution, à l'aîné de la famille.

Sur le premier des feuillets qui suivent les 19 arrachés on lit, d'une écriture et d'une orthographe anciennes, l'avertissement suivant : « Manuscrit A. — Ce manuscrit contenoit originairement trois ouvrages, dont le premier, écrit de la main du secrétaire de M. le duc de la Rochefoucauld, occupoit une vingtaine de feuillets, qui ont été arrachés, comme on peut le voir ci à côté.

« Le second ouvrage, contenant 21 pages, et écrit de la même main, est le petit morceau, intitulé dans les *Mémoires* imprimés : *Mémoires de la régence d'Anne d'Autriche, etc.* La seule observation qu'il y ait à faire sur ce morceau, c'est que, depuis, l'auteur l'a totalement refondu, comme on peut le voir dans les *Mémoires* non imprimés, volume D[1].

« Le 3ᵉ ouvrage, écrit de la main de l'auteur même, est un premier brouillon des *Maximes*. Il en est peut-être d'autant plus précieux. On aime à voir les premières pensées d'un écrivain de génie, comme les premières esquisses d'un grand peintre. On trouve ici des pensées foibles que l'auteur a retranchées. On en trouve de foiblement exprimées qu'il a resserrées[2] et rendues avec plus d'élégance ou plus de force. Quelques-unes se sont présentées à lui tout armées de leur expression et n'ont éprouvé depuis aucun changement. La plupart sont trop générales et trop dures; il les a restreintes et adoucies, parce qu'il a senti que, quoique généralement vraies, elles ne l'étoient pas sans exception. Une partie de ces changements ont été faits avant la première édition, et une partie depuis. »

Dans les 91 pages des *Maximes* tout est de la main de la Rochefoucauld, sauf, p. 26, la maxime 63 (notre 99ᵉ), qui est d'une belle écriture ronde; et, d'une autre main que cette 63ᵉ, les cinq maximes de la page 6, et, p. 89 et 90, les quatre antépénultièmes; ce sont neuf maximes suivantes : 33, 83, 48, 57¹, 60¹, 27, 28, 52 et 144. — De plus, en marge de la plupart des maximes, il y a, d'une autre main aussi que celle de l'auteur, l'initiale ou les initiales du mot dominant de la réflexion : ainsi *a* pour *amour-propre, affliction, aimer*, etc., *h* pour *heureux, s* pour *sage, o* ou *l'or* pour *orgueil, hu* pour *humilité, humeurs, confi* pour *confiance*, etc.; parfois le mot entier : *bonté, mort, vices,* etc.

Nous avions tout lieu de penser que ce manuscrit autographe des *Maximes* était celui dont M. Gilbert avait donné les variantes, en 1868, dans son commentaire de notre tome I, et que M. de Barthélemy avait reproduit dans son édition de 1863. Nous n'en connaissions et n'en connaissons encore aucun autre qui soit écrit de la main de l'auteur. Grande a donc été notre surprise quand nous avons vu, en comparant les trois textes, quelles différences, aussi nombreuses que considérables, les distinguaient les uns des autres. On trouvera ci-dessus : 1°, dans l'*Avant-propos* de cet *Appendice* (p. II-VI), un long exposé de cette comparaison qui donne à résoudre une étonnante énigme, demeurée pour nous fort obscure; 2°, dans la section I (p. 1-50), un relevé complet des variantes de l'authentique autographe que nous venons de décrire. Voyez, en outre, l'*Avis préliminaire* et l'annexe placés, l'un en tête du *Lexique* (tome III, 2ᵈᵉ partie) et l'autre à la fin (p. 455-464).

2. — Manuscrit Morgand (voyez ci-dessus la fin de l'*Avant-propos*,

---

1. Voyez ci-dessus, p. 103-104, n° 1.
2. Ici *depuis*, biffé.

p. XI), contenant une copie du manuscrit autographe des *Maximes* qui vient d'être décrit sous le n° 1.

In-folio, relié en veau brun, portant au dos : « Manuscrit »; de 116 feuillets, non numérotés : 1 blanc; 27 pour les *Maximes*; 3 blancs; 33 pour les *Réflexions diverses*, intitulées ici : « Réflexions de l'auteur des *Maximes* »; 1 blanc; 14 pour le « Traité de l'Inconsistance par M. L. P. D. T.[1] »; 37 blancs. Grande écriture du dix-huitième siècle.

Au verso du feuillet de garde, il est écrit au crayon : « Copie du manuscrit de la Rochefoucauld qui se trouve au château de la Roche-Guyon » (maintenant au château de Liancourt). — Au folio 2, en tête des *Maximes*, ce nom, aussi au crayon, *La Rochefoucauld*, puis cet Avertissement :

« Ce manuscrit a été copié sur l'original de l'auteur des *Maximes*. Il m'en a paru d'autant plus précieux : on aime à voir les premières pensées d'un grand génie. L'ouvrage imprimé est plus concis et plus châtié; mais le manuscrit est bien plus étendu[2], et son imperfection satisfait davantage une curiosité philosophique et raisonnée. »

A la suite viennent les 275 maximes du manuscrit autographe de Liancourt, rangées dans le même ordre, à cette seule différence près que les maximes 268 à 273 de l'autographe sont placées, dans le manuscrit Morgand, entre les maximes 25 et 26 de celui de Liancourt. Ce déplacement s'explique aisément par cette circonstance que le feuillet du manuscrit de Liancourt qui les contient (pages 89 et 90) est détaché et a pu, à une époque quelconque, se trouver hors de sa place; il est aussi à remarquer que ces pages 89 et 90 ne sont pas de la main de la Rochefoucauld (voyez ci-dessus, p. 108).

On voit que le copiste transcrivait l'original avec une intention de servile exactitude : il en a reproduit jusqu'aux fautes (notées dans la section I de l'*Appendice* aux maximes LV, LXXXVIII, CLXXXI[3]).

A ces fautes il en a ajouté quelques-unes, fort rares, qu'il ne vaut pas la peine de relever (maximes LXVIII, LXXXVIII, CXCVIII, CCXXV, CCXXXIII, CCLXVIII).

Voyez ci-après, p. 111, à C, 3, la description de la seconde partie du manuscrit Morgand.

5. — Bon nombre de *Maximes* se lisent, écrites de la main de la Rochefoucauld, dans des lettres autographes, adressées soit à M. Esprit, soit, la plupart, à la marquise de Sablé.

Au tome III, 1re partie, on trouvera, à la Table alphabétique, p. 299, le relevé des maximes citées, et, dans les notes préliminaires

---

1. Ces initiales pourraient bien signifier M. LE PRÉSIDENT DENIS TALON. Le P nous semble avoir été surchargé d'une R, peut-être pour faire LA ROCHEFOUCAULD, à qui, comme auteur des deux parties antérieures du manuscrit, on aura voulu attribuer aussi la troisième, sans se laisser arrêter par la difficulté d'expliquer, après ce changement, les deux dernières lettres D. T. Le morceau est probablement inédit. Au moins ne l'avons-nous pas trouvé ailleurs, ni aux manuscrits de la Bibliothèque nationale, ni imprimé soit à part, soit dans les *OEuvres d'Omer et de Denis Talon*, publiées par D.-B. Rives (Paris, 1821, 6 vol. in-8°).

2. A prendre les maximes une à une.

3. A cette dernière, il y a *du goût* pour *de la fin du goût*, parce que le copiste n'a su combler le blanc, laissé à la place du mot *fin* dans l'original.

APPENDICE DU TOME I.

des lettres où elles sont insérées, l'indication des folios du tome II des *Portefeuilles de Vallant* (fonds français de la Bibliothèque nationale, n° 17045) où sont ces lettres.

4. — Le n° 18411 du même fonds français contient, parmi des pièces de sujets tout différents, une copie intitulée : « Sentences et maximes de morale, par Monsieur D. L. R. — 1663. »

In-folio, relié en parchemin jaunâtre; 268 feuillets; les *Maximes* vont du feuillet 29 actuel (il y a un premier numérotage biffé) au feuillet 63. Le millésime de 1663 que porte ce manuscrit est antérieur de deux ans à la 1re édition donnée par l'auteur, à Paris, en 1665, et d'un an à celui de la 1re impression de Hollande, de 1664. Le nombre des *Maximes* est de 217. Ce volume, qui faisait partie de l'ancien fonds Saint-Germain, sous le n° 561, porte la même indication de provenance (Coislin et antérieurement Séguier) que la première des copies des *Mémoires* mentionnées ci-dessus (p. 106) à la suite du n° 7. — Voyez, dans la section I de cet *Appendice* (p. 1-50), un relevé complet des variantes de cette copie.

5. — M. le baron de Ruble possède une copie des *Maximes*, intitulée « Réflexions morales », acquise à la vente Rochebilière.

M. Claudin, dans son catalogue de cette vente (n° 474, p. 254), nous apprend que ce manuscrit du dix-septième siècle, volume in-8° de 175 pages, contient 620 maximes, c'est-à-dire 302 de plus que la 1re (1665) et 116 de plus que la 5e (1678) et la plus complète des éditions publiées du vivant de l'auteur; il ajoute que ces maximes ne lui paraissent pas être toutes de la Rochefoucauld, et qu'en général celles qui sont de lui reproduisent le texte de sa 1re édition (1665).

C. — Réflexions diverses.

1. — Manuscrit A[1] (163) de la Roche-Guyon.

Voyez, dans notre tome I, les pages 273-277 de la *Notice sur les Réflexions diverses*.

Petit in-folio, relié en maroquin rouge-brun; papier du dix-septième siècle, et belle écriture du temps; 4 pages initiales, non numérotées, dont les trois premières contiennent la note reproduite aux pages citées du tome I; puis 128 pages numérotées (60 à 78 et 95 à 98 sont blanches); à la suite 14 pages blanches non numérotées. En quelques endroits des corrections interlinéaires d'une écriture ancienne, que l'auteur de la note préliminaire affirme être celle de la Rochefoucauld et qui a en effet beaucoup de rapport avec elle; seulement elle est bien plus fine, comme au reste il le fallait pour tenir entre les lignes.

[1]. Le volume qui contient le manuscrit autographe des *Maximes* est également coté A dans une note préliminaire (voyez ci-dessus, p. 108). Cette cote lui a-t-elle été donnée dans une autre bibliothèque que celle qui est à la Roche-Guyon, ou bien, dans celle-ci, les cotes ont-elles été changées et y a-t-il eu successivement deux séries différentes de manuscrits?

NOTICE BIBLIOGRAPHIQUE.

2. — Manuscrit 325 *bis* de la Roche-Guyon.

In-4°, relié en veau brun, avec dorures au dos, plats marbrés et tranches rouges; papier (« 2 mains, » dit une note manuscrite placée sur la feuille de garde) du dix-septième siècle, et belle écriture du temps; 105 feuillets (1 de garde, 55 écrits et 49 blancs).

Au sujet de ce manuscrit récemment mis à profit, et de ce qu'il contient outre les *Réflexions diverses*, voyez ci-dessus, p. VIII et IX, l'*Avant-propos*, et p. 83-98 et p. 102, les sections VI-VIII de cet *Appendice*.

3. — Manuscrit Morgand (voyez plus haut, p. 109, B, 2).

Il contient, comme seconde partie, nous l'avons dit, une copie des *Réflexions diverses*. Ce sont les dix-neuf du manuscrit A (163) de la Roche-Guyon décrit (p. 110) sous le n° 1, et que nous avons suivi dans notre tome I. Elles y sont rangées, sans numérotage, dans le même ordre, mais ont presque partout le texte du n° 2, c'est-à-dire du manuscrit 325 *bis* récemment découvert dans la bibliothèque de la Roche-Guyon. Voici le relevé des

Variantes communes au ms. 325 bis de la Roche-Guyon
et au ms. Morgand :

Toutes celles des réflexions I et II ; toutes celles de la réflexion III (y compris l'absence des deux phrases de la page 289) ; toutes celles des réflexions IV et V ; une de la réflexion VIII (page 302, ligne 3) ; quatre de la réflexion X (sur six : manquent celles des pages 305, ligne 15, et 306, ligne 8) ; cinq de la réflexion XI (manquent les deux premières et les deux dernières) ; sept de la réflexion XIII (manquent la 2de, la 3e, la 6e et la 9e) ; toutes celles des réflexions XIV et XV ; neuf (1, 2, 3, 5, 6, 10, 11, 16 et 18) de la réflexion XVII ; toutes celles de la réflexion XVI (sauf la première) ; toutes celles de la réflexion XVIII ; les deux premières de la réflexion XIX.

Nous avons, dans notre attentive collation, trouvé, en vingt-sept endroits, des différences entre le manuscrit 325 *bis* et la copie Morgand ; mais, de ces différences, il n'y en a que deux qu'on puisse appeler des variantes dignes de remarque :

A la page 303, ligne 14 de notre texte : *sentiments*, pour *charmes*; à la page 348, ligne 1 : *inquiétudes*, pour *incertitudes*.

Sauf un *pas* pour *point* et ailleurs un *point* pour *pas*, trois fois *est* pour *c'est*, deux changements de construction (l'un de *pas*, l'autre de *se*), une addition et deux suppressions d'*et*, les différences sont ou des lacunes, laissées à peu près toutes par inadvertance sûrement, ou des fautes évidentes.

Malgré le rapport entre les deux manuscrits, on ne peut guère supposer que la copie n° 3 ait été faite directement sur le n° 2. D'abord celui-ci n'a pas les réflexions VI et XII, qui sont dans celui-là. Puis on s'expliquerait, tout en s'étonnant un peu, l'absence, dans le n° 3, du *Portrait de Retz* et des quatre morceaux, que nous croyons inédits, placés, dans le n° 2, à la suite des *Réflexions diverses;* mais moins bien l'omission de l'addition sur le mariage de Mademoiselle et de Lauzun intercalée dans la réflexion même des *Événements de ce siècle*. — Nous ne parlons pas, vu leur insignifiance, des variantes que nous avons énumérées dans l'alinéa qui précède.

D. — Apologie du prince de Marcillac.

Copie conservée dans le tome XXII des manuscrits in-folio de Conrart, p. 531-568, bibliothèque de l'Arsenal, Belles-Lettres françaises, n° 2817.

Voyez notre tome II, *Notice* de l'*Apologie*, p. 435-437.

E. — Lettres.

Sur les 116 lettres qui composent la correspondance, contenue au tome III, 1re partie, sans compter celles des deux appendices du même tome et les 2 lettres données, p. CIII, CIV et CV, à l'appendice V de la *Notice biographique*, il y en a 81 écrites par la Rochefoucauld et 19 écrites en son nom ; 52 paraissent pour la première fois ; 12 seulement sont données d'après des imprimés ; les autres, prises sur des manuscrits, sont autographes, sauf 6, reproduites d'après des copies. Nous avons indiqué exactement, dans les notes préliminaires de chaque lettre, les sources d'où elles sont tirées. Ces sources sont, pour la plupart, des manuscrits de la Bibliothèque nationale, à savoir, pour 33 des 81 lettres autographes de la Rochefoucauld, le tome II des *Portefeuilles de Vallant*, et pour 22 autres (des mêmes 81), de tomes divers des *Manuscrits de Lenet*.

Nous avons dit ci-dessus (p. 98), que la lettre à Mlle de Scudéry ajoutée dans cet *Appendice* a été imprimée d'après un autographe qui appartenait à Rochebilière.

II. — Imprimés.

A. — Mémoires.

Sur une première édition entreprise à Rouen par l'imprimeur Barthelin, qui fut saisie, avec arrangement à l'amiable, avant la mise en vente, peut-être même avant l'achèvement de l'impression, voyez au tome II, la *Notice sur les Mémoires*, p. VIII et IX. De cette édition il ne s'est rien conservé, rien du moins retrouvé jusqu'ici.

1. — Memoires de M. D. L. R. Sur les Brigues à la mort de Loüys XIII, Les Guerres de Paris et de Guyenne, et la Prison des Princes. Apologie pour Monsieur de Beaufort. Memoires de Monsieur de la Chastre. Articles dont sont convenus Son Altesse Royale et Monsieur le Prince pour l'expulsion du Cardinal Mazarin. Lettre de ce Cardinal à Monsieur de Brienne. (La sphère.) A Cologne, chez Pierre van Dyck, M.DC.LXII.

Petit in-12 ; 2 feuillets liminaires, l'un de titre, l'autre contenant l'*Avertissement* : « L'impatience que, etc. », dont nous avons donné

NOTICE BIBLIOGRAPHIQUE.

le commencement dans la *Notice sur les Mémoires* (p. xi); 400 pages de texte, et 1 feuillet d'errata, qui manque dans le tirage spécial dont il va être parlé quelques lignes plus bas, et dans les contrefaçons mentionnées au dernier alinéa de cette page.

Sur cette édition originale, de 1662, imprimée à Bruxelles par François Foppens, dont *van Dyck* est un des pseudonymes familiers, voyez l'excellente dissertation insérée par M. Alphonse Willems dans son savant ouvrage sur les Elzevier (p. 536-538, n° 1997), dissertation dont il maintient les conclusions, sauf deux modifications légères dues à de nouvelles découvertes, et qu'il a bien voulu nous communiquer. Dans ladite étude sur l'édition première de Foppens, le docte bibliographe rectifie, d'une manière irréfutable, une fausse assertion sur le lieu de l'impression et le nom de l'imprimeur, qui a été reproduite dans notre tome II (p. x et note 1), d'après une lettre inédite du temps, signée *de Wicquefort*. Brunet, dans son *Manuel du libraire* (tome III, col. 848), avait déjà dit vrai sur ces deux points, mais sans nous apprendre, de manière à nous convaincre, comme fait M. Willems, sur quoi il se fondait.

Il existe de l'édition originale un tirage spécial portant le titre suivant :

Memoires de M. D. L. R., contenant : Les Brigues pour le gouvernement à la mort de Loüys XIII. Guerre de Paris. Retraitte de Monsieur de Longueville en Normandie. Recapitulation ou Abregé de tout ce que dessus, avec l'Emprisonnement des trois Princes. Ce qui s'est passé depuis la prison des Princes jusqu'à la guerre de Guyenne. Guerre de Guyenne, avec la derniere de Paris, etc. Ausquels sont adjoustez les Memoires de M. de la Chastre. (La Sphère.) A Cologne, chez Pierre van Dyck, M.DC.LXII.

Petit in-12; 1 feuillet de titre, 387 pages de texte.

C'est de ce « tirage spécial, » ainsi que l'appelle maintenant M. Willems, et non plus « seconde édition originale, » que M. Claudin, dans le catalogue dressé par lui de la vente de M. A. Rochebilière (n° 435, p. 230), fait la première édition. La vérité est, nous écrit M. Willems, que, « pour satisfaire au désir de quelques impatients, Foppens avait mis en vente un certain nombre d'exemplaires de son édition, avant qu'elle fût achevée. Ces exemplaires, pareils aux autres jusqu'à la page 384, ne renferment ni l'*Avertissement*, ni l'errata, ni les *deux pièces finales*, savoir : les *Articles et conditions dont sont convenus Son Altesse Royalle et Monsieur le Prince*, et la *Lettre de Mazarin*.

« L'édition de Foppens, continue M. Willems, a été l'objet de trois contrefaçons publiées avec la même adresse. (La Sphère.) *A Cologne, chez Pierre van Dyck*, 1662, petit in-12. La première a 2 feuillets liminaires et 312 pages, à raison de 34 lignes à la page; la page 97 est cotée par erreur 67, et la page 244 est cotée 243. La seconde a 4 feuillets liminaires, dont le 4° est blanc, 326 pages et 1 feuillet blanc, sans réclames, 33 lignes à la page; la page 191 est chiffrée par erreur 291, et la page 263 est chiffrée 623. La troisième, exactement copiée sur l'édition originale, a 2 feuillets liminaires et 400 pages. On la reconnaîtra aux pages 89, 276 et 382, chiffrées par erreur 98, 376 et 832. Ces trois contrefaçons ont été imprimées en France. Elles contiennent l'*Avertissement* cité ci-dessus, mais n'ont pas l'errata.

« Malgré ces contrefaçons, le débit du livre fut si rapide que Foppens le réimprima dès la même année :

2. — Memoires de M. D. L. R. Sur les Brigues à la mort de Loüys XIII, etc. (*le reste comme au n° 1*). A Cologne, chez Pierre van Dyck, M.DC.LXII.

« Cette seconde édition originale, de 2 feuillets liminaires et 400 pages, reproduit, page pour page et ligne pour ligne, la précédente (le n° 1). On la reconnaîtra au fleuron à la tête de buffle de la page 1, lequel est imprimé à l'envers, et aux pages 237, 276 et 279, cotées par erreur 137, 376 et 379. »

L'année suivante (1663), Foppens publia une 3ᵉ édition rangée, comme on le voit par le titre, dans un ordre différent :

3. — Memoires de M. D. L. R. Sur les Brigues à la mort de Loüys XIII. Les Guerres de Paris et de Guyenne, et la Prison des Princes. Lettre du Cardinal à Monsieur de Brienne. Articles dont sont convenus Son Altesse Royale et Monsieur le Prince pour l'expulsion du Cardinal Mazarin. Apologie pour Monsieur de Beaufort. Memoires de Monsieur de la Chastre. (La Sphère.) A Cologne, chez Pierre van Dyck, M.DC.LXIII.

Petit in-12; 400 pages de texte, précédées de 2 feuillets liminaires, contenant le titre et un nouvel *Advis au lecteur sur cette seconde édition :* « Nous nous acquittons de la promesse que nous vous avions faite de vous donner une seconde impression (qui est, en réalité, une 3ᵉ) de ce Recueil, plus correcte et plus exacte que n'avoit pu être la première, etc. »

Sur cette édition ont été faites les trois suivantes de 1664, de 1665 et de 1669, toutes imprimées par Foppens. — Pour celle de 1665, voyez, dans le *Catalogue Claudin* (n° 440, p. 233), une note de feu Rochebilière.

Sous la même rubrique, à la date de 1664, il existe, en outre, une contrefaçon de 320 pages, d'un format un peu plus grand.

4. — Memoires de M. D. L. R. Sur les Brigues à la mort de Louis XIII. Les Guerres de Paris et de Guyenne, et la Prison des Princes : augmentez de nouveau par le mesme. Lettre du Cardinal, etc. (*le reste comme au n° 3*). M.DC.LXXII.

Petit in-12; 330 pages, précédées de 2 feuillets liminaires. Autre *Advis au lecteur sur cette nouvelle édition :* « Puisque j'ay esté assez heureux d'avoir eu entre les mains l'original de Monsieur de la Rochefoucauld, depuis qu'il l'a réformé, etc. » — Sur cette édition, la 7ᵉ, voyez (n° 442 du *Catalogue Claudin*, p. 233) une autre note de Rochebilière, qui en possédait un exemplaire avec cartons.

Ensuite viennent, toujours sous la même rubrique, mais à la date de 1677, deux éditions, l'une de 2 feuillets liminaires et 387 pages de texte, petit in-12, même *Advis* que celles de 1663, etc., imprimée à Bruxelles (M. Willems l'attribue à Lambert Marchant); l'autre d'un format plus grand, de 360 pages.

Sous la même rubrique encore : *Cologne, van Dyck*, reparaît, avec la date, au titre, de 1717, et l'*Advis* de 1663, une dernière édition ou mise en vente, qui s'intercale dans la série toute nouvelle et

NOTICE BIBLIOGRAPHIQUE.

tout autre commençant à 1688 : voyez la *Notice sur les Mémoires*, p. xxv.

5. — Memoires de la minorité de Louis XIV. Sur ce qui s'est passé à la fin de la vie de Louis XIII et pendant la Regence d'Anne d'Autriche, mere de Louis XIV. A Villefranche, chez Jean de Paul, 1688.

> In-12 ; 342 pages de texte, précédées de 2 feuillets liminaires; de 1 feuillet d'errata, et d'un avertissement : « Ce n'est pas une des moindres, etc. »
>
> Sous la même rubrique, à la date de 1689, il parut, en 2 volumes in-12, une « 2de édition augmentée, dit le titre, de près d'un tiers. » Sur ces deux éditions et la suivante (n° 6), ainsi que sur une contrefaçon, de 1689, dont le titre attribue les *Mémoires* à Varillas, voyez la *Notice sur les Mémoires*, p. xviii-xxvii.

6. — Memoires de la minorité de Louis XIV. Sur ce qui s'est passé à la fin de la vie de Louis XIII et pendant la Regence d'Anne d'Autriche, mere de Louis XIV. Corrigez sur trois copies differentes et augmentez de plusieurs choses fort considerables, qui manquent dans les autres editions ; avec une Preface nouvelle, qui sert d'Indice et de Sommaire. A Villefranche, chez Jean de Paul, 1690.

> In-12 ; 428 pages de texte, précédées de 11 feuillets liminaires, contenant le titre, 20 pages de Préface : « Ces Mémoires ayant déjà paru cinq ou six fois, etc. », et 2 pages de table ; à la fin, 1 page d'errata.
>
> De cette édition nous avons un exemplaire où le titre a de moins les mots : « Sur ce qui s'est passé », jusqu'à « mere de Louis XIV. »

7. — Memoires de M. le duc de la Rochefoucauld et de M. de la Châtre, contenant l'histoire de la minorité de Louis XIV. Corrigez sur, etc. (*le reste comme au n° 6*). 1700.

> In-12 ; 428 pages, et 1 feuillet d'errata ; même préface qu'au n° 6. — C'est la première édition qui donne en toutes lettres le nom de l'auteur, omis depuis 1688, et représenté dans les éditions de la première série par les initiales M. D. L. R.

8. — Memoires de M. D. L. R. Sur les Brigues à la mort de Louis XIII, les guerres de Paris et la Prison des Princes. Amsterdam, E. Roger, 1710.

> In-12. — La Bibliothèque nationale possède de cette impression un exemplaire en 1 volume, divisé artificiellement en 2 tomes, mais avec pagination continue. En vue de cette division, on a réimprimé le feuillet de titre initial et l'*Avis au lecteur*, fait un second titre intercalé après la page 370 ; la page 371 commence le tome II.

9. — Édition sous la rubrique : *Cologne, van Dyck*, M.DCC.XVII.

> In-12 ; 371 pages. — Voyez ci-dessus, p. 114 et 115, à la suite du n° 4, 3° alinéa.

10. — Memoires de la minorité de Louis XIV ; corrigez sur trois copies différentes, et augmentez de plusieurs choses fort considérables, qui manquent dans les autres éditions. Avec une Preface nouvelle, qui sert d'Indice et de Sommaire. Amsterdam, aux depens de la Compagnie, M.DCC.XXIII.

> 2 volumes in-12, le 1ᵉʳ de 318 pages, le 2ᵈ de 256; même préface qu'au n° 6, et, comme l'on peut voir, même titre, avec l'omission marquée, 2ᵈ alinéa, à la suite de ce n° 6.

11. Memoires de la minorité de Louis XIV.... Amsterdam, 1733. 2 vol. in-12.

12. Memoires de la minorité de Louis XIV, corrigés et augmentés de plusieurs choses fort considerables, qui manquent dans les autres éditions. Avec une Preface nouvelle, qui sert d'Indice et de Sommaire. Par M. le duc D. L. R. A Trevoux, aux depens de la Compagnie, M.DCC.LIV.

> 2 volumes in-12. Préface de l'édition de 1690, avec substitution de « six ou sept fois » à « cinq ou six fois ».
> Autre édition, 1754. *Ibidem*, 2 volumes in-12.

13. — Mémoires de M. le duc de la Rochefoucauld, publiés sur un manuscrit corrigé de sa main. Paris, Renouard, 1804.

> In-12. — Pour cette édition et les deux qui suivent, voyez la *Notice sur les Mémoires*, p. xxvii-xlii; et particulièrement pour le type auquel appartenait le manuscrit dont s'est servi Renouard, p. xli et xlii, p. xxxii (et note 4) et p. xxxiii.

14. — Mémoires du duc de la Rochefoucauld. Première partie jusqu'à ce jour inédite, et publiée sur le manuscrit de l'auteur. Paris, A.-A. Renouard, 1817, in-18.

15. — Mémoires du duc de la Rochefoucauld, augmentés de la première partie, jusqu'à ce jour inédite, et publiée sur le manuscrit de l'auteur. Paris, A.-A. Renouard, 1818.

> In-12, avec portrait gravé par Aug. Saint-Aubin d'après un dessin de N. Monsiau.

16. — Mémoires de la Rochefoucauld. Paris, Foucault, 1826.

> In-8°. Deux parties de volumes de la *Collection* (Petitot) *des Mémoires relatifs à l'histoire de France*, 2ᵈᵉ série, tomes 51 et 52. — Voyez la *Notice sur les Mémoires*, p. xxxii et note 4, et p. xxxvi.

17. — Mémoires de la Rochefoucauld. Paris, imprimerie Éverat, 1838.

> Grand in-8°. Une partie de volume de la *Nouvelle Collection* (Michaud et Poujoulat) *des Mémoires pour servir à l'histoire de France*, 3° série, tome V. — Voyez la *Notice sur les Mémoires*, p. xxxvi-xxxviii.

Pour les éditions des *Mémoires* comprises dans celles des *OEuvres*, voyez ci-dessous, D. OEuvres, p. 140-142.

NOTICE BIBLIOGRAPHIQUE.

B. — MAXIMES.

1° Éditions publiées du vivant de l'auteur.

Sentences et Maximes morales. A La Haye, chez Jean et Daniel Steucker, CIƆ.IƆC.LXIV. — Réimprimé en 1883 : voyez p. 131, n° 71.

Petit in-8° de 79 pages. — 189 *maximes*, dont 8 sont inédites, et dont, par suite de dédoublements et doublements postérieurs, les 181 autres en forment 193 des éditions suivantes.

M. Alphonse Willems a récemment découvert[1] cette édition hollandaise, de 1664, antérieure à la première française, et qu'on avait jusqu'à présent cherchée en vain. On se refusait à croire qu'elle existât, et on ne voyait qu'un prétexte de grand seigneur dans la mention que fait l'*Advis au lecteur* de 1665 d' « une méchante copie.... qui *avait* passé en Hollande » (tome I, p. 26 et note 1). — Voyez ci-dessus, p. 1-50, le relevé complet des variantes fournies par cette édition ; p. 51-52, ses 8 maximes inédites ; p. 53-60, l'intéressante notice que lui a consacrée M. Willems ; enfin, p. 66-82, nos tableaux de concordance. Trois exemplaires seulement de ce précieux livret se sont retrouvés jusqu'ici : celui que possède M. Willems ; un autre, venant de la bibliothèque de feu Rochebilière (*Catalogue Claudin*, n° 444, p. 234) ; un troisième, vendu, au mois de mars dernier, par la librairie Durel.

1 A. — Reflexions ou Sentences et Maximes morales. A Paris, chez Claude Barbin, vis-à-vis le Portail de la Sainte Chapelle, au signe de la Croix. M.DC.LXV. Avec privilege du Roy.

1 volume in-12, avec frontispice gravé par Picard[2] ; 24 feuillets

---

1. Dans une *Causerie bibliographique* de la *Revue de Bretagne et de Vendée*, août 1882 (p. 159-161), et dans un opuscule sur les *Traductions en langues étrangères des Réflexions ou Sentences et Maximes morales de la Rochefoucauld* (p. 25), M. le marquis de Granges de Surgères nous apprend que, dans un manuscrit inédit qu'il possède (*Notice raisonnée des principales éditions des* MAXIMES *du duc de la Rochefoucauld, avec un projet d'une nouvelle édition plus correcte que les précédentes*, Paris, 1814, 1 vol. in-4° de 190 pages), le P. Adry, bibliothécaire de l'ancienne maison de l'Oratoire à Paris, a mentionné déjà cette édition hollandaise « avec des détails assez circonstanciés, » dont le principal est que l'auteur relève quelques-unes des variantes du texte de 1664 comparé à celui de 1665.

2. Il est dit, dans l'opuscule, que nous venons de citer, sur les *Traductions en langues étrangères*, etc. (p. 13, n° 11), que le dessin est de Nicolas Poussin ; nous n'avons pu savoir sur quoi l'auteur fondait cette assertion. — Voyez, à la notice qui, dans notre *Album*, accompagne la reproduction de ce frontispice, un passage de la *Vie de Sénèque* par Diderot, qui s'y rapporte. Sur un exemplaire de la bibliothèque de l'Arsenal (coté 1779), qui a appartenu au collège des Jésuites de Paris, M. de Paulmy a mis au bas de la gravure :

Detrahere ausus
Hærentem larvæ multa cum laude coronam.
Horat. [a]

[a] *Satires*, livre I, x, vers 48 et 49. On a changé dans le texte d'Horace *ausim* en *ausus* et *capiti* en *larvæ*.

liminaires non paginés : 1 pour le frontispice gravé, 1 pour le titre imprimé, 3 pour l'*Advis au lecteur* (voyez au tome I, p. 24-28) et 19 pour le *Discours sur les Réflexions ou Sentences et Maximes morales*, deux pièces que donnent également toutes les impressions (édition originale et contrefaçons 1 B à 1 D) de l'année 1665 ; 150 pages chiffrées (à 23 lignes la page) pour le texte[1], et 5 feuillets non paginés pour la table et le privilége. — 312 *maximes* ou plutôt 314, parce qu'il y a un double n° 302 et de plus la réflexion finale, non numérotée, sur la mort[2]. Le privilége et l'achevé d'imprimer sont, dans les impressions de 1665, qui toutes les contiennent, celui-ci du 14 janvier 1664 (par erreur 1644 dans 1 C), celui-là du 27 octobre 1664.

Cette édition 1 A, à pages de 23 lignes, est l'édition originale. C'était déjà l'opinion du très-expérimenté et regretté bibliographe, feu M. Potier, et M. Claudin en a, à deux reprises[3], donné des preuves incontestables. Dans l'édition à pages de 22 lignes (ci-dessous 1 B), que Brunet (*Manuel du libraire*, tome III, col. 844) considérait à tort comme l'originale, l'absence du frontispice, le fleuron de la fin (fleuron du livre ouvert avec la lettre P) et surtout (aux endroits où, dans la plupart des exemplaires de 1 A qui nous restent, il y a des cartons) le texte même, qui est celui, non pas du premier état, mais du second, décèlent évidemment une contrefaçon. Au sujet de ces cartons et des exemplaires d'un second tirage où l'on a tenu compte des corrections faites sur les cartons, voyez ci-dessus la section IV de l'*Appendice*, p. 61-65.

Dans l'année même où fut publiée l'édition originale, il parut trois contrefaçons :

1 B. — Reflexions ou Sentences et Maximes morales. A Paris, chez Claude Barbin.... M.DC.LXV. Avec privilege du Roy.

In-12; 23 feuillets liminaires non paginés; 135 pages chiffrées (à 22 lignes la page) pour le texte; 6 pages non chiffrées pour la table alphabétique, et 2 pour le privilége. Pas de frontispice. — Cette contrefaçon, que Brunet, nous l'avons dit ci-dessus (à propos de 1 A), regarde à tort comme la première édition, est très-bien imprimée en caractères neufs; le fleuron du livre ouvert avec la lettre P qui se trouve à la fin est celui de François Provensal, imprimeur de Mgr l'évêque, à Grenoble[4].

1 C. — Reflexions ou Sentences et Maximes morales. A Paris, chez Claude Barbin.... M.DC.LXV. Avec privilege du Roy.

In-12; 23 feuillets liminaires (à 22 lignes la page); 100 pages chiffrées (à 26 lignes) pour le texte; 6 pages non chiffrées pour la table

---

1. En réalité 148 et non 150, parce que les pages 145-146 n'existent pas, par suite d'une erreur typographique, dans les exemplaires de 1er état non cartonnés (voyez le *Catalogue Claudin*, p. 239).

2. Les exemplaires cartonnés renferment en plus nos quatre *maximes* 285-288, donc en tout 318 (voyez ci-dessus, p. 63).

3. *Catalogue des livres.... composant la bibliothèque de M. Victor Luzarche*, 1868, gr. in-8°, 1re partie, tome I, n° 987, p. 149-150, et *Catalogue Rochebilière*, n° 451, p. 244.

4. *Catalogue Rochebilière, ibidem.*

NOTICE BIBLIOGRAPHIQUE.

alphabétique, et 2 pour le privilége. Pas de frontispice. — Cette contrefaçon paraît à M. Claudin (*Catalogue Rochebilière*, n° 452, p. 244 et 245) avoir été imprimée à Lyon ou à Avignon.

1 D. — Reflexions morales de Monsieur de L. R. Foucaut. A Paris, chez Claude Barbin.... M DC LXV. Avec privilege du Roy.

Petit in-12; 18 feuillets liminaires non paginés; 113 pages chiffrées pour le texte; 5 pages non chiffrées pour la table, en petits caractères, et 2 pour le privilége. Pas de frontispice. — C'est une contrefaçon évidente, faite au fond de quelque province, curieuse par ce fait que le titre donne déjà, sous cette forme : *L. R. Foucaut*, le nom de l'auteur, que nous ne retrouvons plus tard, d'abord qu'à l'extrait du privilége, dans quelques exemplaires du supplément de 1678 : le « Sieur duc de la Rochefoucauld » (ci-après, p. 121, lignes 22-25); puis en initiales dans une traduction en vers français, de 1684 (ci-après, p. 132), en toutes lettres en 1705 (n° 7, p. 123), 1712 (n° 8, p. 124), 1748 (n° 11, *ibidem*); et enfin constamment à partir d'une réédition, de 1765, de l'abbé de la Roche (voyez p. 124, à la suite du n° 10).

Le texte de 1665 a été réimprimé en 1869 : voyez ci-après, p. 131, n° 66.

2. — Reflexions ou Sentences et Maximes morales. Nouvelle edition. A Paris, chez Claude Barbin.... M DC LXVI. Avec privilege du Roy.

In-12; 118 pages pour le texte, et 6 feuillets non paginés : 3 pour le titre, l'*Avis au lecteur* (voyez au tome I, p. 29 et 30), et le privilége (de même date que dans les éditions de 1665 ; achevé d'imprimer du 1er septembre 1666), et 3 pour la table alphabétique. Frontispice. — 302 *maximes*, y compris la réflexion sur la mort. Pas le *Discours sur les Réflexions*.

5. — Reflexions ou Sentences et Maximes morales. Troisieme edition, reveuë, corrigée et augmentée. A Paris, chez Claude Barbin, au Palais, sur le Perron de la Sainte Chapelle. M.DC.LXXI. Avec privilege du Roy (du.... février[1] 1671).

In-12; 132 pages pour le texte, et 9 feuillets non paginés : 4 pour le titre, « Le libraire au lecteur », et le privilége (pas d'achevé d'imprimer), et 5 pour la table alphabétique. Frontispice. — 341 *maximes*, y compris la réflexion sur la mort.

L'année suivante, 1672, parurent deux, non pas contrefaçons, car le privilége des *Maximes*, qui venait d'expirer, n'ayant pas été renouvelé en temps utile, des concurrents en avaient profité pour obtenir des « permis d'imprimer, » mais deux copies d'éditions de Paris :

Reflexions ou Sentences et Maximes morales. Derniere edition, reveuë et corrigée. A Rouen, chez Jacques Lucas. M.DC.LXXII.

In-12 ; 30 feuillets liminaires non paginés, 207 pages chiffrées pour le texte, et 4 feuillets non paginés pour la table. — 373

---

1. La date du jour est restée en blanc; de même dans la quatrième édition, de 1675 (ci-après, p. 120, n° 4).

maximes, formées des textes combinés de la 1re et de la 2de édition de Paris[1].

Reflexions ou Sentences et Maximes morales. A Lyon, chez P. Compagnon et R. Taillandier. M.DC.LXXII.

> In-12; 24 feuillets liminaires non paginés; 100 pages chiffrées pour le texte, et 4 feuillets non paginés pour la table et le privilége. — 317 *maximes*. Copie de l'édition de 1665, dont elle reproduit le texte cartonné.

4. — Reflexions ou Sentences et Maximes morales. Quatrieme edition, reveuë, corrigée et augmentée depuis la troisieme. A Paris, chez Claude Barbin.... M.DC.LXXV. Avec privilege du Roy (du.... février 1671).

> In-12; 157 pages chiffrées pour le texte, et 8 feuillets non paginés : 4 pour le titre, « Le libraire au lecteur, » et le privilége, et 4 pour la table alphabétique (dont le commencement est au verso de la page 157). Achevé d'imprimer, pour la quatrieme fois, du 17 décembre 1674. Frontispice. — 413 *maximes*, y compris la réflexion sur la mort.
> Cette édition de 1675 paraît ne faire qu'une avec celle de 1671, à partir de la page 3 inclusivement, jusqu'à la page 120 comprise[2].
> Voyez ce qui est dit ci-après, p. 121, à la suite du n° 5, d'un supplément à cette édition de 1675, publié en 1678.

Reflexions ou Sentences et Maximes morales. (La Sphère.) Suivant la copie imprimée à Paris. CIƆ.IƆC.LXXVI.

> Petit in-12; 20 feuillets liminaires, y compris le frontispice gravé et le titre; 104 pages pour le texte, et 4 feuillets pour la table. — Cette édition, attribuée faussement aux Elzevier, sort, comme celle de 1664, des presses des frères Steucker, à la Haye. C'est une copie pure et simple de l'édition parisienne de 1665 (contenant le *Discours sur les Réflexions ou Sentences et Maximes morales*). Elle n'est pas citée par les bibliographes; ils mentionnent seulement, aussi comme édition elzevirienne, sa réimpression, faite en 1679, du même texte de 1665. Voyez ci-dessus, p. 54, l'étude de M. Willems.

5. — Reflexions ou Sentences et Maximes morales. Cinquieme edition. Augmentée de plus de cent Nouvelles Maximes. A Paris, chez Claude Barbin, sur le second Perron de la Sainte Chapelle. M.DC.LXXVIII. Avec privilege du Roy (du 3 juillet 1678).

> In-12; 195 pages pour le texte, et 9 feuillets non paginés; 3 pour le titre, « Le libraire au lecteur, » et le privilége, et 6 pour la table alphabétique (dont le commencement est au verso de la page 195). Achevé d'imprimer avec l'augmentation, pour la pre-

---

1. Rochebilière (*Catalogue Claudin*, n° 459, p. 247) possédait un exemplaire de cette édition, cartonné pour les pages 45 à 48.

2. Page 67 de l'exemplaire que possédait Rochebilière (*Catalogue Claudin*, n° 463, p. 244) se trouve un carton destiné à remplacer la 186e maxime, qui est réimprimée avec des modifications : voyez ci-dessus, p. 65.

mière fois, du 26 juillet 1678. Pas de frontispice[1]. — 504 *maximes*, y compris la réflexion sur la mort.

L'abbé Brotier, aux pages 246 et 247 de son édition de 1789 (ci-après, p. 125, n° 19), critique cette cinquième, de 1678, avec une sévérité qui implique une satisfaction quelque peu exagérée de la sienne : voyez au tome I, p. 239, et p. 240, note 2.

Il y a eu, à ce qu'il paraît, un double tirage du texte de 1678, ou peut-être correction sous presse : voyez au tome I, p. 169, note 3.

Outre cette 5ᵉ édition complète, Barbin publia, en 1678, un supplément à la 4ᵉ, ne contenant que les 107 *maximes* ajoutées dans la 5ᵉ, et intitulé :

Nouvelles Reflexions ou Sentences et Maximes morales. Seconde partie.

In-12 ; 4 feuillets liminaires non paginés : 1 blanc, 1 pour le titre, et 2 pour le privilége ; 76 pages chiffrées pour le texte, et 5 feuillets non paginés pour la table. Achevé d'imprimer du 6 août 1678. — 107 *maximes*.

Suivant M. Claudin (*Catalogue Rochebilière*, nᵒˢ 461 et 462, p. 248 et 249[2]), cette seconde partie, imprimée, nous venons de le dire, pour compléter la 4ᵉ édition, se trouve le plus souvent jointe à des exemplaires de la 3ᵉ, dont il restait sans doute en magasin un certain nombre, et où, tantôt précédée d'un faux titre imprimé, tantôt d'un feuillet blanc, tantôt n'ayant ni l'un ni l'autre, elle présente de plus cette particularité que, dans les uns, l'extrait de son privilége indique comme auteur du livre le « Sieur duc de la Rochefoucauld, » et, dans les autres, ne porte pas de nom.

Reflexions ou Sentences et Maximes morales. (La Sphère.) Suivant la copie imprimée à Paris. CIƆ.IƆC.LXXIX.

Petit in-12. — Réimpression de l'édition, dite elzevirienne, des Steucker, de 1676 : voyez ci-dessus, p. 120, entre les nᵒˢ 4 et 5.

2° Éditions publiées depuis la mort de l'auteur.

1. — Reflexions ou Sentences ou Maximes morales. Quatrieme (*sic*) edition, reveuë, corrigée et augmentée depuis la troisieme. Lyon, P. Compagnon et Rob. Taillandier. M.DC.LXXXV. — Nouvelles Reflexions ou Sentences et Maximes morales. Seconde partie. *Mêmes lieu, libraire et date.*

2 tomes, en 1 volume in-12 : le premier, de 4 feuillets liminaires non paginés, et 83 pages chiffrées pour le texte ; le second, de 19 pages chiffrées et de 15 non chiffrées.

« Le second privilége des *Maximes*, dit M. Claudin (*Catalogue Rochebilière*, n° 468, p. 251), venait d'expirer et n'avait pas encore été renouvelé. Usant de cet avantage, les mêmes libraires de Lyon qui avaient imprimé, dans les mêmes conditions, les *Maximes* en 1672

---

1. Voyez l'Album à l'endroit indiqué ci-dessus, à la page 117, fin de la note 2.
2. Voyez le même *Catalogue*, nᵒˢ 466 et 467, p. 250 et 251.

(voyez ci-dessus, p. 119-120, à la suite du n° 3) profitèrent de l'occasion pour obtenir permission de faire une édition nouvelle. »

2. — Reflexions ou Sentences et Maximes morales. Sixieme edition (*sic; voyez la vraie sixième, ci-après*, p. 123, n° 6). Augmentée de plus de cent nouvelles Maximes. Avec un Discours sur les Reflexions. A Toulouse, chez Marin Fouchac et Guillaume Bely. M.DC.LXXXVIII.

> In-12 ; 16 feuillets liminaires non paginés ; 140 pages chiffrées pour le texte, et 6 feuillets non paginés pour la table. — Copie de l'édition n° 5, avec reproduction du *Discours* de 1665, supprimé dès 1666, et un *Avis au lecteur* dans lequel on justifie la Rochefoucauld d'avoir attribué toutes nos actions et nos vertus même à nos mauvais penchants, en disant « qu'il n'a considéré les hommes que dans cet état déplorable de la nature corrompue. »

3. — Reflexions ou Sentences et Maximes morales. Quatrieme (*sic*) edition. Reveuë, corrigée et augmentée depuis la troisieme. Lyon, B. Vignieu, M.DC.XC. — Nouvelles Reflexions ou Sentences et Maximes morales. *Mêmes lieu, libraire et date.*

> 2 parties, en 1 volume in-12 : la première de 4 feuillets liminaires non paginés, 110 pages chiffrées pour le texte, et 1 feuillet blanc; la seconde, de 28 pages chiffrées. — Le titre, portant « Quatrieme edition, » ne tient compte, on le voit, ni, et avec raison, de la précédente de Toulouse, intitulée à tort « sixième », ni de la « quatrieme » de Lyon (ci-dessus, p. 121, n° 1), ni de la vraie cinquième de Barbin, de 1678 (plus haut, p. 120, n° 5). Voyez, à propos de cette édition de Lyon, 1690, une note du catalogue de M. Duplessis (Paris, Potier, 1856, n° 93), et, dans le *Catalogue Rochebilière* (n° 470, p. 252), la description d'un exemplaire contenant, non pas deux, mais quatre parties, en un volume : d'abord celles que nous avons mentionnées ; puis, comme troisième et quatrième : 1°, jointes pour la première fois aux *Maximes* de la Rochefoucauld, les « Maximes et Pensées diverses, » au nombre de 81, de Mme de Sablé ; 2° d'autres « Pensées diverses », au nombre de 91, œuvre d'un anonyme. (Troisième partie : 1 feuillet non paginé pour le faux titre, 82 pages chiffrées ; quatrième partie : pages 33 à 66, 11 feuillets non paginés pour les tables, et 1 feuillet blanc final.)

4. — Reflexions ou Sentences et Maximes morales, augmentées de plus de deux cens nouvelles Maximes. Suivant la copie imprimée à Paris, chez Claude Barbin. M.DC.XC. — Maximes et pensées diverses (par Mme de Sablé).

> 2 parties, en 1 volume petit in-12 : la première de 15 feuillets liminaires non paginés, 178 pages chiffrées et 4 feuillets de table ; la seconde de 4 feuillets liminaires non paginés, 49 pages chiffrées, et 7 pages non chiffrées de table (les « Pensées diverses » d'un anonyme commencent à la page 24 de la 2de partie). Frontispice. — Jolie édition de Hollande, qui semble, d'après M. Claudin (*Catalogue Rochebilière*, n° 471, p. 253), faite sur la précédente.

5. — Reflexions ou Sentences et Maximes morales. Suivant les copies imprimées à Paris chez Claude Barbin et Mabre Cramoisy. M.DC.XCII.

> 2 parties, en 1 volume petit in-12 : la première de 15 feuillets liminaires non paginés, 168 pages chiffrées, 4 feuillets non paginés de table; la seconde de 4 feuillets liminaires non paginés, 49 pages chiffrées, et 7 pages non chiffrées pour les tables (les « Pensées diverses » d'un anonyme commencent à la page 24 de la 2de partie). Frontispice. — Jolie édition de Hollande.

6. — Reflexions ou Sentences morales. Sixieme edition augmentée. A Paris, chez Claude Barbin.... M.DC.XCIII. Avec privilege du Roy (du 28 décembre 1692).

> In-12; 12 feuillets non paginés, et xxxv pages, puis 196 pages chiffrées pour le texte, pas de table. « Achevé de réimprimer pour la première fois le 3 septembre 1693. » — 504 *maximes*, comme dans la 5e édition ; et de plus, au commencement du volume, la réflexion sur l'amour-propre, suivie d'un *Supplément de 50 maximes*, dont la moitié est publiée pour la première fois, et du *Discours* de 1665, retranché dès 1666.
> Au sujet de cette 6e édition de Barbin, voyez, au tome I, la *Notice sur les Maximes posthumes*, p. 219-222.

7. — Reflexions ou Sentences et Maximes morales. De Monsieur de La Rochefoucault. Maximes de Madame la marquise de Sablé. Pensées diverses de M. L. D. (*l'abbé d'Ailly*). Et les Maximes chrétiennes de M*** (*Mme de la Sablière*). A Amsterdam, chez Pierre Mortier, libraire, M.DCC.V.

> In-12; frontispice gravé; 310 pages chiffrées, dont 192, plus 30 feuillets non paginés (25 au commencement du volume, 5 de tables à la fin), sont pour la Rochefoucauld. — 571 *maximes*, et à leur suite les 50 du *Supplément* de 1693.
> Pour cette édition, voyez encore, au tome I, la *Notice sur les Maximes posthumes*, p. 219 et 222, et de plus la *Notice sur les Maximes supprimées*, p. 239-242. — L'exemplaire de la bibliothèque de l'Arsenal porte, écrites de la main de M. de Paulmy, des remarques judicieuses sur les maximes d'auteurs divers contenues dans ce recueil. Sur le feuillet de garde, avant le frontispice : « La réputation du livre de M. de la Rochefoucauld est bien faite. Il est plein d'esprit, du plus subtil, du plus profond, et du plus juste à de certains égards ; mais il ne faut pas prendre au pied de la lettre la morale de ces réflexions misanthropiques, qui finiroient par ne nous pas laisser croire plus à la vertu qu'aux sorciers, et par nous faire enfin douter de notre propre probité. » Au revers du titre des *Maximes de Mme la marquise de Sablé* : « Le mérite de ces maximes de Mme de Sablé est qu'elles sont toutes très-justes et très-sensées. » Sous le titre des *Pensées diverses de M. L. D.* : « Il y a plusieurs de ces pensées qui sont lumineuses et pleines d'esprit ; beaucoup de médiocres et quelques-unes fausses. » Enfin, au-dessous du titre *Maximes chrétiennes* : « Ces maximes chrétiennes sont très-bonnes, mais bien au-dessous, pour l'esprit, des autres maximes, pensées et réflexions de ce livre. »

8. — Reflexions ou Sentences et Maximes morales du duc de la Rochefoucauld, avec Maximes de Madame la marquise de Sablé. Pensées diverses et Maximes chretiennes. Amsterdam, 1712, in-12.

9. — Reflexions, Sentences et Maximes morales, mises en nouvel ordre, avec des notes politiques et historiques par M. Amelot de la Houssaye. Paris, E. Ganeau, 1714.

In-12. — Voyez aux endroits du tome I, indiqués ci-dessus, p. 123, à la suite du n° 7.

Autres éditions d'après celle d'Amelot de la Houssaye : Paris, 1725 (nouvelle édition corrigée et augmentée des *Maximes chrétiennes*), 1743, 1754; Amsterdam, 1765, toutes in-12; Paris, 1777 (ci-après, n° 13).

10. — Les Pensées, Maximes et Réflexions morales de M. le duc ***. Onzième édition, augmentée de remarques critiques, morales et historiques sur chacune des Réflexions; par M. l'abbé de la Roche. Paris, E. Ganeau père, 1737.

In-12. — Voyez au tome I, p. 220 et note 3, p. 239 et note 1.

Autres éditions de ou d'après l'abbé de la Roche, toutes in-12 : Paris, 1741, 1754, 1765 (Pissot), 1765 (Bauche), 1777 (notre n° 13). Il y a plusieurs inexactitudes dans les renseignements que la Préface de 1765 donne sur les éditions antérieures, celle-ci entre autres, que, jusqu'à cette édition de 1765, que l'éditeur nomme la 14e, le livre des *Maximes* a été anonyme : voyez ce qui est dit, ci-dessus, à la suite du n° 1 D, p. 119.

11. — Réflexions, ou Sentences et Maximes morales de Monsieur de la Rochefoucault. Nouvelle édition qui renferme, de plus, les Maximes de Madame la marquise de Sablé, les Pensées diverses de M. L. D., et les Maximes chrétiennes de M***. Amsterdam, aux dépens de la Compagnie, 1748.

In-8°; frontispice gravé.
Autre édition : 1750. Lausanne, M. M. Bousquet, in-8°.

12. — Réflexions et Maximes morales de M. le duc de la Rochefoucault. Nouvelle édition, plus correcte qu'aucune de celles qui ont paru jusqu'ici. Avec des commentaires par M. Manzon. Amsterdam et Clèves, J.-G. Baerstecher, 1772, in-8°.

13. — Les Pensées, Maximes et Réflexions morales de François VI, duc de la Rochefoucauld. Avec des remarques et notes critiques, morales, politiques et historiques sur chacune de ces pensées, par Amelot de la Houssaye et l'abbé de la Roche, et des maximes chrétiennes, par Mme de la Sablière. Paris, Bailly (ou Nyon l'aîné), 1777, in-12.

14. — Maximes et Réflexions morales du duc de la Rochefoucauld. Paris, de l'Imprimerie royale, 1778.

In-8°; avec une *Notice* (par Suard) *sur le Caractère et les écrits du duc de la Rochefoucauld*, et d'ordinaire le Portrait d'après Petitot, gravé par Choffard. — L'*Avertissement* (p. v) dit que cette édition a été faite d'après le manuscrit original et sur des exemplaires corrigés de la main de l'auteur. — Voyez, au tome I, la note 1 de la page 239, et Brunet, *Manuel du libraire*, tome III, col. 845.

On lit, au sujet de cette édition, dans les *Mémoires secrets* (de Bachaumont, etc.), tome XII, p. 29 et 30 : « 29 juin 1778. On vient de faire au Louvre une nouvelle édition des *Maximes de M. le duc de la Rochefoucauld*. Elle est d'une correction, d'une propreté, d'une élégance qui fait honneur au goût de celui qui en a dirigé l'exécution typographique. On croit que c'est M. Suard qui a fait précéder le tout d'une notice de sa composition sur le caractère et les écrits de l'illustre auteur. On n'en a tiré qu'un petit nombre d'exemplaires[1], pour les philosophes amis, et il ne s'en vend aucun. »

15. — Maximes et Réflexions morales du duc de la Rochefoucauld. Paris, de l'imprimerie de Monsieur, 1779.

In-16. — La Bibliothèque nationale possède de cette édition, qui reproduit la précédente, deux exemplaires sur vélin.

16. — Maximes et Réflexions morales de la Rochefoucauld, d'après l'édition du Louvre. Amsterdam, 1780.

Très-petit in-18 ; avec la *Notice* de Suard *sur le caractère et les écrits de la Rochefoucauld*.

17. — Maximes et Réflexions morales du duc de la Rochefoucauld. Londres, 1784.

In-12. — Autre impression, mêmes lieu et date, d'un format plus petit, même nombre de *maximes* (528).
A la fin des maximes, à la suite de la réflexion sur la mort, l'éditeur de Londres remplace, pour la maxime 81 (83ᵉ dans notre texte), la leçon, qu'il a d'abord adoptée, des quatre premières éditions, par la variante définitive de la 5ᵉ (1678). Voyez, au tome I, la note 4 de la page 66, et la fin de la note 1 de la page 239.

18. — Maximes ou Sentences et Réflexions morales de la Rochefoucauld. Londres et Paris, Servières, 1785.

In-8°, de 268 pages, contenant un hors-d'œuvre de 90 pages, intitulé : *Manuel moral ou Maximes pour se conduire sagement dans le monde*.

19. — Réflexions ou Sentences et Maximes morales de M. le duc de la Rochefoucauld. Avec des Observations de M. l'abbé Brotier, de l'Académie des inscriptions et belles-lettres. A Paris, chez J.-G. Merigot, libraire.... M.DCC.LXXXIX, avec approbation et privilége du Roi.

Petit in-12. — Sur cette édition, augmentée d'une partie des *Réflexions diverses*, voyez, au tome I, p. 239-242, la *Notice sur les Maximes supprimées*; et, p. 261, le commencement de la *Notice sur les Réflexions diverses*.

---

[1] Brunet dit que le livre a été tiré à assez grand nombre pour n'être pas cher.

20. — Maximes de la Rochefoucauld. Nouvelle édition augmentée de Vies et de Notices. Paris, an III de la République (1794).

2 vol. in-16; avec frontispice gravé. — L'exemplaire de la Bibliothèque nationale porte cette note manuscrite : « Par J.-B.-C. Delisle de Sales. »

21. — Maximes et Œuvres complètes (*sic*) de François, duc de la Rochefoucauld, terminées par une table alphabétique des matières, plus ample et plus commode que celle des éditions précédentes. Paris, Desenne, an IV de la République (1796).

2 vol. in-12 ; publiés par Fortia d'Urban. Tome I : *Maximes de la Rochefoucauld;* tome II : *Principes et questions de morale naturelle, par Fortia d'Urban.* — Voyez diverses mentions de cette édition dans les *Notices* de notre tome I, *sur les Maximes posthumes, les Maximes supprimées* et *les Réflexions diverses.*
Autre édition, Paris, Delante et Lesueur, 1804, in-12. — Voyez ci-après, n°s 23 et 28.

22. — Maximes et Réflexions morales du duc de la Rochefoucauld. Paris, imp. de P. Didot l'aîné, M.DCC.XCVII.

Grand in-4°; tiré à 250 exemplaires.
Autre édition, in-18, avec le même titre, sauf l'addition, avant la date, des mots : « l'an V^e ».

23. — Œuvres morales de François, duc de la Rochefoucauld, suivies d'observations et d'un supplément, destiné à servir de correctif à ses Maximes, par Agricola de Fortia. Basle, J. Decker, 1798, in-8°.

24. — Pensées, Maximes et Réflexions morales, avec le commentaire de l'abbé de la Roche. Nouvelle édition. Dresde, 1799, in-8°.

25. — Maximes et Réflexions morales du duc de la Rochefoucauld; d'après l'édition du Louvre, faite en 1778 sur un exemplaire corrigé de la main de l'auteur (*voyez ci-dessus, n° 14, p. 24 et 25*). Paris, imprimerie de Plassan, an VIII (1799-1800), in-12.

26. — Maximes et Réflexions morales du duc de la Rochefoucauld.... Londres, Lhomme, 1799.

Grand in-8° vélin; avec portrait gravé par Ph. Audinet, d'après Petitot.

27. — Maximes et Réflexions morales. Wien, 1800, grand in-8°.

28. — Œuvres morales, ou Maximes et Réflexions de François, duc de la Rochefoucauld. Précédées de sa Vie, qui paraît pour la première fois, et terminées par une table alphabétique des matières plus ample et plus commode que celle des éditions précédentes. Avignon, Ve Seguin, et Paris, Pougens, etc., an X (1801-1802).

2 vol. in-18; publiés par Fortia d'Urban (voyez ci-dessus,

n° 21). Le faux titre porte : *OEuvres morales de la Rochefoucauld et Principes de morale naturelle.*

29. — Maximes et Réflexions morales du duc de la Rochefoucauld. Avignon, J.-A. Joly, 1801, in-12.

30. — Maximes et Réflexions morales du duc de la Rochefoucauld. Paris, imprimerie de P. et F. Didot, 1802, in-18.

31. — Maximes et Réflexions morales du duc de la Rochefoucauld. Parme, imprimerie de Bodoni, 1811, in-4°.

Autre édition de 1811, grand in-folio; une troisième en 1812, grand in-8°. — Voyez Brunet, tome III, col. 846.

32. — Maximes et Réflexions morales du duc de la Rochefoucauld, ornées de son portrait gravé, d'après Petitot, par P.-P. Choffard, et d'un modèle de son écriture, par Miller. Paris, Blaise et Pichard, 1813.

In-12; avec la notice de Suard et deux fables de la Fontaine.

33. — Maximes et Réflexions morales. Braunschweig, 1814, in-12.

Autre tirage, même année, in-8°. — Nouvelle édition, 1820, *ibidem.* Le portrait est celui qui accompagne ordinairement l'édition de 1778 (n° 14, ci-dessus, p. 124 et 125); le modèle d'écriture est le fac-similé de notre lettre 98, à Mme de Sablé.

34. — Maximes et Réflexions morales du duc de la Rochefoucauld. Paris, imprimerie de P. Didot l'aîné, 1815.

In-8°; avec la notice de Suard. — *Collection des meilleurs ouvrages de la langue française, dédiée aux amateurs de l'art typographique ou d'éditions soignées et correctes*, tome XXII.

35. — Maximes et Réflexions morales. Karlsruhe, 1816, in-8°.

36. — Maximes et Réflexions morales du duc de la Rochefoucauld. Paris, Ménard et Desenne fils, 1817.

In-18. — *Bibliothèque française*, tome XIII.
Autre édition, 1826.

37. — Maximes et Réflexions morales du duc de la Rochefoucauld. Avranches, imprimerie de le Court, 1818.

In-12 ; avec la notice de Suard et deux fables de la Fontaine.

38. — Maximes et Réflexions morales du duc de la Rochefoucauld. Paris, Treuttel et Würtz, 1820.

In-18; avec la notice de Suard.

39. — Réflexions ou Sentences et Maximes morales de la Rochefoucauld, avec un examen critique par L. Aimé-Martin. Paris, Lefevre, 1822.

In-8°; avec un portrait gravé par Bertonnier, d'après Petitot. Les

Maximes sont suivies d'un 1er supplément contenant les pensées supprimées par l'auteur, d'un 2d supplément contenant les pensées tirées des lettres manuscrites qui se trouvent à la Bibliothèque du Roi; des *Réflexions diverses*. — A la suite de l'*Examen critique*, on a réuni à un très-petit nombre d'exemplaires un choix (tiré à cinquante) des *Observations inédites de Mme de la Fayette sur les Maximes*, qui devaient d'abord entrer toutes dans l'édition, mais dont, à temps, l'authenticité parut plus que douteuse. — Voyez, ci-après (p. 129 et 130), les nos 47, 57 et 61; au tome I, les *Notices sur les Maximes posthumes et sur les Maximes supprimées*; et Brunet, tome III, col. 846 et 847, où est rapporté le jugement, entaché à la fois d'injustice et d'inexactitude, prononcé par Quérard sur l'*Examen critique*, dans *la France littéraire*, tome IV, p. 565 et 566.

40. — Maximes de la Rochefoucauld. Nouvelle édition, avec toutes les variantes et une notice sur sa vie. Par P.-R. Auguis. Paris, Froment, 1823.

In-18; avec portrait. — *Collection des classiques français.*

41. — La Rochefoucauld et Vauvenargues. Pensées et Maximes. Paris, Salmon, 1823.

In-32; avec portrait.

42. — Pensées et Maximes inédites de la Rochefoucauld, recueillies et publiées par E. L. Paris, Renard.

In-32, d'une feuille et demie. Sans date, mais annoncé dans le *Journal de la librairie* en 1824. Un avis porte : « Ces pensées sont tirées soit des manuscrits de M. de la Rochefoucauld, inconnus jusqu'à ce jour, soit de sa correspondance particulière. »

43. — Réflexions ou Sentences et Maximes morales de la Rochefoucauld. Paris, de Bure, 1824.

In-12; avec portrait gravé par Pourvoyeur, d'après Petitot et Gaucher. — *Classiques français ou Bibliothèque portative de l'amateur*, tome XXXIII.

44. — Maximes de la Rochefoucauld, avec notes et variantes, précédées d'une notice biographique et littéraire. Paris, Malepeyre, 1825.

In-8°; avec portrait. Publiées par Gaëtan de la Rochefoucauld, avec une notice de lui. Même composition que celle qui a servi à l'impression des *OEuvres* : voyez ci-après, p. 141, n° 4.

45. — Maximes de la Rochefoucauld, avec leurs paronymes, par le baron Massias.... Paris, imprimerie de Didot, 1825.

In-16. Le texte est disposé sur deux colonnes; celle de gauche contient les *Maximes* de la Rochefoucauld; celle de droite, les *paronymes*, c'est-à-dire d'autres maximes où le baron Massias, qui *a préféré*, nous dit-il, « pour peindre l'homme, un profil différent, » contredit, restreint, modifie celles de notre auteur.

46. — Maximes et Réflexions morales du duc de la Rochefoucauld. Nouvelle édition. Paris, Peytieux, 1825.

> In-18. — Il a paru, la même année, à Paris, chez Sanson, un volume in-32, intitulé : *le Petit la Rochefoucauld*, contenant un *Choix de pensées ou maximes morales* de divers auteurs.

47. — Réflexions ou Sentences et Maximes morales de la Rochefoucauld. Paris, Lefevre, 1827.

> Grand in-8°; avec portrait gravé par Roger, d'après Bertonnier. Texte d'Aimé-Martin (ci-dessus, p. 127, n° 39), avec quelques additions, sans l'*Examen critique*. — *Collection des classiques français*.

48. — Maximes et Réflexions morales du duc de la Rochefoucauld. Paris, imprimerie de J. Didot le jeune, 1827.

> In-64. D'après la 2de édition d'Aimé-Martin (n° 47). Le revers du feuillet de garde porte : « Première édition, imprimée avec les caractères microscopiques de Henri Didot. »

49. — Réflexions ou Sentences et Maximes morales de la Rochefoucauld. Paris, Froment et Berquet, 1827, in-32.

50. — Maximes de la Rochefoucauld. Nouvelle édition avec toutes les variantes et une notice sur sa vie, suivies d'un choix de pensées de Vauvenargues. Paris, Lemoine, 1827.

> 2 vol. in-32; avec portrait gravé par Couché fils, d'après Gaucher. — *Bibliothèque en miniature*.

51. — Maximes et Réflexions morales du duc de la Rochefoucauld, suivies des Réflexions et Maximes choisies de Vauvenargues. Paris, rue Saint-Jacques, n° 137, 1829.

> In-18; avec portrait gravé par Allais, d'après Petitot. — *Bibliothèque des amis des lettres ou choix des meilleurs auteurs français*.
> 2de édition la même année.

52. — Maximes et Réflexions morales du duc de la Rochefoucauld, Paris, Lecointe, 1829.

> In-18; avec la notice de Suard, et un médaillon gravé par Boilly, d'après Gaucher. — *Nouvelle Bibliothèque des classiques français*.
> Autre édition en 1839, Paris, Pougin, in-18.
> En 1829 il a paru, en 2de édition (nous n'avons pas vu la première), un volume in-32 (Paris, Salmon) qui n'a de la Rochefoucauld que le nom; le titre est : *Le la Rochefoucauld des Dames, Pensées et Maximes des femmes célèbres, depuis Héloïse jusqu'à nos jours*.

53. — Réflexions morales et pensées de la Rochefoucauld et de Vauvenargues. Paris, librairie des écoles, 1835, in-32.

54. — Choix de moralistes français avec notices biographiques par J.-H.-C. Buchon: Pierre Charron, *de la Sagesse*. — Blaise Pascal, *Pensées*. — La Rochefoucauld, *Sentences et Maximes*. — La

Bruyère, *les Caractères de ce siècle*. — Vauvenargues, *OEuvres*. — Paris, Desrez, 1836.

    Grand in-8°. — *Collection du Panthéon littéraire.*
    Autre édition en 1843, grand in-8°.

55. — Moralistes français : *Pensées* de Blaise Pascal. —*Réflexions, Sentences et Maximes* de la Rochefoucauld, suivies d'une réfutation par L. Aimé-Martin. — *Caractères* de la Bruyère. — Paris, Lefevre, 1836, grand in-8°.

56. — OEuvres choisies des Moralistes : *Pensées* de Pascal. — *Maximes* de la Rochefoucauld. — *Caractères* de la Bruyère. — Paris, Treuttel et Würtz [1836].

    2 volumes in-8°. — Tomes LXII et LXIII de la *Nouvelle Bibliothèque classique.*

57. — Réflexions ou Sentences et Maximes morales de la Rochefoucauld, suivies d'un examen critique par L. Aimé-Martin, et des œuvres choisies de Vauvenargues. Paris, Lefevre, 1844.

    Grand in-16. — *Collection des classiques français.*
    Voyez ci-dessus, p. 127 et 129, n°s 39 et 47; ci-après, n° 61; et au tome I, les *Notices sur les Maximes posthumes* (p. 220 et note 5) et *sur les Maximes supprimées* (p. 241 et note 2).

58. — Maximes du duc de la Rochefoucauld, précédées d'une notice sur sa vie, par Suard. — Pensées diverses de Montesquieu. — OEuvres choisies de Vauvenargues. — Paris, Didot, 1850.

    In-18. — *Collection des chefs-d'œuvre de la littérature française.*

59. — Réflexions, Sentences et Maximes morales de la Rochefoucauld. Nouvelle édition conforme à celle de 1678 et à laquelle on a joint les annotations d'un contemporain sur chaque maxime, les variantes des premières éditions et des notes nouvelles, par G. Duplessis, avec une préface par C.-A. Sainte-Beuve. Paris, Jannet, 1853.

    In-12. — *Bibliothèque elzevirienne.*
    Voyez, dans notre tome I, les *Notices sur les Maximes posthumes* (p. 220 et note 6) et *sur les Maximes supprimées* (p. 241 et note 2).

60. — Les Caractères de la Bruyère.... Les Maximes de la Rochefoucauld. Paris, Furne, 1853, in-8°.

61. — Pensées, Maximes et Réflexions morales de la Rochefoucauld. Avec les variantes du texte et l'examen critique des Maximes, par Aimé-Martin. Paris, Didot, 1855.

    In-8°. — *Chefs-d'œuvre littéraires du XVIIe siècle*, collationnés sur les éditions originales et publiés par M. Lefevre.
    Voyez ci-dessus, n°s 39, 47 et 57.

62. — Maximes du duc de la Rochefoucauld, précédées d'une notice sur sa vie, par Suard. — Pensées diverses de Montesquieu. — Paris, Didot, 1864, in-12.

NOTICE BIBLIOGRAPHIQUE.

63. — La Rochefoucauld. Maximes et Réflexions morales, précédées d'une étude par M. Émile Deschanel. Paris, 1866.

In-32. — *Bibliothèque dite nationale : Collection des meilleurs auteurs anciens et modernes.*

64. — Réflexions, Sentences et Maximes morales de la Rochefoucauld, précédées d'une notice par Sainte-Beuve.... Œuvres choisies de Vauvenargues. — Paris, Garnier frères, 1867, in-18.

65. — Réflexions ou Sentences et Maximes morales de la Rochefoucauld. Édition Louis Lacour, imprimée par D. Jouaust. Paris, Académie des Bibliophiles, 1868, in-8°.

66. — Le premier texte de la Rochefoucauld publié par F. de Marescot. Paris, Jouaust, 1869.

In-12. — *Cabinet du Bibliophile*, n° IV.
C'est la réimpression de l'édition originale, de 1665, avec des variantes des éditions postérieures, sous le nom de « Variantes Gilbert ».

67. — Réflexions ou Sentences et Maximes morales de la Rochefoucauld. Textes de 1665 et de 1678 revus par Charles Royer. Paris, Lemerre, 1870.

In-12; avec portrait, par M. Bracquemond.

68. — Les Moralistes français : *Pensées* de Pascal. — *Maximes et Réflexions* de la Rochefoucauld.... Textes soigneusement revisés, complétés et annotés à l'aide des travaux les plus récents de l'érudition et de la critique.... Paris, Garnier, 1875.

Grand in-8°. — Une rapide comparaison suffira pour montrer combien, pour la Rochefoucauld, notre édition (1868) a épargné de peine à l'éditeur de 1875.

69. — Deux moralistes. La Rochefoucauld et Vauvenargues. Bar-le-Duc, Contant-Laguerre, 1878.

In-8°; avec la notice de Suard. — *Bibliothèque des chefs-d'œuvre.*

70. — Les Maximes de la Rochefoucauld, suivies des Réflexions diverses, publiées avec une préface et des notes par J.-F. Thénard. Paris, Jouaust, 1881.

In-8°. — *Nouvelle Bibliothèque classique.*

71. — Maximes de la Rochefoucauld, premier texte imprimé à la Haye en 1664, collationné sur le manuscrit autographe et sur les éditions de 1665 et 1678, précédé d'une préface par Alphonse Pauly.... Paris, Damascène Morgand. 1883, in-8°.

M. le marquis de Granges de Surgères, dans son opuscule sur les Portraits de la Rochefoucauld, indique trois éditions des Maximes *que nous n'avons pas vues :* 1° (p. 38, n° 6) Cazin, 1784 [1], *avec portrait*

---

[1]. Est-ce une réimpression du n° 16, de 1780 (ci-dessus, p. 125), format Cazin; dont nous avons vu un exemplaire, sans portrait?

gravé par C. Duponchel, copié sur la gravure de Moncornet; 2° (p. 39, n° 7) *Bleuet*, an v (1796), avec portrait gravé par C. S. Gaucher d'après l'émail de Petitot; 3° (p. 41, n° 10) *Dufart*, Paris, 1817, avec portrait copié par DElvaux, 1809, sur celui de Gaucher.

3° Traductions des *Maximes*.

Nous avons dit, à la fin de l'*Avant-propos*, p. IX et X, ce que nous devions, pour cette section, à un opuscule de M. le marquis de Granges de Surgères, et à M. Émile Picot, auteur de la *Bibliographie cornélienne*.

Traduction en vers français.

Réflexions ou Sentences morales de M. L. D. D. L. R., mises en vers par Boucher. Paris, Ch. de Sercy, J. le Gras et G. Quinet, 1684.

In-12, de 6 feuillets liminaires non chiffrés, 115 pages chiffrées pour le texte, 6 pages non chiffrées pour la table, et 1 page non chiffrée pour le privilége.

Traductions allemandes.

1. — Gemüths Spiegel, durch die köstlichsten moralischen Betrachtungen, Lehrsprüche und Maximen die Erkenntniss seiner selbst und anderer Leute zeigend : aus der Frantzösischen in unsrer teutschen Sprache vorgestellet von Talandern. Leipzig, Joh. Ludwig Gledtisch, 1699. In-12, de 1 feuillet de titre et 314 pages.

2. — Gedanken des Herrn von Rochefoucault, der Marquisin von Sablé, und des Herrn L. D. (*l'abbé d'Ailly*) aus dem Französischen übersetzt. Zürich, Heidegger, 1749. In-8°, de 3 feuillets non chiffrés et 174 pages.

3. — Des Herzogs de la Rochefoucault moralische Maximen aus dem Französischen, mit Anmerkungen und einem Portrait [von W.-C.-V. Ueberacker]. Wien und Leipzig, 1785, in-8°.

4. — De la Rochefoucault's Sätze aus der höhern Welt-und Menschenkunde, Französisch und Teutsch herausgegeben von Friedrich Schulz. Berlin, 1790. In-8°.

5. — De la Rochefoucault's Sätze aus der höhern Welt-und Menschenkunde, deutsch herausgegeben von Friedrich Schulz. Wien, R. Sammer, 1793, in-8°, de 106 pages.

6. — De la Rochefoucault's Sätze.... (*même traducteur que les n°s 4 et 5, et mêmes titre et année que le n° 5*). Breslau, W. G. Korn, in-16, de 219 pages.

7. — De la Rochefoucault's Sätze.... (*même traducteur que les trois*

n^{os} *précédents*), neue verbesserte Ausgabe. Breslau und Leipzig, 1798, in-8°, de 211 pages.

Texte français en regard de la traduction allemande.

8. — De la Rochefoucault's Sätze.... (*même traducteur que les quatre n^{os} précédents*). Wien, R. Sammer, 1702, in-12.

9. — De la Rochefoucault's Sätze.... (*même traducteur que les cinq n^{os} précédents*), neue verbesserte Ausgabe. Breslau und Leipzig, 1808, in-8°, de 221 pages.

10. — Rochefoucault's moralische Maximen mit Anmerkungen aus dem Französischen. Wien, Mösle, 1814, in-8°.

11. — Choix de maximes et de reflections (*sic*) morales du duc de la Rochefoucauld. — Ausgewählte Maximen und moralische Betrachtungen des Herzogs de la Rochefoucauld. Wien, 1834.

In-12. — *Collection de Täuber*, intitulée : « Geist der französischen Classiker der 17ten und 18ten Jahrhunderts; oder Auswahl der Meisterwerke der französischen Literatur in ihrem goldnen Zeitalter. Mit deutscher Worterklärung. »

12. — Maximes et Réflexions morales du duc de la Rochefoucauld. — Des Herzogs von Rochefoucauld Tiefblicke in das Leben der Menschen und ihr Herz. Aus dem Französischen übersetzt, mit beigefügtem Originaltexte von Cajetan Ritter von Mamers. Wien, 1841.

Grand in-4°. — Texte français en regard de la traduction allemande.

13. — Herzog von Rochefoucauld : Maximen und moralische Betrachtungen. Aus dem Französischen übersetzt von Amanz Dürholz. Solothurn, Scherer, 1851, in-16, de viii et 108 pages.

14. — Psychologische Studien. Uebersetzt von A. Frei; bearbeitet und erklärt von C.-A. Schlœnbach. Leipzig, W. Engelmann, 1852, in-16, de 124 pages.

15. — Lebensweisheit und Menschen-Kenntniss in Sprüchen von Rochefoucauld, Chamfort, etc. Gesammelt und herausgegeben.... von M. Ring. Berlin, 1871, in-16.

16. — Maximen und Reflexionen von de la Rochefoucauld. [V.-F. Hörlek.] Leipzig, Ph. Reclam [1875], in-16.

N° 678 de l'*Universal Bibliothek*.

Traduction allemande et hongroise.

Maximes et Réflexions morales. En trois langues : française, allemande et hongroise. — Herczeg Rochefoucauldnak Maximái és moralis Reflexiói, harom nyelven, németre forditotta Schulz, magyarra Kazinczy Ferentz Bécsben és Triestben. Wien, 1810, in-8°.

APPENDICE DU TOME I.

Traductions anglaises.

1. — Miscellany, being a Collection of Poems by several hands. Together with Reflections on Morality or Seneca unmasqued[1]. London : printed for J. Hindmarsh, at the Golden Ball over against the Royal Exchange in Cornhil, 1685. In-8°, de 7 feuillets liminaires, 382 pages chiffrées et 7 feuillets non numérotés entre les pages 299 et 300.

> Les *Maximes* de la Rochefoucauld (dont le traducteur signe sa préface du nom d'*Astrea*) commencent à la page 301, qui porte le sous-titre suivant : « Seneca unmasqued, or moral Reflections, from the french, by Mrs. A[phara] B[ehn]. »

2. — Seneca unmasqued, by Mrs. Aphara Behn. London, 1689[2].

3. — Moral Maxims and Reflections, in four parts. Written in french by the duke of Rochefoucault. Now made english. London, 1694. In-12, de 23 feuillets liminaires, non compris le frontispice gravé (celui de l'édition française de 1665) et 196 pages.

4. — Moral Maxims and Reflections.... The second edition. Revised and corrected with the addition of cxxxv maxims, not translated before. London, printed for Richard Sare, Daniel Browne, Richard Wellington, and William Gilliflover, 1706. In-12, de 4 feuillets liminaires, xxxi et 172 pages.

5. — Moral Reflections and Maxims, written by the late duke de la Rochefoucauld. Newly made english from the Paris edition. London, printed by D. Leach, for And. Bell, at the Cross Keys in Cornhil, etc., 1706. In-12, de 2 feuillets liminaires, xxxii et 225 pages pour le texte, et 14 pages pour la table des matières.

6. — Discourses on the deceitfulness of humane virtues by Monsieur Esprit of the french Academy at Paris. Done out of french by William Beauvoir A. M. and chaplain to His Grace James, duke of Ormond. — *Quis enim virtutem amplectitur ipsam?* Juvenal, *satire* 10. — To which is added the duke de la Rochefoucaut's moral Reflections. London, printed for And. Bell, etc. (*comme ci-dessus*, n° 5), 1706. In-8°. — *Pour Esprit*, 448 pages. *Pour la Rochefoucauld*, 2, xvi, 99 et 8 pages.

7. — Curious Amusements. Fitted for the entertainment of the ingenious of both sexes; writ in imitation of the count (*sic*) de Roche Foucault, and rendered into english from the 15th edition printed at Paris. By a gentleman of Pembroke Hall in Cambridge [subscribed M. B.]. — To which is added some translations from

---

1. Ce titre est tiré du frontispice de 1665 (ci-dessus, p. 117, n° 1 A), lequel représente *Sénèque démasqué*, et dont nous donnons une copie dans notre *Album*.
2. M. de Granges de Surgères, à qui nous empruntons la mention de ce livre anglais, dit ne l'avoir pas vu, mais en avoir trouvé l'indication dans la préface du n° (ci-dessous, p. 136).

greek, latin and italian poets, etc. By F. Rymer, Esq. late historiographer-royal. London, printed for and sold by D. Browne, etc., 1714. In-12, de 14 et 132 pages.

C'est moins une traduction qu'une imitation des *Maximes*.

8. — Moral Maxims : by the duke de la Roche Foucault, translated from the french, with notes. London, printed for A. Millar, opposite Katharine-street, in the Strand, 1749. In-12, de VII, 198 et 9 pages.

9. — Maxims and moral Reflections.... A new edition (*du n° 8*), revised and improved. London, printed for Lockyer Davis, printer to the Royal Society, 1775. In-8°, de XVI et 199 pages.

Dédié au célèbre acteur Garrick.

10. — Maxims and moral Reflections.... A new edition, revised and improved. London, printed for Lockyer Davis.... 1781. In-8°, de XVI et 157 pages.

11. — Moral Maxims and Reflections. Paris, 1692. — Translated into english. Edinburg, 1783.

12. — Maxims and moral Reflections.... An improved edition. London, printed for Lockyer Davis.... 1791. In-8°, de XVI et 169 pages.

13. — Maxims and moral Reflections by the duke de la Rochefoucault. A new edition, revised and enlarged. Calais, printed for Lepoittevin-Lacroix, 1797. In-8°, de 1 feuillet, 175 pages chiffrées et 16 feuillets non numérotés.

Texte français en regard de la traduction anglaise.

14. — The duke de la Rochefoucault's celebrated Maxims and moral Reflections : translated (for the first time) into english verse. London, printed for J. Bell, Oxford-Street, 1799. In-16, de XV et 158 pages.

15. — The Gentlemens Library being a Compendium of the duties of live in youth and manhood. Containing.... observations on men and manners, Polite philosopher and Rochefoucault's Maxims, etc. London, published and sold by the Booksellers, and by Thomas Wilson and sons..., 1813. In-12, de 254 pages.

Les *Maximes de la Rochefoucauld* commencent à la page 159 et finissent à la page 216.

L'ouvrage suivant se donne, au titre, non pas pour une traduction de notre auteur, mais pour une imitation de sa manière :
Characteristics, in the manner of Rochefoucault's Maxims. [By W. Hazlitt, the elder.] London, 1823. In-12, de VII et 153 pages.
3ᵉ édition, 1837. In-18.

Voyez ci-après, p. 139, *la traduction grecque moderne de Wl. Brunet, publiée à Paris, avec une version anglaise, en* 1828.

16. — The Maxims of F. Guicciardini, with parallel passages from the works of.... la Rochefoucauld.... S. l., 1845. In-4°.

17. — Moral Reflections, Sentences and Maxims of Francis duc de la Rochefoucauld. Newly translated from the french, with an introduction and notes. London, Longman, Brown. Green and Longmans, Paternoster Row, 1850. In-16, de XLIX et 164 pages.

18. — Moral Reflections, Sentences and Maxims of Francis duc de la Rochefoucauld. Newly translated from the french, with an introduction and notes. To which are added moral Sentences and Maxims of Stanislaus, king of Poland. New-York, William Gowans, 1851.

In-12, de XXXII et 189 pages, avec un portrait, gravé par H.-B. Hall.

19. — Polonius : a Collection of wise saws and modern instances. London, Pickering, 1852. In-12.

Contenant des aphorismes d'auteurs anglais et étrangers, tels que Coleridge, docteur Johnson, Carlyle, la Rochefoucauld.

20. — Maxims and moral Reflections, by the duke de la Rochefoucauld, with a memoir of the author by the chevalier de Chatelain.... London, William Togg, 1868. In-12, de 1 feuillet, XXVI et 148 pages.

21. — Reflections, or Sentences and moral Maxims, by François duc de la Rochefoucauld, prince de Marsillac. Translated from the editions of 1678 (n° 5, p. 120) and 1827 (n° 47, p. 129) with introduction, notes, and some account of the author and his times. By J. W. Willis Bund. M. A., LL. B., and J. Hain Friswel. London, Sampson Low, son, and Marston, 1871.

In-16, de XXXVII et 110 pages, avec un portrait. — Nouvelle édition en 1880, avec un titre nouveau et le même portrait.

22. — Reflections and moral Maxims of la Rochefoucauld. With an introductory essay by Sainte-Beuve, and explanatory notes. London, John Tamden Hotten [1871].

In-8°, de XX et 140 pages; avec une copie du portrait gravé par Audinet, d'après Petitot (ci-dessus, p. 126, n° 26).

23. — Maxims and moral Reflections by the duke de la Rochefoucauld, with a memoir of the author by the chevalier de Chatelain.... London, William Tegg and Co.... 1875. In-12, de XXII et 147 pages.

24. — Reflections and moral Maxims of la Rochefoucauld, with an introductory essay by Sainte-Beuve, and explanatory notes. A new edition. London, Chatto and Windus.... 1877. In-16, de XX et 140 pages.

Tout à la fin de sa monographie sur les Portraits (1882), M. de Granges de Surgères mentionne une dernière traduction anglaise de 1881 (Londres, Sampson Low), avec une petite gravure sur bois, d'après l'émail de Petitot reproduit par Choffard (ci-dessus, p. 125, n° 14). Il ne répète pas cette mention dans son opuscule sur les Traductions (1883).

NOTICE BIBLIOGRAPHIQUE.

Traduction danoise.

Moralske Betragtninger og Grundsætninger af Hertugen af Rochefocauld (*sic*). Oversat af Chr. Top.... Kjœbenhavn, 1809.... In-8°, de 128 pages.

> *On n'a pas pu nous indiquer, bien que nous ayons pris nos informations en très-bon lieu, d'autre version néerlandaise que celle d'un certain nombre de maximes, traduites sur l'allemand de Schulz (voyez ci-dessus, p. 132 et 133, Traductions allemandes, n°⁸ 4-9), et contenues dans le recueil intitulé :*

Max Ring (*nom de l'auteur*). Levenswijsheid en menschenkennis in spreuken van Rochefoucauld, Chamfort, Lichtenberg, Jean Paul en Börne. Naar het Hoogduitsch en met eene voorrede voorzien van Dr. E. Laurillard. Zwolle, 1871. In-8°, de 196 pages.

> *Sur une traduction suédoise indiquée dans l'Introduction d'une traduction anglaise de 1871 (notre n° 21 ci-dessus, p. 136), voyez l'opuscule sur les Traductions, de M. de Granges de Surgères, p. 29.*

Traductions italiennes.

1. — Rifflessioni e Sentenze e Massime morali di la Rochefoucauld e altre Massime cristiane di Mme de Sablé, tradotte dal francese da Antonio Minnuni. Venezia, 1718. In-16.

2. — Rifflessioni ovvero Sentenze e Massime morali del Signore de la Rochefoucauld, tradotte dal franceze in italiano da Lodovico Coltellini.... In Firenze, 1763. Appresso Gio. Battista Stecchi, con approvazione. In-12, de xxx et 88 pages.

3. — Rifflessioni ovvero Sentenze e Massime morali del Signore de la Rochefoucauld, tradotte dal franceze in italiano. Parma, 1798. In-12.

4. — Massime e Rifflessioni morali del duca della Rochefoucauld. Recate dalla francese all' italiana favella dal cittadino V. [Giuseppe Valeriani] ex-Veneto e corredate di nuove osservazioni analoghe ai costumi presenti.... Milano, anno IX (1801).... In-12, de xxii et 273 pages.

> Traduit sur l'édition du Louvre de 1778 (ci-dessus, n° 14, p. 124 et 125). En regard de la version italienne est le texte français revu par Suard.

5. — Goudar (L.). Grammatica francese..., arrichita di una scelta di Massime de la Rochefoucauld.... S. l., 1847, in-12.

6. — Massime e Rifflessioni morali del duca de la Rochefoucauld.

Traduzione del Valeriani innovata da Francesco Ambrosoli, edita da Antonio Gussalli col testo originale. Milano, Francesco Sanvito, 1873. Grand in-16°, de xxxvi et 186 pages.

Cette traduction contient, en regard de la version de Valeriani (ci-dessus, n° 4, p. 137), la version revue d'Ambrosoli, et, au bas des pages, recto et verso, le texte français.

Traductions espagnoles.

1. — Reflexiones, Sentencias y Maximas morales de Mr de la Rochefoucauld. Con notas historicas y politicas, por Mr de la Houssaye. Puestas en nuevo orden, y traducidas del frances por D. Luis de Luque y Levia. Cadiz.... Año de MDCCLXXXIV. Petit in-12, de 389 pages.

Les *Maximes de la Rochefoucauld* vont de la page 69 à la page 389.

2. — Reflexiones o Sentencias y Maximas morales de M. el duque de Larochefoucauld; traducidas del frances al castellano por D. Narciso Alvaro y Zereza. Edicion echa bajo la direccion de Jose René Masson. A Paris, chez Masson et fils [imprimerie de P. Renouard]. Madrid, libr. europea, 1824. In-8°.

C'est la réimpression d'une édition publiée sous le même titre à Madrid, en 1786, in-8°, de 312 pages.

Traduction portugaise.

Maximas e Sentenças moraes, pelo duque de la Rochefoucauld, traduzidas do francez pelo Dr. Caetano Lopes de Moura, natural da Bahia. A Paris, chez Aillaud, 1840, in-18.

Traductions polonaises.

1. — De la Rochefoucauld, Książe Francisrek, Maksymy i Uwagi moralne, przelozone z francuzkiego, przez Stan. Balinskiego. Wilno, Zawadzki, 1812. In-12, de xii, 132 et 4 pages.

2. — Maxymy i mysli moralne Księcia Franc. la Rochefoucauld. Na podstawie ostatnich wydan spolszyzyl J. J. Finkelhaus, Warszawa, wydawnictwo A. Wislickiegi druk Przegladu tygodniowego, 1880. In-16, de 82 pages.

Traductions russes.

1. Духъ изящнѣйшихъ мнѣній, избранныхъ большею частію изъ Сочиненій Рошефукольда и прочихъ лучшихъ писателей. Переводъ Н. С. Москва, въ Университетской Типографіи, 1788. In-8.

« L'Esprit des plus excellentes pensées, extraites pour la plupart des œuvres de la Rochefoucauld et des meilleurs autres écrivains. Traduction de N. S. Moscou, typographie de l'Université. »

Нравоучительныя Мысли Герцога де-ла Роше-, перевела съ Французскаго Е. Т. Москва, Университетской Типографіи, 1798. In-12.

« Pensées morales du duc de la Rochefoucauld, traduites du français par E. T. Moscou, imprimerie de l'Université. »

3. **Мысли Герцога де-ла Рошефуко, извлеченныя изъ высшаго познанія міра и людей. Перевелъ съ Французскаго Иванъ Барышниковъ. Москва, въ Типографіи Селивановскаго, 1809. In-12.**

« Pensées du duc de la Rochefoucauld, tirées de la connaissance du monde et des hommes, traduites du français par Ivan Barychnikov. Moscou, imprimerie de Selivanovski. »

4. **Нравственныя Разсужденія Герцога де-ла Рошефуко. Перевелъ съ Французскаго Дмитрій Пименовъ. Москва, въ Типографіи Бекешова, 1809. In-8.**

« Réflexions morales du duc de la Rochefoucauld, traduites du français par Démètre Pimenov. Moscou, imprimerie Bekechov. »

5. **Свойства и Дѣйствія страстей человѣческихъ, изъ сочиненій Вольтера, Руссо, Рошефукольда, Вейса и другихъ новѣйшихъ писателей. Переводъ съ Французскаго. Санкт-Петербургъ, 1802. In-12.**

« Les Propriétés et les Actes des passions humaines, d'après les œuvres de Voltaire, Rousseau, la Rochefoucauld, Weiss et autres écrivains modernes. Traduction du français. Saint-Pétersbourg. »

Traductions grecques modernes.

Γνῶμαι καὶ Σκέψεις ἠθικαὶ τοῦ δουκὸς τοῦ Λα-Ρωσφούκω γαλλο-αγγλο-ελληνικαὶ, μεταφρασθεῖσαι ἐκ τοῦ γαλλικοῦ εἰς τὴν νεωτέραν ἑλληνικὴν γλῶσσαν ὑπὸ Βλαδιμήρου Βρουνέτου....

En regard du titre grec est la traduction suivante :

« Maximes et Réflexions morales du duc de la Rochefoucauld, traduites en grec moderne par Wladimir Brunet; revues et corrigées par George Théocharopoulos, de Patras.... Avec une traduction anglaise en regard [au bas des pages sous la traduction grecque]. Paris, imprimerie de Firmin Didot, 1828. In-8°. »

Les Maximes sont précédées de la *Notice* de Suard (τοῦ κυρίου Σουαρδ), traduite également en grec moderne.

M. de Granges de Surgères signale, sous son n° 56, sans nommer l'auteur (qui est M. Gérasime Zochios, ancien député de Corfou), une traduction en grec moderne, à peu près complète, des Maximes, donnée par fragments (années 1875 et suivantes, une dizaine de maximes par numéro), dans un journal publié à Athènes, sous le titre de 'Εστία, le Foyer.

C. — Écrits divers de la Rochefoucauld.

1° Portrait du duc de la Rochefoucauld, fait par lui-même.

1re édition 1659; adjonction à l'édition des *Maximes* de l'abbé Brotier, de 1789 : voyez la *Notice* au tome I, p. 5.

2° Portrait du cardinal de Retz.

1re édition 1754; adjonction à l'édition des *Maximes* de l'abbé Brotier, de 1789 : voyez la *Notice* au tome I, p. 17, et ci-dessus l'*Avant-propos* et la section VIII de cet *Appendice*, p. I, II et 101.

3° Réflexions diverses.

1re édition de sept *Réflexions* 1731; de douze autres, 1868. Voyez la *Notice*, au tome I, p. 271-278, et ci-dessus l'*Avant-propos* et la section VI de cet *Appendice*, p. I, VIII et 83-91.

4° Apologie de M. le prince de Marcillac.

1re édition, 1855; voyez, au tome II, la *Notice*, p. 435-437.

5° Voyez ci-dessus, p. 92-98, dans la section VII de l'*Appendice*, les trois morceaux récemment découverts sur *Mme de Montespan*, sur les *Commencements du cardinal de Richelieu* et sur *le Comte d'Harcourt*.

6° Lettres.

Pour les éditions antérieures, soit partielles, soit collectives, de 1734, 1806, 1814, 1818 et 1820, 1825, 1838, 1855, 1862, 1863, 1869, voyez, au tome III, 1re partie, la *Notice*, p. 7, note 1, et ci-dessus, p. 98-100.

Un extrait d'une des lettres à Mme de Sablé (ibidem, p. 150, note 17) a été publié sous ce titre :

Un dîner du siècle de Louis XIV (s. l. n. d.). In-8°, d'une page.

Voyez encore ce qui est dit au même tome III, 1re partie (p. 8, note 1), d'une lettre à Mme de Longueville (publiée sous la rubrique de Rotterdam, 1650, in-4°) qui est comprise dans la liste des Mazarinades, *et qui, parce qu'elle est signée* LA FRANCHISE, *pseudonyme par lequel on désignait la Rochefoucauld, lui a été à tort imputée.*

D. — Œuvres.

1. — Œuvres de François duc de la Rochefoucauld. — Œuvres de Vauvenargues. — Paris, Belin, 1818.

2 vol. in-8°; avec *Notices* par G.-B. Depping. — Le tome I contient, de la Rochefoucauld, le *Portrait du duc de la Rochefoucauld fait*

NOTICE BIBLIOGRAPHIQUE.

par lui-même, les *Mémoires*, les *Maximes et Réflexions morales*, les *Pensées tirées des premières éditions du livre des Maximes*, les *Réflexions diverses*, des *Lettres*, et une *Table des matières*.

2. — Œuvres de François duc de la Rochefoucauld. Paris, Belin, 1820.

In-8°. — Réimpression de l'édition qui précède (n° 1). Le faux titre porte : *Œuvres complètes*.

3. — Œuvres de la Bruyère, de la Rochefoucauld et de Vauvenargues, avec les notes des divers commentateurs et des notices historiques sur la vie de chacun d'eux. Paris, Salmon, 1825.

In-18; avec trois portraits.

4. — Œuvres complètes de la Rochefoucauld, avec notes et variantes, précédées d'une notice biographique et littéraire. Paris, Ponthieu, 1825.

In-8° ; avec portrait gravé par Fauchery, d'après Devéria. — Cette édition, donnée par le marquis Gaëtan de la Rochefoucauld, contient une *Notice de l'éditeur sur la Rochefoucauld*, le *Portrait de la Rochefoucauld par lui-même*, son *Portrait de Paul de Gondy cardinal de Retz*, les *Mémoires*, les *Maximes*, des *Lettres*, et une *Table*. Voyez, au tome II, la *Notice sur les Mémoires*, p. xxxv et xxxvi.

5. — Œuvres de la Rochefoucauld. Paris, Dufour, 1827.

In-48 ; avec planche. Le faux titre porte : *Classiques en miniature*.

6. — Œuvres complètes de la Rochefoucauld, contenant ses *Mémoires*, les *Sentences et Maximes morales*, et de nouveaux *Mémoires* inédits jusqu'à ce jour. Ornées de sept portraits. Paris, Desbleds, 1835.

2 vol. in-12. — L'avertissement du tome I est signé A.-A. R. ; celui du tome II, Ant.-Aug. Renouard.

7. — Œuvres inédites de la Rochefoucauld, publiées d'après les manuscrits conservés par la famille et précédées de l'histoire de sa vie, par Édouard de Barthélemy. Paris, Hachette et Cie, 1863. In-8°.

8. — Œuvres complètes de la Rochefoucauld, précédées d'une notice inédite par M. Alexis Doinet. *Maximes*, *Mémoires* et *Lettres*. Paris, Chaix, 1865.

In-8°. — *Collection Napoléon Chaix, Bibliothèque universelle des familles*. — Cette édition contient : *Étude sur la Rochefoucauld*, par M. Alexis Doinet ; *Réflexions ou Sentences et Maximes morales* ; *Réflexions diverses*, non publiées du vivant de l'auteur ; *Lettre du chevalier de Méré* ; *Portrait du duc de la Rochefoucauld fait par lui-même* ; *Mémoires* ; *Apologie de M. le prince de Marcillac* ; des *Lettres* et un *Appendice* : *Discours sur les Réflexions* ; *Article de Mme de Sablé sur les Maximes* ; *Article de la Rochefoucauld imprimé dans le Journal des Savants* ; et une *Table des matières*.

9. — Œuvres morales de la Rochefoucauld. Paris, Plon, 1869.

In-18; avec portrait. — *Collection des classiques français du prince impérial*. — Nous pouvons, pour cette édition, sauf les *Lettres*, répéter justement ce que nous avons dit au sujet de l'édition des *Maximes* de 1875 (ci-dessus, p. 131, n° 68).

10. — OEuvres de la Rochefoucauld, précédées d'une Notice sur sa vie et le caractère de ses écrits. *Maximes, Mémoires, Lettres.* Tours, Cattier, 1875.

In-8°. — Compris, d'une part, dans la *Bibliothèque universelle des familles*, et, d'autre part, dans la *Bibliothèque choisie des écrivains français*, Collection Cattier.

Le contenu est : *Notice sur le duc de la Rochefoucauld et le caractère de ses écrits* (signée A. S[aucier]); *Portrait* par lui-même; *Portrait* par Retz; *Maximes; Mémoires;* des *Lettres;* et une *Table des matières*.

11. — OEuvres complètes de la Rochefoucauld, nouvelle édition, avec des notices sur la vie de la Rochefoucauld et sur ses divers ouvrages, un choix de variantes, des notes, une table analytique des matières et un Lexique, par M. A. Chassang, Paris, Garnier, 1883.

In-8°. — Le tome Ier (xl et 470 pages), le seul qui ait paru jusqu'ici, contient une *Notice biographique* sur la Rochefoucauld et une *Notice bibliographique* de ses OEuvres, les *Portraits* de l'auteur par lui-même, par Retz et par Saint-Évremond; le *Portrait de Retz* par la Rochefoucauld, les *Mémoires* et l'*Apologie de M. le prince de Marcillac*.

En rapprochant cette édition de la nôtre, nous avons constaté qu'il y avait entre les deux, pour le texte, le contenu des notices et des notes, un constant accord (il n'est avoué que pour le texte), qui ne peut manquer de frapper, à la première vue, quiconque y voudra regarder. Quand la confiance, et par suite la ressemblance, vont aussi loin, s'en faut-il féliciter comme a fait M. Servois au sujet de son *la Bruyère* (tome III, 1re partie, p. 173)?

E. — Études et Notices.

1. — Notice sur la Rochefoucauld.

Tome II, p. 137 de l'*Histoire des philosophes modernes*, par M. Savérien, avec leurs portraits gravés par François. Paris, 1773.

2. — Notice sur la personne et les écrits de la Rochefoucauld [par Suard]. Paris, imprimerie de Monsieur, 1782.

In-18. — Extrait de l'édition des *Maximes*, de 1779 (ci-dessus, p. 121, à la suite du n° 5).

A un exemplaire de cet opuscule était joint, dans la bibliothèque de feu Rochebilière (voyez le *Catalogue Claudin*, n° 489, p. 258), un autre opuscule, de même format, intitulé :

Examen du principe fondamental des *Maximes* de la Rochefoucauld. Riom, de l'imprimerie Landriot (sans date), 35 pages.

3. — Notice sur la vie et les ouvrages de la Rochefoucauld [par Depping]. Paris, 1822.

In-8°. — Extrait de l'édition des *OEuvres*, de 1818 (ci-dessus, p. 140 et 141, n°^s 1 et 2).

4. — Examen critique des *Réflexions ou Sentences et Maximes morales de la Rochefoucauld*, par Louis Aimé-Martin. Paris, Lefevre, 1822.

In-8°. Voyez ci-dessus, p. 127, n° 39. — Les pages 141-156 contiennent les « Observations inédites de Mme de la Fayette (*fausse attribution*) sur les *Maximes de la Rochefoucauld*. »

5. — Notice sur la vie de la Rochefoucauld, par Auguis, 1823.

Voyez ci-dessus, p. 128, n° 40.

6. — Notice bibliographique et littéraire sur François, duc de la Rochefoucauld [par Frédéric-Gaëtan de la Rochefoucauld]. Paris, 1825.

In-8°. — Extrait de l'édition des *OEuvres*, de 1825 : voyez ci-dessus, p. 141, n° 4.

7. — Notice biographique sur la Rochefoucauld, par J.-H.-C. Buchon, 1836.

Choix de moralistes français : voyez ci-dessus, p. 129 et 130, n° 54.

8. — Étude sur la Rochefoucauld, par A. Vinet, 1837.

Dans les *Essais de philosophie morale et de morale religieuse, suivis de quelques essais de critique littéraire*, Paris, Hachette (voyez ci-dessous, n° 10).

9. — Écrivains critiques et moralistes de la France. VII. M. de la Rochefoucauld, par Sainte-Beuve.

Revue des Deux Mondes, du 15 janvier 1840. — Réimprimé dans l'ouvrage anonyme ayant pour titre : « la Bruyère et la Rochefoucauld, Madame de la Fayette et Madame de Longueville. » Paris, imprimerie de H. Fournier, 1842, in-12. Une note du Catalogue de la vente Poulet-Malassis (n° 593) porte : « Les exemplaires de ce volume, imprimé d'abord pour l'auteur, puis vendu à un chef d'institution qui s'en serait servi comme livre de distribution de prix, sont devenus rares. » — Cette *Notice* a été reproduite aussi dans l'édition de Garnier frères, de 1867 (ci-dessus, p. 131, n° 64), et dans celle de 1875, *ibidem*, n° 68).

Il y a une *Préface* de Sainte-Beuve dans l'édition elzevirienne de Duplessis, de 1853 (voyez ci-dessus, p. 130, n° 59).

10. — La Rochefoucauld, par A. Vinet. Paris, 1859.

In-8°. — *Moralistes des seizième et dix-septième siècles;* pages 186 à 232 : voyez ci-dessus, n° 8.

11. — Réflexions, Sentences et Maximes morales de la Rochefoucauld (par Silvestre de Sacy). Paris, Didier, 1858.

Variétés littéraires, morales et historiques, 2 vol. in-8° (tome Ier, p. 319-334).

12. — Notice historique sur le duc de la Rochefoucauld, par Edouard de Barthélemy, 1863.

En tête des *OEuvres inédites de la Rochefoucauld*. Paris, Hachette et Cie, 1863, in-8° : voyez ci-dessus, p. 141, n° 7.

APPENDICE DU TOME I.

13. — Étude sur la Rochefoucauld, par M. Alexis Doinet, 1865.

En tête de l'édition des OEuvres, Paris, Chaix, 1865, in-8° : voyez ci-dessus, p. 141, n° 8.

14. — Étude sur la Rochefoucauld, par M. Émile Deschanel, 1866.

En tête de *la Rochefoucauld : Maximes et Réflexions morales*, Paris, 1866, in-32 : voyez ci-dessus, p. 131, n° 63.

15. — La Rochefoucauld, par G. Levavasseur. Paris, Douniol, 1871.

In-8°. — Publié, à l'occasion de notre tome I, dans *le Correspondant* des 10 et 25 septembre 1871, tome LXXXIV, p. 918-934, et p. 1023-1039.

16. — Notice sur le duc de la Rochefoucauld et le caractère de ses écrits. Signée A. S[aucier].

En tête de l'édition de Tours, de 1875 : voyez ci-dessus, p. 142, n° 10.

17. — La première édition des *Maximes de la Rochefoucauld* imprimée par les Elzevier en 1664. Notice bibliographique par M. Alph. Willems. Bruxelles, G. A. Van Trigt, 1679.

Grand in-8°. — Voyez ci-dessus, p. 53-60, la section III de cet *Appendice*.

18. — OEuvres de la Rochefoucauld. — Compte rendu, avec la reproduction dans leur forme originale inédite, de deux lettres de l'auteur des *Maximes*, par M. le marquis de Granges de Surgères. Nantes, V. Forest et E. Grimaud, 1881.

Ces lettres sont les n°s 65 et 114 de notre tome III, 1re partie, p. 148 et 223.

19. — Les portraits du duc de la Rochefoucauld, auteur des *Maximes*. Notice et Catalogue, par le marquis de Granges de Surgères. Avec deux portraits inédits gravés par Ad. Lalauze. Paris, Damascène Morgand et Charles Fatout, 1882.

20. — Traductions en langues étrangères des Réflexions ou Sentences et Maximes morales de la Rochefoucauld. Essai bibliographique par le marquis de Granges de Surgères. Paris, chez Léon Techner, 1883.

Voyez, au sujet de cet opuscule, un article de M. Ém. Picot, dans le numéro du 23 avril 1883 (p. 333-334) de la *Revue critique*.

21. — La première édition des *Maximes de la Rochefoucauld*. Étude bibliographique et littéraire, par M. F.-A. Aulard, 1883.

Bulletin mensuel de la faculté des lettres de Poitiers, numéro de janvier.

X

ADDITIONS ET CORRECTIONS

ADDITIONS ET CORRECTIONS.

TOME I.

Page XLIV. — Ajoutez à la note 3 : « Cette démolition, qui n'est mentionnée que comme en passant dans les *Mémoires* (p. 207), est ainsi enregistrée par Loret, dans sa *Muze historique*, adressée à la future duchesse de Nemours. Quand on connaît les sentiments que cette belle-fille de Mme de Longueville avait pour sa belle-mère, le jugement qu'elle portait de la Rochefoucauld (voyez ci-dessus, p. XXXII), on peut douter qu'elle ait vivement éprouvé cette pitié à laquelle le chroniqueur croit devoir l'inviter :

>   Un exempt, assisté de troupes,
>   S'en va faire tout plein de coupes
>   Dans maint bois, tant taillis que haut,
>   Du duc de la Rochefoucaut,
>   Que la cour, à toute heure, appelle
>   Ingrat, déserteur et rebelle;
>   Et pour ces sortes de raisons
>   On lui va raser deux maisons.
>   Je n'ai qu'avec regret écrite
>   Cette circonstance susdite.
>   En la lisant, un déplaisir
>   Vous viendra sans doute saisir :
>   Vous êtes bonne et pitoyable,
>   Et votre cœur incomparable
>   Est trop noble et trop généreux
>   Pour ne pas plaindre un malheureux.

(Lettre du 6 août 1650, vers 79-94, tome I, p. 33, édition de MM. Ravenel et de la Pelouze pour le tome I, continuée par M. Livet.) »

Page XLV, lignes 22 et 23. — Pour la phrase : « Toutefois.... n'est pas finie », ajoutez en note : « Loret, dans sa lettre du 8 octobre 1650, dit au sujet de la paix de Bordeaux :

>   Mais on n'est pas fort satisfait
>   De ce traité que l'on a fait ;
>   On a beau prendre des bézicles
>   Pour en éplucher les articles,
>   On n'y voit ni place ni rang
>   Pour Messieurs les Princes du sang.
>   Pour eux on avait fait la guerre,

> Remué le ciel et la terre.
> Et les Marcillacs et Bouillons
> Ont donc en vain été brouillons,
> Puisque, à leur grande ignominie,
> La disgrâce n'est point finie
> Des trois prisonniers innocents.
>
> (Vers 117-129, tome I, p. 47.) »

Page LXV, ligne 13. — Pour les mots : « il va rentrer dans sa vraie nature », ajoutez cette note : « Je me souviens d'avoir ouï dire au duc de la Ro-
« chefoucauld, celui qui avoit été un des principaux acteurs de la der-
« nière guerre civile, qu'il étoit impossible qu'un homme qui en avoit
« tâté comme lui, voulût jamais s'y remettre, tant il y avoit de peines
« et d'extrémités à essuyer pour un homme qui faisoit la guerre à son
« roi. (*Mémoires du marquis de la Fare*, p. 260.) »

Page LXXI, ligne 9. — Pour les mots « succès de ruelles », ajoutez cette note : « On lit dans *la Carte de la Cour*, par Gueret (Paris, M.DC.LXIII) : « Je connois le fameux Chrysante ; il occupe un beau rang chez l'Amour ; « il a de cet esprit brillant qui fait tant de bruit de tous côtés, et les « occupations de son cabinet lui donnent de bonnes places dans les « ruelles. » A la marge est imprimée cette traduction du pseudonyme *Chrysante* : *Monsieur le duc de la Rochefoucauld.* »

Page LXXII, ligne 19. — Pour les mots : « labeur patient », ajoutez cette note : « Il y a des maximes qui ont été changées plus de trente « fois », dit Segrais (*OEuvres diverses*, 1723, tome I, p. 166 et 167). »

Pages 19-21. — Pour le *Portrait du cardinal de Retz*, voyez la section VIII de cet *Appendice du tome I*, p. 101 et 102.

Page 26. — Remplacez la note 1 par la suivante : « Au sujet de cette copie infidèle et de l'édition hollandaise publiée en 1664 avant la 1re donnée par l'auteur, voyez ci-dessus l'*Étude de M. Willems*, qui forme la section III de cet *Appendice* (p. 53-60). »

Pages 31-267. — Pour l'établissement du texte et les variantes des MAXIMES définitives, voyez ci-dessus, dans ce même *Appendice du tome I*, outre l'*Avant-propos*, les sections I à V, p. 1-82, et au tome III, 2de partie (*Lexique*), l'*Avis préliminaire* qui précède la *Préface*, et les substitutions et additions réunies dans les pages 455-464.

Page 39, ligne 2. — Pour le mot *bandeau* (au lieu duquel il y a *mouchoir* dans les trois textes antérieurs à 1665 : ci-dessus, p. 4, 56 et note 5), ajoutez cette note : « Il y a là, l'on n'en peut guère douter, un souvenir de l'infortuné de Thou, dont l'auteur nous parle dans ses *Mémoires* (tome II, p. 45) et à qui se rapporte la lettre 3 de la correspondance (tome III, 2de partie, p. 22) ; ces mots *bandeau* et *mouchoir* rappellent un triste et frappant incident de son supplice, qui est ainsi rapporté, avec une touchante simplicité, dans une pièce du temps, intitulée : *Particularitez remarquées de tout ce qui s'est faict et passé en la mort de Messieurs de Cinq-Mars et de Thou, à Lyon, le douziesme de septembre mil six cens quarante et deux* (M.DC.XXXII, in-8°, p. 43 et 44) :

« .... Mon Père, ne me veut-on point bander ? » (dit M. de Thou au P. Montbrun, son confesseur). Et comme le Père lui répondit que cela dépendoit de lui, il dit : « Oui, mon Père, il me faut bander. » Et, en souriant et regardant ceux qui étoient les plus proches, dit : « Messieurs, « je l'avoue, je suis poltron, je crains de mourir. Quand je pense à la mort, « je tremble, je frémis, les cheveux me hérissent. Si vous voyez quelque « peu de constance en moi, attribuez cela à Notre Seigneur, qui fait un « miracle pour me sauver, car effectivement, pour bien mourir en l'état « où je suis, il faut de la résolution : je n'en ai point, mais Dieu m'en

« donne et me fortifie puissamment. » Puis mit ses mains dans ses pochettes pour chercher son mouchoir, afin de se bander, et l'ayant tiré à moitié, il le resserra si bien qu'on ne le vit point, sinon ceux qui étoient près de lui sur l'échafaud, et pria de fort bonne grâce ceux qui étoient en bas de lui jeter un mouchoir. Aussitôt on lui en jeta deux ou trois ; il en prit un, et fit grande civilité à ceux qui lui avoient jeté, les remerciant avec affection.... L'exécuteur vint pour le bander de ce mouchoir, mais comme il le faisoit fort mal, mettant les coins du mouchoir en bas, qui couvroient sa bouche, il le retroussa et s'accommoda mieux. » Quant à Cinq-Mars, dont le supplice avait précédé celui de son ami, le bourreau le frappa du « couperet » sans qu'il eût les yeux bandés. »

Page 93. — Ajoutez à la note 3 : « La maxime se lit sous cette forme à la suite d'une lettre à la marquise de Sablé (*Portefeuilles de Vallant*, tome II, fol. 158) ; voyez tome III, 1re partie, p. 204. »

Page 112, note 3. — Voyez, dans cet *Appendice du tome I*, p. 58 et 59, la réponse que M. Willems, dans son *Étude sur l'édition de 1664*, fait à la seconde critique de Laharpe, le défaut d'accord ; et, dans la note 6 de la page 58, ce que M. Frédérix, dans un article de *l'Indépendance belge*, oppose à la partie de la première qui est relative à Sully.

Page 119, note 1, ligne 10. — Après : « d'un fort grand nombre de femmes », ajoutez : « Déjà J. Esprit avait dit (tome I, p. 234), car il ne se fait pas faute de se répéter : « La froideur excessive du tempéra-
« ment est quelquefois la cause principale, pour ne pas dire l'unique,
« de l'honnêteté des femmes. »

Page 128, note 2, ligne 17. — Après « mérite. », ajoutez : « Le même J. Esprit dit encore (tome I, p. 192) : « Les grands découvrent leurs
« plus secrètes pensées pour se décharger le cœur des chagrins et des
« joies qu'ils ont, qu'il leur est impossible de retenir. »

Page 133, note 3, ligne 2. — Ajoutez, après « (*Manuscrit*.) » : « Cette maxime se trouve sous cette dernière forme dans une lettre à la marquise de Sablé (*Portefeuilles de Vallant*, tome II, fol. 169) ; voyez tome III, 1re partie, p. 160. »

Page 169, note 3, ligne 2. — « 1675 », lisez : « 1671 ».

Pages 217-235. — MAXIMES POSTHUMES. Voyez, p. 76 et 77 de cet *Appendice du tome I*, section V, le *Tableau de concordance* B, et les pages 81 et 82.

Pages 237-267. — MAXIMES SUPPRIMÉES. Voyez, dans ce même *Appendice*, p. 78-80, le *Tableau de concordance* C, et les pages 81 et 82.

Page 256. — Ajoutez en tête de la note 5, se rapportant à la maxime DCIII : « Comparez la première phrase du morceau sur *le Comte d'Harcourt*, qui est dans cet *Appendice du tome I*, p. 97. »

Pages 269-348. — RÉFLEXIONS DIVERSES. Voyez, dans ce même *Appendice*, p. 83-98, sections VI et VII, des variantes et des additions, l'une certaine et d'autres probables (*Avant-propos*, p. VIII et IX), à la *Réflexion* XVII.

Page 355, ligne 19. — A la suite de la *Notice* du *Discours sur les Maximes*, ajoutez : « A la fin de la préface (p. XIX) de sa réimpression du texte hollandais de 1664 (voyez ci-dessus, à la *Notice bibliographique*, p. 131, n° 71), M. Pauly cite cet extrait du folio 116 r° d'un manuscrit intitulé *Recueil de diverses choses*, qui avait été donné à Rochebilière par Monmerqué : « Dans la première édition des *Maximes*, M. de la Cha-
« pelle, qui demeure chez Monsieur le Premier Président, avoit fait la
« préface, qui est pleine de fautes. » Du rapprochement de ces mots : « pleine de fautes », avec le passage de la *Promenade à Saint-Cloud* de Gueret, reproduit au commencement de notre *Notice* sur le *Discours*, on peut conclure que c'est bien à ce *Discours* que s'applique le mot *Préface*, et non à l'*Avis au lecteur* de l'édition de 1665. Ce témoignage contem-

porain vient confirmer celui de Gueret, mais ne nous paraît pourtant suffire à lever tout le doute. »

Page 415. — Ajoutez, à la suite des *Jugements des contemporains* : « Du manuscrit dont il est parlé à l'addition précédente, M. Pauly, à la même page de sa préface, a encore extrait les deux passages suivants : « M. de « la Rochefoucauld a presque tout tiré ses maximes du livre de *la Sonde* « *de la Conscience*. Il n'y en ajoute que le beau françois (fol. 99, r°). » — « La plupart de ces maximes ont été prises d'un livre anglois, assez « mal traduit en françois, intitulé *la Sonde de la Conscience*, fait par un « ministre anglois. C'est un des bons livres que les huguenots aient fait « au sentiment de MM. Bridieu et de la Chaise (fol. 116 v°). » Le titre complet de ce livre, que M. Pauly a découvert « après de longues re- « cherches, » et que nous lui devons d'avoir pu examiner, est : « *La Sonde* « *de la Conscience*, par Daniel Dyke, jadis ministre de la parole de Dieu ; « traduit de l'anglois par Jean Verneuil. Seconde édition revue et cor- « rigée. A Genève, pour Pierre Chouët. M.DC.XXXVI. Avec permission. » Petit in-8° de 753 pages (Bibliothèque nationale, D² 2135). La 1ʳᵉ édition est de 1634. Le livre ne nous paraît indigne, ni pour la nature et le tour de la pensée, ni pour le style, dans ce que la traduction, sévèrement estimée, croyons-nous, en conserve, de l'éloge que nous venons de rapporter. On en peut juger par les vingt-sept sentences que M. Pauly nous donne en appendice (p. 125-128), et auxquelles on en pourrait ajouter mainte autre. Quant à l'accusation de plagiat portée contre notre auteur, sans doute elle est fondée s'il suffit, pour la justifier, que les deux ouvrages partent de ce principe, que notre nature est abominablement corrompue, et qu'on puisse dire, de l'un comme de l'autre, ce que le moraliste anglais annonce dans son *Épître dédicatoire* (p. 8, non numérotée), qu'ils ne ser- vent « qu'à nous convaincre des piperies par lesquelles nous nous trom- « pons nous-mêmes. » Mais il faudrait alors ne pas s'arrêter à ce traité d'Outre-Manche, remonter au dogme même du péché originel et déclarer la Rochefoucauld plagiaire de tous les théologiens chrétiens, catholiques et réformés. »

TOME II.

Page VIII, note 3. — Au lieu de : « dès 1642 », *lisez :* « en 1646 », et voyez au tome III, 1ʳᵉ partie, p. 227, note 1.

Page x, note 1. — Voyez, au sujet de cette note et des rectifications qu'y apporte M. Willems dans son savant ouvrage sur les Elzevier, notre *Notice bibliographique*, ci-dessus, p. 113, n° 1.

* A l'avis, en partie inexact, donné par Wicquefort, on peut ajouter celui-ci, extrait d'une lettre du 5 août 1662, de l'imprimeur Antoine Vitré au chancelier Séguier (Bibliothèque nationale, Fonds français, 17401, p. 23 ; imprimé dans le *Bulletin du Bouquiniste* du 15 avril 1873, p. 213) : « J'ai cru que V. G. n'auroit pas désagréable que je lui donnasse avis qu'on va vendre, si on ne les vend déjà ici, les *Mémoires de M. de la Rochefoucauld*. Hier, un de mes amis, qui est un honnête homme, m'as- sura qu'on lui avoit dit au Palais que les libraires en avoient reçu de

ADDITIONS ET CORRECTIONS.   151

Hollande. V. G. sait qu'il y a beaucoup de personnes offensées, et vifs et morts [1].... »

Page XIII, note 3, lignes 1 et 3. — « Valant », *lisez :* « Vallant », et ligne 2, « 17046 », *lisez :* « 17045 ».

Page XIV, ligne 11. — « il ne paroît pas », *lisez :* « il ne me paroît pas. »

*Page XX, note 1, ligne 4. — Supprimez les mots : « archidiacre d'Angoulême, mort en 1663, et ». Ce titre, cette date se rapportent à Claude Girard, frère de Guillaume, qui fut bien, comme dit la suite, secrétaire du duc d'Épernon, dont il a écrit la *Vie*. On a souvent confondu les deux frères. Voyez une note des *Lettres de J.-L. Guez de Balzac* publiées par M. Tamizey de Larroque, dans les *Documents inédits de l'Histoire de France* (p. 26 du tirage à part).

*Page XXVI, lignes dernières. — « Le P. Lelong écrivait, etc. », *lisez :* « Les continuateurs du P. Lelong écrivaient de même, un peu plus tard, dans la seconde édition de la *Bibliothèque*, etc. » (5 volumes in-folio, 1768-1778).

*Page XXXVII, ligne 1. — Remplacez les mots : « (*Bobée*, nous assure-t-on) », par ceux-ci : « (Anaïs Bazin [2]) ».

Page LV, ligne 6 en remontant. — Ajoutez cette double note, au sujet de la comparaison à faire entre notre texte et celui d'autres anciens *Mémoires :*

1° « Le tome VII, 3e série, de la Collection Michaud et Poujoulat se termine par les *Mémoires anonymes de M. de *** pour servir à l'histoire du XVIIe siècle*. Cet ouvrage, qui présente un tableau des affaires, non pas seulement de la France, mais de l'Europe depuis 1643 jusqu'à 1690, donnerait matière à maint rapprochement. Si l'on n'en a signalé aucun dans le commentaire, c'est que ces *Mémoires*, comme le dit l'éditeur A. B. (Bazin), dans sa Notice, n'ont rien d'authentique ni d'original. Les ressemblances viennent de ce que l'auteur, qui a puisé, pour composer son livre, à des sources diverses, a particulièrement résumé, copié même, en plusieurs endroits, le récit de la Rochefoucauld. Comparez, par exemple, pour l'entrevue avec Mme de Chevreuse, nos pages 71 et suivantes avec les pages 455 et 456 des *Mémoires.... de M. de ****; pour le combat de la porte Saint-Antoine, nos pages 531-533 avec la page 520 de ceux-ci. »

2° « Nous réunissons ici l'indication d'un certain nombre de passages de la *Muze historique* de Loret qui peuvent s'ajouter, comme mentions contemporaines, à divers endroits de notre annotation :

Lettre du 24 septembre 1650, vers 23-34, tome I, p. 42 de l'édition citée (voyez ci-dessus, p. 147, l'addition à la page XLIV de notre tome I);
Lettre du 4 février 1651, vers 50-52, tome I, p. 90;
Lettre du 28 mai 1651, vers 141-152, tome I, p. 121;
Lettre du 10 décembre 1651, vers 19-48, tome I, p. 185;
Lettre du 7 juillet 1652, vers 38-40, tome I, p. 261;
Lettre du 30 octobre 1655, vers 133-176, tome II, p. 115 et 116;
Lettre du 23 septembre 1656, vers 79 et 80, tome II, p. 242;
Lettre du 6 avril 1658, vers 87-128, tome II, p. 464;
Lettre du 16 août 1659, vers 169-200, tome III, p. 91.

---

1. Nous tirons cette addition et plusieurs autres, dont nous sommes fort reconnaissants, et que nous marquerons comme celle-ci, d'astérisques, du docte et bienveillant article que M. Tamizey de Larroque, correspondant de l'Institut, a bien voulu consacrer à notre tome II, dans la *Revue critique* du 29 août 1874, p. 138-143.

2. Au sujet des initiales A. B., nous nous étions adressés à M. Poujoulat lui-même, alors fort âgé, qui nous avait répondu qu'il n'était plus bien sûr de sa mémoire, mais croyait qu'elles désignaient *Bobée*, dont il ne se rappelait pas le prénom. La rectification de M. Tamizey de Larroque ne nous laisse aucun doute.

On trouvera dans trois autres additions (une ci-après, p. 153; deux plus haut, p. 147 et 148), d'autres citations du gazetier, que nous n'avons pas cru devoir nous borner à comprendre dans ce renvoi collectif. »

*Page 38, note 5. — Remplacez deux fois « Montluc » par « Monluc »; tout à la fin de la note « 1616 » par « 1633 »; et ligne 3 « Garmain » par « Caramain », dont on trouve les variantes *Carmain, Carmaing, Caraman,* mais nulle part *Garmain.* Dans la phrase suivante, aux mots mis entre parenthèses : « (1re édition, etc.) », substituez ceux-ci : « Viollet-le-Duc (Bibliothèque elzévirienne, 1853, p. 12) observe qu'on lit *Cramail* dans toutes les éditions de Regnier postérieures à 1642 et *Caramain* dans toutes les éditions antérieures. »

Page 89, lignes 3 et 4. — Pour les mots : « Le cardinal (Mazarin) ne m'aimoit pas », ajoutez cette note : « Daniel de Cosnac, dans ses *Mémoires* (tome I, p. 237), exprime en ces termes l'idée que le ministre avait de notre auteur : « M. de la Rochefoucauld passoit auprès de lui pour un « homme qui vouloit, à quelque prix que ce fût, des intrigues. »

Page 98, note 2, ligne 3. — Voyez les *Additions et Corrections* placées à la fin de notre tome II, p. 558.

Page 159, ligne 14. — « par », *lisez :* « pas ».

Page 170, note 1. — Voyez les *Additions et Corrections*, à la fin du tome II, p. 558.

*Pages 185 et 186, lignes 11 et 12 de la note 3. — A la citation de Lemontey, qui n'a inséré dans les *Pièces justificatives de la monarchie de Louis XIV*, au tome V de ses *OEuvres*, que les petits mémoires de Jean, comte de Coligny, marquis de Coligny, substituez un renvoi aux grands et petits *Mémoires du comte de Coligny-Saligny*, publiés par Monmerqué pour la Société de l'Histoire de France, Paris, 1841.

Page 186, suite de la note 3 de la page 185. — Voyez les *Additions et Corrections*, à la fin du tome II, p. 558.

*Page 198. — Ajoutez à la note 3 : « Sur Richon, gouverneur de Vayres, pendu par les royalistes, et sur Canolles (dont il va être parlé), commandant de l'île de Saint-George, pendu, à Bordeaux, par les Frondeurs, voyez les *Archives historiques du département de la Gironde* (1860-1874, 14 volumes in-4°), tome IV, p. 505, 507, 510 et 511. Le même recueil est à citer pour divers autres incidents de la guerre de Guyenne. Au tome III, p. 395-396, est une lettre du duc d'Épernon à Mazarin, du 29 mars 1650, où il est question d'une conférence entre la Rochefoucauld et le chevalier Todias, qui commandait pour le prince de Condé à Coutras et dans le Fronsadais; p. 410-412, une autre lettre du même duc au même ministre, du 18 avril 1650, où sont annoncés le départ de la Rochefoucauld pour Saumur et l'assemblée de gentilshommes qu'il convoqua à la faveur des funérailles de son père, etc. — Voyez aussi les pages 419, 420, 423, 424 du même tome (où se trouvent certains détails se rapportant aux faits contenus dans nos pages 184-187); enfin les pages 416, 417, 419, 420 et 425 du tome VI (paix de Bordeaux, nos pages 204-210). »

*Page 215, note 5, ligne dernière. — « Il a laissé des *Mémoires*, dont on attribue la rédaction à Segrais », *lisez :* « .... dont la rédaction a été attribuée à Segrais ; mais cette attribution est des plus contestables, comme le montre M. Tamizey de Larroque dans le n° cité de la *Revue critique*, p. 142. »

Page 269, note *a*. — Voyez les *Additions et Corrections*, à la fin du tome II, p. 558.

*Page 328. — A la note 4, extraite du *Dictionnaire historique de la France* de M. Ludovic Lalanne, ajoutez : « Voyez les *Souvenirs du règne de Louis XIV* (1866, tome I, p. 346), où M. de Cosnac a révélé, d'après un document officiel du Dépôt de la Guerre, le véritable nom de famille

ADDITIONS ET CORRECTIONS.

(Jacques de la Croix) de l'intrépide capitaine dont on ne connaissait que le nom de guerre. »

Page 347, note 3. — Voyez les *Additions et Corrections*, à la fin du tome II, p. 558.
Page 411, note 7. — Voyez ces mêmes *Additions et Corrections*.
Page 419, note 4. — Voyez ces mêmes *Additions et Corrections*.
Page 445, ligne 18. — « plutôt », *lisez :* « plus tôt. »

TOME III.

PREMIÈRE PARTIE.

Page 147. — Ajoutez à la note 4 : « On voit par divers passages de la *Muze historique* de Loret que les tricotets,

> Qui ravissent (dit-il) omnes gentes,

étaient de son temps fort à la mode. Il raconte qu'on les dansa dans un bal donné à Bordeaux par Mademoiselle de Montpensier ; qu'elle-même a parmi ses divertissements de

> Danser un peu de chaque danse,
> Et les tricotets d'importance.

Ailleurs il raconte hardiment que

> Monsieur le Coadjuteur,
> Quittant son humeur sérieuse,
> Pour plaire à la jeune Chevreuse,
> Dansa, sans craindre les caquets,
> Avec elle les tricotets.

Voyez les lettres du même gazetier, du 23 janvier 1655 (vers 237 et 238) ; du 8 octobre 1650 (vers 162) ; du 5 juin 1651 (vers 145 et 146) ; du 18 décembre 1650 (vers 90-94) : tome II, p. 10 ; tome I, p. 48, 123, 69.

Page 181. — Ajoutez à la note initiale de la lettre 85 : « Voici qui confirme notre conjecture de la date de 1665 : c'est en 1665 que fut assassiné, en même temps que sa femme, le lieutenant criminel Tardieu, et il est probable que ce fut lors des perquisitions faites à la suite du crime, que l'on trouva cette « vaisselle de Monsieur le Prince » dont il est question ici. Voyez au tome I, col. 205 et 211-214, des *Continuateurs de Loret*, publiés par M. James de Rothschild, la lettre du 30 août 1665, et la complainte qui y est ajoutée. »

Page 193, note initiale de la lettre 93. — A la date approximative de 1667, substituez celle de 1666. Le fait mentionné à la ligne 9 est raconté longuement sous le même nom de « l'aventure du chariot, » dans l'ouvrage que nous venons de citer des *Continuateurs de Loret*, lettre du 23 mai, tome I, col. 885-887. C'est l'aventure de deux amoureux qui, s'étant laissé, par inadvertance, enfermer dans le jardin du Palais-Royal, montent

> .... sur un chariot
> Qu'ils ont vu dans un coin à l'ombre,

APPENDICE DU TOME I.

Pour attendre que la nuit sombre
Ait fait gile (*ait fui*) devant le jour.

A la rentrée d'une dame de qualité avec son escorte, ils sont pris de peur, se cachent sous le chariot, et sont découverts.

Page 227. — Ajoutez après la première phrase de la note 2 de la lettre I : « Voyez au tome III, 2ᵈᵉ partie, p. 352, à l'article Qui quoi, l'explication complémentaire relative à ce sobriquet. »

Ibidem, note *a*, ligne 1. — Au lieu de : « p. viii, note 1 », lisez : « p. viii, note 3 ».

TOME III.

SECONDE PARTIE.

Page xxvii, lignes 20-22. — Sur l'erreur de fait à corriger dans ce passage, voyez ci-dessus, dans cet *Appendice du tome I*, la note 1 de la page 57.

Aux articles et exemples additionnels réunis dans les pages 462-464 du tome III, 2ᵈᵉ partie, ajoutez les suivants, à prendre tous, sauf le premier, aux pages de cet Appendice du tome I qui sont indiquées ici, entre parenthèses, à la fin des phrases :

a) Introduction grammaticale.

Page lxxvii, formes verbales. — Ajoutez cet exemple du conditionnel d'*envoyer* :
.... s'il *envoyeroit* des députés pour demander la paix. (II, 198.)

Page lxxxvi. — Ajoutez en tête de xi, 1° *a*) :
Cette présomption sans exemple lui fit employer (à Lauzun) à de vains préparatifs et à passer son contrat, tout le temps qui pouvoit assurer son bonheur. (89-90.)

Page lxxxviii. — Ajoutez à la fin de 1° :
.... Après lui avoir donné cette pensée et que la proposition en fut faite au Conseil, Monsieur de Luçon témoigna de la désapprouver. (94 et note 6.)

Page xcviii, 3°. — Ajoutez l'exemple précédé, ci-dessous, p. 155, de l'en-tête : Offrir que.

b) Lexique alphabétique. — Ajoutez :

Attachement :

Monsieur de Luçon lui fit paroitre.... (à M. de Luynes) un si grand *attachement* à la ruine du maréchal, etc. (95 et note 6.)

Confiance, au pluriel :

.... En les payant de légères *confiances*. (84 ; voyez *ibidem*, l. 17.)

Conserver, sauver de la disgrâce :

Les conseils qu'il (Monsieur de Luçon) avoit donnés à M. de Luynes, et l'animosité qu'il lui avoit témoigné d'avoir contre le maréchal le *conservèrent*, et firent que le Roi lui commanda de continuer d'assister au Conseil. (96.)

Croyance (Gagner) :

Il gagne *croyance* vers les maris. (85.)

ADDITIONS ET CORRECTIONS.

DANS :

Mademoiselle écrivit le soir *dans* du papier : « C'est vous. » (88.)

DE, où nous mettrions plutôt *pour :*

Au lieu de perdre Puyguilhem *d*'avoir osé lui découvrir ses espérances, il (le Roi) lui permit, etc. (89.)

DESTINÉ, ÉE, POUR :

Anne-Marie-Louise d'Orléans..., *destinée pour* les plus grands rois. (87.)

OFFRIR QUE :

Monsieur de Luçon.... lui fit *offrir que*, s'il lui permettoit de retourner auprès de la Reine, qu'il se serviroit du pouvoir qu'il avoit, etc. (96.)
C'est, comme nous l'avons dit, un exemple à joindre aussi à l'article PLÉONASME *de l'*Introduction grammaticale *du* Lexique, *p.* XCVIII, 3°.

OÙ :

Le lendemain, M. de Luynes et lui se virent, *où* (dans laquelle entrevue) Monsieur de Luçon lui dit, etc. (95 et note 4.)

POUR CE QUE, au sens de *parce que*. (94, l. 11.)

PRODUIRE :

Monsieur de Luçon.... *produisit* l'affaire du Pont-de-Cé, en suite de quoi il fut fait cardinal. (96-97.)

RENCONTRE, au sens de *circonstance :*

Les nouvelles *rencontres* demandent de nouveaux conseils. (95 et note 1.)

SERVITUDE :

Un esprit de *servitude*. (88.)

SUJETTE :

Anne-Marie-Louise d'Orléans..., la plus riche *sujette* de l'Europe. (87.)

SÛRETÉ :

(Puyguilhem) s'emporta contre elle (contre Mme de Montespan) avec tant de violence qu'elle douta de sa *sûreté*, et n'en trouva plus qu'à le perdre. (91.)

APPENDICE DU TOME I.

Page 83, ligne 3. — Au lieu de : « p. VIII, IX, X », *lisez :* « p. I, VIII, IX et XI. »

Addition supplémentaire au tome I.

L'impression achevée, nous nous hâtons de combler encore, avant la publication, une lacune du commentaire. On lit, au tome I, p. 363-365, dans le *Discours* qui a paru en tête de la 1re édition donnée par la Rochefoucauld du recueil des *Maximes* (1665) et que nous avons reproduit en appendice, deux fragments, l'un de six (dans notre texte), l'autre de huit vers, tirés, dit une note imprimée en marge dans ladite édition, des *Entretiens solitaires* de Brebeuf.

M. Gilbert avertit en note, au sujet de ces vers, qu'il les a inutilement cherchés dans Brebeuf.

M. Aulard, que nous avons déjà eu occasion de citer (ci-dessus, p. vii, note 2), a mieux cherché et a trouvé. Dans un premier article inséré au *Bulletin mensuel de la Faculté des lettres de Poitiers*, de janvier 1883, il avait, en appuyant sa supposition de raisons tout au moins très-spécieuses, conjecturé que le *Discours* préliminaire avait été corrigé par la Rochefoucauld, et qu'on pouvait lui faire honneur de certains « passages excellents. » De plus il était bien tenté de croire, se fondant sur la note de M. Gilbert, que l'auteur des *Maximes* avait lui-même fait les vers, qu'il donnait faussement pour l'œuvre du traducteur de *la Pharsale*. Ce qui aurait pu, en ce cas, étonner, c'est qu'il fût allé jusqu'à indiquer l'écrit d'où il prétendait les tirer. Mais il n'y a nulle supercherie : M. Aulard, comme nous venons de le dire, a trouvé les vers dans l'ouvrage cité, et, dans un nouvel article du *Bulletin*, de novembre 1883, intitulé *Brebeuf et la Rochefoucauld*, et fort intéressant à lire tout entier, il attribue, avec vraisemblance, à celui-ci, non plus les vers mêmes, mais, pour le second fragment surtout, d'importantes modifications « qui attestaient, sinon un grand talent, du moins une oreille juste et une main habile, » et donnaient « à Brebeuf plus d'harmonie et aussi plus de vigueur dans la pensée et de fermeté dans la forme. »

Voici les vers de Brebeuf, tels qu'ils se lisent au chapitre xxviiie et dernier[1] de l'édition originale des *Entretiens solitaires*[2]. On verra, en les com-

---

1. Et non chapitre xviii, comme on a imprimé par mégarde dans l'article de M. Aulard. Il y faut aussi corriger, au second des vers du premier fragment, « *la* nature, » en « *de* nature ». La Rochefoucauld n'a pas substitué l'article à la préposition.
2. L'édition originale a pour titre : *Entretiens solitaires ou Prieres et Meditations pieuses, en vers françois*, par M. de Brebeuf. Imprimez à Rouen et se vendent à Paris, chez Antoine de Sommaville.... M.DC.LX. In-12 de xl-228 pages. Le chapitre d'où sont tirés les vers est intitulé : « Des sujets que nous avons de nous mépriser. » — L'ouvrage a été réimprimé en 1666, 1669, 1670, 1671. Dans l'édition de 1660, les *Entretiens* ne sont divisés qu'en chapitres; dans les suivantes, au moins à partir de 1669 (nous n'avons pu voir celle de 1666), ils se partagent en livres, et l'ordre des poésies est changé : nos vers y sont au chapitre vi du livre I, p. 45.

parant aux vers du *Discours* réimprimés dans notre tome I, aux pages indiquées, que l'auteur des retouches, et nous aimons vraiment à croire, avec M. Aulard, que c'est la Rochefoucauld, en a usé fort librement avec le poëte qu'il citait. Pour faciliter la comparaison, tout ce qui a été changé est imprimé en italique :

> *Ton esprit* (dit Brebeuf)
> *Quitte le Créateur, cherche la créature,*
> Au bien qu'il semble aimer fait changer de nature,
> Et *sous ce faux* amour dont *il s'est* revêtu,
> Il *devient* criminel même par sa vertu.

Douze vers plus loin :

> *L'intérêt* des honneurs, des biens *ou* des délices,
> Produit seul *ta vertu* comme il produit *tes* vices,
> *Et tant que ses conseils guident tes actions,*
> *Le Ciel n'a point de part à tes affections :*
> *Peut-être autant de fois qu'on admire ses forces*
> *A combattre le vice et vaincre ses amorces,*
> Au gré *de cet* amour et *subtil et* caché
> Un péché se détruit par un *nouveau* péché.

TABLE DES MATIÈRES

CONTENUES DANS L'APPENDICE DU TOME PREMIER.

Avant-propos i

I. Variantes de trois textes des *Maximes* antérieurs à la 1re édition publiée par l'auteur en 1665 :
    1° Variantes se rapportant aux *Maximes* définitives 1
    2° Variantes se rapportant aux *Maximes posthumes* 40
    3° Variantes se rapportant aux *Maximes supprimées* 43

II. Maximes inédites 51

III. Étude de M. Willems sur la première édition des *Maximes de la Rochefoucauld*, imprimée par les Elzevier, en 1664.. 53

IV. Variantes fournies, pour le texte des *Maximes*, par la comparaison d'exemplaires qui sont totalement ou partiellement de premier état, avec les exemplaires de second état. 61

V. Tableaux de concordance :
    A. — Tableau comparant à l'édition définitive des *Maximes*, de 1678, 1° les quatre autres éditions données par l'auteur, 2° trois textes antérieurs 66
    B. — Tableau de concordance des *Maximes posthumes* 76
    C. — Tableau de concordance des *Maximes supprimées* ... 78

VI. Réflexions diverses :
    Variantes du manuscrit 325 *bis* de la bibliothèque du château de la Roche-Guyon 83
    Addition (inédite) à la *Réflexion* xvii 87

VII. Morceaux, que nous croyons inédits, contenus dans le manuscrit 325 *bis* de la Roche-Guyon :
    Portrait de Mme de Montespan 92
    Remarques sur les commencements de la vie du cardinal de Richelieu 94
    [Le comte d'Harcourt.] 97
    Lettre de la Rochefoucauld à Mlle de Scudéry 99

TABLE DES MATIÈRES.

VIII. PORTRAIT DU CARDINAL DE RETZ :

    1° Copie d'une rédaction inédite...................... 101
    2° Variantes du manuscrit 325 *bis* de la Roche-Guyon... 102

IX. NOTICE BIBLIOGRAPHIQUE :

    I. — Manuscrits :

        A. — *Mémoires*................................ 103
        B. — *Maximes*................................ 107
        C. — *Réflexions diverses*...................... 110
        D. — *Apologie du prince de Marcillac*.............. 112
        E. — *Lettres*................................. 112

    II. — Imprimés :

        A. — *Mémoires*................................ 112
        B. — *Maximes* :

            1° Éditions publiées du vivant de l'auteur........ 117
            2° Éditions publiées depuis la mort de l'auteur.... 121
            3° Traductions............................. 132

        C. — Écrits divers de la Rochefoucauld........... 140
        D. — OEuvres.................................. 140
        E. — Études et Notices......................... 142

X. ADDITIONS ET CORRECTIONS........................... 145

Quand nous adressions à M. le duc de la Roche-Guyon, en même temps qu'à son fils aîné et au chef actuel de la maison M. le duc de la Rochefoucauld, sa part de remercîments pour l'infatigable obligeance avec laquelle l'illustre famille nous a secondés dans notre tâche en tout ce qui dépendait d'elle, nous étions loin de prévoir qu'il ne pourrait, non plus que feu son père, lire l'expression de notre gratitude. Cet *Appendice*, mis enfin au jour avec le *Lexique* et l'*Album* qui forment le complément des *OEuvres*, venait d'être achevé d'imprimer quand nous avons reçu la nouvelle de sa mort, à l'âge de soixante-quatre ans, qui remonte déjà au 3 juillet de cette année.

Novembre 1883.

---

12 834. — Imprimerie A. Lahure, rue de Fleurus, 9, à Paris.

www.ingramcontent.com/pod-product-compliance
Lightning Source LLC
Chambersburg PA
CBHW071510160426
43196CB00010B/1474